L'ÎLE
DES BIENHEUREUX

DU MÊME AUTEUR
CHEZ LE MÊME ÉDITEUR

Blasmusikpop

Vea Kaiser

L'ÎLE DES BIENHEUREUX

Roman

Traduit de l'allemand (Autriche)
par Corinna Gepner

PRESSES DE LA CITÉ

Titre original : *Makarionissi*
La publication originale de ce texte a paru en 2015 chez Verlag Kiepenheuer & Witsch, Cologne.

Cet ouvrage a été traduit avec le concours de la Chancellerie fédérale autrichienne.

ISBN 978-2-258-13621-2

Presses de la Cité | un département **place des éditeurs**

place des éditeurs

À mes héros et bourreaux des cœurs

« Mais lorsque la terre
eut aussi caché cette race –
c'en fut une quatrième
que sur la terre, bonne nourrice,
fabriqua Zeus le Kronide,
race noble et plus juste,
divine race d'hommes héros
que l'on appelle
demi-dieux, dernière race avant nous
sur la terre sans limites.
La guerre méchante
et la bataille affreuse
en ont tué certains sous Thèbes
aux sept portes, terre de Cadmos,
les faisant se battre
pour les moutons d'Œdipe,
en ont conduit d'autres dans des bateaux
sur le grand gouffre de la mer
pour aller à Troie à cause
des beaux cheveux d'Hélène.
C'est là que la mort
fit disparaître les uns ;
les autres, Zeus le Kronide
les installa au bord de la terre,

loin des hommes, leur donnant
un lieu pour vivre.
Ceux-là, le cœur insouciant,
ils ont leur habitation
dans les îles des Bienheureux,
près des tourbillons de l'Océan,
héros regorgeant de biens ;
trois fois par an la terre
leur donne en abondance
des fruits doux comme le miel. »

HÉSIODE, *Les Travaux et les Jours*,
trad. Jean-Louis Backès

« Serai-je le héros de ma propre histoire,
ou ce rôle sera-t-il tenu par quelque autre,
c'est ce que montreront les pages qui vont suivre. »

Charles DICKENS, *David Copperfield*

Les héros de l'histoire

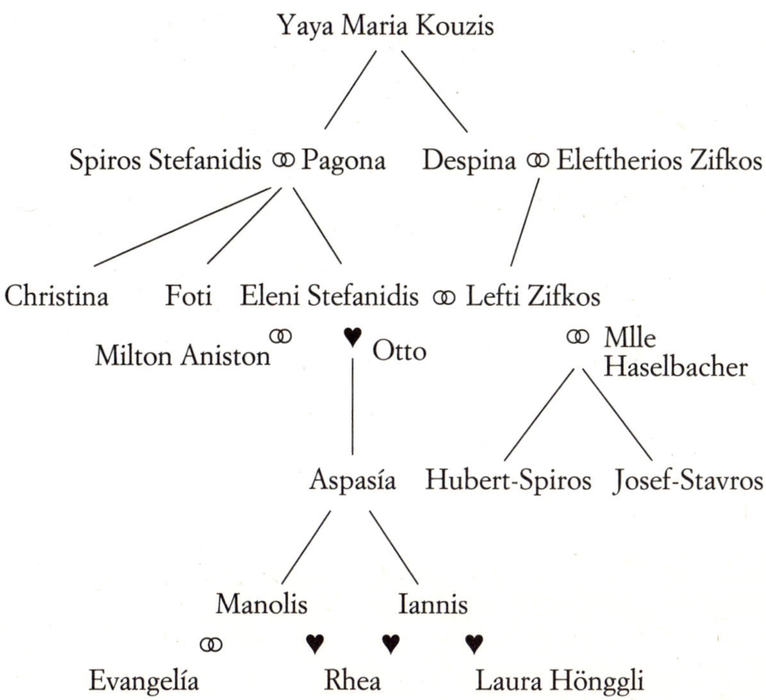

CHANT I

Où il est question d'un petit village de montagne
à la frontière gréco-albanaise, dans lequel deux êtres
qui ont de l'affection l'un pour l'autre
sont séparés par les grands projets
que la famille nourrit à leur égard.

Prologue

À Varitsi, petit village de montagne proche de la frontière gréco-albanaise, on avait coutume de dire que l'heure la plus sombre était celle qui précédait le lever du soleil. Cependant, lorsque au printemps 1956 Maria Kouzis se réveilla en sursaut et prit appui contre le mur de sa chambre afin que les pierres séculaires apportent un peu d'apaisement à son cœur affolé, elle fut sûre de n'avoir jamais vécu une nuit aussi obscure alors qu'il était à peine plus de minuit. Elle s'interrogea : s'était-elle perdue dans ses pensées, égarée dans des rêves éveillés ou simplement assoupie ? La vieille femme se méfiait du sommeil car, lorsqu'on dort trop profondément, on ne se rend pas compte de ce qui se passe alentour. Quoi qu'il en soit, elle était convaincue qu'un signe venait de lui être adressé et, au cours de sa vie, Maria Kouzis avait appris à se fier aux signes, quelle que soit la forme qu'ils pouvaient revêtir.

Lorsqu'elle était jeune femme, les animaux, dans sa ville natale d'Asie Mineure, s'étaient soudain mis à engendrer des chimères. Un veau à deux têtes, un chevreau dont la peau blanche et luisante rappelait au toucher celle d'un petit d'homme. Même les chiens errants restaient à l'écart de ces créatures et, après qu'un oisillon privé d'ailes fut tombé du nid, Maria Kouzis et sa mère décidèrent en 1918 de quitter l'Asie Mineure. Le père, un commerçant cultivé qui avait fait ses études à Paris, souriait de ces présages et resta. Les Turcs qui envahirent la ville quelques semaines plus tard, dans leurs efforts dévastateurs pour nettoyer toute la côte de ses Grecs, le poignardèrent, pillèrent la maison et y mirent le feu.

Dans les rues du Pirée, peuplées de réfugiés, où Maria Kouzis et sa mère avaient atterri, une marchande ambulante leur offrit un jour une tasse de café, luxe qui leur avait fait cruellement défaut. Mais, au lieu d'avaler l'or noir, Maria se concentra sur le marc : celui-ci s'était lentement accumulé au fond de la tasse, tandis qu'un anneau s'était formé sur le bord supérieur. Et, conformément au présage délivré par l'anneau, elle rencontra quelques jours plus tard l'homme de sa vie : un riche marchand de sel, originaire des montagnes du Nord-Ouest. Il fut impressionné par son intelligence, sa culture, son charme – et l'épousa, bien qu'elle ne sût pas cuisiner et n'apportât pas de dot. C'est donc grâce à cette tasse de café que Maria était arrivée dans le lit où elle dormait encore à ce jour, bien des années après la mort de son mari, dans une maison imposante aux murs de pierre solides, la plus grande de tout Varitsi, un village de montagne proche de la frontière albanaise par où passait, depuis des siècles, la principale route du sel.

Maria Kouzis croyait dur comme fer que les ancêtres qui étaient au ciel envoyaient à leurs descendants des signes pour les guider. Ceux-ci pouvaient se manifester partout et à tout moment ; elle ne croyait pas à la boule de cristal, qu'elle tenait pour une charlatanerie de bohémienne.

Lorsqu'elle fut tirée du sommeil en sursaut, cette nuit de l'année 1956, un signe lui était apparu en rêve. Et dès qu'elle se fut assurée qu'elle était bel et bien réveillée, Maria Kouzis, qu'au village on n'appelait que yaya Maria, grand-mère Maria, sortit en toute hâte dans la cour, un sourire sur son visage ridé, et tomba à genoux devant le petit coffret maçonné renfermant l'icône. Sa longue chevelure blanche brillait à la clarté de la lune tandis qu'elle était assise sur ses plantes de pied, enchaînant les prières et baisant la vitre du coffret, qui se couvrait de buée sous le souffle de sa respiration.

Cette nuit-là, sainte Parascève était apparue à yaya Maria avec pompe et magnificence, et lui avait confirmé que les projets de mariage qu'elle nourrissait pour ses petits-enfants étaient légitimes.

La vieille femme était déjà à l'origine de nombreux mariages. Pour peu que les augures fussent favorables, elle jouait même les entremetteuses entre des garçons et des filles qui ne pouvaient se supporter, et avait ainsi assuré la pérennité d'un grand nombre de familles. On la plaignait de n'avoir pour sa part engendré que deux filles, des jumelles, et pas de fils, mais yaya avait compensé ce manque en leur faisant faire de bons mariages. Elle avait donné Despina, née vingt et une minutes avant sa sœur, sensible, affectueuse et pensive, à un habile instituteur du Haut Village ; quant à Pagona, qui avait deux bras robustes et de l'ardeur au travail, elle l'avait fait convoler avec un bon artisan – deux partis avantageux, quoique les filles eussent hérité de la mauvaise denture du défunt époux de yaya Maria, fussent, comme elle, exagérément petites et pourvues en outre de peu d'attraits.

Mais alors les poules s'étaient mises à chanter comme des coqs, les ciseaux ne tombaient plus que sur la pointe, l'herbe se flétrissait dès le printemps, et la guerre était arrivée. 1940, les Italiens ; 1941, les Allemands ; et lorsqu'on fut venu à bout des ennemis extérieurs, le pays se déchira pour savoir qui allait le gouverner. Le mari de Despina engendra un fils, partit avec les communistes et ne revint plus jamais. Le mari de Pagona se battit dans les rangs des troupes fidèles à la couronne et resta au village. Pagona lui donna six filles, dont seules la une et la trois survécurent ; la deuxième succomba durant la famine provoquée par la guerre civile, la quatrième et la cinquième, jumelles siamoises, moururent au bout de trois jours, et la dernière arriva mort-née.

La guerre avait à ce point affamé le village qu'on faisait bouillir jusqu'à l'oxalide qui poussait entre les pavés pour en tirer une sorte de lavasse, que les pigeons voyageurs chantaient leur propre chant du cygne – et que rares étaient ceux qui voulaient encore des enfants. Yaya Maria avait lu les signes. Toutefois son principal souci n'était pas la faim, mais le fait que son unique petit-fils ne trouverait pas à se marier si, comme le lui assuraient les présages, la paix revenait. Les quelques filles du village étaient déjà promises à d'autres depuis leur naissance. Nul ne connaissait mieux que yaya Maria les lois non écrites des arrangements matrimoniaux à Varitsi. Et nul ne savait mieux qu'elle que son petit-fils chéri, qui s'appelait Lefti, resterait vraisemblablement sur le carreau.

Quand sa fille Despina était assise au rouet avec l'enfant au sein, yaya Maria se lamentait tout haut, trouvant terrible que Lefti dût quitter précocement le village pour se procurer une femme. Et quand Pagona pelait des pommes, yaya Maria déplorait que la famille de Pagona ne pût briguer l'héritage familial – ses filles étaient déjà trop âgées, ce qui rendait impensable une union avec Lefti. Yaya Maria embobinait ses filles, leur inoculait craintes et inquiétudes, si bien que les jumelles ne tardèrent pas à se dire l'une à l'autre que ce serait formidable si leurs enfants pouvaient s'épouser – d'abord tout bas, puis à voix haute. Au printemps 1948, Pagona, suivant le conseil de sa mère, se glissa laborieusement dans ses sous-vêtements de mariage et fit boire son époux Spiros. Et cela à trois reprises, jusqu'à ce que son ventre s'arrondît et qu'elle donnât naissance à une fille, que l'on baptisa Eleni. Spiros en fut très fâché, Pagona lui avait promis de ne plus avoir d'enfant en ces temps difficiles, mais elle lui souffla à l'oreille que ce bébé était une preuve supplémentaire de sa virilité. La petite fille fut d'ailleurs particulièrement entourée : Despina s'occupait d'elle parce qu'elle n'était pas seulement sa nièce, mais aussi sa future belle-fille, Pagona la choyait parce que la petite était la garantie que l'héritage resterait dans leur branche familiale, et yaya Maria voyait en elle ce qu'elle avait de plus cher. Tout cela au grand dépit des aînées, Foti et Christina, qui trouvaient profondément injuste que la grand-mère ne leur eût jamais raconté d'histoires, quand Eleni y avait droit à un âge où elle était trop jeune pour comprendre quoi que ce soit.

Eleni et Lefti grandirent à merveille, ils étaient vigoureux et en bonne santé. Yaya Maria veillait avec soin à ce qu'ils ne fussent jamais exposés aux courants d'air et rien ne venait compromettre leur future union. Rien si ce n'est sa mauvaise conscience. Chaque fois qu'elle regardait la fillette dans les yeux, elle se demandait s'il était juste qu'Eleni fût née uniquement pour permettre à un garçon de faire un bon mariage. Et quand ils jouaient ensemble en toute confiance, la grand-mère songeait qu'ils étaient cousin et cousine – et si ses arrière-petits-enfants venaient au monde affublés d'une queue de cochon ?

Mais en cette funeste nuit de printemps 1956, après que la vieille femme eut attendu un signe des années durant, sainte Parascève lui était apparue en rêve, avait pris la main de la petite Eleni, âgée de sept ans, et l'avait placée dans celle de Lefti, onze ans, tandis que, alentour, des tournesols sortaient de terre, se multipliaient à l'infini et tournaient leurs têtes vers la sainte, comme s'ils cherchaient le soleil. Et pendant que Maria Kouzis arrachait en pleine nuit des fleurs du jardin pour décorer l'icône, des larmes de joie coulaient sur sa peau ridée, parce que l'avenir de la famille et la pérennité de l'héritage lui semblaient assurés. Ses petits-enfants deviendraient mari et femme, ils redonneraient force et puissance à la famille. Le temps de la paix pouvait venir, ce temps dont elle rêvait depuis que, jeune femme, elle avait vu de la mer les nuages de fumée au-dessus de sa patrie.

Dans son soulagement, elle omit juste une chose : les tournesols étaient les fleurs de l'amour malheureux. Elle ne le comprendrait qu'une décennie plus tard, une fois les jeux faits.

À chaque retour

Les montagnes, à la frontière entre la Grèce et l'Albanie, comptaient en 1956 un grand nombre d'endroits secrets. Il y avait des cavernes dans lesquelles les partisans avaient si bien dissimulé leurs armes durant la guerre civile qu'ils ne les avaient jamais retrouvées. Il y avait, enjambant les petits torrents, des ponts sans garde-fou, autrefois construits par l'homme, qui étaient si bien camouflés qu'ils n'étaient plus empruntés que par les bêtes sauvages. Et il y avait des forêts si épaisses que seuls les conteurs pouvaient supputer ce qui s'y cachait.

À Varitsi, en revanche, un village situé en plein cœur de ces montagnes, il n'y avait pas de secrets. La localité, incontournable, se trouvait sur la plus importante route commerciale traversant la haute montagne. C'était là que, pendant des siècles, on avait perçu les droits de douane sur le sel transporté par les caravanes de mulets en direction du sud. Installées le long de la rue principale, les maisons se blottissaient sur les versants, presque jusqu'au col. Chacune d'elles présentait son mur le plus massif côté rue. De grosses pierres qui paraissaient inexpugnables à ceux qui passaient. Pourtant, tous ces murs avaient des yeux et des oreilles. Petites fenêtres dérobées, fentes par où l'on pouvait écouter, tourelles – personne ne traversait le village sans être aperçu. On connaissait même les endroits où les chiens enfouissaient leur butin.

Il ne fallut donc pas longtemps, en ce jeudi du printemps 1956, pour que l'on remarquât le retour d'un de ceux dont on était encore sans nouvelles depuis qu'ils étaient partis en 1946 prendre part à la guerre civile. Depuis quelques années, les hommes avaient plutôt tendance à s'en aller qu'à revenir. Seuls quelques rares marchands ambulants utilisaient encore la route des montagnes. Il y avait de nouveaux itinéraires, des voies de navigation, et, pour subvenir aux besoins de leur famille, les hommes descendaient dans la vallée se faire embaucher dans les manufactures de tabac ou cherchaient des petits boulots dans la construction de routes. Certains déclaraient forfait et partaient tenter leur chance à l'étranger. Varitsi recevait plus de cartes postales que de gens, si bien que le retour d'un homme que l'on croyait mort, événement inouï, provoqua l'agitation générale.

Yaya Maria n'aimait pas l'agitation, elle la considérait comme une maladie nocive pour le cœur. Elle était certaine que c'était la fébrilité continuelle dont souffrait son mari qui l'avait si précocement expédié ad patres ; à peine eut-elle sorti la tête dans la rue, au point du jour, et appris que dans la nuit était arrivé quelqu'un qui suscitait l'effervescence générale qu'elle réveilla ses chers petits-enfants et leur permit, exceptionnellement, d'aller faire paître les chèvres.

Eleni et Lefti furent ravis.

L'hiver avait été rigoureux et le printemps, pluvieux. Ils étaient restés confinés à l'intérieur du village, car le niveau des cours d'eau alentour, sur le flanc de la Kipi-Berg, était plus élevé que jamais. Des semaines durant, les ruisselets d'ordinaire inoffensifs qui serpentaient vers la vallée dans des gorges profondes, se faufilant entre cailloux pointus et cascades, s'étaient transformés en de monstrueuses et indomptables forces de la nature, capables de charrier des troncs d'arbre comme s'il s'agissait de fétus de paille. Yaya Maria craignait que ses petits-enfants ne glissent et ne soient précipités dans un de ces torrents. Depuis que la guerre était terminée et que la tuberculose avait été maîtrisée au début des années 1950, les flots torrentueux étaient devenus la principale cause de mortalité à Varitsi. L'eau était plus dangereuse que les loups, les ours, la foudre et la froidure de l'hiver.

Cloîtrés à la maison pendant des semaines, cousin et cousine s'étaient mortellement ennuyés. Ils avaient si souvent joué aux billes, à l'awalé et aux jeux de société que, la nuit, ils rêvaient de dés. Ils avaient appris aux chiens de berger à faire le beau lorsqu'ils ordonnaient « Mains en l'air ! » et à se laisser tomber sur le dos en entendant « Bang ». Et leur yaya Maria leur avait raconté tant d'histoires qu'elle en avait les cordes vocales tout irritées et ne parlait plus que d'une voix enrouée. Ils ne trouvaient même plus de plaisir à embêter les sœurs d'Eleni, les adolescentes Foti et Christina ; quant aux autres enfants du village, Eleni et Lefti étaient brouillés avec eux. Ils ne savaient plus à quel moment cette inimitié avait commencé. Le crâne de Lefti montrait déjà des cicatrices résultant de disputes à l'époque où Eleni était née. Et avant d'être en âge de parler, si Eleni ne pleurait jamais lorsqu'elle avait faim ou qu'elle était fatiguée, elle hurlait à s'en arracher les poumons quand Lefti encaissait une gifle ou une simple parole désagréable.

En réalité, Varitsi se composait de deux villages : Grand-Varitsi, également nommé le Bas Village, surveillait la route empruntée par les marchands. Depuis la guerre, seules quarante des soixante maisons étaient habitées de manière permanente. Le Haut Village, lui, était situé à deux kilomètres au nord-est ; il avait été autrefois aussi grand que le Bas Village mais, de ceux qui étaient partis à la guerre, presque aucun n'était revenu, si bien que les habitants de

Varitsi s'étaient mis à ne plus l'appeler que Micro-Varitsi, ou Petit-Varitsi. Les pâturages de la famille étaient situés non loin de Micro-Varitsi. Eleni et Lefti firent passer les chèvres à l'ouest, d'où l'on avait une bonne vue sur les deux Varitsi ainsi que sur l'étroite route sinueuse qui reliait Bas et Haut Village. Le matin, ils cherchèrent des insectes colorés, à midi, ils se partagèrent le casse-croûte que leur avait empaqueté la grand-mère et, l'après-midi, Lefti eut une idée de tour de magie.

— Je suis Lefti, le maître de l'ombre et de la lumière ! proclama-t-il en contrefaisant sa voix et en sautant sur un rocher brillant, traversé de veines de quartz.

Eleni se tordit de rire.

— Tu es Lefti ! Mon cousin !

— Le maître de l'ombre et de la lumière t'ordonne de le rejoindre pour voir ce que voit le maître !

Eleni s'exécuta sans discuter. Lefti étendit les bras et, ensemble, ils contemplèrent la vallée.

— Et maintenant, j'ordonne à l'ombre de dévorer Varitsi ! dit-il en ouvrant les mains.

Au grand étonnement d'Eleni, l'ombre projetée par le sommet de la montagne se mit à longer le tranchant des mains de Lefti et à avaler lentement le village, bouchée après bouchée. Eleni avait toujours su que son cousin avait des pouvoirs magiques. Elle était étonnée – mais à ce moment-là elle entendit des voix d'enfants excitées. Eleni et Lefti aperçurent une grappe de gens qui se déplaçaient sur la route en lacets en direction du Haut Village. Aussitôt Eleni tira son cousin par sa chemise.

— Regarde, Lefti !

Cousin et cousine restèrent ébahis sur le rocher veiné de quartz, les yeux plissés : quelqu'un était arrivé au village, et les enfants l'accompagnaient jusqu'à sa destination en sautillant et en piaillant.

— Lefti ! s'exclama Eleni, tout excitée, ton anniversaire est dans quinze jours, ça doit être ton papa !

Depuis que, trois ans plus tôt, un homme porté disparu après la guerre était pour la première fois revenu à Varitsi, Lefti faisait de ferventes prières pour que son père finisse lui aussi par rentrer. Ni Lefti ni Eleni ne savaient grand-chose de ce qui s'était passé avant leur naissance, si ce n'est qu'il y avait eu deux guerres. Dans un premier temps, les deux villages avaient combattu les Allemands. Mais, une fois les Allemands vaincus, le pays s'était scindé, les uns voulaient un roi, les autres le communisme, et ces démêlés n'avaient pas épargné Varitsi. Le Bas Village avait lutté au côté des royalistes, le Haut Village, en revanche, d'où était originaire le père de Lefti, dans le camp des communistes. Les royalistes avaient gagné, si bien que dans chaque maison il y avait au mur un portrait du roi, tandis que presque tous les partisans des communistes avaient disparu – quelques-uns étaient revenus, mais on ne les saluait pas dans la rue et on refusait de les servir au *kafenio.* On ne savait pas très bien ce qu'il était advenu des disparus. Emprisonnés sur une île, passés de l'autre côté de la frontière, morts – chuchotaient les adultes en sous-main. Mais Lefti se remémorait chaque jour la promesse solennelle de retour que son père lui avait faite. Son cœur s'emballa.

— Allez, viens, Lefti ! s'écria Eleni, qui avait déjà sauté à bas du rocher.

Les parents d'Eleni lui avaient dit et répété qu'elle ne devait pas poser de questions sur le père de Lefti, ni s'enquérir de son sort auprès de qui que ce soit – le père de Lefti était un méchant homme, un traître à la patrie. Mais Eleni se fichait de savoir pour qui il avait combattu. Eleni était toujours du côté de son cousin. Lefti mit sa besace sur l'épaule, siffla les chèvres et s'empressa de suivre Eleni.

Un bon berger veille à ce qu'il n'y ait pas de bêtes faibles qui s'égarent, cependant Lefti fut bientôt si excité qu'il ne galopait plus derrière, mais devant les chèvres, comme Eleni.

— Où cours-tu comme ça, Lefti ? lui lança l'instituteur, qu'ils croisèrent dans le Haut Village.

Il se pressa contre le mur de pierre d'une maison à moitié en ruine pour laisser passer les enfants suivis du troupeau en folie.

— Lefti, je t'ai posé une question ! hurla-t-il, ne recevant pas de réponse.

L'année scolaire était déjà terminée, pour que les enfants puissent participer aux multiples travaux agricoles qu'il fallait effectuer à la fin du printemps, mais le maître considérait qu'il ne devait pas laisser son autorité s'éroder pendant les vacances.

— Pas le temps ! cria Lefti sans se retourner.

L'instituteur fouilla précipitamment ses poches de pantalon à la recherche d'un crayon et d'un bout de papier pour noter de faire payer au gamin cette effronterie de quelques coups de baguette dès la rentrée. Comme tant d'hommes du village, il avait perdu pendant la guerre presque toute capacité de se souvenir. Surtout lorsque, comme en ce moment, il se rendait au *kafenio,* source de l'exquis *tsipouro* dans lequel il noyait chaque soir les derniers vestiges de sa mémoire, jusqu'à ce que sa tête lui donne l'impression d'être un tableau bien nettoyé. Car la seule chose qui unissait les habitants de Varitsi, qu'ils fussent rouges ou bleus, était leur désir de tout effacer.

Pendant ce temps, Lefti dévalait la ruelle aussi vite que possible, tout en veillant à ce qu'Eleni, qui avait les jambes un peu plus courtes, ne tombe pas. À l'inverse de Grand-Varitsi, le Haut Village était construit sur un versant en pente raide. Les maisons étaient pressées les unes contre les autres et entre les bâtisses passaient des rues mal pavées, envahies de mauvaises herbes, qui obéissaient à un ordonnancement confus. Eleni, Lefti et le troupeau de chèvres tournèrent à deux reprises avant de rejoindre enfin la foule : l'homme qui était revenu se trouvait devant l'ancienne maison de la famille de Lefti et essayait de briser le cadenas qui condamnait la porte depuis que, pendant la guerre, Lefti et sa mère étaient partis s'installer dans la famille d'Eleni, à Grand-Varitsi. Ce déménagement était censé être temporaire, mais les fenêtres privées de vitres et le toit à moitié effondré, loin d'offrir un aspect provisoire, semblaient définitivement abandonnés. Comme tous ceux qui revenaient, cet homme longtemps porté disparu était entouré des enfants de Varitsi parce qu'il portait encore la tenue qu'il avait au moment de son départ. Ce qui intéressait les enfants était moins de savoir qui il était, d'où il venait et ce qu'il avait traversé que le spectacle de son drôle de costume et de son chapeau bizarre, qui paraissaient donner vie aux illustrations du manuel d'histoire dont le maître d'école leur lisait des passages d'une voix cassée. Le personnage avait un visage mince et pâle, une chevelure châtaine clairsemée, des yeux clairs, quelques poils de barbe, les tempes dégarnies, et dans toute sa manière d'être il ressemblait à un Lefti de trente ans plus âgé. Eleni saisit la main de son cousin, qui contemplait l'homme avec de grands yeux. Celui-ci lui rendit soudain son regard et, lorsqu'il ouvrit la bouche et dit d'une voix enrouée : « Lefti ? », l'enfant se précipita vers lui et pressa sa joue contre le ventre de l'étranger.

— Papa !

Lefti enfonça ses ongles dans l'épais tissu du veston, résolu à ne plus jamais lâcher prise, car pour la première fois de sa vie il se sentait entier.

L'homme le prit par les épaules et s'agenouilla.

— Bon sang, Lefti, tu es le portrait craché de ton père.

Lefti recula d'un pas.

— C'est moi, l'oncle Thanos. Tu te souviens ?

Lefti ne se souvenait plus, mais il prit conscience avec gêne du regard scrutateur des autres enfants. Seule Eleni s'était détournée, elle observait les chèvres, qui broutaient les mauvaises herbes proliférant sur les murs délabrés de la maison.

— Où est ton père, Lefti ?

L'oncle voulait ajouter quelque chose, quand un bruit de bottes résonna dans les rues étroites du Haut Village. Aussitôt apparurent M. Mavrotidis et d'autres hommes de Varitsi qui, sans se soucier de la présence des gosses, se ruèrent sur l'oncle de Lefti. Sans un mot, M. Mavrotidis l'attrapa par le col et le jeta à terre.

— Content de te revoir, salopard de communiste !

L'oncle atterrit sur la caillasse et M. Mavrotidis lui donna des coups de pied avec ses lourdes bottes militaires. On disait de ce dernier, dont les joues étaient ornées de trous profonds dus à une volée de plombs qui l'avait atteint par ricochet, que durant son service militaire il avait torturé des rouges en leur arrachant les ongles avec des tenailles brûlantes. À Varitsi, il n'y avait pas de police, Mavrotidis et ses hommes faisaient en quelque sorte office de gendarmes du village. On les écoutait quand ils parlaient, on ne s'interrogeait pas quand ils frappaient. Lefti était sous le choc. Eleni lui saisit la main, siffla les chèvres que ce tintamarre avait dispersées dans toutes les directions et, sans se retourner, elle l'entraîna de force.

Quand les cris de l'oncle – et le Haut Village – furent loin derrière eux, ils ralentirent le pas. Eleni suçait son petit doigt.

— Fais attention, ton ongle va tomber, dit Lefti, répétant les paroles de yaya Maria sans lui-même y croire.

Il poussa un soupir et compta les chèvres qui fouillaient le bord du chemin en quête d'herbes.

— Il manque le chevreau, fit-il remarquer.

Il appela l'animal, mais celui-ci ne se montra pas. Pour toute réponse, il entendit « Papa ! Papa ! Viens me torcher le cul ! » puis des éclats de rire. Lefti prit fermement la main d'Eleni dans la sienne lorsque Loukas, le fils de Mavrotidis, Stavros, son meilleur ami, et trois autres garçons du village bondirent de derrière les arbres. Loukas avait toujours été l'ennemi de Lefti, bien que celui-ci ne lui eût jamais rien fait. Loukas ressemblait tellement à son père que ses joues porteraient sans doute un jour les mêmes blessures. Du bout de ses chaussures cirées, il envoya des cailloux en direction de Lefti. Stavros, un fils de paysan mal dégrossi qui était toujours sur les talons de Loukas, tenait le chevreau manquant par les pattes, tel un sac de farine.

— Rendez-nous le chevreau, dit Lefti avec prudence.

Loukas avait coutume de prendre ce dont il avait envie. Cela pouvait être les sucreries que les voisins offraient parfois à Lefti ou les billes que celui-ci ne cachait pas assez vite.

— Ce chevreau a gueulé d'une façon lamentable, on aurait dit toi quand tu réclamais ton criminel de père.

Loukas sortit ses mains de sa ceinture de pantalon et donna une bourrade à Lefti.

— Tu es un lâche, comme ton père. Sale bâtard de Bulgare !

Lefti se laissa volontairement choir sur le sol dans l'espoir que Loukas cesserait de le tourmenter. Il plissa les paupières en le voyant faire un pas en avant – mais, soudain, Loukas se mit à hurler comme un cochon qu'on égorge. Lefti ouvrit de grands yeux. Tel un chien enragé, Eleni lui avait planté ses dents dans l'avant-bras. Ses amis voulurent lui venir en aide, mais ne surent comment s'y prendre. Au village, on observait tout de même certaines règles et l'une d'elles disait : On ne doit jamais faire de mal à une petite fille.

Au bout d'une demi-minute qui fit monter les larmes aux yeux de Loukas, Eleni le lâcha, sur quoi Loukas, affolé, examina la morsure tandis que ses compagnons fixaient leurs pieds d'un air gêné. Reprenant ses esprits, Lefti se releva, embarqua Eleni, qui recrachait le sang de Loukas, et fila sans demander son reste avec sa cousine – suivi de près par les chèvres, qui galopaient sans ronchonner comme si elles avaient compris la gravité de la situation.

Lorsque Eleni et Lefti arrivèrent à la maison, les murs de pierre avaient déjà revêtu les couleurs de la nuit tombante. Lefti ouvrit le portail et rabattit les chèvres dans la cour, où elles se ruèrent sur l'abreuvoir.

— Loukas a le même goût que le cochon cru, déclara Eleni pendant que Lefti s'escrimait sur le goujon qui fixait le second battant du portail au sol.

Il essuya sa main sur son pantalon, tapota les boucles rêches, châtain foncé, et dit :

— Si je suis le maître de l'ombre et de la lumière, à partir de maintenant, toi tu es l'héroïne de mon royaume.

— Je ne suis pas une princesse ?

— Les princesses sont des gourdes. Elles ont peur de tout. Les héroïnes, elles, elles se défendent.

Eleni pencha la tête de côté d'un air songeur, puis elle entra dans la maison en sautillant gaiement.

— Je suis une héroïne ! Une héroïne qui a du courage et pas une princesse qui a peur de tout !

Lefti soupira, il aurait bien voulu, ne serait-ce qu'une fois, voir le monde à travers les yeux d'Eleni. Sa cousine n'avait pas seulement un père fort, respecté par tout le village, elle avait aussi une mère qui ne s'endormait pas chaque soir en pleurant, et qui n'avait pas coutume de repousser les rideaux pour regarder fixement au-dehors lorsqu'elle ne se sentait pas observée. Foti et Christina, les sœurs d'Eleni, avaient beau être hystériques et d'une jalousie maladive, elles n'en étaient pas moins ses sœurs.

Lefti referma soigneusement le portail et enroula autour de la poignée la chaîne de fer que l'on n'utilisait que les nuits d'hiver, quand les loups ou les ours venaient au village en quête de nourriture. Lefti prit trois grandes respirations et s'assit sur le rebord de l'auge en pierre dans laquelle poussaient des roses odorantes : les jumelles utilisaient leurs feuilles pour extraire de l'essence de rose servant à sucrer la pâtisserie. Lefti avait les oreilles qui bourdonnaient, et les cris de son oncle résonnaient dans sa tête.

Un des chiens au pelage hirsute s'approcha, lui poussa le genou de sa truffe humide et grogna de plaisir quand Lefti lui grattouilla le cou. Lorsque, quelques années plus tôt, le voisin Yorgos était revenu, un des rares habitants de Grand-Varitsi à avoir combattu dans les rangs communistes, les casseurs s'étaient précipités chez lui et l'avaient roué de coups une nuit durant. Pendant ce temps, sur le dos de Lefti la chair de poule s'était engagée dans une course contre elle-même. Quand, quelques jours plus tard, Lefti était allé apporter du lait de chèvre à Yorgos, le portrait du roi était accroché dans le salon. Désormais, Yorgos faisait l'éloge du monarque, bien que, depuis la nuit fatale, il lui manquât la plupart des dents et que cet homme autrefois beau et fort fût devenu un infirme boiteux.

— Tu sais, dit Lefti en grattant le menton de l'animal – le chien, ravi, étira la nuque –, la politique, c'est la pire des choses. C'est à cause de la politique que les Italiens ont envahi les montagnes. Puis les Allemands ont occupé tout le pays. Et ensuite, quand les ennemis sont partis, ils se sont tous battus les uns contre les autres. Rien qu'à cause de la politique. Parce qu'ils n'arrivaient pas à se mettre d'accord pour savoir qui devait gouverner le pays. C'est à cause de la politique que mon père est parti à la guerre et qu'il n'est jamais revenu. Ils doivent le retenir prisonnier sur une île. Et maintenant ? Tout le monde dit, maintenant, c'est la paix, mais personne n'est en paix. Ils se détestent tous.

Le chien avait fermé les yeux, il poussa un grognement sourd que Lefti voulut interpréter comme un signe d'approbation.

Ce soir-là, Lefti prit deux décisions.

Désormais il renoncerait à l'espoir de voir son père rentrer. Et jamais il ne se mêlerait de politique. La politique, les partis, tout cela ne servait qu'à déchirer les familles et traçait des frontières invisibles dans les villages. Non, pensait Lefti, il n'aurait jamais affaire à cela. Sur ce, il s'assena une tape vigoureuse sur le dos de la main droite. Il avait oublié que les chiens de berger étaient pleins de puces.

La maison familiale était vaste et comportait un grand nombre de pièces, mais celles-ci étaient petites, exiguës et sombres. Il y avait plus de murs que d'air, car les pierres préservaient du froid qui revenait fidèlement dans les montagnes d'octobre à mars. Seule la cuisine était grande et spacieuse. Sur l'un des côtés se trouvait une table en bois massif, qui avait été fabriquée sur l'ordre du beau-père de yaya Maria. Elle pouvait accueillir au moins vingt personnes, mais depuis les noces des jumelles, dernière grande fête à avoir été célébrée avant la guerre, elle n'était plus occupée que pour moitié. Le mari de yaya Maria était mort en apprenant que les Italiens avaient attaqué son convoi de mulets. Comme sous le coup d'une prémonition, il avait porté la main à sa poitrine, proclamé qu'il ne voulait plus vivre dans ce monde et s'était effondré, les traits convulsés. Mais au moins cette mort lui avait épargné de voir biens et famille se réduire d'année en année comme une peau de chagrin. Les beaux-parents de yaya Maria n'avaient pas survécu à la première famine. Les belles-sœurs et le beau-frère de Pagona étaient soit partis, soit devenus tuberculeux. Et la belle-famille de Despina s'était ralliée aux communistes. En temps normal, on ne parlait jamais de cette branche de la parenté, mais le soir de son retour, alors qu'elles préparaient le repas, les femmes jacassèrent à propos de l'oncle que l'on avait cru perdu. De l'autre côté de la cuisine, il y avait un poêle en faïence de trois mètres de long. Deux casseroles étaient posées sur la grille en fonte, au-dessus des braises. La mère d'Eleni en remuait le contenu tout en demandant sans relâche à sa fille de quoi l'oncle avait l'air, ce qu'il avait dit, ce qu'il sentait, juste pour lui reprocher à chaque réponse d'être allée à sa rencontre. Pendant ce temps, Eleni s'abandonnait à yaya Maria, qui ôtait de ses boucles les feuilles, herbes et autres souvenirs de cette journée passée dans la nature.

« On devrait te couper les cheveux ! » disait-elle chaque fois qu'elle récupérait un insecte, qu'elle jetait par terre et écrasait promptement d'un coup de talon. « Et si un cerf-volant se prenait dans ta tignasse, prie pour qu'il ne te coupe pas l'oreille avec ses pinces ! »

— Lefti a vraiment cru que c'était son père ? s'enquit Christina en posant deux cruches d'eau au milieu de la table.

— Il est si naïf, ricana Foti.

La cuisine sentait le pain frais. La seule qui ne participait pas à la conversation était Despina, la mère de Lefti. Elle déplia un tissu de toile bleue contenant du fromage et se mit à découper des tranches minces, comme au ralenti. Elle ne leva même pas les yeux quand Lefti entra et alla s'asseoir à côté d'Eleni sans dire bonjour. Pagona et ses filles continuaient de jacasser comme s'il n'était pas là. Se demandaient d'où venait l'oncle Thanos, supposaient que Mavrotidis l'avait enfermé dans l'ancien poste de douane, réfléchissaient à ce que cet événement signifiait pour la famille, quand la porte s'ouvrit énergiquement et Spiros entra dans la pièce éclairée par des lampes à pétrole. Dans ses bras, la corbeille métallique remplie de bois de chauffage avait l'air aussi légère qu'un mouchoir. Spiros la déposa bruyamment sur le sol, aussitôt la conversation s'interrompit.

Spiros Stefanidis était de ces hommes qui inspirent à leur famille autant d'amour que de crainte. Les femmes mirent la table en silence, même Eleni alla se laver les mains sans qu'on le lui ait demandé.

— Thanos ne fait plus partie de cette famille. Alors vous, les poules, arrêtez immédiatement de caqueter, ordonna-t-il d'un ton sans réplique.

Despina coupa les tranches de fromage en petits dés, Pagona saisit la marmite de soupe de chèvre par les anses avec deux torchons et la posa sur la table. Ce n'est que lorsque tout le monde fut assis que yaya Maria brisa le silence.

— Spiro, Lefti va avoir douze ans. Tu devrais l'emmener demain avec toi, quand tu iras récupérer les troupeaux dans la vallée.

Pour la première fois depuis qu'il était rentré, ce soir-là, Lefti redressa la tête. Être autorisé à participer à la montée d'estive était le plus grand honneur qui puisse échoir à un jeune garçon, car cela signifiait qu'il faisait désormais partie des hommes. Qu'il n'avait pas seulement le droit d'avoir son propre bâton, de se rincer la bouche au schnaps et de se nettoyer les interstices dentaires avec un couteau de poche, il pouvait aussi écouter les blagues salaces et les histoires proscrites par les femmes, auxquelles on n'avait accès que lorsqu'on conduisait les moutons sur les alpages.

Spiros et yaya Maria échangèrent un regard. Comme à leur habitude. Personne ne savait quel était le lien singulier qui les unissait, mais parfois on aurait dit que la vieille femme manipulait ce grand homme solide au moyen de fils invisibles, telle une marionnette.

— On partira au lever du jour, Lefti, couche-toi tôt. Je n'attendrai pas.

Avant que Lefti ait pu le remercier, et encore moins montrer sa joie, Eleni intervint :

— Chouette, on va aller chercher les moutons !

Lefti n'osa pas se tourner vers elle. Ils avaient toujours tout fait ensemble. Il ne savait pas comment lui expliquer, mais son oncle le devança :

— Ne dis pas de bêtises, Eleni, tu es une fille. Tu restes ici.

Et comme Lefti l'avait craint, elle se mit aussitôt à protester. Spiros tapa du poing sur la table.

— Tais-toi immédiatement ou tu seras privée de dîner !

Mais Eleni se glissa sous la table et, là, se mit à râler avec tant de constance à propos de cette injustice que, pour finir, Spiros arracha un bout de pain, essaya sans succès de le garnir avec les minuscules dés de fromage de Despina, se fourra en pestant une poignée d'olives dans la bouche et annonça :

— Je vais au *kafenio*.

Cinq semaines plus tard, Eleni s'assura que ses sœurs en avaient encore pour un bout de temps à nettoyer les haricots à la cuisine, puis grimpa sur le coffre en bois peint placé devant la fenêtre. La chambre qu'elle partageait avec Foti et Christina se trouvait à l'étage. Les fenêtres étaient étroites, cela permettait de lutter contre la déperdition de chaleur durant les hivers froids et enneigés, et un peu trop hautes pour que la fillette de sept ans puisse voir sans l'aide de quiconque la place du village et la route qui conduisait au Haut Village. Le coffre, qui abritait le trousseau de Christina, émit un craquement. La sœur d'Eleni veillait sur son contenu comme sur la prunelle de ses yeux et, si elle avait vu les acrobaties d'Eleni, elle lui aurait tiré les oreilles jusqu'à ce qu'elles soient plus longues que celles du vieil âne du voisin. Tout en lorgnant à l'extérieur, Eleni guettait les bruits qui venaient de la cuisine, mais tant que ses sœurs récriminaient contre le mariage imminent du voisin Yorgos tout allait bien.

— Il n'a encore jamais vu sa fiancée ! Elle doit être moche comme un pou ! disait Foti.

— C'est un estropié, il a trahi sa patrie, je ne l'épouserais à aucun prix, même s'il m'offrait en dot deux coffres remplis de pièces d'argent, raillait Christina.

Mais leurs criailleries n'intéressaient pas Eleni – celle-ci cherchait du regard l'oncle de Lefti.

Les montagnes qui se dressaient à pic dans le ciel, derrière le Haut Village, étaient englouties par la brume comme si le monde prenait fin à cent mètres de la maison. La veille, le brouillard avait fait une apparition rapide et inattendue dans le sillage de la pluie qui s'était abattue sur Varitsi les jours précédents. Eleni détestait ce temps. Quand il faisait mauvais, elle était obligée d'aider ses sœurs et sa grand-mère pour le ménage et la cuisine, alors que Lefti avait le droit de s'occuper comme il voulait. Trois semaines plus tôt, il avait eu douze ans et, depuis, le père d'Eleni l'emmenait partout avec lui. Lefti avait l'autorisation d'aller dans la forêt, de l'accompagner dans la vallée, de parler aux étrangers. La dernière fois qu'elle avait demandé à son père si elle pouvait venir avec eux, il s'était mis en colère et lui avait flanqué une fessée qui l'avait empêchée de s'asseoir pendant deux jours. L'oncle de Lefti était reparti aussi soudainement qu'il était venu. Eleni avait entendu ses sœurs raconter sous le manteau que M. Mavrotidis l'avait enfermé dans l'ancien poste de douane où l'on incarcérait tous ceux qui avaient commis un crime, le temps que la gendarmerie arrive de la vallée pour récupérer les malfaiteurs. Mais si la gendarmerie était venue, elle l'aurait su : dans le petit village de montagne, il n'y avait rien de plus excitant qu'une visite d'hommes en uniforme. Eleni avait déjà interrogé Despina à propos de l'oncle de Lefti, mais sa tante s'était brusquement mise à suffoquer et sa mère lui avait alors interdit d'aborder le sujet. Cependant Eleni n'était pas une peureuse princesse. Elle s'était mis en tête de retrouver l'oncle de Lefti afin que son cousin ait un adulte pour lui tout seul et ne soit pas toujours fourré avec son père.

La fillette pressa son nez retroussé contre la vitre, qui s'embua. Au bout d'un petit quart d'heure surgirent deux silhouettes qui venaient du Haut Village. Eleni les reconnut aussitôt : un grand homme taillé comme un ours avec des épaules d'armoire à glace et un jeune garçon dégingandé qui faisait deux pas quand l'homme en faisait un – aucun doute, c'était Lefti et Spiros.

Plissant les paupières, Eleni les vit se rendre au *kafenio*. Son père ne l'y avait encore jamais emmenée, elle ne savait même pas à quoi ressemblait l'intérieur du café. Elle n'en connaissait que les chaises que l'on sortait quand le temps s'améliorait.

— Sale petite garce ! s'écria tout à coup Christina dans son dos.

Eleni se retourna en sursaut.

— Je t'ai dit cent fois de ne pas poser tes doigts crasseux sur mon coffre ! Et surtout de ne pas grimper dessus !

La voix de Christina était hystérique. Eleni sauta promptement à terre, mais elle se retrouvait à présent prise au piège comme un animal et se demandait comment faire pour passer devant sa sœur, qui serrait déjà les poings. Christina fit un pas en avant – ses cheveux d'un blond sale dépassaient de son foulard, elle avait les mains luisantes d'humidité après avoir nettoyé les haricots, et son tablier était maculé de traînées vertes.

Comme elle s'approchait d'un air menaçant, Eleni recula vers la fenêtre. Sans réfléchir, elle saisit le pot de chambre plein qui était placé à côté du lit de Foti et le brandit d'un air de défi au-dessus du coffre. Christina se mit à piailler :

— Gare à toi, petite salope !

— Jure-moi que tu ne me frapperas pas ! balbutia péniblement Eleni, si effrayée par les bras impressionnants de sa grande sœur qu'elle n'en avait presque plus de voix.

Elle heurta légèrement le coffre en guise d'avertissement. Comme Christina sortait deux fois par jour les tissus, dessus-de-lit, nappes et vêtements qui s'y trouvaient pour les caresser tels des chatons, le coffre n'était jamais fermé. Soudain, tout se passa à une vitesse folle. Christina se précipita comme une furie sur Eleni pour lui arracher le pot de chambre, dont le contenu se mit à tanguer dangereusement au-dessus des étoffes blanches. Chacune des deux sœurs tirait de son côté et Eleni finit par donner un coup de pied dans le tibia de Christina. Poussant un cri, celle-ci lâcha la cuvette. Prise de peur, Eleni fit de même, et toutes deux suivirent du regard la trajectoire du récipient, percevant chaque seconde comme au ralenti jusqu'à ce que le contenu vienne se déverser généreusement sur le trousseau.

Christina hurla comme elle ne l'avait jamais fait et ne le ferait jamais plus. Son cri ne résonna pas seulement dans toute la maison, il ébranla Varitsi et fit tressaillir les oiseaux dans les jardins voisins. Christina et Foti avaient une tendance à l'hystérie qui, dans le passé, avait parfois obligé leur mère à les empoigner par la tignasse pour leur plonger la tête dans l'eau froide de l'abreuvoir. Eleni ne ressemblait pas beaucoup à ses sœurs. Alors que Christina et Foti avaient une peau claire et rêche, une épaisse chevelure blond sale et une carrure robuste, elle était délicate, avec la peau olivâtre de sa grand-mère et un tel fouillis de boucles brunes que souvent les étrangers demandaient à les toucher. En raison de la différence d'âge, elle avait peu connu les accès de rage de ses sœurs, si bien qu'elle restait paralysée dans le coin de la pièce tandis que Christina beuglait comme si sa vie était en danger. Despina fut la première à accourir, elle attrapa Christina par le haut des bras et essaya de la calmer.

Peu après, Pagona arriva à son tour, les mains enfarinées et le visage rougi par la chaleur du four.

— Christina ! Quoi ? Parle ! Quelqu'un t'a fait du mal ?

Mais Christina continuait de glapir, jusqu'au moment où yaya Maria entra dans la chambre des filles avec un verre d'eau et le vida très lentement sur la nuque de Christina.

— Les voisins t'entendent ! Les braillardes restent vieilles filles !

Cela faisait six mois que Christina, qui allait bientôt avoir dix-huit ans et voyait chaque jour des jeunes gens parader sous ses fenêtres, ne pensait plus qu'au mariage, aussi se calma-t-elle instantanément. Elle respira profondément, puis pointa le doigt sur Eleni et dit de cette voix que la fillette attribuait aux monstres des histoires de yaya Maria :

— Cette petite garce a vidé le pot de chambre de Foti dans mon coffre !

Il ne servait à rien de nier ou de protester, Eleni le savait. Elle obéit donc à l'impulsion du moment et décampa aussi vite que le lui permettaient ses courtes jambes, dévala l'escalier, traversa le salon, la cuisine, sortit dans la cour, entra au jardin et s'introduisit à quatre pattes dans la niche où les chiens dormaient pendant l'hiver. Elle alla s'asseoir tout au fond, replia les jambes, croisa les bras autour de ses genoux et résolut de mordre tous ceux qui voudraient la faire sortir de là. À l'exception des chiens. Parce qu'ils mordent en retour.

Ce n'est que plusieurs heures plus tard, à la tombée de la nuit, que sa famille s'inquiéta d'elle. Yaya Maria fouilla la maison, Pagona et Despina la cour, et la forêt qui se trouvait derrière. Spiros, lui, était au *kafenio* avec une bouteille de *tsipouro* – cela faisait dix-huit ans qu'il se désintéressait des humeurs de ses filles. Christina avait refusé de participer aux recherches et Foti lui tenait compagnie, moitié par paresse, moitié par solidarité.

Le teint écarlate – l'air était irrespirable dans la salle enfumée du café –, Lefti rentra alors que l'équipe de secours venait de s'égailler.

— Où sont-ils tous ? demanda-t-il à Foti et à Christina, qui étaient assises à la cuisine, fixant la table en bois d'un air morose, telles des épouses trompées.

— La mioche a fichu le camp après avoir bousillé mon trousseau, fulmina Christina, qui se remit à pleurer.

— Pourvu qu'elle se fasse bouffer par les loups, ajouta Foti.

Lefti avait la migraine à cause de la fumée de cigarette, et les cafés trop sucrés que lui avait fait boire son oncle lui causaient des maux d'estomac. Il se détourna sans un mot et quitta la pièce. Lorsqu'il avait fêté son douzième anniversaire, trois semaines plus tôt, son oncle lui avait expliqué que désormais il était presque un homme, ce qui, dans un premier temps, l'avait rempli de fierté, lui, l'enfant sans père. Ce soir-là, pourtant, il éprouva un étrange soulagement quand, après avoir entendu les hommes parler politique quatre heures durant, il put regagner l'endroit qu'il avait toujours particulièrement aimé dans son enfance : la niche des chiens. Son hypothèse était juste : sa cousine s'y était installée tout au fond.

— T'inquiète pas, c'est moi.

Lefti chercha la main d'Eleni à tâtons.

— C'est la faute à Christina, chuchota la fillette.

L'obscurité ne permettait pas à Lefti de voir si Eleni pleurait mais, en se serrant contre elle, il sentit qu'elle tremblait.

— Pleure pas, Eleni. Les héroïnes pleurent pas.

— Ah non ?

— Non. Les héroïnes pleurent pas. T'es bien trop forte pour ça. Et puis je veillerai sur toi. Promis.

Le monstre à un œil

La vallée au-dessus de laquelle trônait Varitsi avait reçu le surnom de Vallée des Mille Oreilles parce que, dans les villages aux bâtisses de pierre situés sur les versants, on ne pouvait emprunter les ruelles tortueuses sans se faire remarquer. Durant les sept cents années d'existence de Varitsi, les habitants n'avaient pas eu besoin d'ériger des tours d'observation : amis ou ennemis, on entendait les arrivants approcher longtemps avant de les voir. L'avant-veille du mariage de Yorgos, le voisin d'Eleni et de Lefti, les villageois commencèrent de tendre l'oreille, car on attendait impatiemment la promise.

— Je parie qu'elle est sourde ou aveugle, marmonna Christina.

Et Foti, postée à côté d'elle à la fenêtre, renchérit :

— Sûrement sourde *et* aveugle.

Eleni et Lefti étaient tout aussi excités que le reste du patelin mais, à l'inverse de leur famille et des autres habitants, ils aimaient beaucoup leur voisin. Lefti se souvenait vaguement qu'avant d'aller rejoindre les communistes dans la montagne Yorgos était un homme grand, beau et très apprécié. Yorgos ne s'était décidé que peu avant la fin de la guerre, alors que tout était déjà joué. Nul n'avait su pourquoi il était soudain parti en campagne, mais on s'était moqué de lui : « Il doit avoir un grain pour se battre avec les perdants. » Et au bout de quelques semaines seulement, il avait été fait prisonnier et exilé sur une île aride. Sa libération était intervenue relativement vite. Il aurait, disait-on, proposé de signer une rétractation où il déclarait qu'il n'était pas communiste, qu'il détestait les communistes et acceptait de révéler les secrets de leur organisation. Depuis, il était honni tant par les habitants de Grand-Varitsi que par ceux de Micro-Varitsi. En d'autres termes : s'il n'y avait eu sa mère grabataire dont il s'occupait avec un soin touchant, Yorgos aurait été complètement seul. Aucune femme n'avait voulu de lui, aussi avait-on été très surpris lorsqu'un jour le curé avait affiché un papier annonçant que Yorgos épouserait dans cinq semaines une fille des montagnes dont nul n'avait entendu parler. Jamais il n'y avait eu pareil mariage : la fiancée n'était originaire ni de Varitsi ni d'un village avoisinant ; de plus, elle n'était pas apparentée à Yorgos, ni même à quelqu'un qui aurait été apparenté à quelqu'un de Varitsi. L'union avait été arrangée par une entremetteuse professionnelle de la vallée, qui avait touché une commission confortable – détail croustillant, Yorgos ne connaissait sa promise que par portrait interposé. Il ne l'avait jamais vue en vrai.

Eleni et Lefti aimaient bien lui rendre visite. Il leur offrait toujours des sucreries et, quand il partait en voyage, il leur rapportait des jouets qu'ils étaient obligés de cacher à leurs mères. Les deux enfants étaient les seuls à avoir eu le droit de jeter un coup d'œil sur la photo. Malheureusement on ne distinguait pas grand-chose : la future se trouvait devant une remise, entourée d'une grande famille dont les membres arboraient un air sévère et portaient des tenues démodées, et dans sa robe traditionnelle au col montant elle était à peine identifiable. Sans compter que le cliché, abîmé et jauni, n'était pas bien exposé.

Brûlant de curiosité, la population de Varitsi attendait donc la venue de la jeune fille, l'oreille dressée, le regard tourné vers la vallée, mais n'en fut pas moins surprise par son apparition. La noce, en effet, au lieu d'arriver par la route à lacets, se glissa par-derrière, empruntant un des cols que seuls les paysans utilisaient lors du retour d'estive – surgissant ainsi de la montagne. Quel ne fut donc pas l'émoi lorsqu'un cortège de vingt personnes, quatre véhicules et huit mulets traversa les pâturages de Konitsi et parvint à destination en suivant d'antiques et sinueux chemins forestiers.

Aussitôt Christina et Foti coururent se poster au portail.

— Je parie qu'elle a les dents gâtées, ricana Foti.

— Sûrement qu'elle est trop vieille ou trop malade pour avoir des enfants, renchérit Christina.

Et leur mère Pagona dit en résumé :

— De toute façon, y a un truc qui cloche avec elle.

Sur quoi yaya Maria les renvoya toutes dans la cour.

— Arrêtez de les reluquer, on dirait une bande de chèvres ! Un peu de décence, quand même !

Seuls Eleni et Lefti étaient dans la rue, ils buvaient la limonade que Yorgos leur avait offerte en l'honneur de cette journée avant de se précipiter à la rencontre de sa promise. Lefti s'amusait de l'obstination des femmes de la famille à essayer d'apercevoir la fiancée tout en feignant l'indifférence.

— Lefti, Eleni, rentrez dans la cour ! ordonna Pagona.

Mais, juste à ce moment-là, le cortège apparut au coin de la ruelle. Il se fit un brusque silence, même les poules cessèrent de glousser et le chien d'aboyer.

— Ça ne peut pas être elle ! chuchota Christina en attrapant la main de Foti.

La fiancée de Yorgos marchait en tête au bras de son père, dont la figure bronzée, éreintée, rayonnait de fierté.

Non, elle n'était pas belle. La fiancée de Yorgos était merveilleusement belle, et tous ceux qui l'avaient vue déclarèrent qu'elle avait ravi le titre de plus belle femme du village. Certes elle avait la peau sombre, comme si elle avait travaillé tout l'été aux champs, mais les contours purs de son visage n'étaient entachés d'aucune ride, d'aucune marque de l'âge, au contraire elle respirait la fraîcheur et la jeunesse. Elle était mince et délicate, montrait sous son costume une poitrine généreuse, et un voile de fête laissait fugitivement entrevoir ses cheveux dorés, qui brillaient au soleil. Ses lèvres étaient roses et pleines, son cou long et gracieux. Eleni et Lefti lui firent signe de la main, à quoi elle répondit par un sourire timide. Christina et Foti tressaillirent : sa denture était intacte, blanche et vigoureuse.

— Yorgo, comment s'appelle ta fiancée ? cria Lefti tandis que le voisin conduisait avec orgueil sa future famille chez lui.

— Spiroula ! proclama-t-il, radieux.

— Je crois que c'est une princesse, chuchota Eleni.

Mais autant Spiroula était belle, autant ses compagnons étaient bizarres. Ni Lefti, ni Eleni, ni le reste de la famille n'avaient jamais vu pareilles tenues : les hommes portaient des jupes plissées par-dessus leurs knickers, des gilets brodés et de drôles de chapeaux, tandis que les femmes étaient vêtues de robes rouge-noir-vert avec deux ou trois tabliers superposés et, ce qui suscitait le plus d'étonnement, elles avaient le visage entièrement voilé à l'exception des yeux, comme cela se faisait dans le temps.

— Je n'avais pas revu cela depuis mon enfance, marmonna yaya Maria.

Elle se remémorait sa jeunesse, l'époque où les femmes dissimulaient leur visage quand elles entreprenaient un voyage dans les régions turques d'Asie Mineure.

— Étrange, fit-elle, perdue dans ses pensées.

La vieille femme fut prise d'un brusque frisson. Elle avait l'impression de voir défiler devant elle un sombre passé.

Le mariage de Yorgos et de Spiroula devait être un des plus beaux de toute l'histoire du village. Dans sa robe blanche, Spiroula ressemblait à un brin de muguet, et Yorgos arbora toute la journée un sourire si joyeux que même les railleurs les plus obstinés qui se moquaient encore de lui il y a peu en furent involontairement émus. Les quatre heures de cérémonie passèrent vite, car on ne pouvait se rassasier de contempler la belle Spiroula, l'heureux Yorgos et les drôles de bergers. La plus grande surprise de la journée fut la fête qui suivit. Sur la place du village, où l'on servait pain, fromage, agneau et schnaps, quelques-uns des hommes de la famille de Spiroula sortirent des instruments de musique qu'on n'avait encore jamais vus. Des sons pleins de tristesse et de joie, de nostalgie et de mélancolie se firent entendre, dégageant un charme étrange. Même les vieilles veuves qui s'étaient juré de ne plus jamais céder à l'allégresse ni à la gaieté balançaient les pieds en cadence et se chuchotaient l'une à l'autre : « C'est la musique du diable, du diable je vous dis. »

Quand la nuit tomba, des familles qui s'étaient affrontées dix ans plus tôt et disputées la veille encore se retrouvèrent à danser sur la même piste. Communistes et royalistes, paysans et artisans, hommes et femmes. Même les jeunes filles célibataires eurent le droit de sortir en dépit de l'obscurité, ce qui toutefois leur procura peu de plaisir, car les jeunes hommes non mariés n'avaient d'yeux que pour l'épousée. Eleni et Lefti n'avaient jamais mangé autant de sucreries, Eleni en eut mal au ventre pendant trois jours, et Yorgos était si heureux qu'il enchaînait les tournées et semblait prêt à dépenser tout son argent rien que pour offrir la plus belle fête de tous les temps à des gens qui lui en avaient fait voir de toutes les couleurs pendant des années.

Un peu à l'écart, Eleni et Lefti sautaient en rond jusqu'à ce que, peu avant minuit, yaya Maria vînt les chercher pour les traîner jusqu'à la maison. La vieille femme pensait qu'au mitan de la nuit s'éveillaient toutes sortes d'esprits malfaisants qui étaient néfastes pour les âmes innocentes des enfants.

Cependant, une fois rentrés, Eleni et Lefti étaient si excités par toutes les sucreries avalées que yaya Maria accepta de leur raconter une dernière histoire. Mais avant, elle ferma les volets, alluma trois bougies blanches et plaça son bracelet contre le mauvais œil bien en évidence sur la table afin que les esprits restent à l'extérieur.

— Il m'est revenu une histoire des Anciens que ma grand-tante m'a racontée lorsque j'avais votre âge. Il y a longtemps, de l'autre côté de la mer, dit-elle.

Elle s'éclaircit la gorge et s'assit dans le fauteuil à bascule, à côté de la table de la cuisine, dans lequel l'époux de yaya Maria avait été allaité. La vieille femme se cala les reins avec le coussin, Lefti allongea les jambes sur le banc de bois et Eleni posa la tête sur son ventre tandis que la grand-mère commençait son récit de sa voix douce.

De toutes les Néréides – c'est-à-dire les filles du dieu marin Nérée –, la plus belle s'appelait Thétis. Sa beauté était telle que même les dieux de l'Olympe en étaient étonnés quand ils la voyaient passer et ils exauçaient tous ses souhaits rien que pour pouvoir la regarder. Il va de soi que chacun des dieux aurait bien voulu l'épouser, mais il existait une vieille prophétie disant que le fils de Thétis serait un jour beaucoup beaucoup beaucoup plus fort que son père. Et cela faisait peur aux dieux, qui étaient vaniteux.

Un jour, fatiguée après s'être baignée, Thétis s'assoupit dans une grotte isolée. Survint alors un jeune prince du nom de

Pélée. À la vue de la belle endormie, il s'enflamma d'amour et ne put s'empêcher de la prendre dans ses bras. Thétis se réveilla en sursaut et fut saisie de dégoût devant ce mortel.

« Lâche-moi, puante créature ! » s'écria-t-elle. Mais Pélée répondit : « Je ne te lâcherai pas, car je t'aime. »

Comme Thétis était une déesse, elle avait le pouvoir de se métamorphoser. Elle se transforma en feu et brûla la peau du prince. Elle se changea en eau et le fit suffoquer. Elle se transforma en lionne et lui lacéra le visage. Elle se changea en serpent et le mordit sur tout le corps. Mais elle avait beau le blesser, elle avait beau le faire souffrir, Pélée ne voulait pas la lâcher.

Lorsque Thétis se fut calmée, elle se rendit compte que Pélée n'avait plus qu'un souffle de vie. Touchée par son amour, par le fait qu'il préférait mourir plutôt que de la lâcher, elle reprit sa forme originelle et soigna ses blessures. Bien que Pélée ne fût qu'un homme et elle une déesse, elle l'épousa. Ils eurent un fils, qu'ils appelèrent Achille. Achille devint le guerrier le plus fort de tous les temps, bien plus fort que son père, mais ce n'est pas le lieu ici de raconter ses aventures. Quoi qu'il en soit, Thétis et Pélée eurent une belle vie, et la nôtre est encore meilleure !

Eleni fut réveillée en pleine nuit par un cri. Le cri était aigu et perçant, un de ceux qui vrillent la moelle et hérissent tous les poils. Elle resta quelques instants assise toute droite dans son lit, le cœur battant la chamade, épiant le silence. Dehors il y eut un claquement, comme si le portail n'était pas bien fermé et que le vent le secouait, mais les branches du saule, devant la fenêtre, étaient immobiles. Peu après, les poules se mirent à glousser, les chiens à aboyer, leurs chaînes cliquetèrent, et Eleni fut envahie de frayeur. Christina tressaillit nerveusement dans son sommeil ; couchée sur le ventre, Foti avait enfoui sa tête sous l'oreiller. Prenant son courage à deux mains, Eleni traversa à tâtons la pièce plongée dans l'obscurité et se rendit dans la chambre de sa grand-mère.

— Yaya, chuchota-t-elle après avoir poussé la mince porte en bois avec précaution pour ne pas faire grincer les vieilles charnières.

Elle ne fut pas surprise en constatant que sa grand-mère avait les yeux ouverts. Eleni ne l'avait encore jamais vue dormir.

— Yaya, il y a un monstre dans la cour.

La grand-mère la regarda avec affection et acquiesça comme si elle aussi l'avait entendu. La vieille femme se poussa sur le côté et tapota l'espace libéré. Eleni referma prudemment la porte, se glissa dans le lit, et sa respiration se calma lorsque sa grand-mère la serra doucement dans ses bras. Le dos contre sa yaya, la fillette pressait son corps contre la peau douce. Elle ne tarda pas à s'endormir.

Yaya Maria était toujours la première à se lever, aussi réveilla-t-elle sa petite-fille bien avant le jour.

Eleni descendit l'escalier derrière elle sur la pointe des pieds et traversa la cuisine à sa suite jusqu'à la buanderie. Yaya alluma le poêle, sur lequel trônait la bouilloire. Sans attendre que l'eau soit chaude, elle se lava le visage et les aisselles avec l'eau glaciale tirée la veille du puits. Yaya Maria fit disparaître ses cheveux blancs sous son foulard et noua son tablier de travail autour de sa taille.

Elle donna à Eleni la corbeille pour les œufs et sa petite-fille sortit dans la cour pour se rendre au poulailler. Encore tout endormie, elle ouvrit la clôture, prit le maïs qu'elle avait coutume de répandre pour faire diversion, s'apprêtait déjà à crier *cotcotcotcooot* pour attirer les poules hors de leur enclos, quand elle s'aperçut que celles-ci l'avaient déjà quitté et déambulaient en plein air. Eleni se frotta les yeux.

— Qu'est-ce que vous faites dehors avant le lever du soleil ? leur demanda-t-elle.

Désorientées, les volailles picoraient avec hésitation.

Le poulailler était l'œuvre de Spiros, qui l'avait fabriqué sans amour. Le jour qui passait à travers les planches ne répandait à l'intérieur qu'une lumière parcimonieuse. Eleni recueillit les œufs des nids qu'elle parvenait à repérer et les déposa précautionneusement dans la corbeille où adhéraient de moelleuses plumules et quelques fientes. Elle s'apprêtait à ressortir quand elle voulut, par acquit de conscience, ouvrir grand la porte un bref instant pour vérifier qu'elle n'avait pas oublié d'œufs. Elle découvrit alors ce qui avait chassé les poules à l'extérieur. C'était la source des cris poussés au cours de la nuit et elle effraya Eleni bien davantage que tous les monstres dont elle avait pu rêver. Une silhouette féminine en habits blancs était recroquevillée dans la paille fraîche. En se penchant, Eleni reconnut Spiroula, la femme de Yorgos.

— Chut, ne fais pas de bruit ! gémit celle-ci.

Spiroula était dans un état pitoyable : le monstre avait mis ses vêtements en lambeaux. Son corsage était à demi ouvert, partiellement déchiré, et elle portait un jupon blanc maculé de taches rouges.

— Tu as rencontré le monstre ? demanda Eleni.

Spiroula acquiesça avec véhémence.

— Je vais chercher Lefti – telle fut la première pensée d'Eleni.

Mais Spiroula la retint par le poignet.

— Non, arrête ! Va chercher mon père, il faut qu'il me ramène !

Larmes et morve coulaient sur son visage, hier encore si beau. Eleni resta interdite.

— Mais le monstre ? fit-elle.

Spiroula lui posa son index sur les lèvres.

— Chut ! Le monstre, c'est Yorgos ! C'est un mort-vivant, il a les boyaux qui pendent entre les jambes !

Eleni écarquilla les yeux.

— Crois-moi, petite fille. Ses boyaux ressemblent à un serpent. D'abord il dormait, mais quand je me suis mise au lit il s'est réveillé. Il n'avait qu'un œil et il voulait entrer à l'intérieur de moi pour dévorer mon âme !

Eleni n'avait jamais entendu parler d'une histoire pareille, elle avait toujours cru que les monstres étaient pleins de poils et avaient des griffes acérées, mais les taches sur le jupon de Spiroula semblaient donner raison à la jeune femme.

— Je vais chercher ton père ! promit-elle.

Elle courut jusqu'à la porte de la cour, ôta la lourde chaîne de fer et s'en servit pour sécuriser le poulailler.

Puis, en bonne héroïne, elle se mit en route pour le village avec une détermination farouche, en quête du père de Spiroula.

Le jour se levait tout juste, de légères nappes de brume flottaient au-dessus des rues pavées et, après avoir parcouru le village endormi de long en large pendant une bonne demi-heure, Eleni se rendit compte qu'elle n'avait pas la moindre idée de l'endroit où pouvait se trouver le père de Spiroula. Hors d'haleine, elle s'arrêta devant la citerne, s'assit sur les marches et s'interrogeait sur ce qu'elle devait faire quand Yorgos surgit à côté d'elle. Il avait un œil au beurre noir, les cheveux comme du feutre, et toute sa personne était effrayante.

— Eleni, qu'est-ce que tu fais dehors à cette heure ?

Sentant son haleine chargée d'alcool, Eleni fut aussitôt convaincue que Spiroula avait raison – c'était de toute évidence le souffle irrespirable et démoniaque d'un monstre. Prise de panique, elle se releva d'un bond et fila. Elle retourna au poulailler pour découvrir que Spiroula avait disparu.

Yorgos se sentait poursuivi par la poisse. Quelques heures plus tôt, il se considérait comme l'homme le plus heureux du monde, aussi la désillusion avait-elle été cruelle. Alors qu'il lui exprimait tout son désir, sa femme lui avait flanqué un grand coup de lampe à huile avant de décamper. Son crâne le faisait horriblement souffrir. Il avait passé des heures à chercher vainement Spiroula mais, lorsqu'il déverrouilla sa porte, la fenêtre des voisins s'ouvrit et Pagona dit :

— Yorgo, nous avons trouvé ce que tu as perdu.

Et de fait, à la table de la cuisine était assise une Spiroula hirsute et dans tous ses états.

— Elle s'était enfermée dans le poulailler, poursuivit Pagona en riant. Heureusement elle avait utilisé la grosse chaîne du portail, autrement nous n'aurions pas su qu'elle était là.

Yorgos se doutait que cette mésaventure ferait définitivement de lui un objet de risée. Mais, à ce moment-là, il fut juste satisfait d'avoir retrouvé son bien le plus précieux. La famille de Spiroula était si traditionaliste qu'elle avait interdit à la jeune fille d'assister au rut printanier des bêtes, afin de préserver aussi bien la virginité de son corps que celle de son imagination. Pagona et Despina lui avaient donné en accéléré le plus d'explications possible, si bien qu'elle accepta de bon gré de rentrer avec Yorgos, où tous deux passèrent toute la journée au lit, d'abord pour rattraper un peu le sommeil perdu, et ensuite pour explorer, avec toute la lenteur et les précautions nécessaires, les plaisirs que réservait le mariage.

Et c'est ainsi, pourrait-on dire, que l'éducation sexuelle fit son apparition à Varitsi. Les femmes mariées passèrent toute la matinée à se tordre de rire à propos de cette histoire. À midi, la nouvelle s'était répandue jusqu'à Micro-Varitsi et, dès après le déjeuner, quelques mères firent de longues promenades avec celles de leurs filles qui étaient encore célibataires ou chassèrent les hommes de la maison pour pouvoir discuter tranquillement. Dans les années 1950, les adolescentes étaient tenues strictement à l'écart de l'autre sexe, on ne parlait quasiment pas de la différence entre les hommes et les femmes, ni a fortiori de l'acte par lequel la jeune fille devenait une femme. Toutefois, l'histoire de l'épouse si pure et si chaste qu'elle avait pris le popaul de son mari pour les boyaux d'un monstre et s'était enfuie au cours de la nuit de noces après lui avoir presque défoncé le crâne convainquit jusqu'aux familles les plus strictes et les plus imbues de morale de dire la vérité à leurs filles sur les cigognes, les abeilles, les plantes et autres fleurs en pots pour ne pas s'exposer à semblable humiliation. Pagona passa elle aussi l'après-midi avec ses deux aînées. Les trois femmes partirent cueillir du thé des montagnes, mais ne revinrent qu'avec une poignée de feuilles, car à peine Pagona avait-elle entamé ses explications qu'elle dut ôter les couteaux à Christina et Foti, dont les mains s'étaient mises à trembler dangereusement. Eleni ne fut pas de la partie – elle était encore beaucoup trop jeune pour songer au mariage. Cependant, personne ne se douta que c'était elle et non Spiroula qui avait sécurisé le poulailler à l'aide de la chaîne. Dans la confusion, yaya Maria, dont la mémoire connaissait d'ailleurs quelques défaillances, oublia qu'elle avait envoyé la petite ramasser les œufs. Et tandis que les filles plus âgées apprenaient que Yorgos n'était pas un monstre, Eleni se terrait dans la niche, mortellement effrayée. Elle attendit plusieurs heures que Lefti vienne la chercher, qu'il s'introduise en rampant par la petite porte en arc. Mais son attente fut vaine. Son père s'était rendu avec lui dans la vallée pour acheter de nouvelles faux, car cela faisait des années qu'on ne voyait plus de rémouleurs ambulants à Varitsi. C'est ainsi qu'Eleni se cacha jusqu'au crépuscule sans que personne ne se soucie d'elle. Les chiens étaient déjà sur les pâturages pour tenir les loups éloignés des troupeaux durant l'été, et plus le soleil s'enfonçait à l'horizon, plus la frayeur d'Eleni augmentait. Le soir venu, le vent fraîchit. Les volets claquaient contre les cadres, il y avait constamment quelque chose qui tombait. Finalement Eleni regagna sa chambre de toute la vitesse de ses jambes, elle se mit au lit et, sous l'effet de la peur, s'endormit sans avoir dîné. Elle se réveilla brièvement lorsque yaya Maria s'assit à son chevet et lui posa la main sur le front.

— *Mou* petite poupée, tu as la fièvre ? chuchota-t-elle.

À moitié assoupie, Eleni grelottait.

— Le monstre n'a qu'un œil et il ressemble à un serpent, marmonna-t-elle tandis que sa grand-mère lui caressait la tête.

— Ce n'est qu'une hallucination.

La seconde fois qu'Eleni sortit de son sommeil, ce fut peu après minuit. Ses sœurs étaient couchées dans leurs lits, appuyées sur les coudes. Elles avaient allumé une lampe à huile et parlaient à voix basse.

— Je ne suis pas pressée de me marier, déclara Christina, pour le moment je n'ai pas envie de voir le serpent à un œil.

Foti, qui avait toujours été la plus courageuse des deux, répliqua :

— Dans ce cas, je me marierai avant toi, je suis très impatiente de voir à quoi ça ressemble en dessous.

Eleni ne pipa mot. Elle entendait ce que disaient ses sœurs. Mais entre l'éveil et le sommeil il existe un troisième état, qui n'est ni rêve ni pensée : un monde dans lequel tout s'agence pour former une réalité propre. Ce dont on a peur et ce qu'on entend, ce qu'on comprend et ce qu'on croit, un mélange d'être et de paraître, qui pourtant, d'une manière inexplicable, semble vrai. Et c'est dans ce monde que la fillette de sept ans se tournait et se retournait. Elle finit par s'endormir et fit des cauchemars avec un tas de monstres à un œil. Et le lendemain matin, avant même de sortir du lit, Eleni décida que jamais elle ne se marierait, qu'elle resterait une héroïne. Elle ne voulait pas se faire dévorer par un monstre, elle voulait combattre tous les monstres de la terre. Coûte que coûte. Avec ou sans Lefti.

Fête patronymique

Pour yaya Maria, cuisiner n'était pas seulement une des activités du foyer consistant à préparer pour la famille les plats les plus savoureux possible. Pour yaya Maria, cuisiner, surtout à l'occasion des fêtes, était presque un acte guerrier.

Lorsqu'en décembre 1956 la fête patronymique de Lefti approcha, yaya Maria, quoique souffrant de la goutte depuis l'automne précédent, fut prise d'une frénésie fanatique, comme s'il s'agissait de conquérir une grande ville. Plusieurs semaines avant l'événement, elle organisa des réunions d'état-major avec ses jumelles et ses petites-filles, planifiant le menu, inspectant les garde-manger, vérifiant jusqu'au grand jour – parfois heure par heure – si des mites ne s'étaient pas nichées dans la farine, si le yoghourt ne s'était pas renversé, et chargeant ses aides de tâches supplémentaires pour être prête au cas où les lutins viendraient dérober les pommes de terre et où les chèvres seraient soudainement victimes d'un infarctus. Et quand l'une d'elles ne se donnait pas assez de mal, elle entortillait un torchon et le brandissait comme un fouet.

Lorsque yaya Maria était arrivée à Varitsi, en 1920, elle ne savait même pas couper du pain. Dans sa patrie d'Asie Mineure, son père s'était ménagé une confortable aisance grâce à sa société d'export. Il n'y avait pas seulement des gouvernantes et des jardiniers, mais aussi une cuisinière qui faisait chaque jour un gâteau, bien que dans la famille personne n'aimât les desserts, et confectionnait une multitude d'autres plats. Son père accordait beaucoup d'importance à l'éducation ; il y avait des précepteurs qui enseignaient le français, l'anglais et le latin à yaya Maria. Elle apprit à jouer du piano, à relever ses cheveux pour avoir l'air d'une statue antique, mais ce n'est qu'à Varitsi qu'elle fit connaissance avec la cuillère en bois, quand sa belle-mère lui en donna des coups jusqu'à ce qu'elle sache s'en servir.

Yaya Maria préféra dresser elle-même ses filles plutôt que de laisser cette tâche à une méchante belle-mère. Et si elle avait appris une chose dans la vie, c'est que les belles-mères étaient foncièrement méchantes.

En 1956, la fête de Lefti fut un événement parce que, cette année-là, il avait eu douze ans et n'était donc plus considéré comme un enfant. Il était désormais officiellement l'héritier mâle de la famille, et des amis, des connaissances, des parents et même les descendants des partenaires commerciaux du défunt mari de yaya Maria avaient annoncé leur venue. Et au premier chef : la future famille de Christina. Quelques semaines plus tôt, Spiros avait donné son accord pour ses fiançailles avec un fils de paysan de Varitsi. Christina s'était lamentée deux nuits durant. Premièrement elle avait décidé, après le mariage de Spiroula, d'attendre encore un peu avant de perdre sa virginité. Deuxièmement elle avait espéré que son père lui choisirait un époux dans la vallée, car là-bas les jeunes hommes étaient bien plus jolis garçons qu'à Varitsi, où, depuis des générations, les pères transmettaient à leurs fils une prédisposition aux pellicules. Mais elle s'était fait une raison et avait insisté pour s'occuper des desserts.

En ces jours de décembre, le monde était devenu une énigme pour Eleni. Elle n'avait plus le droit de jouer et devait passer toute la journée à la cuisine comme si c'était elle, et non Lefti, qui était devenue adulte.

« Regarde et apprends ! » braillait yaya Maria quand Eleni s'ennuyait après avoir accompli toutes ses tâches.

Mais Eleni venait juste d'avoir huit ans. Cela ne l'intéressait pas de savoir comment il fallait tenir les aubergines au-dessus du gril pour que l'intérieur devienne liquide. À l'inverse de ses sœurs, elle ne voyait nulle magie dans la transformation d'une pâte collante en une miche de pain chaude et odorante. Qui plus est, elle n'arrivait absolument pas à se mettre dans la tête que ce n'était pas du tout la même chose si l'on ajoutait à ceci ou cela une grande ou une petite cuillerée de cela ou ceci. Et plus elle restait enfermée à la cuisine, tantôt assise sur la banquette d'angle d'un air rétif à regarder ostensiblement par la fenêtre, tantôt coupant sans soin des tomates en dés qui n'étaient jamais comme il fallait, plus elle devenait jalouse de Lefti. Lui avait le droit de passer la journée au *kafenio* avec son père, se déclarait désormais trop grand pour jouer avec elle, après tout il avait délaissé le cure-dents pour le couteau de poche, et, quand il lui arrivait d'être disponible, au mieux il lui parlait des histoires extravagantes qu'il avait entendu raconter par les hommes au *kafenio.* Sur un groupe de voyageurs qui avaient marché pendant sept jours en montagne sans dormir une seule nuit. Sur un homme qui avait traversé à la nage toute la Méditerranée et avait failli se faire avaler par un poisson de la taille d'un bateau. Sur des jumeaux qui s'étaient soudés dans le ventre de leur mère et qui allaient aux quatre coins du monde en tant que forains. Eleni ne savait pas que Lefti inventait toutes ces histoires rien que pour elle. Elle ne soupçonnait pas qu'il s'ennuyait terriblement au *kafenio* parce qu'on s'y affrontait tantôt sur la politique, tantôt sur les prix des denrées agricoles. Elle était vexée de devoir se contenter d'observer le pain en train de brunir au lieu du spectacle de ces hommes. Eleni s'était fait une tout autre idée de ses débuts d'héroïne. Les seuls monstres qu'on l'autorisait à combattre, c'étaient les cafards.

Pourtant, Lefti aurait donné n'importe quoi pour être à sa place. Il aimait tellement mieux le doux arôme de la cuisine que la puanteur des cigarettes et de l'alcool répandu.

La fête de Lefti tombait le 15 décembre. Eleni voulut le réveiller de bon matin, mais tante Despina la retint par sa tignasse.

— Laisse-le dormir, c'est sa journée.

Si elle n'avait pas été une héroïne, Eleni en aurait pleuré de rage.

Sa fête à elle avait eu lieu un mois plus tôt. Yaya Maria était entrée dans sa chambre peu après le lever du soleil et avait ouvert les rideaux parce que, avant d'aller à l'école, Eleni devait aider à préparer la visite qui aurait lieu le soir. Seuls avaient été invités les voisins, Spiroula et Yorgos. Mais après avoir félicité Eleni, la voisine avait fièrement révélé qu'elle était enceinte. Dès lors l'unique sujet de conversation des femmes avait été de se demander si l'enfant qu'abritait le ventre de Spiroula avait encore la taille d'un petit pois ou déjà celle d'un haricot. Eleni trouvait qu'un bébé dans le ventre n'était intéressant que lorsqu'on percevait sa présence, aussi voulut-elle convaincre Lefti de jouer avec elle, mais il était déjà en train de lacer ses chaussures.

— Oncle Spiros a dit, si vous parlez de trucs de femmes, nous on va au *kafenio.*

Le jour de la fête de Lefti, en revanche, le jeune garçon fut le centre exclusif de l'attention. Eleni ne connaissait pas toutes les personnes qui étaient assises à la grande table de la cuisine et qui posaient sans arrêt des questions à Lefti :

« Et quelle est ta matière préférée à l'école ? »

« Tu préfères les poivrons farcis ou les tomates farcies ? »

Pendant ce temps, Eleni devait porter les assiettes vides à l'extérieur où Pagona et Foti les lavaient. Foti râlait et Pagona la rabrouait. Quand elle revint avec les assiettes propres, Lefti arborait une expression qui n'était que trop familière à la fillette : il mordillait sa lèvre inférieure de ses dents du haut, avait le visage rouge cerise, les épaules légèrement relevées. Lefti ne savait pas quoi répondre. L'oncle du futur mari de Christina, un homme maigre au regard perçant et aux cheveux exagérément gominés, répétait :

— Mais à douze ans, tu dois bien savoir ce que tu veux faire plus tard. C'est toi qui auras la charge de cette maison !

La future belle-mère mordit dans un des biscuits de Christina et cracha sur la table d'un air dégoûté. Le futur beau-père n'avait plus qu'un œil ouvert et sa chemise était souillée de schnaps. Le futur mari montrait un teint jaunâtre, une peau rêche et, sourcils relevés, il regardait fixement les biscuits recrachés par sa mère.

Eleni attendit encore un moment puis, comme Lefti continuait de garder le silence, elle répondit haut et fort :

— Quand je serai grande, je combattrai les monstres.

Tous se mirent à rire, et ceux qui étaient assis dos à la porte se tournèrent vers elle avec amusement. Eleni ne trouva pas ça drôle du tout.

— Mais tu ne veux pas devenir une épouse et une maman ? demanda l'homme pommadé.

Eleni comprit d'un coup pourquoi Lefti restait muet. Quand cet homme vous fixait de son œil perçant, on en avait des picotements dans le ventre.

— Je ne me marierai jamais ! Je suis une héroïne et je parcourrai le monde pour tuer les monstres !

Spiros était assis en bout de table. Son regard était vide et imbibé d'alcool. Il buvait depuis le petit matin avec le futur beau-père de Christina en l'honneur de leur alliance. Ils se considéraient comme les habiles instigateurs des nouveaux liens familiaux, alors que c'était évidemment l'œuvre de yaya Maria. Celle-ci y avait travaillé pendant des années. Et ce fut elle aussi qui tira Spiros par la chemise.

— Dis quelque chose, chuchota-t-elle, sinon ils vont croire que c'est Christina qui héritera de la maison quand vous ne serez plus là !

Ils échangèrent un regard, puis Spiros lança à la ronde d'une voix ferme :

— Oui, la petite n'a que huit ans. Mais lorsqu'elle sera plus âgée, elle épousera Lefti et ils s'occuperont tous les deux de la maison.

Eleni ne remarqua pas le soupir de la famille de Christina. Elle sentit juste son estomac entrer en ébullition comme une fosse à purin en plein été.

— Non ! Jamais ! s'écria-t-elle en sortant de la cuisine à toutes jambes.

Eleni passa le reste de la journée dans diverses cachettes. La maison était grande et reliée par un couloir sombre aux pièces utilitaires et aux bergeries. Eleni savait où se terrer pour ne pas être découverte. Yaya Maria et Pagona la cherchèrent en vain. On trouvait extrêmement désagréable que l'héritier mâle eût été repoussé par sa cousine devant la future famille de Christina. Bien qu'il y eût désormais à Varitsi un téléphone installé au *kafenio* et qui fonctionnait même sans problème par beau temps, nombre de choses dans le petit village de montagne obéissaient à des règles séculaires. Et l'une de ces lois non écrites concernait l'honneur. Un héritier ne devait pas être insulté. Encore moins devant sa future parenté. Ni a fortiori par sa future femme. Même si celle-ci n'avait que huit ans.

Les chiens tournaient d'un pas lourd autour d'Eleni comme s'ils devaient protéger la fillette. Ils lui tinrent compagnie et la réchauffèrent tandis qu'elle se blottissait dans le fenil. Eleni savait qu'ils étaient pleins de puces. Mais elle préférait se gratter plutôt que d'être avec sa famille.

À l'arrivée du crépuscule, peu avant cinq heures, les trois chiens, qui s'étaient couchés auprès d'Eleni dans le foin frais destiné aux chèvres, levèrent la tête. La fillette s'éveilla de son demi-sommeil, les chiens s'assirent, dressèrent les oreilles, et le chef de meute, un mâle particulièrement grand avec de longs poils gris-noir, montra les dents. Eleni se redressa. Dès qu'elle avait été capable de se déplacer à quatre pattes, elle avait passé beaucoup de temps avec les chiens. Aucun mouvement ne leur échappait, mais ce n'était qu'à l'approche d'un étranger, de quelqu'un dont ils ne connaissaient pas l'odeur, qu'ils retroussaient les babines. Eleni ôta deux brins de paille de ses cheveux et rampa vers la sortie. Le fenil avait une petite fenêtre donnant sur la cour. Le portail était grand ouvert, manière pour la famille d'indiquer qu'en ce jour de fête tout le monde était bienvenu. Devant la porte de la maison se tenait un homme enveloppé d'un long manteau marron. Il allait et venait dans la cour, glissant sans arrêt un coup d'œil par la fenêtre de la buanderie, et ce n'est qu'au bout de quelques minutes, lorsqu'il se détourna pour s'en aller, qu'Eleni le reconnut : l'homme au manteau était l'oncle de Lefti.

La fillette ouvrit précipitamment la porte, traversa à toute allure la cour glaciale et rejoignit la rue principale. L'oncle de Lefti n'était certes pas aussi grand que son père, mais il n'en marchait pas moins très vite, si bien qu'Eleni ne le rattrapa qu'à l'embranchement vers le Haut Village. Comme elle le tirait par son manteau, il se retourna avec un sursaut.

— Pourquoi vous n'êtes pas entré ? demanda-t-elle. Ç'aurait sûrement fait plaisir à Lefti.

L'oncle respirait par la bouche. Le froid sec faisait geler son haleine.

— Il n'y a pas de place pour moi, là-bas. Je ne fais plus partie de cette famille.

Il fit mine de reprendre sa route, mais Eleni le retint par un pan de son vêtement.

— Lefti a besoin d'un oncle à lui, d'un oncle qui ne soit pas aussi mon papa. Ma famille préfère Lefti. Ils disent tous que je dois me marier avec lui. Mais moi, je veux devenir une héroïne.

L'oncle de Lefti s'agenouilla pour la regarder dans les yeux.

— Tu sais, les gens vieux jeu accordent plus d'importance aux fils qu'aux filles. Mais c'est une erreur. Le père de Lefti et moi, on a été des partisans. Il y a beaucoup de femmes qui ont combattu avec nous. Elles étaient aussi courageuses que les hommes. Elles dormaient par terre, comme les hommes, restaient des jours sans manger et quand elles avaient des puces elles ne se plaignaient pas.

— Moi aussi, j'en ai ! dit fièrement Eleni.

Et elle baissa la tête pour que l'oncle puisse s'en convaincre. Mais il eut un rire amer et se releva.

— Je ne peux rien pour toi, petite fille.

— Mais je ne veux pas me marier ! Pas avec Lefti, et d'ailleurs avec personne !

L'oncle se détourna et reprit son chemin. Sans hésiter, Eleni lui emboîta le pas dans la rue sombre en direction du Haut Village. La neige crissait sous leurs pieds. Bien qu'il fît un froid de loup, Eleni marchait avec constance deux pas derrière lui. Les chiens se frayaient un chemin vingt mètres derrière, protégeant Eleni en lieu et place du troupeau. L'oncle avançait rapidement mais, arrivé devant le petit bois avec ses cimes enneigées où sifflait le vent, il s'arrêta.

— Fillette, tu crois que tout s'arrangera si, rien que pour éviter un homme, tu te mets à courir après un autre ?

Eleni perçut son irritation. Mais, sans se démonter, elle répondit d'une voix forte :

— Est-ce que j'ai le choix ?

L'oncle soupira, son souffle se figea, formant devant ses lèvres un nuage allongé, avant qu'il n'entame son récit :

— Connais-tu l'histoire des Amazones ?

Eleni réfléchit un bref instant, elle avait déjà entendu tant d'histoires de la bouche de sa grand-mère, mais elle secoua la tête.

— Dans ce cas, je vais te la révéler, mais c'est un secret. Tu ne dois la raconter à personne, d'accord ?

Eleni opina du chef. Les histoires secrètes, c'était ce qu'elle préférait.

Au temps jadis, il y avait dans un pays très lointain un peuple qui s'appelait les Scythes. Tous les autres peuples les craignaient parce qu'ils étaient invincibles au combat et qu'en plus ils possédaient un troupeau de chevaux vigoureux qui leur permettaient de se déplacer plus vite que le vent. Chez les Scythes, il y avait deux frères qui étaient rois et rêvaient d'agrandir leur royaume par la conquête d'un autre territoire. Ils décidèrent donc de se rendre dans les pays voisins avec une partie de leur peuple, et de réduire leurs habitants en esclavage. Ils partirent avec leur armée, mais aussi avec leurs femmes et leurs enfants. Ils voyagèrent longtemps avant de trouver un endroit duquel lancer leur campagne de conquêtes. Cependant les deux frères étaient étourdis et turbulents. Ils laissèrent les femmes dans le camp et engagèrent le combat, mais ils avaient sous-estimé l'armée ennemie. Leurs adversaires remportèrent une victoire écrasante et les tuèrent ainsi que tous les soldats. Les femmes furent désespérées. La bêtise de leurs maris, qui avaient déclenché une guerre inutile, les livrait à présent sans défense à leurs ennemis. Elles soupiraient et se lamentaient, mais l'une d'elles dit alors : « Mes amies ! Ça ne peut pas continuer comme ça ! Ne restons pas là à ne rien faire et à perdre courage, transformons-nous en héroïnes ! » Les femmes décrétèrent que l'oratrice avait raison et, comme elles n'avaient rien à perdre, elles se choisirent un grand rocher en haut duquel elles construisirent un château fort. Elles élevèrent des chevaux, s'exercèrent au combat, forgèrent leurs propres armes et devinrent le peuple le plus invincible du monde. Leur secret, c'est qu'elles n'avaient aucun contact avec les hommes. Elles ne se laissaient pas distraire ni éblouir par leurs belles paroles, elles se serraient les coudes et l'emportaient sur tous leurs adversaires. Bientôt tout le monde se mit à les redouter. Beaucoup d'hommes essayèrent de conquérir une de ces femmes, mais ils échouèrent tous. Car les Amazones étaient de puissantes héroïnes, qui s'étaient juré de ne jamais se marier. Et elles eurent une belle vie, mais la nôtre est encore meilleure.

Les yeux d'Eleni brillaient, et l'oncle fit un geste en direction du Bas Village.

— Et maintenant, rentre vite à la maison, il va neiger. Il ne faut pas que tu tombes malade, les Amazones doivent prendre soin d'elles-mêmes. Sinon elles n'ont pas la force de repousser les hommes qu'elles ne veulent pas épouser.

CHANT II

Où l'on raconte comment l'héroïne
s'attire de gros ennuis quand,
à la fin des années 1960,
des monstres arrivent au pouvoir ;
comment le héros déclare forfait ;
et comment une vieille femme
obtient ce qu'elle a toujours voulu
alors même qu'elle a cessé de le vouloir.

La vérité de la danse

L'air était étouffant dans la cave au plafond bas. Le sol vibrait sous les pas des danseurs et la musique dispensée par le gramophone était beaucoup trop bruyante. Lefti ne transpirait pas, il dégoulinait comme une source de montagne. Il laissait continuellement échapper la main d'Eleni, qui évoluait devant lui dans la chaîne, ainsi que celle de la fille qui le suivait, laquelle était déjà plus qu'énervée et lui siffla entre ses dents qu'il ferait bien de se concentrer un peu. Pourtant il se concentrait tellement que son caleçon, qui était bien trop chaud, était déjà trempé et lui collait aux cuisses. Lefti ne voyait pas comment identifier le rythme de cette rengaine. En plus il avait bien du mal à mémoriser la suite des pas. Gauche glissé, droit en arrière, droit glissé, piqué, piqué, gauche en avant, droit glissé, piqué, piqué.

— Dis donc, c'est des pieds que t'as sous le pantalon ou des sabots ? l'apostropha la fille qui était derrière lui.

Et elle lui enfonça si profondément les ongles dans la main que Lefti tressaillit et reperdit la cadence.

— S'il avait des sabots, il serait moins empoté, répliqua Eleni en riant à l'adresse de la fille.

Lefti fit comme s'il n'avait pas entendu sa remarque moqueuse.

Un jour, Eleni était remontée de la vallée en parlant d'un groupe folklorique où l'on pouvait pratiquer les danses traditionnelles locales. Elle avait tanné son père pendant des heures pour avoir la permission d'y aller. Le cours avait lieu une fois par semaine, elle pourrait dormir chez Foti, qui s'était installée avec sa famille dans la vallée parce que son mari avait trouvé du travail à l'usine de tabac. Yaya Maria avait réussi à convaincre Spiros que c'était une bonne idée – à condition que Lefti se joigne à elle. Il n'était évidemment pas question qu'Eleni, seize ans, ravissante, se rende en ville à une réunion de ce genre sans être accompagnée. Et puis, avait chuchoté la vieille femme à Lefti, il serait bon qu'Eleni et lui passent davantage de temps ensemble et deviennent plus proches. Après tout, Lefti était censé épouser bientôt sa cousine.

Depuis qu'il avait quitté l'école primaire de Varitsi à douze ans et demi, Lefti travaillait avec Spiros à la construction de routes. Il s'absentait souvent pendant plusieurs semaines et, à son retour, Eleni se cachait derrière un des livres qu'elle empruntait à la petite bibliothèque d'éducation ouvrière de l'usine de tabac, à trois rues de l'appartement de Foti, quand elle allait rendre visite à sa sœur avec Pagona. L'enthousiasme d'Eleni pour les gros bouquins incompréhensibles constituait une énigme pour Lefti. Eleni, en effet, avait un tempérament bouillonnant, turbulent, et quand on voulait lui parler elle ne tenait pas en place, elle sautillait à droite et à gauche et passait d'un sujet à l'autre. Eleni avait fréquenté trois ans durant la sévère école de filles de la vallée, qui était surtout censée préparer aux tâches ménagères, mais où elle n'avait appris que la rhétorique de la contradiction. Comme Lefti s'y attendait, elle avait fini par se faire mettre à la porte. Il ne voulait pas savoir à la suite de quelles bêtises. Il craignait juste qu'Eleni, qui ne ratait jamais une occasion de proclamer que dans toute l'Histoire il n'y avait jamais eu meilleur mode de vie que celui des Amazones, ne veuille essayer de fonder un royaume et de soumettre tous ceux qui se mettraient en travers de sa route – au risque de sombrer avec pertes et fracas. Après le renvoi d'Eleni, Pagona avait apporté des offrandes à l'icône pendant trois semaines. Seule yaya Maria l'avait défendue, en soulignant que, maintenant que les jumelles prenaient de l'âge et que Christina était débordée avec ses gosses hystériques, il était préférable d'avoir à la maison une travailleuse assidue. Lefti se demandait souvent si Eleni, qui était tout sauf une travailleuse assidue, réagissait encore aux gifles.

Gauche glissé, droit en arrière, droit glissé, piqué, piqué, gauche en avant, droit glissé, piqué, piqué, Lefti trébucha, fit un trop grand pas en avant et lâcha la main d'Eleni, entraînant la fille de derrière, qui trébucha à son tour et poussa un glapissement de douleur.

— Pause ! cria le professeur de danse, une dame d'un certain âge vêtue d'une robe beaucoup trop élégante pour l'occasion et qui était debout sur un siège afin de surveiller les jeunes élèves.

Il y avait également quelques personnes plus âgées, mais la majorité des participants avait, comme Lefti, le début de la vingtaine.

Lefti mit le cap sur une cruche d'eau, remplit un verre et le but d'une traite.

— Vous, jeune homme, recommencez ! cria le professeur.

Lefti n'eut pas besoin de se retourner pour savoir que, de tous les présents, c'était de lui qu'elle parlait. C'était comme ça depuis le premier cours. La dernière fois, Eleni l'avait laissé en plan. Elle s'était brusquement éclipsée pendant la pause et, après le cours, était demeurée introuvable. Foti ne s'était pas mis martel en tête. Elle avait collé son dernier-né, qui faisait ses dents, dans les bras de Lefti, avait confié à celui-ci la tâche de le bercer et était partie se coucher. Lefti, lui, s'était grandement inquiété jusqu'au retour d'Eleni, peu avant une heure du matin. Elle était passée devant lui en plaisantant, des deux c'était le nourrisson qui avait le plus de cheveux, mais elle n'avait pipé mot de l'endroit où elle était allée.

Le professeur fit signe à Lefti de venir avec elle au milieu de la salle. Lefti trouvait plus que désagréable d'être exhibé devant tout le monde et, transpirant d'angoisse, remua les pieds comme elle le lui indiquait :

— Gauche en avant, droit glissé, piqué, piqué pointe. Hop là !

Lefti confondait droite et gauche, autour de lui il entendait des rires étouffés. Il quitta un bref instant ses pieds du regard et vit alors une tête bouclée franchir la porte située en haut de la volée de marches descendant à la cave. Une tête brune aux boucles folles.

— Excusez-moi, je reviens tout de suite ! dit-il.

Il attrapa sa veste et se lança à la poursuite d'Eleni.

— Adieu pour toujours, j'espère ! cria la fille qui avait dansé derrière lui et qui appliquait à présent sur sa cheville un sachet de bœuf congelé déniché dans la chambre froide du restaurant voisin.

Lefti suivit Eleni en silence, se cachant tel un détective au coin des rues, derrière les réverbères et les buissons. Sauf qu'il se sentait horriblement mal à prendre ainsi Eleni en filature. En même temps, il avait dans l'oreille la voix de yaya Maria : « Suis-la, jette un coup d'œil sur ce qu'elle peut bien fabriquer. » Une fois de plus, Lefti ressentait comme un grand fardeau le fait d'être celui qu'il était.

Il fila sa cousine pendant dix minutes, étonné de la voir aussi à l'aise dans les ruelles labyrinthiques de la petite ville, jusqu'au moment où il se rappela qu'elle y avait fait sa scolarité. La destination d'Eleni était une maisonnette isolée, qui avait l'air de dater d'avant l'usine de tabac, quand la ville était encore un village et ne comptait pour habitants que quelques paysans et commerçants. Lefti se dissimula derrière un chêne et attendit qu'Eleni eût franchi la porte. Il avait mal à l'estomac. Pour la première fois de sa vie, la pensée lui vint qu'Eleni était peut-être amoureuse de quelqu'un.

Lefti et Eleni n'avaient encore jamais parlé en tête à tête de leur futur mariage. Pour la famille, il allait de soi que celui-ci aurait lieu dès qu'Eleni serait majeure. Lefti ne se posait pas trop de questions. Il était l'héritier, il devait obéir à la volonté familiale. Et quand Eleni protestait, affirmant qu'elle préférait encore épouser un bœuf, les jumelles le calmaient en lui assurant qu'il ne s'agissait là que d'une phase temporaire. Eleni avait seize ans, l'âge où l'on est un peu mauvaise tête. Indécis, Lefti enfonça son doigt dans l'écorce du chêne.

Les fenêtres de la maison étaient masquées par d'épais rideaux, mais il y avait un interstice. Lefti s'approcha et risqua un coup d'œil dans la pièce ornée d'un beau carrelage. Du plafond pendaient en guise de lampes des ampoules nues ; des hommes et des femmes, âgés d'une vingtaine d'années, étaient debout ou assis autour d'une lourde table en bois marron. Lefti fut surpris : Eleni embrassa les personnes présentes, en serra longuement quelques-unes dans ses bras, puis sortit un paquet de cigarettes. Il ignorait complètement qu'elle fumait. À un moment donné, une femme avec des rubans de couleur dans les cheveux ferma complètement les rideaux. Lefti alla s'asseoir sous un vieil abri de bus sur le trottoir opposé.

C'était la fin du mois de mars 1965. Les journées étaient déjà suffisamment chaudes pour qu'on puisse sortir en veste mais, ici, les nuits restaient glaciales lorsque la fraîcheur des montagnes descendait lentement dans la vallée. Lefti se leva et fit les cent pas, épiant les rires entremêlés de musique qui s'échappaient des minces fenêtres. Il ne pouvait distinguer ce qui se disait.

« Lefti Zifkos, tu te comportes comme un salaud », songeait-il, tout en étant incapable d'aller dans un troquet ou a fortiori de rentrer chez Foti.

Lorsque l'horloge de l'usine de tabac sonna au loin les douze coups de minuit, Lefti prit conscience de sa fatigue. Il n'avait plus envie d'attendre Eleni. Mais il ne voulait pas non plus repartir sans elle. Prenant son courage à deux mains, il toqua discrètement et, comme personne n'ouvrait, pressa la poignée. La porte n'était pas verrouillée, si bien qu'un instant plus tard il était à l'intérieur. Il craignit un bref moment d'étouffer, tant la fumée était dense dans la pièce. Il cligna des yeux.

— Bon sang, mais qui es-tu ? demanda un homme avec des cheveux longs, des lunettes rondes et une barbe un peu embroussaillée, qui fut le premier à l'apercevoir.

La conversation se tut, Lefti se sentit comme un cambrioleur pris sur le fait.

— Je suis venu chercher ma fiancée, répondit-il d'une petite voix. Il est tard.

Pendant que ceux qui étaient assis et qui ne paraissaient pas plus âgés que lui le fixaient d'un œil déconcerté, il repéra Eleni. Si les regards pouvaient tuer, il serait mort sur-le-champ d'une crise cardiaque.

— Je ne suis pas ta fiancée, siffla Eleni. Tu es d'un pénible, Lefti. Va-t'en !

— Mais il faut que tu viennes, je suis responsable de toi !

Avec un claquement de langue dédaigneux, Eleni alluma ostensiblement une cigarette.

— Eleni, je t'ordonne de venir immédiatement ! insista Lefti en s'efforçant d'imiter l'air grave et viril de Spiros.

Mais comme chaque fois qu'il s'énervait, sa voix dérapa. Les amis d'Eleni se mirent à rire.

L'homme aux cheveux longs et un autre type, qui, à en juger par leur haleine, avaient un peu forcé sur le schnaps, se levèrent et vinrent se planter devant Lefti. Celui-ci, qui travaillait depuis des années dans la construction de routes, savait qu'il était le plus fort. Mais la violence lui était insupportable.

— Eleni est libre et on ne veut pas de toi ici, salaud de fasciste.

Lefti en eut le souffle coupé.

Personne ne l'avait encore jamais traité comme ça.

Mais au moins il savait à présent où il avait atterri. Lorsque à l'automne Spiros s'était enfoncé un éclat de bois dans la jambe en fendant des bûches et que la blessure s'était infectée, le faisant boiter pendant des semaines, Lefti était parti tout seul gagner de l'argent pour l'hiver sur un chantier où l'on bâtissait un pont. Comme dans le coin il n'y avait pas de ville proposant des plaisirs enfumés et luxurieux, les ouvriers ne pouvaient compter que sur eux-mêmes pour se distraire. Lefti avait fait la connaissance d'un jeune gars originaire d'un village situé à trente kilomètres à l'ouest de Varitsi, avec qui il s'était tout d'abord bien entendu. Dans un premier temps, ils s'étaient bornés au lancer de capsules et aux échanges sur leurs villages respectifs, jusqu'au moment où le collègue s'était mis à évoquer certains de ses amis qui s'étaient fixé pour objectif d'apporter la paix dans le monde. Tout cela avait l'air très bien, mais Lefti avait vite compris que ce mouvement cachait un parti qui, à l'instar des autres, ne pensait qu'à ses propres intérêts. Il n'avait pas cédé au leurre des promesses. Un parti, cela voulait dire politique, cela voulait dire pouvoir, cela voulait dire antagonismes. Qu'il fût de droite ou, comme c'était le cas en l'occurrence, de gauche. Après cela, il avait préféré passer ses soirées seul, à contempler les étoiles. Lefti ne comprenait pas pourquoi des jeunes gens à qui leurs parents et leurs grands-parents avaient parlé des horreurs de la guerre civile voulaient soudain ranimer ce qui avait justement causé tant de maux dans le pays. Certes, la gauche n'était plus frappée d'interdiction, mais ces gens ne comprenaient-ils pas que, s'ils continuaient comme cela, l'Histoire se répéterait ?

— Va-t'en, s'il te plaît, et ne me ridiculise pas devant mes amis, dit Eleni avec insistance.

Lefti céda. Lefti connaissait Eleni depuis qu'elle était au monde. Il savait qu'au bout d'un moment elle se braquait. Comme un chat à qui l'on voulait faire prendre un bain, qui sacrifierait ses griffes et vous arracherait les yeux plutôt que d'accepter d'être plongé dans l'eau. Or Lefti y tenait, à ses yeux.

Il retourna s'asseoir sous l'abri de bus et attendit, s'assoupissant un bref instant. Peu avant trois heures, Eleni sortit de la maison, passablement ivre. Lefti vit que l'homme aux cheveux longs, qui tenait à peine debout, la suivait en essayant de l'embrasser. Eleni détournait constamment la tête et, d'une voix pâteuse, le priait d'arrêter. Lefti se leva d'un bond, se dirigea droit sur Cheveux Longs et le repoussa. Celui-ci tomba comme une souche dans les buissons, se mit à rire, et Eleni accepta sans protester que Lefti la jette sur son épaule, tel un sac de sable, et la porte jusqu'à la maison.

Le matin suivant, pendant le trajet de retour à Varitsi, elle resta la tête appuyée contre la vitre du bus, le teint livide, luttant contre la nausée.

Une fois arrivée, elle fila au lit et on ne la revit plus avant le lendemain.

— Elle a pris froid, expliqua Lefti. Danser, ça fait transpirer.

Lui, en revanche, ne ferma pas l'œil de la nuit. Et peu avant l'aube, complètement moulu après s'être tourné et retourné dans son lit en proie aux affres du doute, il se leva et descendit dans la cour.

Lefti savait que, depuis toute petite, Eleni cachait dans la niche tout ce à quoi elle tenait particulièrement. Il n'en avait jamais tiré avantage, mais là ce fut plus fort que lui. Il s'agenouilla, tendit le bras, tâtonna à gauche, à droite, et finit par tomber sur une pile de livres enveloppés dans des chiffons et dissimulés sous la paille. Il eut un moment d'hésitation, puis il s'en saisit.

Dans la cour, il n'y avait pas d'éclairage artificiel, la lumière venait de la lune et des étoiles. Il faisait trop sombre pour distinguer tous les titres, mais à la vue des reliures arrachées Lefti comprit qu'il s'agissait de livres interdits. Des classiques du communisme. Des philosophes de gauche. Au cours des dernières années, le climat politique s'était un peu radouci. Quand on était surpris avec ce genre d'ouvrages, on ne se faisait plus arrêter, mais ils n'en restaient pas moins prohibés. Or Lefti pensait qu'il fallait respecter les lois. C'était leur raison d'être. Les lois protégeaient les individus et assuraient la paix au sein de la collectivité.

Cependant, ce qui l'intéressait nettement plus, c'étaient les lettres glissées entre les volumes. Il y en avait beaucoup que Lefti ne parvenait pas à déchiffrer en totalité, mais il n'avait aucune peine à imaginer leur contenu. *Fuir. Ne jamais me marier. Grande carrière politique.* Tels furent les mots qu'il découvrit dans le clair de lune.

Il replaça soigneusement les lettres et les livres à l'endroit où il les avait trouvés, les recouvrit de paille et retourna se coucher.

Son estomac s'était contracté comme un raisin sec. Un raisin sec qu'on aurait fouetté, plongé dans du vinaigre et recraché.

Pas parce que Eleni s'intéressait à la politique. Cela faisait déjà un certain temps qu'il le pressentait. Mais parce qu'il découvrait qu'il ignorait totalement ce qu'elle pensait, ce qu'elle ressentait, qui elle était en fin de compte – alors qu'il était censé l'épouser. Et plus il y réfléchissait, plus il avait l'impression qu'Eleni jouait la comédie à toute la famille. Que tout ce qu'elle voulait, c'était partir. Partir sans lui.

Lefti comprit : tant qu'il serait à Varitsi, Eleni ne pourrait jamais faire ce qu'elle voulait vraiment. Et lui non plus. Car tout au fond de lui, Lefti Zifkos était un grand romantique. Même si, à Varitsi, les hommes n'avaient pas pour habitude de le dire. Lefti rêvait d'épouser une femme qu'il aimerait et qui l'aimerait tel qu'il était. Était-ce trop demander ?

Lefti aimerait mieux être un autre

Le 20 avril 1967, tout fut enfin prêt. Des mois durant, Lefti avait mis chaque *lepto* de côté afin de faire de sa dernière soirée au pays un événement. Car Lefti Zifkos avait décidé de partir – mais pas sans avoir auparavant connu les joies de l'amour.

Lefti porta la main à sa poche de poitrine et palpa pour la centième fois son billet de train, avec ses caractères estampés, ainsi que le bout de papier vert si longuement contemplé qu'il en voyait le contenu lorsqu'il fermait les yeux : son contrat de travail. Il boutonna son veston, souleva en gémissant la valise graisseuse dont lui avait fait cadeau le mari de sa cousine Christina, et se mit en route pour le port. La valise était atrocement lourde ; sa mère, qui pleurait et se lamentait, l'avait bourrée à craquer, comme si en Allemagne il n'y avait pas de produits alimentaires : raisins secs, huile d'olive, un bloc entier de fromage. Pourtant, le mari de Christina et tous ceux qui travaillaient ou avaient travaillé en Allemagne avaient bien dit que, là-bas, on trouvait les choses les plus extravagantes. Certaines habitudes éveillaient la méfiance de Lefti, comme la consommation de porc cru. D'autres en revanche attisaient sa curiosité, notamment le fameux lait en brique. Le mari de Christina, qui avait passé plusieurs années en Allemagne, lui avait procuré un emploi d'ouvrier dans une usine de caoutchouc. Il avait gagné de quoi bâtir pour Christina la maison dont elle avait toujours rêvé, et rapporté en sus quantité d'histoires qui faisaient de lui le conteur le plus apprécié du *kafenio.* Il s'extasiait surtout sur les toilettes en céramique à travers lesquelles coulait de l'eau – mais Lefti en avait déjà vu à la ville. Alors que la manière dont on pouvait conserver du lait dans un emballage en carton restait pour lui une énigme.

Lefti trimballa péniblement sa valise dans les trois rues qui séparaient la Commission allemande du port. Une fois arrivé, il s'écroula sur un banc, sortit pain, fromage ainsi que quelques olives, et admira le coucher de soleil. À l'horizon, les silhouettes noires des navires ressemblaient aux bateaux miniatures en métal que son voisin Yorgos lui avait offerts après un de ses voyages.

Comme tout enfant des montagnes ayant grandi avec une gigantesque barrière rocheuse sous le nez, il était fasciné par l'étendue de la mer. Il n'y était allé qu'une seule fois, peu après la fin de la guerre, lorsque sa mère avait essayé de retrouver son mari. Elle lui avait expliqué que le camp de son père avait perdu la guerre et que celui-ci avait été envoyé sur une petite île, dans une école où on lui enseignait que ce à quoi il avait cru était faux. Lefti n'en avait que de très vagues souvenirs, à l'époque il n'avait que cinq ans, mais il se rappelait avoir trouvé logique que les perdants soient envoyés à l'école en guise de punition. Il ne savait plus combien de temps sa mère et lui avaient passé à chercher son père, où ils avaient logé, ce qu'ils avaient mangé, il se souvenait juste du grand sac de marin rempli de vêtements pour son père, ainsi que de la première fois qu'il avait vu la mer. Il avait imploré sa mère pour qu'elle le laisse se baigner comme les enfants du cru. Après avoir longtemps hésité, Despina l'avait finalement autorisé à se déshabiller et à patauger en caleçon. Celui-ci était en coton tricoté main, alors que les autres enfants en portaient d'une curieuse étoffe moulante. Lorsque Lefti plongea les orteils dans l'eau, on l'observa avec curiosité. Il avança, s'étonnant du sable qui jaillissait entre ses orteils, des vagues qui léchaient ses genoux, puis ses cuisses. Il se risqua jusqu'à la poitrine, savoura la sensation de légèreté qu'il éprouvait, alla même jusqu'à se laisser un peu porter par l'eau – quand soudain les vagues devinrent gigantesques. Un grand bâtiment quittait le port, passant devant les cales au pied desquelles les enfants se baignaient, et tandis que ceux-ci saluaient les vagues par des cris de joie Lefti prit peur. Il voulut regagner la côte, mais fut happé par une lame puissante qui le submergea. Affolé, il tenta d'échapper à ses griffes, avala de l'eau salée, jusqu'au moment où l'un des grands enfants l'attrapa sous les bras et le ramena à la surface. Despina, dans l'eau jusqu'aux genoux, le réceptionna en piaillant. Il eut un violent accès de vomissements, puis toussa et releva les yeux : tous ceux qui étaient à la plage avaient le regard rivé sur lui, pas seulement parce qu'il avait failli se faire engloutir par la vague, mais aussi parce que celle-ci avait avalé son caleçon.

À présent qu'il avait vingt-trois ans, la mer lui produisait un tout autre effet. Non qu'il ressentît le moins du monde le désir de plonger un orteil dans l'eau, mais il était subjugué par le panorama dégagé qui s'étendait devant lui. Lefti contempla le soleil, qui disparaissait lentement dans les flots. La mer lui apparut soudain comme une promesse : la promesse de ne plus avoir à être le fils de son père, le responsable du bonheur de sa mère, l'unique descendant mâle, chargé de protéger la famille, de veiller sur Eleni – sous ses yeux se déployait une espérance de liberté. Il n'était pas le premier et ne serait pas le dernier à quitter Varitsi pour aller gagner son pain à l'étranger, mais il lui avait fallu des années pour sauter le pas. Il n'avait cessé d'espérer que ses relations avec Eleni s'améliorent et que le vœu le plus cher de la famille puisse être exaucé, à savoir qu'ils se marient et assurent la pérennité du village. Mais plus il montrait d'affection à Eleni, plus elle le repoussait. Désormais il avait compris qu'elle voulait partir pour la ville et se lancer dans une carrière politique. Quand elle avait eu dix-huit ans, cinq mois plus tôt, la famille avait entamé la préparation des fiançailles tandis qu'Eleni, de son côté, préparait sa fuite. Lefti lui avait demandé si elle l'aimait. Elle avait répondu non et lui n'avait pas attendu qu'elle parte, il s'en était allé. Tout droit à la Commission allemande, ainsi que le lui avait conseillé le mari de Christina.

Une fois le soleil couché, Lefti reprit sa valise et se dirigea vers les ruelles sombres et tortueuses du quartier du port – là où habitaient les filles de mauvaise vie. Car Lefti voulait que sa dernière soirée au pays soit un événement.

Il n'était encore jamais allé chez une prostituée. À l'époque où il travaillait à la construction de routes, les occasions avaient été nombreuses, mais il s'était promis de rester chaste pour Eleni – une sottise qu'il regrettait amèrement à présent. Il avait alors la possibilité d'accompagner les autres hommes et d'apprendre à leur contact. Dans ces ruelles faiblement éclairées, il se sentait mal à l'aise. Elles étaient quasiment désertes et, contrairement à ce que lui avaient dit ses collègues, il n'y avait pas de filles sublimes adossées à chaque réverbère. Des vieilles femmes se tenaient sous les porches ou devant les entrées de logis en sous-sol, tête pendante, fumant comme les cheminées des énormes cargos qu'il avait admirés dans le port. Elles ne lui jetaient même pas un regard. Lefti s'arrêta, fit demi-tour et s'aperçut qu'il n'avait pas la moindre idée de l'endroit où il se trouvait ni de la manière de sortir de ce labyrinthe.

— Hé, beau gosse !

Lefti sursauta, aperçut une femme assise dans l'escalier d'un vieil immeuble. Son visage était dans l'ombre – il ne voyait que le rougeoiement de sa cigarette et l'éclat blanc de son slip qui brillait entre ses cuisses grandes ouvertes, sous la jupe retroussée.

— Bonsoir, répondit-il d'un ton martial en claquant des talons.

La fille se mit à rire, d'un rire qui paraissait venir du ventre, grave, où l'on entendait l'écho d'innombrables cigarettes. Au bout de quelques secondes durant lesquelles le soldat Lefti ne bougea pas, attendant l'appel, elle se leva. Ses talons claquèrent sur les marches – l'un produisait un son normal, l'autre un bruit métallique, comme s'il était usé. Elle posa le coude sur l'épaule de Lefti et de ses doigts se mit à lui tripoter l'oreille. Son odeur lui rappela celle du raisin pourri, sucré, resté un peu trop longtemps au soleil.

— Viens avec moi, susurra-t-elle.

Son haleine dégageait des relents de cheminée bouchée – Lefti était probablement le seul provincial constructeur de routes à n'avoir jamais fumé. Il voulut battre en retraite mais, avant qu'il eût réalisé ce qui se passait, elle avait glissé la main dans son pantalon. Lefti fut pris de frayeur, allait-elle le menacer de lui ôter toute chance de paternité avec ses longs ongles s'il ne lui donnait pas tout son argent ? Mais non, elle l'embrassa dans le cou et ses doigts se livrèrent à de délicieuses agaceries. Ses lèvres se rapprochèrent de son oreille, de ses dents elle lui happa le lobe.

— Pour toi, ce sera moitié prix, mon bel étalon.

Lefti se dégagea – c'était donc ainsi que cela fonctionnait.

L'escalier sur lequel la femme s'était assise montait jusqu'à un long couloir qu'ils traversèrent rapidement et qui débouchait sur une cour intérieure. De l'autre côté, une porte conduisait à un immeuble délabré. Les fenêtres étaient masquées par une lourde étoffe noire et un gramophone placé près de l'entrée diffusait un ardent *rebétiko* qui remplissait la pièce à l'égal des arômes sucrés, mêlés à l'épaisse fumée de cigarette, qui prirent Lefti à la gorge. Le plafond était orné de stuc, noirci par les bougies. Les petites tables basses étaient recouvertes de velours et en leur milieu étaient disposées des lanternes à gaz. À gauche se trouvait un comptoir qui, par comparaison avec la majesté du reste, semblait être l'œuvre de paysans maladroits. Lefti n'en crut pas ses yeux : au bar s'activaient des hommes arborant des moustaches en croc et des coiffes ovales – probablement des Valaques. Dans son enfance, des caravanes valaques se livrant au commerce des épices passaient de temps à autre à Varitsi. Cela devait bien faire quinze ans qu'il n'en avait plus revu. La femme dont il serrait à présent la main avec autant de fermeté qu'elle la sienne ne semblait pas avoir soif. Elle lui fit traverser la pièce jusqu'à un escalier métallique arrondi qui menait à l'étage supérieur.

— Allez, viens, mon trésor ! dit-elle d'un ton encourageant en rajustant lascivement son décolleté.

Lefti rougit de confusion, mais constata que sa compagne était encore relativement habillée. La plupart des femmes qui étaient assises en compagnie masculine à la lumière des lanternes à gaz montraient davantage de peau, et Lefti vit avec effroi l'une d'elles dégrafer sa blouse et un homme se mettre à téter ses seins comme un nourrisson. Son accompagnatrice accéléra le pas et l'entraîna dans un autre couloir, où elle ouvrit une porte indigo dont Lefti garderait longtemps le souvenir. Jusqu'à la fin de ses jours il sentirait la texture du jeté de lit qui ornait la couche, large d'un mètre et demi. Il aurait dans les narines l'odeur de la lanterne à gaz, se rappellerait les endroits où des bandes de papier peint pendaient du mur, la saleté du grand miroir au-dessus de la table de toilette, et la façon mystérieuse dont les tissus colorés flottaient au vent devant la fenêtre ouverte. Puis la femme, qui s'appelait Kübra, revint des toilettes, elle ferma les fenêtres et laissa glisser sur le parquet sa mince robe de chambre en soie rouge sombre.

Lefti conserverait dans sa mémoire cette chambre et ses délicieux prodiges, car pendant longtemps ce moment resterait son dernier instant de bonheur.

Debout devant le lit, Kübra s'étonnait de voir le jeune homme plongé dans un sommeil aussi profond. Plusieurs fois déjà, elle l'avait appelé et secoué légèrement, mais il était étendu sur le dos dans un état comateux, la bouche entrouverte. Si sa poitrine ne s'était soulevée et abaissée, elle l'aurait cru mort. À deux reprises déjà un homme avait succombé dans son lit, et ce n'était pas des épisodes dont elle aimait se souvenir. Au moins il ne ronflait pas, pensa-t-elle, se demandant comment faire pour le réveiller et l'éconduire. C'est alors qu'elle entendit une bruyante pétarade. L'ensemble de bâtiments dans lequel était situé l'établissement se composait de deux maisons reliées par une cour intérieure. L'entrée de l'immeuble sur rue, devant lequel les dames appâtaient le client, se trouvait dans le quartier du port, tandis que l'immeuble sur cour, avec le café et les chambres, donnait sur la Hauptstraße. Par crainte des défenseurs des bonnes mœurs, les dames ne quittaient jamais la maison par la Hauptstraße, mais elles pouvaient voir ce qui se passait dehors et, lorsque Kübra repoussa les rideaux, elle sursauta. Dans la rue il n'y avait pas une seule voiture, en revanche elle aperçut des chars roulant en direction du port et, aussi loin que portait le regard, des véhicules militaires postés aux carrefours. Toute la journée Kübra s'était étonnée du manque d'activité : ni soldats ni marins, seuls un ou deux maris frustrés et quelques clients de passage s'étaient égarés dans le quartier. À présent elle comprenait pourquoi. Ce n'était pas un exercice, quelque chose d'important était en marche.

Le téléphone du couloir était mort, la radio ne diffusait que de la musique classique et, après avoir discuté avec quelques-unes de ses voisines de chambre, Kübra retourna s'étendre sur le lit, auprès du jeune homme qui dormait si profondément. Son calme l'apaisait, mais surtout elle se dit que, dans l'ignorance de ce qui allait se passer cette nuit-là, il valait mieux avoir auprès d'elle un homme aux bras costauds.

Vers six heures du matin, ne pouvant plus dormir, Kübra enfila sa robe de chambre et descendit au rez-de-chaussée où, à sa grande surprise, elle tomba sur les Valaques, qui normalement fermaient le bar et rentraient chez eux en banlieue après le départ des derniers clients.

— Toute la ville est bouclée, expliqua le plus jeune. Partout, l'armée, les chars, les soldats. État d'urgence suite à une tentative de putsch des communistes, voilà ce qu'ils ont dit en nous renvoyant. La zone du port est encerclée, tu ne peux pas faire trois pas.

Lefti se tourna à droite, à gauche, se redressa brusquement en s'apercevant qu'il n'était pas dans son lit, à Varitsi, puis se laissa retomber sur le matelas et s'agita avec tant d'entrain que les ressorts grincèrent encore plus fort que la nuit précédente. Il avait partagé sa couche avec Aphrodite, plus rien à présent ne l'empêchait de se rendre en Allemagne. L'horloge murale indiquait huit heures passées, son train partait dans douze heures exactement, calcula-t-il, ignorant que l'ensemble du trafic international était déjà paralysé. Aucun train, aucun bateau, aucun avion ne quittait le pays. Mais de cela Lefti n'avait pas le moindre soupçon tandis qu'il s'habillait en sifflotant, se lavait le visage à l'eau froide dans le lavabo de la table de toilette, rassemblait ses affaires et sortait de la chambre d'excellente humeur. Pour commencer, se disait-il, il s'offrirait un café fort et marcherait tout son soûl dans la ville pour se fatiguer les jambes avant d'entamer les longues journées de voyage en direction du nord. Cependant, lorsqu'il descendit l'escalier et vit dans le bar, où, quelques heures plus tôt, on dansait encore avec euphorie, des visages alarmés, des gens assis ensemble à chuchoter, plongés dans des discussions fiévreuses, il flaira les ennuis. Grâce à Eleni, il en connaissait le fumet.

— Qu'est-ce qu'il fait encore là ? demanda un des Valaques.

D'un geste l'Aphrodite de Lefti balaya la question.

— Ça n'a plus aucune importance.

Lefti ne sut comment l'interpréter, il salua l'assemblée et, gêné, voulut s'en aller, mais Kübra lui cria :

— Pas la peine, tu peux oublier tes projets.

— Quoi ? fit Lefti.

Elle lui intima de la suivre et le conduisit dans le couloir qui donnait sur la Hauptstraße.

— Panagia mère de Dieu ! s'écria-t-il en voyant par la fenêtre tous les chars et les soldats qui avaient bouclé la rue.

Kübra le tira en arrière et se hâta de fermer les rideaux.

— Un café ? proposa-t-elle.

Lefti rejoignit en silence les prostituées, qui fumaient d'un air furibond.

— Qu'est-ce qu'ils font là, tous ces chars ? s'enquit-il timidement.

Les femmes, mais aussi les Valaques, éclatèrent de rire.

— C'est bien ce qu'on voudrait savoir, répondit Kübra, qui s'affairait devant le réchaud à café dans une arrière-salle.

— Bah, c'est sûrement un putsch. Qu'est-ce que ça pourrait être d'autre ? répondit une des femmes.

Lefti remarqua l'énorme cicatrice qui lui traversait le visage d'une oreille à l'autre.

— Les communistes ? interrogea-t-il.

La femme à la cicatrice secoua la tête. Il était difficile de déterminer son âge : ses cheveux étaient d'un noir d'ébène, sa peau lisse, mais les yeux marqués de profonds cernes. Et puis il y avait cette cicatrice, qui donnait l'impression que cette femme avait tout vu. Lefti se sentait comme un écolier à qui l'on explique avec ménagement comment marche le monde. Du reste il n'avait pas tellement tort, car de l'autre côté de la porte le monde était en train de se reconfigurer.

— La gauche ! s'exclama la femme à la cicatrice en pouffant.

Dans l'arrière-salle, Kübra se mit à tousser comme si elle voulait cracher ses poumons.

— Tu as vu les chars ? Les armes lourdes ? Allons, petit, réfléchis un peu, depuis les années 1940, les partisans de la gauche sont emprisonnés, poursuivis, exilés ou expulsés à l'étranger. Ces derniers temps, ils ont peut-être eu un ou deux ans de tranquillité mais, après des décennies de persécution, ils n'ont plus que la peau sur les os, on dirait une bande de poulets affamés qui n'osent même plus sortir par peur du loup. Où est-ce qu'ils seraient allés chercher tous ces joujoux dernier cri ? Chez Tito ? Les gens qui sont dehors, c'est la droite. Mais laquelle – ça, Dieu seul le sait.

Kübra revint avec un plateau plein de tasses ; elle le posa sur une table et resserra la ceinture de sa robe de chambre rouge foncé.

— Aya, Katherini, dit-elle à la femme à la cicatrice, tu crois que, si je sors comme ça, on m'arrêtera ?

Tout le monde s'esclaffa, mais Lefti n'avait plus qu'une seule pensée : quand la droite faisait un putsch, la gauche finissait en prison.

Dans la vie de Lefti, il y avait très exactement une personne qui était de gauche et qui, en dépit des conseils, n'en faisait pas mystère : Eleni. Lefti porta la main à sa poche de poitrine pour sentir son billet de train. Il prit alors conscience qu'il ne partirait pas pour l'Allemagne ce jour-là.

L'éradication du mildiou

Lorsque, le 21 avril 1967, Loukas Mavrotidis quitta le village avec ses trois meilleurs amis et revint le 22 avril en uniforme militaire dans un 4 × 4 flambant neuf aussi briqué que ses chaussures, yaya Maria se mit à douter de ses yeux. Loukas annonça au *kafenio* que les communistes avaient projeté un putsch pour s'emparer du pouvoir. Mais un corps d'officiers inquiets avait réagi et repris en main les affaires gouvernementales. Le pays était comme un malade couché sur la table d'opération, on l'immobilisait avec des sangles et on l'anesthésiait pour toute la durée de l'intervention nécessaire à sa santé. L'armée s'attacherait à faire renaître de ses cendres, tel le phénix, une Hellade puissante peuplée d'Hellènes chrétiens.

Spiros rapporta ses propos. Pagona et Despina haussèrent les épaules, les jumelles ne comprenaient pas ce que cela signifiait. Elles se mirent aussitôt à réciter des prières pour que ces étranges événements ne remettent pas en question le voyage de Lefti, sur quoi Eleni fut prise d'un accès de rage. L'armée, qui plus est sa frange droitière, avait confisqué le pouvoir de manière antidémocratique et les deux femmes ne pensaient qu'à Lefti qui, à l'heure qu'il était, devait sûrement dormir dans un douillet petit lit fasciste en Allemagne. Alors Despina leva la main et lui flanqua une gifle. Le coup ne fut pas violent. Rien à voir avec les gifles de Spiros. Cependant le geste de Despina était survenu de manière si inattendue que la famille vécut un curieux moment : Eleni en resta coite. Assise sur une chaise placée contre le mur, yaya Maria fixait le fond de sa tasse de café. Elle doutait de ses yeux, car elle n'avait vu venir aucun des événements qui s'étaient produits au cours de l'année passée. Elle soupira, se demandant combien de catastrophes il lui faudrait vivre encore. Elle avait connu une guerre mondiale, l'expulsion des Grecs d'Asie Mineure, une dictature, une seconde guerre mondiale et une guerre civile. L'éventualité d'une nouvelle dictature la laissait relativement froide, elle avait surmonté bien pire. Mais le départ à l'étranger de son petit-fils, en qui elle avait placé tous ses espoirs de voir la famille se perpétuer à Varitsi, l'ébranlait profondément. Car cette dernière circonstance ne lui avait été annoncée par aucun signe entre ciel et terre. Au contraire, elle n'avait cessé de voir des chaînes au fond de la tasse. La chaîne était le symbole du lien. Elle prédisait le retour, les retrouvailles, parfois aussi le mariage. Mais comme Christina et Foti étaient déjà mariées, que Lefti était parti pour l'Allemagne et qu'Eleni se montrait une vraie tête de mule, refusant obstinément ne serait-ce que de songer au mariage, yaya Maria fut pour la première fois de sa vie incapable de savoir comment interpréter ce signe.

La population était inquiète. Personne ne pouvait prévoir l'évolution de la situation. Même dans les grandes villes on ignorait ce qui se jouait en coulisse, et à Varitsi, où les nouvelles arrivaient encore plus au compte-gouttes, on était si désemparé que, durant la lessive, les vieilles femmes se faisaient part à voix basse de rumeurs concernant l'apparition de morts-vivants et, faute d'explications sensées, tenaient pour plausibles toutes sortes de fariboles. Le seul à être ravi était Loukas. Dans la vallée, on lui avait conféré des pouvoirs spéciaux pour mettre en application à Varitsi l'état de siège proclamé dans tout le pays. La poitrine gonflée de fierté, il veillait au respect du couvre-feu et décrétait l'arrestation de tous ceux qui étaient soupçonnés de nourrir des opinions de gauche. Eleni était la seule qu'il laissait tranquille. Il savait qu'elle lisait des livres interdits et qu'elle exprimait ouvertement des idées de gauche, mais elle était de loin la plus belle fille du village. Et Lefti était parti en Allemagne. Loukas savait qu'Eleni rêvait de devenir une femme politique. Et il espérait qu'un jour elle comprendrait que lui seul pouvait l'aider à réaliser ce rêve. Mais il gardait ces pensées pour lui. Le soir, quand il était couché seul dans son lit, il retroussait sa manche et contemplait la cicatrice laissée par les dents de lait d'Eleni. À un moment donné, dans une heure de solitude, cette cicatrice avait trouvé le chemin de son cœur.

Trois jours plus tard, c'était le 25 avril 1967, la petite voix qui nichait non loin du diaphragme d'Eleni l'emporta sur sa tête, laquelle lui avait jusque-là interdit de parler trop fort. Le résultat fut une explosion de colère qui allait avoir des conséquences funestes.

Eleni avait essayé d'obtenir le plus d'informations possible sur le nouveau gouvernement, mais personne ne savait quoi que ce soit, et la circulation des bus en direction de la vallée était temporairement suspendue. Quand reprendrait-elle, on l'ignorait. Cela étant, Eleni ne se faisait aucune illusion, sa famille la ligoterait sur une chaise si jamais elle tentait de quitter le village. Ne tenant pas en place, elle se rendit chez sa sœur Christina, qui attendait son quatrième enfant et, à l'instar de Foti, voyait dans la grossesse la calamité suprême d'une vie de femme. Christina se sentait trop faible pour faire la lessive, préparer à manger, et a fortiori lutter contre les ténébrions qui avaient installé leurs quartiers dans la cave et rendaient ses enfants encore plus hystériques que d'habitude. Elle se lamentait, disant que cela faisait des mois qu'elle ne dormait plus correctement, que sa grossesse l'avait privée de son sommeil autrefois si profond et que son mari ronflait comme un tigre à dents de sabre. D'ordinaire, Pagona s'occupait de soulager ses filles quand elles étaient enceintes. Mais comme elle s'était fait un tour de reins trois semaines plus tôt en voulant soulever l'aîné de ses petits-enfants, Eleni dut la remplacer au pied levé et soutenir le moral de Christina, ce qui ne fit rien pour améliorer le sien. Et en passant devant le poste de police, elle explosa une bonne fois pour toutes.

C'était une agréable journée de printemps. La fenêtre était grande ouverte, et Eleni vit Loukas qui obligeait les frères Dorophilakis du Haut Village, tous deux soixante-dix ans passés – l'un à moitié aveugle, l'autre accablé de rhumatismes –, à ôter la rouille des barreaux de la cellule à l'aide de brosses métalliques tandis que, debout devant eux, il tirait sur sa cigarette avec délectation en claquant des lèvres. Eleni prit une tomate particulièrement mûre dans le panier de légumes destiné à Christina et visa ; décrivant une souple et élégante trajectoire, la tomate traversa la fenêtre pour aller répandre sa pulpe sur l'occiput de Loukas.

— Pourquoi tu te salis pas toi-même, gros salopard de fasciste ! lança-t-elle.

Elle accompagna ce propos d'autres insultes que Loukas n'entendait pas pour la première fois, mais que jusque-là il avait toujours ignorées.

Cette fois, cependant, il ne put faire comme si de rien n'était, car l'inspecteur général venu de la vallée, qui se trouvait dans un coin de la pièce invisible de la rue, avait assisté à la scène. Loukas se précipita donc hors de la maison, tandis qu'Eleni était restée tranquillement sur place. Cela faisait des années qu'ils s'acharnaient l'un sur l'autre, parfois leurs chamailleries ressemblaient presque à un jeu. Mais, en présence d'un inspecteur général, pas question de plaisanter.

Loukas sortit les menottes de sa poche revolver. Le panier de légumes tomba par terre. Eleni se débattit, mais Loukas avait l'avantage de la taille et de la force et, lorsqu'il la poussa dans la cellule où se trouvaient les douze anciens résistants, elle pressentit pour la première fois que la situation était grave.

— Tu es une honte pour ton père, lui chuchota Loukas avant de se détourner et de refermer la porte.

Eleni espéra tout d'abord qu'il s'agissait d'une des grossières manœuvres d'approche de Loukas. La gendarmerie du village était installée dans un ancien poste de douane datant de l'époque où les paquebots, les camions et les avions étaient encore inconnus. Le village était riche, alors, et comptait presque trois fois plus d'habitants. Mais la splendeur des temps révolus s'était depuis longtemps effritée sur les murs. À présent, l'ancienne douane comportait deux cellules séparées par un couloir de l'entrée où se trouvait le bureau de Loukas. Les murs étaient en pierre taillée, comme dans tout le village, mais, le bâtiment étant resté inoccupé un long moment, ils n'avaient jamais été restaurés. Le vent et le froid de la rue pénétraient par les interstices, provoquant des rhumatismes chez les partisans emprisonnés, notamment les plus âgés. Deux heures à peine après l'arrestation d'Eleni, les femmes de la famille se tenaient à l'arrière de la bâtisse et pestaient à travers les fissures du mur.

— Eleni, il faut toujours que tu fasses des bêtises, se lamentait sa mère.

— Loukas ne t'a rien fait, disait Foti, qui était montée de la vallée en auto-stop. C'est un jeune homme tout aussi respectable que Lefti ! Tu fais honte à toutes les femmes en te mettant à dos les deux seuls hommes qui auraient pu t'épouser !

— Si mon enfant devient hydrocéphale, ce sera entièrement ta faute ! grognait Christina, qui semblait miraculeusement guérie de son épuisement.

Elles restèrent là trois jours durant à vociférer et bientôt on ne parla plus que d'une chose : Eleni finirait comme l'ancienne voisine, vieille, édentée, folle, partageant son lit avec soixante-dix chats galeux, moyennant quoi elle attraperait des vers qui la dévoreraient de l'intérieur et lui sortiraient par les yeux le jour où on découvrirait son cadavre puant.

— En 1948, ils m'ont torturé pendant deux jours, soupira M. Tsolkas, profitant du répit que leur avaient accordé les femmes en faisant un bref saut chez elles pour manger. Mais rester pendu à un arbre par les pieds, ça n'est rien comparé à ces hystériques.

Les détenus communistes de Varitsi eurent un rire amer. Eleni avait commencé par rire, elle aussi, mais cela ne dura pas. Un camion militaire arriva pour transporter les prisonniers dans la vallée, où ils seraient enfermés dans un véritable établissement pénitentiaire.

— Louka, comment peux-tu faire ça ! pleurnicha la mère d'Eleni quand sa fille fut dans le véhicule, les mains attachées à la banquette. Tu connais Eleni depuis qu'elle est toute petite ! Elle n'a rien fait !

— Elle a des idées de gauche, c'est une ennemie, répliqua sévèrement Loukas.

Mais, une fois que les soldats furent remontés dans le camion, Eleni l'entendit qui disait :

— Ah, tante Pagona, je ne savais pas qu'on viendrait les chercher. J'obéissais aux ordres et je pensais que quelques jours de prison lui feraient du bien.

— Elle va attraper des vers et elle mourra toute seule !

Lefti jeta un regard dans le miroir qui était accroché dans le couloir. C'était le 3 mai 1967. Les heures de bureau du colonel avaient officiellement commencé depuis soixante minutes, mais sa secrétaire avait annoncé qu'il avait encore à faire et invité Lefti à attendre à l'extérieur. Elle l'appellerait. Les cheveux de Lefti étaient bien coiffés, sa cravate impeccablement nouée. Le complet qu'il avait emprunté à un des Valaques du bordel chez qui il avait logé au cours des derniers jours lui allait bien et, à en croire l'épouse de ce dernier, le fait que le costume ne fût pas à la dernière mode ne pourrait que lui servir. Car les militaires qui étaient derrière le coup d'État auraient bien voulu ramener les pendules cinquante ans en arrière. Les rares communiqués officiels expliquaient qu'on avait réussi à déjouer un complot communiste. Que les ennemis de gauche seraient arrêtés afin de permettre l'édification d'une « Hellade d'Hellènes chrétiens ». Quelques jours plus tôt avait été publiée une dépêche détaillant les mesures des ministères de l'Intérieur et de l'Éducation concernant la jeunesse et la discipline qu'elle devait observer. Il fallait veiller à avoir un extérieur correct, à être propre et soigné. Les Beatles et les beatniks, qualifiés de « fruits étrangers de la voyoucratie américaine », étaient désormais interdits. Les filles n'avaient plus le droit de porter des minijupes. Tous les écoliers avaient l'ordre d'aller à la messe le dimanche et de recevoir la communion pendant la semaine sainte.

Lefti s'assura dans le miroir qu'il correspondait bien à l'idéal prôné par le gouvernement : ses cheveux étaient courts et bien peignés, son visage rasé de près, sa peau propre ; il s'était soigneusement lavé les oreilles au petit matin et curé les dents à l'aide d'un fil prélevé sur son caleçon. C'est alors qu'il prit conscience d'un nouveau problème : il avait un besoin urgent à satisfaire. Depuis quelque temps, il ne pouvait plus rester une heure sans aller aux toilettes. Lefti attribuait ce fait à ses nerfs, trop sollicités par le coup d'État et ses craintes au sujet d'Eleni. Par une sage précaution, il s'était abstenu d'avaler la moindre gorgée depuis la veille au soir. Il n'en avait pas moins la vessie pleine. Mais qu'arriverait-il s'il était au petit coin au moment précis où on l'appelait chez le colonel ? S'il laissait passer son unique chance de sortir Eleni de prison pour pouvoir uriner ? Il était allé chez une prostituée alors qu'il était censé protéger Eleni. Comment pourrait-il vivre en sachant qu'il s'était trouvé aux toilettes au moment où il aurait dû la libérer ?

— Zifkos, vous pouvez entrer chez le colonel, dit la jeune femme qui lui avait demandé de patienter il y avait presque une heure.

Lefti se leva avec nervosité.

Le colonel avait des joues de bouledogue et des doigts semblables à des saucisses. Après s'être assis en face de lui, Lefti croisa immédiatement les jambes afin de mieux contrôler son envie d'uriner. L'officier, dont les épaules étaient pourvues de toutes sortes de décorations, ne lui adressa pas le moindre regard, ne lui dit pas un mot, il étudiait le dossier posé devant lui. De temps en temps, il rotait. Il ressemblait moins à un militaire qu'à un boucher ayant abusé des reliefs de graisse de porc depuis tout petit.

— « Eleni Stefanidis. Communiste, arrêtée pour délit d'opinion », lut le colonel à voix haute, citant la note dactylographiée qu'il tenait entre ses doigts boudinés. En temps normal, j'enverrais cette gauchiste sur un bout de rocher en pleine mer pour lui donner le temps de réfléchir à toutes les sottises qu'elle a dans sa petite tête.

Il se mit à rire. Lefti voulut répondre, mais il avait beaucoup de mal à se concentrer. Son urètre le brûlait comme si des fourmis de feu s'y étaient introduites.

— Qu'as-tu à dire pour sa défense ?

Lefti serra les fesses. Il sentit des gouttes de sueur perler sur son front.

— C'est une méprise, lâcha-t-il péniblement. Elle n'est pas communiste. Elle fait juste semblant de temps en temps.

Le militaire eut l'air furieux.

— Le communisme est un grand crime.

— Oui, bien sûr, mais Eleni fait juste semblant, c'est parce qu'elle ne veut pas m'épouser.

Le colonel se renfonça sur son siège et souffla par le nez.

— Eleni est une femme bien. Je m'en porte garant !

— Si elle file chez les communistes rien que pour ne pas t'épouser, je devrais peut-être te coffrer, toi aussi.

La première pensée de Lefti fut que, sur les photos de prison qu'il avait vues, il y avait toujours des toilettes dans les cellules. Mais rassemblant ses dernières forces il dit :

— En fait, elle est d'accord pour m'épouser, c'est juste qu'elle a voulu se venger parce que je suis allé chez… chez une femme légère. C'est quelqu'un de bien, vraiment, j'ai commis une erreur, elle a voulu se venger parce que je l'ai blessée et elle sait que je déteste les communistes.

Le colonel forma une tente avec ses mains en joignant l'extrémité de ses doigts. Il semblait plongé dans de profondes réflexions philosophiques. Lefti, lui, ne pensait plus qu'à une chose : la joie que ce serait d'uriner.

— Il y a des vignes dans ton village ? s'enquit l'officier.

Lefti secoua négativement la tête avec appréhension – le ton du colonel semblait annoncer un long exposé.

— Dans ce cas, tu n'as sans doute jamais entendu parler du mildiou. Le mildiou, mon petit gars, c'est une maladie.

Le colonel se leva, croisa les mains derrière le dos et se mit à faire les cent pas dans le vaste bureau. Lorsqu'il se tourna de côté, Lefti fut surpris de voir qu'il avait un ventre en forme de boule, mais que cela ne le faisait pas basculer en avant pendant qu'il marchait.

— Il se fixe sur les feuilles de vigne. De l'extérieur, c'est très laid, collant, blafard. Et si on ne fait rien contre, il s'introduit dans le cep, dévore le bois, pourrit les racines, et le cep crève. Mais le pire, c'est que ça n'est pas fini. Il se laisse porter par le vent jusqu'aux pieds sains et s'attaque aussi à eux. D'abord juste en surface mais, si on n'utilise pas tous les moyens pour le combattre, il se transforme en une épidémie qui détruit tout ce que le vigneron a mis tant d'amour et d'effort à planter. Le mildiou n'est pas seulement l'ennemi du paysan – il est l'ennemi de la terre hellénique. Du sol qui a vu naître notre fier pays.

Lefti se recroquevillait de plus en plus sur son siège. À présent, le besoin de se soulager devenait moins intense que la brûlure qui semblait le dévorer de l'intérieur. Mais le militaire paraissait loin d'en avoir fini.

— Tu te demandes sans doute pourquoi je te raconte ça, fit-il d'un ton méditatif.

Lefti voulut opiner du chef, mais dans son agonie il pouvait à peine bouger. Il restait tassé sur sa chaise, essayant de ne pas regarder la cruche d'eau qui le narguait, sur la table devant lui.

— Eh bien, le mildiou a attaqué notre magnifique pays en même temps qu'une autre maladie. Une épidémie dont l'éradication doit être le but suprême de la nation. Et je crains que ta petite chérie n'ait justement été touchée par cette épidémie. Elle a été contaminée, elle est malade, voilà pourquoi nous l'avons arrêtée et enfermée. Chaque feuille atteinte doit être arrachée et brûlée. Seule leur destruction peut empêcher que le poison se répande dans le sol. Tu le comprends, n'est-ce pas ?

Lefti commençait à comprendre. Une goutte de sueur lui glissa dans l'œil.

— Avec le mildiou il ne sert à rien de parler. Je ne vois qu'une solution : sois un homme ! cria soudain le colonel en frappant du poing sur la table, faisant déborder la cruche. Avec une idiote de ce genre, il n'y a qu'une chose à faire : l'enfermer à la maison. La tenir à l'écart de cette propagande étrangère qui semble être à la mode. L'isoler et l'enchaîner à ses fourneaux pour qu'elle apprenne à devenir une femme comme il faut, c'est-à-dire une bonne mère et une épouse patiente.

Lefti acquiesça d'un signe de tête. Le colonel n'avait manifestement jamais eu affaire à Eleni.

— Tu dois lever la main sur elle quand elle fait sa mauvaise tête, tu comprends ? Sors la ceinture s'il le faut. Montre-lui qui porte la culotte à la maison. Tu dis que tu veux l'épouser ?

Lefti acquiesça derechef. L'eau avait atteint le rebord de la table et gouttait sur le sol.

— Bon, ça me paraît la meilleure solution. L'adultère, c'est presque aussi grave que le communisme – en fait, je devrais t'enfermer, toi aussi, mais on manque de place. Je te la confie à la condition expresse que vous fêtiez vos noces dans moins de trois mois.

Lefti fit de nouveau un signe de tête, tandis que le colonel sortait un gros livre, sur lequel figurait le nom de la région natale de Lefti. Il le feuilleta, lentement, sans se presser, parce que ses doigts épais attrapaient toujours deux pages à la fois. Les souffrances de Lefti étaient si intolérables que pour un peu il aurait bondi pour aller pisser dans la plante en pot placée dans le coin de la pièce.

— Notre homme, à Varitsi, s'appelle Loukas Mavrotidis. Il recevra l'ordre de vous tenir à l'œil. Mais gare à vous si vous ne vous mariez pas ! Gare à vous si tu continues d'aller chez les putes, et gare à vous si la fille recommence à jouer les communistes. Pigé ?

Lefti acquiesça une fois encore. Il se sentait comme un crucifié à qui l'on aurait enfoncé des clous entre les cuisses.

— Bon, alors emmène-la.

Lefti leva les yeux.

— Je suis vraiment… merci beaucoup.

— File avant que je ne change d'avis.

L'officier lui tourna le dos, et Lefti se dirigea en toute hâte vers la porte.

— Une dernière chose.

Lefti s'arrêta. Au supplice, il fit volte-face. Le colonel le fixa droit dans les yeux.

— Que les choses soient claires : nous vous surveillons. Et si j'ai l'impression que le mildiou n'est pas mort, je viens avec ma pioche et j'arrache tout le cep, je le fais sécher au soleil et je le brûle pour me réchauffer !

Lefti opina et sortit.

Il sentait déjà les premières gouttes se répandre dans son caleçon, quitta le bâtiment au pas de course et, lorsqu'il eut prestement déboutonné sa braguette derrière un buisson, une sensation de brûlure se diffusa dans tout son bas-ventre. À ce moment-là, il fut saisi d'une crainte terrible.

Lorsqu'il travaillait dans la construction de routes, il avait un collègue plus âgé qui n'arrêtait pas d'uriner et qui hurlait comme un forcené, de sorte qu'on savait toujours derrière quel buisson il était. « Il s'est fait coller la chaude-pisse », plaisantaient les autres. Lorsqu'il rentra à Varitsi avec Spiros, Lefti lui demanda ce qu'était cette *chaude-pisse,* mais son oncle le renvoya au curé. Celui-ci se mit à pester, Lefti devait à tout prix se protéger en restant chaste jusqu'au mariage, la chaude-pisse était une sorte de fléau biblique – sur quoi il lui mit une bible dans la main et lui ordonna de lire le Lévitique. C'était il y avait presque sept ans, mais le souvenir remonta brusquement du tréfonds de sa mémoire alors qu'il se trouvait sur le parvis de la prison : *Lorsqu'un homme a un écoulement sortant de son corps, cet écoulement est impur. Que sa chair laisse échapper l'écoulement ou qu'elle le retienne, il est impur. Tout lit où couchera cet homme sera impur et tout meuble où il s'assiéra sera impur. Celui qui touchera son lit devra nettoyer ses vêtements, se laver à l'eau, et il sera impur jusqu'au soir*[1].

Soulagé à propos d'Eleni, mais anxieux et inquiet pour sa propre santé, Lefti patientait sous le platane devant la prison, tirant sur les pans de sa veste, quand une petite porte s'ouvrit dans le grand portail de fer. Un gardien sortit. Eleni le suivait. Le battant se referma derrière elle sans plus de façon. Eleni se pencha en avant, toussa et plissa les yeux.

— Seigneur, Eleni, est-ce que ça va ?

— Pourquoi tu n'es pas en Allemagne ? lui demanda-t-elle d'un ton sec.

Elle était dans un état épouvantable. Ses boucles n'étaient plus de pétulantes spirales, on aurait dit des toiles d'araignées molles et sans force. Elle était pâle et amaigrie. Son visage était constellé de blessures, ses lèvres gercées, ses commissures irritées.

— Eleni, qu'est-ce qu'ils t'ont fait ?

Oubliant ses parties douloureuses, Lefti voulut la serrer dans ses bras, mais elle se déroba.

— Pas la peine de se montrer sentimental. Il y en a qui ont sacrément plus morflé. Pourquoi tu n'es pas en Allemagne ?

— Tu aurais préféré ? fit Lefti.

Eleni eut un bref regard de côté et garda le silence.

— Partons d'ici, s'il te plaît, je tiens à peine debout, répondit-elle finalement à voix basse.

Lefti acquiesça, attrapa sa valise, qui était un peu plus légère depuis qu'il avait laissé toutes ses provisions chez le Valaque du bordel pour le remercier. Eleni s'était mise en route, de ce pas rapide qu'elle cultivait déjà étant enfant.

1. Lévitique 15 : 2. *(Toutes les notes sont de la traductrice.)*

Lefti la suivit des yeux tandis qu'elle s'engageait dans la mauvaise direction, se demandant s'il ne devait pas tout bonnement la laisser partir. Pourquoi n'allait-il pas à la gare prendre le prochain train pour l'Allemagne ? Lefti savait qu'Eleni ne se retournerait pas. Sans doute ne s'apercevrait-elle de son absence que lorsqu'elle se retrouverait dans un cul-de-sac.

— Eleni, attends, ce n'est pas par là !

Le bus était vide. Ceux qui n'étaient pas contraints de mettre le nez dehors restaient chez eux avec leur famille. La situation demeurait incertaine, et nul ne savait ce qui se passerait dans les jours à venir. Lefti était monté en premier, il offrit la place côté fenêtre à Eleni, mais elle s'assit dans la rangée de l'autre côté. Pendant tout le trajet, il s'efforça de ne pas l'observer. Une ou deux fois tout de même, incapable de résister, il glissa un regard en coulisse dans sa direction : la tête d'Eleni reposait contre la vitre et ses yeux fixaient le vide.

Le second bus qu'ils devaient prendre pour aller à Varitsi était plein. C'était un vieux véhicule exigu fréquenté essentiellement par les ouvriers de l'usine de tabac. Eleni s'assit à côté de Lefti.

Le bus avançait par à-coups et s'arrêtait tous les deux mètres, mais Eleni s'endormit en cinq minutes. Lefti sursauta en sentant sa tête sur son épaule. Elle geignait tout bas dans son sommeil. Il ne tarda pas à avoir mal à l'épaule, les muscles de son bras se crispaient et la douleur lancinante refit son apparition dans son bas-ventre. Pourtant Lefti n'osait remuer ne serait-ce que d'un millimètre. La douce poitrine d'Eleni était appuyée contre son coude, ses côtes se soulevaient et s'abaissaient, et chaque nid-de-poule la rapprochait de lui. Quand ils furent descendus sur la place du village, Lefti laissa sa valise au *kafenio* pour pouvoir porter Eleni, qui semblait dans un état second. On était en début de soirée. Lorsque Lefti arriva à la maison, le crépuscule avait déjà plongé Varitsi dans des teintes bleu sombre. Avant qu'il eût pu ouvrir la porte de la cour, il avisa un grand papier jaune sur le mur :

Nous avons le plaisir de vous annoncer les fiançailles de notre fille Eleni Stefanidis et de l'honorable Lefti Zifkos. Le mariage aura lieu le 8 juillet 1967.

Plus qu'un mauvais présage

La nuit où yaya Maria mourut, elle rêva une dernière fois de sainte Parascève. Celle-ci ne lui apparut pas dans la pompe et la magnificence comme précédemment, mais en proie au plus vif tourment. Elle n'avait presque plus de cheveux sur la tête et tenait tristement à la main des tournesols fanés, qui tombèrent en poussière. Yaya Maria se réveilla en sursaut, essaya de reprendre son souffle et voulut crier – mais depuis son attaque, trois semaines plus tôt, peu après le retour d'Eleni et de Lefti, elle ne pouvait plus produire le moindre son. Seul un râle s'échappa de ses lèvres et, au bout de quelques minutes pendant lesquelles les yeux de la vieille femme errèrent dans la chambre en quête d'aide, Pagona entra promptement dans la petite pièce.

Elle prit le gant de toilette posé sur le rebord de la cuvette émaillée et en tapota le visage, le cou et la poitrine de sa mère. Cela faisait des jours que yaya Maria était victime d'accès de fièvre. Spiros avait interdit aux deux sœurs de faire appel au médecin du village voisin. Comme yaya Maria ne pouvait ni parler ni bouger, il était d'avis qu'il fallait la laisser partir. Qu'on ne devait pas prolonger ses souffrances.

En ce moment, en effet, yaya Maria souffrait, car elle voulait faire part de son rêve à Pagona et lui dire qu'elle voyait clairement à présent qu'il serait mal de condamner Lefti et Eleni à se marier. Pas parce que leurs enfants naîtraient avec une queue de cochon, mais parce que, même sans queue de cochon, cela ne donnerait rien de bon. Elle râlait et croassait, toutefois Pagona attribua ces bruits à des hallucinations provoquées par la fièvre.

— Calme-toi, chère mère, tout ira bien ! chuchota-t-elle en lui baisant le front avant de regagner son lit.

Mais yaya Maria savait que rien n'irait bien. Et avant de s'endormir pour la dernière fois sur cette terre, elle se remémora la maison sur la côte d'Asie Mineure, dans laquelle elle avait perdu quantité de jouets parce qu'il y avait trop de pièces pour qu'on puisse mémoriser toutes les cachettes. Elle se rappelait encore l'expression étonnée des fournisseurs qui apportaient presque chaque semaine de nouveaux objets. Et la fierté avec laquelle son père montrait tout cela à ses hôtes, les félicitations qu'ils lui adressaient pour avoir créé ce paradis. Et les toasts que l'on portait à chaque dîner pour qu'il en soit toujours ainsi et que les rires perdurent.

C'était ce que toute sa vie elle avait désiré pour ses descendants : l'assurance d'avoir un foyer qui ne soit pas soumis aux atteintes des ennemis et du temps, parce que ses fondations étaient plus puissantes que tout.

À présent cependant, à l'heure de sa mort, la vieille femme s'apercevait qu'elle avait commis une erreur. Qu'il n'était pas légitime de faire naître un enfant uniquement pour qu'un garçon puisse faire un bon mariage et fonder une famille. À l'heure de sa mort, yaya Maria se sentait remplie d'affliction et de repentir, elle prenait conscience qu'elle n'avait jamais regardé sa petite-fille chérie comme un être humain, mais toujours comme la future épouse, l'héritière – elle avait souhaité qu'Eleni assure la continuité d'une grande famille qui ne quitterait jamais Varitsi. Et avant de s'éteindre, elle comprit que ce faisant elle avait contraint Eleni à s'en aller, car qui voudrait rester de son plein gré à un endroit où il ne peut pas être lui-même ?

Durant les funérailles, qui eurent lieu au début du mois de juin, Lefti monta la garde devant la maison. En sa qualité de plus jeune membre masculin de la famille, il resta assis sur le seuil pour éviter que l'esprit de yaya Maria ne revienne. L'enterrement dura longtemps, et Lefti songea qu'il n'avait jamais vu le village aussi silencieux. Et tandis qu'il était là, à protéger les lieux, il se sentit ridicule. Lefti ne croyait pas aux esprits, mais peu à peu il prit conscience que ce n'était pas seulement cela qui avait perdu tout crédit auprès de lui. Lefti ne croyait plus à rien de ce qui avait cours ici. Il était assis devant la maison qu'il avait toujours souhaité pouvoir dire sienne et, pour la première fois, il pensa qu'elle était trop grande, trop exposée aux courants d'air, trop sombre, trop démodée et trop délabrée. Il était sur le point de se marier avec la femme qu'il avait toujours voulu épouser et se rendait compte qu'il ne la désirait absolument pas. Lefti se sentait aussi mal en point que la charpente.

Le cimetière de Varitsi était situé à l'écart des habitations, sur une légère éminence d'où les défunts pouvaient savourer la vue sur la vallée. L'abondance de pierres tombales montrait l'importance passée du village. Le cortège funèbre était déjà reparti, seule demeurait Eleni. Elle ramassait les restes de bougies funéraires. La journée avait été torride, raison pour laquelle l'enterrement n'avait commencé qu'au crépuscule. Une fois, la moitié de l'assistance s'était évanouie sous l'effet de la chaleur, aussi le curé craignait-il désormais, quand il faisait chaud, d'avoir non pas un, mais plusieurs cadavres à inhumer en même temps. Eleni errait dans le cimetière sombre, les bougies rouges lui dispensaient un peu de lumière, et elle mit un bon moment avant de remarquer qu'une silhouette l'observait de derrière le mausolée familial de l'ancien douanier. L'homme qui se tenait dans l'obscurité avait les bras serrés contre le corps. Il n'aurait su dire combien de fois déjà il s'était blotti derrière des haies, des buissons ou des murs pour contempler Eleni en cachette. À ses yeux, elle était la plus belle et la plus gracieuse créature qui eût jamais vu la lumière de ce monde. Que ce soit quand elle lançait des tomates, arrachait les mauvaises herbes ou menait paître les chèvres. Mais surtout quand, se sentant à l'abri des regards, elle s'interrompait brièvement, se parlait à elle-même ou tenait de petits discours aux insectes. Après avoir mis les restes de bougies dans un sac, Eleni alla s'asseoir sur le muret devant la tombe de sa grand-mère, renversa la tête en arrière et scruta le ciel. L'homme se pencha légèrement en avant pour mieux distinguer le cou blanc délicat, les lèvres pleines et les boucles brunes en tire-bouchon, si rebelles qu'elles arrivaient à se frayer un chemin même sous le foulard. Il était en train d'imaginer qu'un léger film de sueur couvrait la nuque d'Eleni et sa lèvre supérieure, qu'il pourrait dissiper par ses baisers, quand le caillou sur lequel il avait mis le pied dérapa, la faisant se retourner en sursaut.

— Louka ?

Il savait que cela n'avait aucun sens de se cacher d'Eleni, aussi quitta-t-il son abri derrière le mausolée, veillant soigneusement à ne pas trop se retrouver dans la lumière afin de dissimuler le bouton qu'il avait à la commissure des lèvres et qui lui venait toujours sous le coup d'une forte excitation.

— Qu'est-ce que tu fais ici ?

— Est-ce que je peux t'aider ?

— Toi ? M'aider ?

Eleni se détourna et Loukas sentit un pincement au cœur. Si seulement il pouvait lui faire comprendre à quel point il était navré. Il s'était dit qu'il lui montrerait la prison de l'intérieur pendant quelques jours, afin de lui apprendre la prudence ; il ignorait totalement qu'on viendrait les chercher. Après son arrestation, il avait écrit chaque jour au colonel pour lui expliquer qu'elle n'était pas communiste, qu'il l'avait emprisonnée par erreur, par suite d'une méprise de sa part. Qu'au fond de son cœur elle était une bonne Hellène, une femme utile pour l'avenir du pays. Il s'était même fait violence en chargeant un ami de révéler à Lefti, son ennemi juré, dans quelle prison Eleni était incarcérée et de lui indiquer le colonel qui serait susceptible de l'écouter.

Il essayait de trouver les mots justes, fut sur le point de proclamer qu'il irait même jusqu'à devenir communiste si elle voulait bien l'embrasser une fois. Mais il fut incapable d'ouvrir la bouche.

— Fiche-moi la paix, Louka. Tu m'as flanquée en prison, ma grand-mère est morte, je dois me marier, ça suffit. Tu as gagné, moque-toi de moi ! Balance-moi tout ça à la figure, mais attends demain, s'il te plaît. Aujourd'hui, laisse-moi seule.

Et Loukas obéit.

La famille n'eut pas besoin de longs débats pour savoir s'il fallait repousser le mariage d'Eleni et de Lefti en raison de la période de deuil, car tous étaient d'accord sur le fait qu'attendre, avec ces deux-là, n'était pas une solution. En outre, le vœu le plus cher de yaya Maria avait été que cette union soit célébrée le plus vite possible. Après la cérémonie, Lefti voulait se rendre en Allemagne pour gagner de l'argent et, à la surprise générale, Eleni était prête non seulement à l'épouser au plus tôt, mais aussi à l'accompagner.

Assises en silence à la cuisine après l'enterrement, Pagona et Despina communiquaient par la pensée. Elles le faisaient depuis toutes petites, et au village on disait que les jumelles étaient filles du diable. Pourtant chacune savait simplement ce que l'autre ressentait. Aujourd'hui encore plus fortement qu'avant, car la ressemblance s'accentuait à mesure qu'elles prenaient de l'âge et que la solitude se faisait davantage sentir.

Les doigts serrés autour de leur thé des montagnes, elles ne s'interrogèrent pas à voix haute sur ce qu'Eleni avait subi en prison. Celle-ci avait les plantes de pied couvertes de cicatrices et, la nuit, il lui arrivait souvent de crier.

Mais les jumelles n'avaient jamais eu la force d'affronter la vérité. Elles ne posèrent donc aucune question à Eleni et convinrent en silence que la prison lui avait fait découvrir son amour pour Lefti.

Que même si l'on avait emprunté des voies détournées, à présent tout irait bien.

Eleni s'efforça de rester tranquille jusqu'au mariage, prévu un mois plus tard. Elle aurait bien voulu tourner le dos au village, mais savait que, seule, elle n'y arriverait pas. Tout le pays était désormais tenu d'une main de fer par l'armée. Elle avait essayé de contacter ses amis de la Jeunesse communiste, mais la plupart avaient été arrêtés et, pour certains déjà, déportés sur des îles perdues de la Méditerranée. Le matin de ses noces, elle pensa avec amertume que sa seule possibilité de quitter le pays était précisément l'union qu'elle avait toute sa vie essayé d'éviter. Lefti avait déjà son contrat de travailleur étranger, quant à elle son arrestation lui interdisait d'en obtenir un. Son unique chance était d'accompagner Lefti en tant qu'épouse. Eleni était assise d'un air apathique devant le miroir de Spiroula, la voisine, qui lui attachait les cheveux sous le voile et lui mettait un peu de poudre sur le nez, du charbon autour des yeux et de la couleur sur les lèvres.

— Nerveuse ? demanda Spiroula, celle qui, au cours de sa nuit de noces, avait fui son mari.

Depuis, elle avait eu six beaux enfants et idolâtrait Yorgos.

— Non. Pas vraiment.

— C'est si romantique, Lefti et toi, vous vous connaissez depuis si longtemps ! Une véritable histoire d'amour ! s'extasia Spiroula en mettant un peu d'ordre dans les boucles d'Eleni à l'aide d'épingles à cheveux.

Eleni se regarda dans la glace comme si elle était quelqu'un d'autre. Leur histoire, à Lefti et à elle, était tout sauf romantique. Eleni se sentait comme une poupée de porcelaine en robe de mariée, susceptible de se briser à tout instant. L'une des épingles que maniait Spiroula glissa et lui piqua le cuir chevelu.

Quand Lefti enfila son costume de mariage, le sentiment de tristesse qu'il éprouvait depuis les funérailles de yaya Maria lui pesa si lourd sur l'estomac qu'il courut aux toilettes pour vomir. Despina secoua la porte avec affolement.

— Tu ne te sens pas bien, mon trésor, tu veux un thé ?

Mais Lefti n'ouvrit pas, il s'assit sur la chaise en bois devant la fenêtre, sortit le paquet de cigarettes que le Valaque lui avait offert en guise d'adieu et fuma pour la première fois de sa vie. Il pressentait qu'il était en train de commettre une grave erreur.

Tout le village se rassembla devant l'église. Tant de gens se pressaient dans la petite maison du Seigneur que, pour la première fois depuis la messe de remerciement qu'on avait tenue après que le village eut échappé à un feu de brousse, la place manqua et qu'il fallut ouvrir en grand les portes et les fenêtres pour permettre à ceux qui ne pouvaient entrer d'assister de l'extérieur à la cérémonie. Les raisons de cet intérêt étaient multiples : certains trouvaient excitant et incroyablement romantique que deux êtres promis au mariage depuis leur enfance convolent enfin. D'autres étaient poussés par la curiosité. Eleni Stefanidis était connue pour être imprévisible et, ce dimanche-là, on engageait ardemment les paris pour savoir si elle dirait oui. Mikis, le propriétaire du *kafenio,* avait parié un porcelet qu'elle ne le ferait pas. Le mari de Foti avait même parié en sus qu'elle ne viendrait pas du tout. Il poussa donc un juron en voyant la famille d'Eleni conduire la mariée depuis la maison familiale jusqu'à l'église.

Contrairement aux pronostics, la cérémonie se déroula sans incident particulier, jusqu'au moment où le curé posa la question décisive :

— Lefti Zifkos, veux-tu épouser cette femme ?

Lefti ne répondit pas. L'assemblée retint son souffle, Eleni lui jeta un regard surpris, Lefti baissa les yeux. Sur le sol de pierre, un faucheux se promenait devant la pointe de ses souliers. Lefti aurait donné n'importe quoi pour être à sa place. Le curé s'éclaircit la gorge.

— Lefti Zifkos, veux-tu épouser cette femme ? beugla-t-il alors, croyant simplement que Lefti ne l'avait pas entendu la première fois.

L'estomac de Lefti bouillonnait de répugnance quand Eleni chuchota :

— Lefti, c'est moi, voyons, Eleni.

Levant alors les yeux et lisant la peur sur son visage, il couina si faiblement que seules les deux premières rangées l'entendirent :

— Oui.

Maintenant le volume sonore, le prêtre beugla la même question à l'adresse d'Eleni, qui, profondément ébranlée par la réticence de Lefti, cria comme si l'instituteur avait lu la feuille de présence :

— OUI !

Au lieu de se sentir soulagé et de fêter le nouveau couple avec allégresse, Varitsi continuait de retenir son souffle.

L'hésitation de Lefti avait été aussi choquante que si quelqu'un avait proclamé que le vrai dieu s'appelait Allah. Au village, il y avait peu de convictions fondamentales, mais elles étaient d'autant plus fermement ancrées : la Terre tournait sur son axe, l'eau de Varitsi était la meilleure du monde, et Lefti aimait Eleni.

Cependant, le véritable mauvais présage était encore à venir : comme le voulait la tradition, le curé invita Lefti et Eleni à faire trois fois le tour de l'autel pour symboliser le chemin du mariage. Les invités lançaient déjà du riz et l'ambiance s'améliorait lentement lorsque Lefti trébucha, entraînant Eleni, si bien que tous deux durent faire un grand pas de côté et que leurs couronnes glissèrent. Yorgos, le témoin, les rattrapa avant qu'elles ne touchent le sol et les leur remit promptement sur la tête, comme si de rien n'était, mais tout le monde avait vu. Et c'était encore un principe auquel le village croyait dur comme fer : quand les couronnes de mariés glissaient des têtes, cela n'augurait rien de bon pour les époux. Seul Loukas, qui s'était juré de ne pas assister à la cérémonie, mais que sa mère avait sorti du lit à coups de balai pour lui rappeler ses devoirs de chef de la police, sentit poindre une lueur d'espoir en cette journée atroce.

Conformément aux usages, Lefti prit Eleni dans ses bras pour lui faire franchir le seuil de la maison, mais ensuite, au lieu de la jeter sur le lit comme n'importe quel époux, il la remit sur ses pieds. Eleni fut déconcertée. Toute la journée elle s'était demandé ce que Lefti pouvait bien penser. Il n'avait même pas goûté au gâteau. Et pendant la première danse, il avait fixé ses souliers au lieu de la regarder dans les yeux.

— Tu as soif ? demanda Lefti, gêné, alors qu'ils se faisaient face dans le couloir.

Ils avaient grandi là et, à l'occasion de leur union, on leur avait attribué l'arrière de la maison. Pourtant, ils contemplaient les murs d'un air perdu, comme s'ils ne savaient ni l'un ni l'autre où ils étaient.

— En fait, non.

— Je vais chercher de l'eau, répliqua distraitement Lefti.

C'était la première fois qu'Eleni se retrouvait seule ce jour-là depuis le chant du coq. Ne sachant pas si elle devait attendre Lefti, elle resta un moment à fixer le plafond. Puis elle décida d'aller dans la chambre à coucher. Elle s'assit sur le lit fraîchement fait et se laissa rebondir sur le matelas. Voilà donc à quoi ressemblait son lit conjugal, songea-t-elle, et elle respira l'odeur des tournesols que Despina avait disposés dans un vase, sur la desserte. Elle tendit l'oreille pour savoir si Lefti revenait et se déshabilla précautionneusement. Eleni portait de la lingerie fine, le corset lui venait de Pagona – il était trop juste pour Foti et Christina, qui avaient hérité de la stature massive de Spiros. Vêtue de dentelle, elle se coucha sous la couverture et s'efforça de se concentrer uniquement sur le départ. Quitter enfin Varitsi. Quitter un pays dans lequel penser suffisait à vous faire arrêter. Même si pour cela il fallait passer par la prison du mariage.

Lefti lui apporta un verre d'eau, qu'il posa sur la table de chevet. Il glissa un bras sous le lit et déroula une natte.

— Je dormirais bien dans la cuisine, mais si quelqu'un arrive tôt demain matin..., marmonna-t-il en éteignant la lumière.

— Lefti...

Eleni dut se faire violence pour continuer.

— C'est notre nuit de noces. Tu peux tout à fait dormir avec moi.

Lefti respira bruyamment.

— Eleni, je sais que tu ne m'as épousé que pour pouvoir partir de Varitsi. Et je n'ai pas l'intention d'en profiter.

Il ôta son costume et le posa sur la chaise. Eleni prit son courage à deux mains et souleva la couverture, comme autrefois, lorsqu'ils étaient enfants et que Lefti venait la rejoindre dans son lit pour écouter les histoires de yaya Maria. Lefti l'ignora et s'étendit sur la natte.

— Écoute, je me suis résigné depuis longtemps à ce que tu ne m'aimes pas. Alors maintenant, dormons. La journée a été dure.

CHANT III

Où le héros et l'héroïne arrivent
à la croisée des chemins
dans le Land de Basse-Saxe
et s'engagent sur des routes différentes,
en croyant à tort être parvenus
au terme de leur voyage.

Le « non » allemand

La brise estivale se saisit d'un essaim de thrips qui battaient paresseusement des ailes à proximité de l'Innerste, une petite rivière de Basse-Saxe. En temps ordinaire, ces minuscules insectes jaunâtres ne se déplaçaient pas beaucoup, mais le vent, premier signe avant-coureur d'une perturbation atmosphérique, les emporta. En Basse-Saxe, on les appelait aussi bêtes d'orage parce que c'était surtout lors des journées d'été chaudes et lourdes comme ce mardi de juillet 1971 qu'elles apparaissaient en quantités invraisemblables. C'était justement une de ces nuées qui se faisait à présent entraîner dans les airs loin des prairies. Le vent ne les poussa pas jusqu'aux zones d'habitation, où les immeubles se pressaient les uns contre les autres, où les jardinets se succédaient, où les nains de jardin se saluaient ; il ne les poussa pas jusqu'à la gravière naissante, dans les forêts alentour, dans le centre de Hildesheim, qui faisait son possible pour devenir une grande ville, mais il lui manquait encore six mille personnes pour atteindre les six chiffres. Non, le vent abandonna les bêtes d'orage dans une pépinière des faubourgs, non loin de la localité voisine, qui était encore indépendante, mais ne tarderait pas à être rattachée administrativement à Hildesheim, comme tous les petits bourgs environnants.

Eleni attendait le propriétaire quand un des insectes, déconcerté par ce vol précipité, confondit sa sueur avec de la sève et mordit. Eleni se donna une tape sur le bras. La démangeaison était épouvantable.

— Encore vous !

Le pépiniériste, un homme de grande taille, milieu de la cinquantaine, qui perdait ses cheveux par touffes et, en compensation, arborait sous le nez une moustache aussi vivace que les pélargoniums dans leurs caisses, tourna les talons à la vue d'Eleni. Celle-ci, écrasant triomphalement d'autres thrips qui s'étaient égarés sur ses bras nus, lui courut après.

— Vous êtes impoli !

— Oui, et alors ? Vous trouvez poli de vous pointer ici toutes les semaines ? Bon sang de bonsoir, pesta l'homme en assenant des tapes sur ses jambes nues qui, à partir des genoux, dépassaient du pantalon kaki ceinturé beaucoup trop haut.

— Alors donnez-moi des semences et vous ne me reverrez plus !

Le propriétaire ferma la porte d'une serre pour éviter que les insectes n'entrent.

— Pour la centième fois, non ! Nous sommes une pépinière, nous vendons des plantes, pas des semences pour faire ses propres plantations ! Fichez le camp !

Dans l'intervalle, les portes de la serre, les bâches, les rosiers à l'extérieur, les plantes d'agrément, plants et arbres fruitiers, ainsi que les zones découvertes des bras d'Eleni et des jambes du pépiniériste avaient été colonisés par les thrips, collés dessus comme des guêpes sur un jambon au miel.

— Saletés de mouches ! Je reviendrai jusqu'à ce que vous me donniez des semences ! Juste une poignée ! dit Eleni en se détournant.

À vingt-deux ans, elle avait désormais perfectionné l'art de la sortie mélodramatique. Qu'elle contredît sa famille, se disputât avec ses sœurs ou se querellât avec Lefti, elle avait appris à se tourner du côté gauche en enfonçant ostensiblement sa semelle droite dans le sol et à s'en aller, menton haut. Mais le plus impressionnant, c'était le spectacle qu'elle offrait de dos : elle avait les épaules tellement en arrière que celles-ci saillaient sous son vêtement, tels des bourgeons d'ailes susceptibles d'éclore à tout moment pour l'emporter au loin, tel un sphinx. Le pépiniériste lui-même ne put s'empêcher de suivre des yeux la jeune Grecque avec sa volonté de fer et son obsession incompréhensible pour les semences de plantes.

Lefti et Eleni vivaient depuis trois ans et demi à Hildesheim, une petite cité aux ambitions de grande ville, au sud de Hanovre, la capitale de la Basse-Saxe. Cela faisait neuf mois qu'Eleni essayait de se procurer à la pépinière des semences de basilic, de thym et d'origan. Les plantes toutes prêtes qu'on y vendait lui paraissaient excessivement chères et de mauvaise qualité. Il n'avait pas fallu trois semaines au basilic qu'elle avait acheté pour rendre l'âme ; le thym avait jauni et s'était vilainement desséché ; quant à l'origan, un beau matin, des vers avaient surgi du terreau. Eleni avait tenté d'argumenter, mais ici on semblait peu sensible à la rationalité. Il y avait beaucoup de choses qu'Eleni détestait dans ce pays, mais le pire, à ses yeux, c'était le « non » allemand.

Le non allemand était absolu. Il ne prêtait pas à discussion. Ni à justification. Même quand il n'avait aucun sens et allait à l'encontre de toute raison. Il faisait à Eleni l'effet d'un feu rouge. On ne négocie pas avec un feu rouge.

Eleni avait demandé au boulanger s'il ne pourrait pas faire du pain blanc avec moins de sel et moins d'épices, à la méditerranéenne. Il avait dit d'une voix forte, claire, martiale : « Non. Impossible. »

Elle avait demandé au boucher pourquoi il n'y avait pas d'agneau.

« Parce qu'il n'y en a pas, avait-il répondu, ajoutant : Non. »

« Est-ce qu'on peut s'asseoir sur l'herbe ?

— Non. »

« Est-ce que je peux mettre mon vélo ici ?

— Non. »

Dans un premier temps, Eleni avait pensé que les habitants de Hildesheim étaient tout simplement des obsessionnels du règlement et qu'ils faisaient toujours ce que leur supérieur hiérarchique, la municipalité ou l'État allemand leur prescrivaient. Mais, depuis qu'elle avait rencontré le propriétaire de la pépinière, elle se disait que certains étaient peut-être juste méchants. Qu'ils savouraient la possibilité d'interdire à quelqu'un ce dont il avait un besoin urgent. Elle avait par exemple observé que, dans la circulation routière, les gens prenaient plaisir à voir un automobiliste qui désirait tourner contraint de rester sur la voie d'accélération parce que ceux qui roulaient à droite ne voulaient à aucun prix changer de file.

Tu veux prendre la bretelle ?

Non.

Tu veux traverser la rue ?

Non.

Tu veux des semences de plantes ?

Non.

L'expérience de la prison, le mariage précipité et surtout la mort de yaya Maria l'avaient paralysée, mais depuis qu'elle était arrivée à Hildesheim elle sentait renaître sa combativité. Durant les trois années écoulées, elle avait rencontré beaucoup de gens qui étaient antifascistes, antinucléaire, antipollution, anti-Américains, anti-matières plastiques ou anti-anti.

Elle aussi était anti. Elle était antijunte, elle était anti-génération des parents, elle était anti-chauvinisme. Et depuis neuf mois, elle était aussi anti-herbes séchées. Elle regrettait le basilic frais dont le goût n'était pas pollué par l'odeur des engrais allemands, l'origan qu'on avait mis à sécher au soleil, le thym sauvage qui avait poussé entre les pierres.

Eleni avait appris que les Allemands pouvaient être rigides et têtus. Mais elle venait des montagnes grecques. Elle avait grandi avec des ânes. Elle était sûre de pouvoir être encore plus têtue.

Tout à la fin de la guerre, en 1945, Hildesheim avait été presque entièrement rasé. Les maisons à colombages de l'ancien « Nuremberg du Nord » avaient brûlé, et les églises, fortifications et ruelles tortueuses du Moyen Âge n'étaient plus que ruines. À l'endroit où s'élevait autrefois l'emblème de la ville, une maison à colombages richement décorée en forme de pain de sucre renversé, se trouvait désormais un hôtel de béton dépouillé qui, ironie du sort, répondait au nom poétique de *Rose*. Les habitants reconstruisirent leur cité. En 1971, alors qu'Eleni et Lefti avaient déjà passé trois ans et demi à Hildesheim et que les destructions remontaient à plus d'un quart de siècle, la ville résonnait en permanence du grondement et de la pétarade des engins de construction, des grues qui se dressaient dans le ciel, des rues éventrées et des excavatrices qui labouraient leur environnement.

Lorsque Eleni rentra à pied après sa visite à la pépinière, parce qu'il était plus rapide de marcher trois quarts d'heure que d'attendre le bus pendant deux heures ou presque, elle se boucha les oreilles quand les marteaux-piqueurs qui déchiraient l'ancien revêtement de chaussée pour laisser place à une voie rapide devinrent trop bruyants. Elle attribuait l'enthousiasme de Lefti pour tous ces chantiers au fait qu'il avait longtemps travaillé dans la construction de routes. La tristesse la prenait chaque fois qu'elle pensait à tout cet activisme. Autrefois la ville devait avoir été d'une beauté merveilleuse, mais à présent elle était dominée par des squelettes de piliers de béton et de poutrelles d'acier, ceints de béton apparent, de tôles de zinc et de plaques de béton désactivé.

Si elle avait pu choisir, Eleni serait immédiatement repartie s'installer dans une ville où c'était la vie qui trépidait, pas seulement les engins de construction. Mais Lefti avait obtenu un contrat de travail dans une usine locale de caoutchouc et il avait encore deux ans à faire. Il aurait évidemment pu démissionner mais, chose totalement incompréhensible pour Eleni, il se sentait en dette à l'égard de son entreprise, après tout elle lui avait payé le voyage, proposé son premier logement et procuré un cours d'allemand. Eleni avait quitté au bout de six mois l'emploi que lui avait trouvé la femme du collègue de Lefti dans une usine d'autoradios, parce qu'elle trouvait sa tâche trop monotone. Lefti lui avait battu froid pendant presque un mois. Eleni travaillait à présent dans une blanchisserie, gagnait certes moins bien sa vie, mais n'avait plus l'impression d'être un âne obligé de trotter en rond toute la journée pour mouvoir la meule. Elle s'était juré de ne rester à Hildesheim que le temps d'économiser suffisamment d'argent pour se tailler à Hambourg ou Francfort. Elle s'était tout de même fait des amis dans l'unique restaurant grec de la ville, ils étaient comme elle contre la junte militaire et essayaient de susciter un peu d'opposition à l'étranger.

En attendant, Eleni s'accommodait tant bien que mal de la Basse-Saxe et elle était convaincue que, si elle parvenait à craquer le code du non allemand, tout serait beaucoup plus simple. Elle avait l'impression d'être un personnage sorti du monde féerique de son enfance, chargé de découvrir la formule magique changeant les pierres en êtres humains, les grenouilles en princes, la glace en fleurs et un non allemand en un oui spontané. Et à l'été 1971, alors que les essaims de thrips tourmentaient les habitants de Hildesheim, Eleni était déterminée à trouver cette formule.

La beauté et l'érotisme de la langue allemande

Lorsque Lefti rentra de son service de nuit, il dut s'arc-bouter de l'épaule contre la porte et faillit glisser sur la natte en raphia. Cela ne faisait que quatre mois qu'ils avaient emménagé dans un appartement plus grand. Désormais ils avaient leur propre raccordement à l'eau et disposaient même de deux pièces. De l'entrée du logement ouvrier, au plafond bas, on accédait directement à la cuisine, qui faisait aussi office de salle de bains. Au dos de la porte étaient fixées deux patères, à gauche il y avait un coin cuisine rudimentaire et une table étroite poussée contre le mur. En mangeant, il fallait certes garder un coude collé au corps mais, à côté de la plaque de cuisson, il y avait une douche individuelle. Les toilettes communes se trouvaient dans le couloir.

— Eleni ?

Dans l'évier s'entassait de la vaisselle, sur la table, le linge sale, partout traînaient des chaussures et du matériel de bricolage. Dans la pièce du fond, Lefti ne distinguait même plus le clic-clac sous le crépon, les films de plastique et les bouts de papier, et en travers de l'espace s'étiraient des cordes à linge auxquelles étaient accrochés des draps peints, des banderoles et des affiches bricolées : *Vive la Grèce libre. À bas la junte. Pour la démocratie contre la dictature ! Make Love not War.*

— Eleni ?

Peut-être était-elle à la blanchisserie, songea Lefti. Il avait déjà du mal à mémoriser son propre planning, alors les horaires d'Eleni lui échappaient complètement. Lefti regarda l'horloge de la cuisine, il n'était pas encore neuf heures du matin. Son cours d'allemand commençait à seize heures, il était crevé. Il prit une corbeille à papier, attrapa la première affiche.

Eleni était depuis deux ans au conseil d'administration de la Griechen e.V. – l'association culturelle des Grecs de l'étranger, qui, sous le prétexte d'organiser des fêtes et des représentations théâtrales et de préserver les traditions à l'intention des immigrés de Hildesheim, se livrait à un travail d'opposition contre la junte. Eleni et Lefti avaient espéré que la dictature disparaîtrait aussi vite qu'elle était venue, mais cela faisait à présent presque quatre ans que les militaires étaient au pouvoir.

Lefti n'aimait pas la Griechen e.V. Elle se composait de deux douzaines d'immigrés, d'étudiants, d'ouvriers et d'Allemands de gauche qui, à ses yeux, ne faisaient qu'agiter de temps à autre quelques panneaux au-dessus de leurs têtes et se perdre en vaines discussions dans un local grec de la Kaiserstraße. Aucun d'eux ne semblait se dire qu'en restant assis à ergoter ils n'avaient pas la moindre chance de provoquer la chute du régime. Lefti, qui, dès l'âge de douze ans, s'était juré de se tenir à l'écart de la politique, s'était vu conforté dans sa décision quand il avait reçu sa première promotion. Peu après la bonne nouvelle, un fonctionnaire de la Commission grecque du travail s'était manifesté à l'usine de caoutchouc. Lefti n'avait encore jamais été appelé ni convoqué au téléphone durant son service. « Pensez à votre pauvre vieille mère, avait marmonné l'homme dans le combiné. Qu'est-ce qui se passerait si les devises que vous lui envoyez n'arrivaient plus ? Si elle recevait la visite de la police ? » Lefti s'était aussitôt senti inondé de sueur. « Pas de syndicat, avait dit la voix d'un ton menaçant. Vous avez un poste à responsabilité. »

Quand Eleni lui avait parlé de la Griechen e.V., neuf mois après leur arrivée en Allemagne, Lefti en avait eu des maux d'estomac. Pour la première fois depuis qu'ils étaient à Hildesheim, elle avait souri. Mieux encore : elle avait applaudi. « Eleni, sois prudente, s'il te plaît, les gens de la junte sont partout », avait-il dit, à quoi elle avait simplement répondu « Ah, Lefti », mais avec un sourire malicieux sur les lèvres, et elle l'avait serré dans ses bras et embrassé – pour la première fois depuis leur mariage. Et la dernière. Lefti reposa la corbeille à papier, alla prendre une douche, puis se coucha nu parmi les vestiges des bricolages d'Eleni.

Quand le réveil sonna, quelques petites heures plus tard, Lefti pressa le coussin sur ses oreilles. Il se tourna et se retourna une ou deux fois, luttant contre le salopard intérieur qui ordonnait à ses bras et à ses jambes, las des va-et-vient incessants entre les postes de travail et harassés par les multiples manipulations, de rester couchés. Lefti travaillait presque soixante heures par semaine, faisait des remplacements au pied levé en cas d'urgence, échangeait ses heures de service avec ses collègues. Jusqu'à présent, il n'était jamais arrivé en retard, il n'avait jamais été malade, car même si ses compatriotes de l'usine se moquaient de lui, disant qu'il était plus allemand que les Allemands, Lefti aimait son travail. Il l'avait aimé dès l'instant où il avait mis le pied dans le complexe de l'usine et reçu sa combinaison jaune foncé contre une signature.

Eleni et lui étaient arrivés à Hildesheim en pleine nuit. Ils avaient traversé les Balkans en train, un voyage de plusieurs jours, et à peine avaient-ils laissé la frontière autrichienne derrière eux que le temps était devenu sombre et maussade. Lefti se souvenait des versants et des montagnes, du paysage vallonné, brumeux. Eleni s'était bornée à remarquer qu'on se serait cru dans les histoires horribles de yaya Maria.

Hildesheim s'était donné beaucoup de mal pour leur manifester son inhospitalité. Les premiers jours de leur arrivée, il avait fait un temps glacial, mais ce n'était pas le froid clair, purifiant, de Varitsi, c'était un froid humide, sournois, qui s'insinuait jusque dans la moelle, même quand on était chaudement vêtu, et qui vous dévorait lentement de l'intérieur. Frigorifiés, grelottants et désorientés, Eleni et Lefti avaient essayé de partir à la découverte de la ville, mais ils n'arrêtaient pas de s'égarer. En dehors d'eux, tout le monde semblait se déplacer exclusivement en voiture ou en bus, et, quand Eleni se mouchait, le mouchoir était noir. Les basses pressions emprisonnaient les gaz d'échappement, la fumée et la poussière entre les maisons. Les rares bâtiments qui n'avaient pas été endommagés par la guerre et, vestiges d'eux-mêmes, paraissaient attendre des temps meilleurs étaient souillés de suie. Les quelques personnes que Lefti et Eleni voyaient dans les rues n'avaient pas de sourire sur le visage.

Eleni avait plus d'une fois demandé à Lefti s'ils ne pourraient pas aller chercher du travail ailleurs. Mais Lefti ne voulait pas risquer de perdre son contrat. D'autant qu'il ne ressentait pas les choses comme Eleni – au contraire : pour lui, Hildesheim était l'incarnation d'un progrès trépidant. Les voitures, les usines, le vacarme des chantiers. Et puis son premier jour de travail était arrivé.

L'usine de caoutchouc était une construction imposante, un château en brique au-dessus duquel la cheminée se dressait tel un donjon – c'était le plus grand bâtiment que Lefti eût jamais vu. Le bus s'arrêta devant le portail en fer, le portier leur souhaita la bienvenue. Il y avait également un Turc et un Italien qui débutaient, mais Lefti ne les comprenait pas, ne savait pas s'ils s'étonnaient eux aussi de tout ce que les Allemands avaient inventé. Une carte sur laquelle une pointeuse inscrivait l'heure à laquelle on arrivait et repartait. D'épais vêtements de protection et de solides chaussures professionnelles, des chaussures comme Lefti n'en avait jamais eu, et surtout les lunettes de protection qu'il fallait mettre chaque fois qu'on s'approchait à moins de deux mètres du caoutchouc liquide. À l'époque où Lefti construisait des routes, personne n'en portait. Un jour qu'ils asphaltaient la chaussée, un de ses collègues avait reçu de la poix brûlante dans l'œil – elle avait pénétré si profondément dans sa tête que le médecin avait dû lui extirper l'œil à l'aide d'une cuillère, autrement la poix aurait migré jusqu'au cerveau. Cependant, la plus grande différence, c'était l'ordre et l'organisation. Alors que dans la construction de routes chacun travaillait comme bon lui semblait, à l'usine de caoutchouc les processus de fabrication étaient organisés à la perfection. Chacun avait sa place, chacun avait une tâche, et quand on s'en acquittait consciencieusement on était récompensé. Pour la première fois de sa vie, Lefti avait le sentiment d'être à un endroit où l'on avait vraiment besoin de lui. D'autant que l'on créait ici d'étranges objets, comme des bonnets de bain, des élastiques et des coussins qui jaillissaient du volant quand on percutait un arbre. Il n'y avait que les Allemands pour imaginer des choses à la fois aussi inutiles et incroyablement utiles. Lefti faisait son travail, s'en tenait aux règles, et ce avec tant de zèle et de discipline qu'il recevait constamment des promotions. Il était même devenu contremaître et, chaque jour, éprouvait une fierté renouvelée devant la confiance qu'on lui témoignait.

Lefti aimait la ponctualité. Il n'avait jamais possédé de montre mais, lorsque dans son enfance il avait un rendez-vous, la nervosité lui causait une éruption cutanée dès qu'il était temps d'y aller et il comptait les secondes pour être sûr d'être à l'heure. Cela faisait rire tout le village, mais ici, en Basse-Saxe, sa ponctualité était appréciée, et il allait même jusqu'à réprimander les hommes de son secteur quand ils revenaient de leur pause de midi ne serait-ce qu'avec une minute de retard.

« Salaud d'Allemand », avait récemment pesté un gars de Crète, mais Lefti avait accueilli cette insulte avec le sourire et bombé le torse – on ne pouvait lui faire plus beau compliment.

Or ce jour-là justement, le premier de son nouveau cours d'allemand, il commit un impair. Lefti n'avait pas compris que le cours *B1 : conversation niveau avancé* avait lieu dans une autre salle de l'institut de formation que son cours précédent. Il ne savait pas très bien pourquoi il s'infligeait cela, mais c'était un animal routinier. Depuis qu'il était là il apprenait l'allemand, et tant qu'il serait là il apprendrait l'allemand. Lefti courut frénétiquement à droite et à gauche, lisant les inscriptions, les panneaux, se frayant un chemin parmi des étudiantes qui n'étaient sans doute pas plus jeunes que lui, mais paraissaient beaucoup moins âgées. Ses semelles couinaient sur le revêtement de caoutchouc, la lumière crue des plafonniers dans les couloirs sans fenêtres le faisait transpirer. Il était au bord de la syncope lorsque, hors d'haleine et avec seize minutes de retard, il trouva enfin la bonne salle. Il s'arrêta un bref instant, se demandant s'il oserait entrer, quand la porte s'ouvrit de l'intérieur, laissant apparaître la femme la plus adorable sur laquelle il ait jamais posé les yeux.

— Ah, en effet, je pensais bien avoir entendu quelque chose, dit-elle.

Et elle eut un sourire si incroyablement ensorcelant que Lefti retint son souffle. Il n'avait jamais vu des petites dents aussi délicates.

— Comment vous appelez-vous ?

Lefti fut incapable de sortir un mot. Il se représentait ces quenottes en train de vous grignoter partout sans vous faire le moindre mal.

La jeune femme portait une frange qui se divisait symétriquement à droite et à gauche et rebiquait en arc deux doigts au-dessus des sourcils. Elle avait comme vissé ses cheveux fins en une queue-de-cheval qui se balançait coquettement. Son chemisier bleu ciel était montant, orné d'un petit nœud blanc sur le col, et Lefti admira la belle jupe qui descendait loin en dessous du genou. Depuis son arrivée en Allemagne, Eleni ne portait plus que des pantalons et Lefti, debout sur le pas de la porte à dévisager sans un mot son futur professeur, apprenait combien un mollet pouvait être érotique.

— Comment vous appelez-vous ?

Les joues de Lefti devinrent rouge fraise.

— Lefti Zifkos.

— Très bien ! Venez, nous sommes au complet maintenant.

Lefti entra en trébuchant dans la salle. Un homme plus âgé, assis au premier rang, lui lança un coup d'œil sévère ; juste derrière, deux hommes de son âge se donnèrent des coups de coude. La beauté ouvrit ses lèvres fines, mais Lefti leva la main.

— Oui, monsieur Zifkos ?

— Promis, pour mon retard. Pardon, que ça ne se reproduira plus.

L'assistance ricana. Lefti aurait voulu s'arracher la langue – son allemand avait déjà été meilleur. D'un regard sévère, le professeur imposa silence à la classe.

— Vous n'êtes pas en retard. Nous commençons par un quart d'heure a-ca-dé-mique. Cela signifie que nous démarrons quinze minutes plus tard, c'est-à-dire à seize heures quinze.

Lefti réfléchit. L'académie était une invention des anciens Grecs et il n'était pas étonné que ceux-ci eussent fait une place au retard. Il trouva très agréable le respect que leur témoignaient les Allemands – dans le cadre de certaines limites tout de même. En cet instant, Lefti aimait l'Allemagne plus encore que d'ordinaire, et a fortiori pour avoir produit ce gracieux spécimen de professeur d'allemand.

— Mon nom est ma-de-moi-selle Ha-sel-bach-er.

Elle parlait lentement, en soulignant chaque syllabe.

— Ma-de-moi-selle, je vous prie. PAS madame Haselbacher, répéta-t-elle.

Lefti murmura dans un souffle : *Ma-de-moi-selle Ha-sel-bach-er.*

La demoiselle se leva et inscrivit son nom au tableau, lequel montait jusqu'au plafond de la pièce basse, tapissée de plaques de formica. Tout en écrivant, elle expliquait à quelle fréquence elle comptait faire des interrogations de vocabulaire et noter les devoirs.

Lefti avait du mal à se concentrer sur les bouts de papier devant lui. Il était distrait par les petits pieds en souliers rouges que l'on apercevait sous le bureau de Mlle Haselbacher. Et plus encore par son sourire : elle n'écartait que timidement les lèvres, laissant juste entrevoir ses petites dents, à l'inverse d'Eleni, qui riait en ouvrant grand la bouche, comme si elle était chez le dentiste.

L'heure ne passa pas, elle fila. Mlle Haselbacher distribua des manuels, discuta de dates d'examen et, pour finir, écrivit au tableau une citation d'un auteur américain dont Lefti n'avait jamais entendu parler, mais qu'elle décrivit comme un « petit type curieux et amusant », qui ne pouvait souffrir la langue allemande :

« Quand l'écri-vain alle-mand plonge dans une phrase, il s'écoule un cer-tain temps avant qu'il re-fasse sur-face sur la rive oppo-sée de son océan, avec un verbe entre les dents. »

Mlle Haselbacher termina en leur expliquant qu'il ne fallait pas se laisser impressionner par les tournures compliquées de la langue allemande. Au contraire, ils devaient les aborder avec humour et ne jamais oublier que tout s'apprend. À cet instant, Lefti eut le sentiment d'être né pour apprendre l'allemand – comme si l'unique but de sa vie était de plonger dans l'océan de la langue allemande afin de rapporter le verbe juste à Mlle Haselbacher.

Au moment où il sortait de la salle, la demoiselle le retint.

— Attendez, monsieur Zifkos, vous avez quelque chose, là.

Lefti, enivré par l'idée d'aller pêcher des verbes à son intention comme d'autres des perles pour leurs bien-aimées, faillit tomber à la renverse quand Mlle Haselbacher lui passa la main dans les cheveux. Son cœur battait si fort qu'il craignit qu'elle ne l'entende, mais avec un sourire insouciant elle lui ôta des rognures de papier.

— Monsieur Zifkos, je trouve très inspirant qu'un ouvrier comme vous suive ce cours. L'instruction est le bien suprême !

Elle lui sourit derechef, prit son petit sac à main et suspendit la corbeille contenant crayons, bouts de papier et livres à son bras. Lefti était si agité qu'il n'avait pas compris un mot de ce qu'elle lui disait. Dans le couloir, il se pencha sur un distributeur d'eau et humecta son front brûlant. Pendant tout le trajet de retour, il ne put s'empêcher de sourire, rata un feu rouge et faillit se faire écraser par une camionnette, dont le conducteur pesta ensuite quatorze kilomètres durant.

Démosthène contre Antigone

Debout sur le dernier barreau de l'échelle, une dizaine d'épingles entre les lèvres, Eleni essayait de fixer l'affiche. Le panneau était couvert d'un revêtement de feutre rêche brun-vert, qui avait la consistance d'un tampon abrasif, et, si Eleni n'avait dû serrer les lèvres, elle aurait juré tout haut dans les couloirs de l'institut pédagogique. L'affiche annonçait la manifestation contre la junte que l'association organisait tous les quinze jours sur la Hindenburgplatz. Tous les quinze jours, Eleni se rendait avec de nouveaux rouleaux dans les restaurants et les cafés dont les propriétaires professaient des idées de gauche, elle allait aux réunions des socialistes, au lycée, dans les clubs, les supermarchés et, bien sûr, à l'institut pédagogique. C'était là qu'il y avait le plus d'affiches à poser car, à Hildesheim, les étudiants étaient les seuls à paraître s'intéresser, au moins jusqu'à un certain point, au fait qu'en Grèce on torturait quotidiennement des gens et que la liberté de la presse et la liberté d'opinion relevaient de l'utopie. Cela étant, par beau temps, il y avait tout au plus une demi-douzaine de manifestants extérieurs à l'association. Lorsqu'il pleuvait, même les membres de l'association étaient deux fois moins nombreux et, quand il neigeait, il ne restait souvent que le noyau dur du conseil d'administration, qui se cramponnait en grelottant à ses banderoles. Ces jours-là, on ne voyait même pas un passant, les automobilistes étaient dans l'impossibilité totale de lire les slogans à travers les flocons, et Eleni, qui exécrait le froid humide de l'hiver allemand, se demandait alors pourquoi elle s'infligeait cela. Quand elle avait appris l'existence de l'association, elle en avait presque explosé de joie. Enfin elle trouvait des gens qui partageaient ses idées et, par suite, la possibilité de s'engager. D'agir contre la dictature qu'elle avait fuie. Mais au bout de trois ans de manifestations, de discussions et de poses d'affiches, elle s'interrogeait. Cela faisait plusieurs mois qu'elle n'appelait plus sa famille à Varitsi. Celle-ci trouvait le régime formidable – il construisait des routes, avait délivré le pays de la menace communiste, Loukas voulait même dégoter un nouveau curé pour l'église, et les enfants apprenaient à l'école une idéologie gréco-chrétienne bien-pensante. Eleni ne les jugeait que partiellement responsables de leur naïveté à l'égard de cette propagande. Les généraux avaient le pays bien en main alors que, de son côté, elle n'avait encore rien à son actif. Elle n'avait même pas réussi à obtenir ses semences.

— Eleni !

De frayeur elle faillit tomber de l'échelle. En bas se tenait un jeune Crétois qui travaillait avec Lefti à l'usine de caoutchouc et s'était, comme Eleni, engagé dans l'association. Eleni montra les épingles qu'elle avait dans la bouche, le gars alluma une cigarette.

— Eleni, ma belle, ton mari est vraiment un con.

Eleni soupira.

— Je suis revenu de la pause déjeuner avec cinq minutes de retard, il fallait que j'aille aux toilettes. On a quand même encore le droit de chier, non ? La bouffe de la cantine me constipe, surtout leurs patates en robe des champs. Comment ils font, les Allemands, pour digérer ce truc ? Et j'explique ça à ton mari, je lui dis : « Lefti, on a quand même encore le droit de chier ! » Et ton mari, il dit : « T'as qu'à chier pendant ton temps libre. » Et moi je dis : « Je te chie dessus », et lui il note un truc merdique dans son carnet.

Eleni sentait son regard sur ses fesses, elle cracha les épingles qu'elle avait dans la bouche et se démancha le cou :

— Super, t'es capable d'utiliser le mot « chier » quatre fois dans une phrase. Tu ferais mieux de m'aider.

Le Crétois éteignit promptement sa cigarette.

— J'aimerais bien, mais je suis pressé.

— Les étudiantes à qui tu reluques le cul se font la malle ?

Le Crétois lui pinça le mollet.

— Tu viendras chez Nikos, à la taverne ? Tous les autres sont déjà là.

Eleni laissa choir l'affiche.

— Comment ça, *tous les autres sont déjà là* ?

— Ben, il y a une séance du conseil aujourd'hui, à cause du 1er Mai. Les trucs qu'on va faire cette fois, etc.

Eleni dut s'appuyer un bref instant contre le mur.

— Je suis au conseil, pourquoi est-ce qu'on ne m'a rien dit ?

Les jours où tout lui réussissait, Dimitris Vangelis se considérait comme la réincarnation de l'orateur athénien Démosthène. Les jours où il avait la main un peu moins heureuse, il se consolait en pensant qu'il finirait par le surpasser. À la fin de sa vie, Démosthène avait eu le dessous, il n'avait pas réussi à avertir les Grecs de la menace que représentait le roi Philippe II de Macédoine, si bien que celui-ci avait finalement annexé la Grèce, jusque-là libre. Dimitris espérait pouvoir atteindre ses propres objectifs. Le jeune homme du Pirée était fier d'avoir établi l'association Griechen e.V. à Hildesheim. À l'inverse de ce qui se passait à Hanovre, non loin de là, ou dans des grandes villes comme Cologne ou Hambourg, elle menait une existence paisible à l'abri des conflits avec d'autres associations d'émigrés grecs adeptes de la junte ou payées par elle pour la soutenir à l'étranger. Tous les Grecs de Hildesheim prenaient fait et cause pour Griechen e.V., que ce soit de manière active ou en fermant leur bec. Ici, il n'y avait pas de protestations véhémentes ni de heurts avec les partisans du régime, les deux camps, à quelques exceptions près, ne se montraient pas vraiment hostiles l'un envers l'autre, et Dimitris était fermement convaincu que, dès la chute des militaires et le retour de la démocratie, son engagement lui vaudrait un bon poste au sommet de la bureaucratie.

Assis au bout de la table des habitués, dans la taverne de Nikos, Dimitris animait la discussion sur le 1er Mai quand, soudain, la porte s'ouvrit si brutalement que la cloche en eut un infarctus. Eleni, la fille des montagnes, une beauté – mais Dimitris la jugeait dangereuse –, entra comme une tornade.

— Qu'est-ce que ça veut dire ? s'écria-t-elle. Vous vous réunissez, vous ne me dites rien et vous m'envoyez coller des affiches ?

— Enfin, Eleni, c'est sûrement un malentendu.

Dimitris aimait et détestait les femmes tout à la fois. D'un côté il était fou de leur beauté et de leurs charmes, mais de l'autre il considérait que ce n'était pas un hasard si aucun grand homme d'État n'avait eu de seins. Impossible de discuter avec les femmes, elles étaient irrationnelles, ne comprenaient rien au pouvoir et à sa dynamique. Eleni en constituait pour lui le meilleur exemple. Chaque fois qu'il avait une idée, elle le contrait. C'est ainsi qu'elle essayait depuis des mois de convaincre les autres d'abandonner les manifestations qui avaient lieu tous les quinze jours sur la Hindenburgplatz pour organiser des réunions d'information dans les écoles, les associations, les universités et les cafés. Des lectures, des concerts, des pique-niques, un marché aux puces, afin d'inciter les gens à s'engager davantage. Dimitris n'y voyait qu'un tas de conneries sentimentales. Seule une femme, pensait-il, pouvait avoir ce genre d'idées.

— Tu sais où il est, le malentendu ? C'est que je me crève le cul pour toi !

Eleni tourna aussitôt les talons et voulut quitter la pièce en trombe, placer sa fameuse sortie mélodramatique, mais, remarquant la mine consternée des autres, Dimitris bondit et se précipita vers elle.

— Eleni, je ne voulais pas t'éloigner. C'est juste que j'avais déjà prévu ce que tu ferais le 1er Mai : j'ai pensé que, cette année, tu pourrais prononcer le discours de notre association.

À Hildesheim, le 1er Mai était un événement. Il y avait un bruyant défilé des syndicats, des organisations étudiantes et des groupuscules de gauche, qui se terminait par un meeting sur la Marktplatz, où chaque association pouvait envoyer un orateur. Les années précédentes, Griechen e.V. avait été représentée par Dimitris : c'était un brillant rhétoricien, il avait le charme d'un futur maire et parlait parfaitement allemand, car cela faisait désormais dix ans que ses parents l'avaient envoyé en Allemagne. Dimitris étudiait l'électrotechnique à Hanovre depuis une éternité mais, comme la communauté grecque locale y était plus importante et comportait un grand nombre de meneurs, il avait transféré son activité politique à Hildesheim. Là, il était le chef incontesté, on l'invitait à déjeuner et, grâce à d'habiles alliances et promesses, il avait réussi à obtenir de multiples soutiens.

Eleni était différente. Eleni gardait les enfants des ouvrières, arbitrait les conflits conjugaux, s'occupait de tous ceux qui étaient malades et parlait en sus de sa vision d'une Grèce libre. Pour Dimitris, elle représentait une menace parce qu'elle se laissait guider par son cœur. Elle ne prenait jamais part aux petits jeux de pouvoir, pourtant tout le monde la connaissait. Elle gagnait la confiance de ceux qui ne croyaient pas à ses discours. Comme Antigone, pensait-il parfois. D'une maladresse et d'une irréflexion totales, toujours portée par ses émotions et, pour cette raison, incapable de compromis et sourde à tout argument rationnel. Mais aimée. Dimitris avait besoin d'elle tout en la craignant. Et c'était dangereux.

Il afficha son sourire de gendre idéal. Eleni lui jeta un regard perplexe.

— Moi ?

— Bien sûr, qui d'autre ?

Les membres du conseil en eurent à l'unisson la mâchoire qui tombait jusqu'au sternum. Eleni était certes énergique et charmante, mais elle n'avait encore jamais prononcé de discours, et surtout son allemand était tout sauf bon. Elle parlait trop vite, sans se soucier de la syntaxe ni de la prononciation, et quand il lui manquait un terme elle le disait en grec en le faisant précéder d'un article allemand. Elle se justifiait en expliquant que de toute façon l'allemand tenait sa grammaire et son vocabulaire du grec et que les Allemands n'avaient qu'à faire un effort pour la comprendre.

Dimitris apaisa le conseil et adressa à Eleni un grand sourire d'encouragement. En son for intérieur, il était évidemment persuadé qu'elle échouerait. Et il était prêt à sacrifier le 1er Mai pour mettre sa rivale en difficulté. Quelque admirable qu'ait été Antigone, elle avait fini par causer sa propre perte. Démosthène, en revanche, était un être rationnel. Et lui, Dimitris, deviendrait un second Démosthène, encore meilleur que le premier.

En prévision du cours d'allemand suivant, Lefti se rendit chez le coiffeur, se fit faire la barbe et prit une bonne douche. Et avant d'entrer dans le bâtiment, il fit une chose qui lui vaudrait onze minutes de mauvaise conscience : il ôta son alliance et la glissa dans la poche de son pantalon.

Onze minutes plus tard, Mlle Haselbacher arriva dans la salle. Elle s'était maquillée, ses lèvres brillaient d'un éclat rose tendre. Lorsqu'elle sourit et que ses cheveux de miel furent touchés par les derniers rayons du soleil couchant, la mauvaise conscience de Lefti se dissipa en un clin d'œil.

— Aujourd'hui, nous allons parler de la dé-cli-nai-son des ad-jec-tifs, annonça-t-elle.

Et elle écrivit au tableau « la maison rouge » au nominatif, au génitif et au datif. Les jambes de Lefti frémirent, il ne se sentait pas seulement prêt à apprendre « la maison rouge » sous toutes les formes possibles et imaginables, non, il voulait construire à Mlle Haselbacher un palais rempli de maisons rouges et lui dire dans toutes les maisons rouges du monde qu'elle était d'une beauté merveilleuse.

Eleni éprouvait une grande nostalgie. Elle avait la nostalgie du pot rempli de choucroute dans la cave de ses parents, où elle faisait tourner son doigt jusqu'à ce qu'il soit enveloppé d'une motte de chou. Elle avait la nostalgie du pain frais cuit au four, dans la cour, des conversations sans fin avec les voisins sur des sujets insignifiants, elle avait même la nostalgie des disputes avec ses sœurs – mais ce qui lui manquait par-dessus tout, c'était sa grand-mère. Le 30 avril 1972, une des maximes de yaya Maria lui revint tout particulièrement en mémoire.

Quand Eleni jouait à l'héroïne et que, assise sur le dos du chien, elle braillait qu'elle ne se marierait jamais, qu'elle préférait combattre seule ; quand elle enfermait ses sœurs au fournil et jetait un sort à la serrure pour les empêcher de ressortir ; quand elle transformait Lefti en grenouille, l'obligeant à vivre au fond d'un puits… alors sa grand-mère la prenait à part, la fixait dans les yeux d'un air grave et lui disait : « Fais attention à ce que tu souhaites, parce que ça pourrait se réaliser. »

Assise en tailleur sur le clic-clac, un bloc-notes sur les jambes, Eleni pensait aux paroles de sa grand-mère. Le lendemain, elle devait parler devant des centaines de gens de la situation en Grèce et se sentait proche de la panique. Lire des articles en petits caractères sur les liens entre certains industriels américains et les généraux grecs lui donnait mal aux yeux. Elle avait la migraine à force d'essayer de relier ses lectures au thème de son discours, « Impuissance – Vivre sous la junte », et son cœur s'affolait à la perspective de devoir exposer tout cela devant une foule nombreuse. « Nous suscitons beaucoup d'attention, tous les regards seront tournés vers toi », lui avait répété Dimitris au moins dix fois.

Les coudes appuyés sur la table de la cuisine, Lefti apprenait des mots de vocabulaire :

— La gla-ce. L'in-vi-ta-tion. Le ren-dez-vous. Le ver-re de vin.

Depuis qu'il suivait ce nouveau cours, Lefti se montrait encore plus assidu. Dernièrement, il avait même demandé à la voisine du rez-de-chaussée, une vieille dame qui demeurait toute la journée dans le couloir à suivre avec curiosité ce qui se passait, comment on prononçait tel mot. En le voyant avancer les lèvres et lutter contre son zézaiement, Eleni se dit que son professeur devait être un nazi de l'apprentissage linguistique.

Elle avait mauvaise conscience. Lefti travaillait toute la journée. Il n'avait pas d'amis, ne s'intéressait qu'à ses cours de langue, et elle s'en jugeait responsable. Il écrivait chaque semaine à sa mère. Mais ce qu'Eleni prenait pour le mal du pays était également de la mauvaise conscience. Car Lefti se sentait terriblement mal d'aimer à ce point l'Allemagne et de sentir germer dans son esprit la douce pensée d'y rester pour toujours.

Cependant cela faisait longtemps que Lefti et Eleni ne se parlaient plus vraiment. Ils avaient cessé de prendre sincèrement des nouvelles l'un de l'autre. Et quand Lefti leva les yeux de ses papiers, ce ne fut pas par bonté, comme le crut Eleni, mais par remords de songer chaque nuit à une autre femme qu'il annonça :

— Au fait, Eleni, demain, je viendrai t'écouter.

Jusque-là, il avait toujours refusé de prendre part aux réunions organisées par Griechen e.V. et allait même jusqu'à éviter la taverne de Nikos.

— Vraiment ? fit Eleni, incrédule.

— Exceptionnellement. Mais ça ne veut pas dire que je m'intéresse à la politique, lui rappela-t-il.

Eleni se redressa et ne put réprimer un sourire. Que Lefti, l'homme le moins politisé qu'elle connût, voulût se rendre à une manifestation rien que pour elle la touchait beaucoup. Ce geste lui donna la même confiance qu'autrefois, quand ils étaient enfants et que Lefti la secondait dans tous ses combats contre les monstrueuses araignées buveuses de sang.

CHANT IV

Où, au milieu des années 1970,
le héros et l'héroïne rencontrent le grand amour
à Hildesheim ; où le héros retourne sur les lieux
qu'il avait fuis pour ne plus avoir à y retourner,
et où l'héroïne prend une grave décision,
parce que grand amour ne rime pas toujours
avec grand avenir.

Un jour qui en vaut plusieurs

Otto Joe, Ottmar Müller pour l'état civil, ne voulait pas se réveiller. Il n'avait pas la moindre idée de l'endroit où il se trouvait, ni de la façon dont il y était arrivé, il ne savait pas qui était la personne qui faisait du boucan au fond de la pièce, et encore moins ce qui s'était passé la veille. La dernière chose dont il se souvenait, c'était le concert dans la cave des jeunes de la paroisse. Il avait joué ses standards, mais le public était bizarre. Il s'attendait à devoir divertir des chrétiens bon teint, mais l'assistance n'était composée que de jeunes femmes portant des chemisiers à col montant et des jupes longues. Quand il avait chanté « Combien de rues en ce mon-on-de sont des rues de larmes et de souffrances ? », elles s'étaient prises par les bras et balancées en cadence, puis, lorsqu'il avait entonné « Je me sens comme si je frappais à la porte du ciel », il avait vu apparaître les premiers yeux humides. Et ensuite ? Le visage enfoui dans un oreiller tendu de flanelle dont l'odeur lui était étrangère, les paupières résolument closes, il ne parvenait absolument pas à se rappeler où il s'était rendu après, et encore moins avec qui.

— Hé, tu pourrais te lever, à la fin ? cria une voix de femme, ajoutant quelques instants plus tard : C'est pas drôle.

Otto sentit qu'on le secouait.

— Mes parents vont rentrer, je t'en prie, il faut que tu te lèves !

Sa voix était hystérique, et *parents* était, avec *mariage* et *enceinte,* un des trois mots magiques qui avaient le don de rendre Otto lui aussi hystérique.

Il avait les narines complètement bouchées. En reliant cela au goût fade qu'il avait dans la bouche, il en déduisit que la nuit précédente il avait trop kifé. Pourtant il n'avait rien sur lui, le petit Turc de l'Osterstraße l'avait laissé en rade.

— B'jour…, marmonna-t-il.

Il ouvrit prudemment les yeux et sursauta. Il était couché dans un étroit lit d'enfant, autour de lui les murs étaient couverts d'un papier peint saumon semé de roses rouges. À gauche, dans le coin, un fauteuil à bascule occupé par des ours en peluche ; à droite, sur la table de chevet, une bible ; au mur, à côté de lui, un crucifix ; et puis cette fille qui lui jetait ses affaires sur le lit : à coup sûr elle n'avait pas dix-huit ans.

— S'il te plaît, s'il te plaît, va-t'en avant que mes parents n'arrivent !

Alarmé, Otto repoussa la couverture.

— *Sorry,* grommela-t-il en enfilant ses vêtements aussi vite que le lui permettait son vertige.

— Je t'en prie, va-t'en, c'est tout, dit-elle, le dos tourné.

Otto boutonna sa chemise de batik bleu ciel, alluma une cigarette et posa la main sur l'épaule de la fille.

— Je t'appelle !

Elle fit volte-face et lui arracha la cigarette des lèvres.

— Hé, tu débloques ou quoi ? Où est-ce que tu te crois ?

Elle le dévisageait sous sa frange blonde.

À la vue de son nez criblé de taches de rousseur, Otto songea qu'elle faisait une coccinelle plutôt sexy.

— Comment est-ce que je m'appelle ?

Ah, bon sang, se dit Otto.

— Sabine, bredouilla-t-il.

Si elle n'avait pas saisi un trophée de concours hippique pour le lancer sur lui, Otto n'aurait pu s'empêcher de rire devant son expression horrifiée. Voyant la coupe passer à un cheveu de son visage, il se précipita vers la porte. Tableaux, figurines de porcelaine et autres trophées l'accompagnèrent pendant tout le trajet. Lorsqu'il fut dans la rue, il se retourna et vit quel était l'endroit qu'il venait de quitter à toutes jambes : une maison de pasteur.

— Bon sang, marmonna Otto, qui avait déjà eu de mauvaises expériences avec le Sauveur dans un internat bavarois d'où il s'était échappé à dix-sept ans.

Il alluma une autre cigarette et se mit en route d'un pas lent et incertain. Il s'arrêta au bout de cent mètres avec la sensation qu'il y avait quelque chose de bizarre, et se rendit compte brusquement qu'il n'avait ni dans la main gauche ni dans la main droite son étui à guitare.

Il donna un coup de pied dans un réverbère, jura, insulta le bon Dieu, Son fils, Sa mère et le Saint-Esprit, les accusa d'en avoir après lui et cracha sur le trottoir jusqu'à n'avoir plus de salive.

C'était le 1er Mai. Dans moins d'une heure, les défilés et les manifestations allaient commencer, et les étudiants socialistes avaient, pour des raisons qui lui demeuraient obscures, réussi à organiser le soir un concert avec H. W., un des chansonniers les plus réputés du pays. Otto se préparait depuis des semaines à l'idée d'aller le voir en coulisse après le spectacle, d'évoquer telle ou telle influence, de lui dire ceci et cela sur ses textes, cela et ceci sur ses mélodies, avant de lui jouer un morceau. Peut-être alors H. W. l'inviterait-il à le suivre en tournée et le mettrait-il en contact avec sa maison de disques ? Voilà comment Otto s'était représenté la chose, mais sans guitare ce serait difficile. Son instrument s'appelait Gisela et il n'en utilisait pas d'autre. Dans sa première et unique interview pour le journal municipal de Hildesheim, il avait déclaré que Gisela était le grand, le véritable amour de sa vie et qu'elle était la seule femme qu'il ne tromperait jamais.

Il marchait dans la rue, furieux, désorienté et affamé. Otto avait grandi en Basse-Bavière. En temps normal, il se repérait grâce aux montagnes et aux collines, à tout ce qui était en hauteur, mais la Basse-Saxe était si plate que l'on voyait presque que la Terre était une boule. Il s'arrêtait constamment pour s'appuyer contre un mur et reprendre son souffle, et arriva enfin à la taverne de Nikos, dans la Kaiserstraße. Otto aimait la cuisine grecque parce qu'elle ressemblait beaucoup à celle de la Bavière. La perspective de brochettes huileuses avec un peu de pain blanc et des frites le revigora instantanément. Cela lui donnerait l'énergie suffisante pour oser retourner chercher sa guitare au presbytère. C'est alors que Nikos, le patron à l'abondante pilosité, sortit du restaurant et referma la porte derrière lui.

— Non, Nikos, tu peux pas me faire ça !

— Otto, Otto, tu t'es enfin décidé à apprendre la musique de Mikis ? Toujours ces Américains… Il faut que tu joues du Mikis Theodorakis !

Otto vacilla.

— Nikos, c'est un cas d'urgence ! Il me faut un *souvlaki* ! Et un *gyros* ! Et un *gyros* avec un *souvlaki.*

— Ce soir, Otto. Là, je vais à la manifestation. À bas la junte ! beugla l'armoire à glace barbue.

Otto en eut aussitôt mal au crâne.

— Ce soir, ça n'ira pas, il faut que je joue quelque chose à H. W. !

Le patron monta dans son Opel Kadett cabossée et démarra.

« Jésus, triple con ! » lança Otto à l'adresse du ciel, mais Jésus n'eut pas de réaction. Otto s'en repartit d'un pas lourd vers la maison du pasteur, où il retrouva finalement

Gisela dans l'allée. Au début il n'en crut pas ses yeux, puis il se mit à trembler de tout son corps, même les poils de ses orteils frémirent : le pire cauchemar de tout guitariste s'était concrétisé. La fille avait passé sa colère sur l'innocent instrument : Gisela était décapitée. Démolie. En pièces. Et s'il n'y avait eu la sangle, faite sur mesure à Hambourg, il n'aurait pas reconnu sa guitare dans ce cadavre. Son premier grand amour. Victime de sa bêtise. Otto fut pris d'une tristesse si frustrante qu'il ne lui vint même pas une insulte appropriée.

Debout derrière la tribune, trempant de sa sueur l'antisèche à laquelle elle se cramponnait des deux mains, Eleni ne comprenait pas un mot de ce que disaient les orateurs qui la précédaient. Non parce qu'ils s'exprimaient de manière compliquée, mais elle avait les oreilles qui bourdonnaient, comme si toutes les cloches des églises, toutes les sirènes et les alarmes de la ville retentissaient en même temps dans son crâne. Massés sur la Marktplatz se trouvaient des syndicalistes, des ouvriers, des étudiants, des apprentis, des écoliers, des socialistes, des communistes, des anarchistes, ils portaient des affiches, des œillets, écoutaient les orateurs et les interrompaient constamment par des interjections enflammées. Le moindre centimètre carré était bondé. Si un incendie éclatait, se dit Eleni, ils seraient perdus sur cette place surpeuplée aux rues d'accès étroites. Elle repensa aux pièges à guêpes de son enfance : des verres percés de petits trous et remplis de liquide sucré dont aucune guêpe ne ressortait vivante quand il y en avait trop à l'intérieur. Des auréoles de transpiration se dessinaient sur le chemisier de soie rouge à l'endroit de ses aisselles. La veille au soir, elle avait englouti une copieuse portion de pâtes salées, mais depuis elle ne gardait plus rien. Son ventre lui faisait l'effet d'un voilier dans la tempête.

— Eleni, c'est à toi, chuchota Dimitris en la poussant d'une bourrade vers les marches.

Eleni alla se placer devant le pupitre, la foule fit brusquement silence et tous l'observèrent avec intérêt. Eleni luttait pour reprendre son souffle, elle n'arrivait pas à lire ses notes, ses mains tremblaient trop. Elle leva les yeux, laissa errer son regard – et tout à gauche, pressé contre l'angle d'un mur, elle aperçut Lefti. Il avait mis un costume, noué une cravate, coiffé ses cheveux en arrière en utilisant une dose excessive de gomina. Dans cette tenue, il avait l'air incongru d'un agent des services secrets et Eleni eut un bref instant de crainte à l'idée que ce vêtement pourrait lui valoir une raclée, mais la vue de ce visage si familier la calma instantanément.

Elle s'éclaircit la gorge et commença à parler :

— Bonjour, camarades, amis de la *deemokratía* !

Lefti pinça les lèvres. Eleni parlait trop vite, trop indistinctement et sans la moindre expressivité, presque comme si elle participait à un concours de lecture à voix haute où il fallait réaliser le meilleur temps. Lefti remarqua qu'autour de lui les gens se mettaient à chuchoter : *Tu comprends ce qu'elle dit ? Elle devrait apprendre l'allemand. Nan, apprendre à parler.* Tout à coup, quelqu'un lui tapota l'épaule.

— Eh bien, ça alors, monsieur Zifkos, quelle bonne surprise !

Lefti se retourna brusquement.

— Ma-de-moi-selle Ha-sel-bach-er, bredouilla-t-il, gêné.

— Enfin, monsieur Zifkos, nous ne sommes pas en cours ! Vous pouvez m'appeler Gertrud, non, appelez-moi plutôt Trudi !

Mlle Haselbacher fit son sourire réservé qui ne dévoilait que peu de dents et lui tendit une main que Lefti serra vigoureusement.

— Et moi, je m'appelle Lefti !
— Lefti ?
— Lefti.
— Trudi !
— Trudi ?
— Trudi.

— Pousse-toi !

Un jeune homme ivre bouscula Mlle Haselbacher pour se glisser dans une rue latérale.

— Hé, t'es débile ou quoi ? cria Lefti.

Et Mlle Haselbacher, qui avait achevé avec succès ses études de langue et de littérature allemandes, s'étonna de voir que Lefti maîtrisait parfaitement l'argot de Hildesheim. Elle ignorait que c'était la phrase que Lefti avait le plus souvent entendue dans ce pays les premiers mois de son arrivée. Un bref moment, il avait même cru que cette façon de le rabrouer quand il demandait son chemin dans la rue était une sorte de salut. *Hé, t'es débile ou quoi ?*

— Tout va bien, Lefti, chuchota la demoiselle en détournant la tête pour lui cacher sa rougeur. La dame sur l'estrade aurait bien besoin de cours particuliers de rhétorique, fit-elle, l'instant d'après.

— Oui, dit Lefti, ajoutant précipitamment : Je suis là par hasard.

— En fait, moi aussi. Je sortais pour aller manger une glace, la chaleur est si agréable. Si nous y allions ensemble ?

Sur la tribune, Eleni luttait pour capter l'attention du public. Public dans lequel se trouvait Lefti, qui regarda son professeur d'allemand dans les yeux.

— Oui, avec plaisir !

Sur la Marktplatz, les chuchotements s'amplifiaient. Dimitris se mordait le poing. C'était encore mieux que ce qu'il avait imaginé : Eleni était une oratrice épouvantable. Un chien famélique, abandonné par la junte et glapissant sur l'estrade, aurait sans doute été plus convaincant. Déjà un fauteur de troubles beuglait, trois mètres derrière lui :

— On s'emmeeerde !

Dimitris lui lança un regard faussement indigné – mais Eleni s'interrompit, fixa l'ivrogne de ses grands yeux étincelants de poupée de porcelaine et laissa retomber ses notes.

— On s'emmerde ? répéta-t-elle avec une âpreté que Dimitris ne lui connaissait pas. On s'emmerde ? fit-elle avec fureur dans le micro, lequel produisit un sifflement qui imposa silence à toute la place.

Eleni jeta ses papiers sur le sol, attrapa le micro et s'avança jusqu'au bord de la tribune.

Au cours de sa vie, Dimitris n'avait pas eu beaucoup de sujets d'étonnement. Il était habitué à ce que les choses se déroulent selon ses attentes mais, dès l'instant où les notes du discours d'Eleni atterrirent sur l'estrade, plus rien ne se passa comme prévu. Tout à coup, Eleni ne lui évoquait plus seulement une Antigone fictive : on aurait dit, en effet, qu'elle jouait le rôle principal de cette tragédie au beau milieu de la Marktplatz, mais dans une version contemporaine, inspirée de son propre destin. Comme si elle avait appris l'allemand en quelques secondes, elle énuméra sans la moindre faute de langue toutes les mesures de répression de la junte, depuis la censure de la presse jusqu'aux enlèvements et à l'exil, raconta qu'elle-même avait été arrêtée et torturée, et qu'elle n'avait finalement réussi à fuir la Grèce qu'en épousant son cousin. En termes énergiques, elle raconta devant la place bondée que toute petite, déjà, elle ne voulait pas l'épouser, qu'elle avait été opprimée par sa famille et qu'elle n'avait échappé aux caves où la junte pratiquait la torture qu'en entrant volontairement dans la prison du mariage avec un homme qu'elle ne pouvait souffrir. Comme la grande héroïne tragique grecque, Eleni était prête à sacrifier son bonheur personnel pour les besoins de la cause. Dimitris savait que le mari d'Eleni était là. Il se demanda comment lui-même réagirait si son épouse l'insultait ainsi en public et, un bref instant, il éprouva du respect pour cette femme affective et irrationnelle.

Le respect le céda toutefois à l'envie lorsque la foule, émue par le discours d'Eleni, lui réserva un tonnerre d'applaudissements.

Dimitris crut bientôt pouvoir affirmer que ces applaudissements étaient plus nourris que ceux qui avaient accueilli les déclarations des prédécesseurs d'Eleni. Bien plus nourris.

Antigone non plus n'était pas maligne, pensa-t-il, mais têtue, oui, et convaincue.

Il suçotait ses dents, les bras croisés, et prit conscience qu'il venait de subir une défaite plus importante que Démosthène lors de la bataille de Chéronée. L'orateur avait convaincu Thèbes et Athènes de faire alliance contre Philippe II de Macédoine. Mais la phalange macédonienne avait donné l'assaut contre les Grecs, fait prisonniers quatre mille hoplites et tué environ deux mille hommes. Bien qu'en ce 1er Mai 1972 il n'eût coulé que trois gouttes de sang lorsqu'une jeune syndicaliste s'érafla le bras contre la fontaine de la Marktplatz, Dimitris Vangelis ne cesserait de marmonner pendant les jours qui suivirent : « Chéronée. Chéronée. Chéronée. »

Cet après-midi-là, Dimitris n'était pas le seul homme à avoir vu en Eleni une héroïne grecque. Un jeune musicien qui avait passablement la gueule de bois s'était retrouvé sur la place, en deuil de sa guitare, et il se sentit brusquement revenu au temps de sa scolarité, à ceci près qu'un rêve se muait en réalité.

À dix ans, Otto avait été expédié par ses parents dans un internat pour devenir prêtre. À onze ans, il avait envoyé des ballons de foot dans toutes les fenêtres de la façade ouest qui n'étaient pas équipées de barreaux. À douze ans, il avait dérobé dans la chapelle expiatoire des « conneries » rehaussées d'or, comme il disait, et les avait troquées par la fenêtre avec un ivrogne du coin contre des cigarettes. Et à treize ans, il avait commencé à se masturber. Le seul problème était celui de l'offre disponible. À l'internat, ils étaient complètement coupés de la gent féminine. Le bus scolaire d'un établissement d'enseignement ménager pour jeunes filles, situé non loin de là, faisait un détour ostensible et, pendant les vacances, Otto ne voyait d'autre fille que la rejetonne barbue des voisins, parce que les jeunes dames les plus proches habitaient à trois jours de marche. Dès lors, les quelques femmes dont on lui parlait en cours ne tardèrent pas à devenir ses compagnes nocturnes. Les saintes se révélèrent peu appropriées, car dans les légendes les hommes qui les touchaient avaient souvent les mains qui brûlaient, les membres qui tombaient ou les cheveux qui s'enflammaient. Mais, comme à partir de douze ans il avait dû apprendre le grec ancien, il fit bientôt la connaissance de femmes remarquables, avec lesquelles il vivait la nuit aventure sur aventure : Briséis, Hélène, Perséphone, Aphrodite, déesses et demi-déesses, nymphes et Pléiades, prisonnières de guerre et filles de rois – mais surtout les grandes héroïnes, les combattantes inflexibles qui mettaient leur vie en jeu au nom de la cause, et c'est une de ces femmes qu'il vit soudain devant lui en ce 1er Mai quand Eleni Zifkos parla à la foule.

À l'arrivée du crépuscule, quand la cohue se dispersa, Dimitris attira Eleni dans un coin tranquille, lui passa un bras autour des épaules et lui pinça le haut du bras.

— Viens, on va fêter ça chez Nikos !

Eleni se dégagea.

— Je vous rejoins, dit-elle d'un ton d'excuse, la voix tremblante.

Et elle s'éloigna promptement dans la direction opposée, pour cacher à Dimitris qu'elle luttait contre les larmes. Eleni n'était pas d'humeur à faire la fête, elle avait l'impression de devoir rattraper les verres qu'elle avait elle-même fait basculer. Devant la foule elle n'avait pas réussi à se refréner. Elle savait que Lefti se trouvait quelque part dans l'assistance, mais elle l'avait traité sans aucun égard. Pour la première fois de sa vie, elle avait eu le sentiment d'accomplir une chose qui la dépassait. Qui dépassait Lefti. Et surtout qui avait plus d'importance.

Sauf que personne ne lui avait dit combien c'était douloureux. Et à quel point on se sentait coupable.

— Lefti ?

Eleni ouvrit la porte et traversa la cuisine.

— Lefti ?

Elle alluma la lumière dans la chambre à coucher, mais Lefti n'était pas là. Or, jamais il n'était parti. Quand ils se disputaient, c'était toujours elle qui quittait la maison dans tous ses états. Et lorsqu'elle rentrait au milieu de la nuit, elle le trouvait généralement assis à la cuisine, où il lui présentait ses excuses. Il s'excusait même quand c'était elle la responsable, et que l'ennui ou la frustration lui avaient fait déclencher une querelle. Il s'était également excusé la nuit où, Eleni ayant trop fait les yeux doux à la bouteille de vin blanc, le jeune Crétois l'avait ramenée à la maison sur son dos. Lefti l'avait prise dans ses bras, lui avait maintenu les cheveux pendant qu'elle vomissait, puis avait nettoyé ce qui avait atterri à côté de l'évier – il avait même dévissé le siphon, parce que les restes de son dîner bouchaient la canalisation. Le lendemain matin, il lui avait apporté de l'eau au lit et, avant de s'en aller, avait chuchoté « Pardon », alors que tout avait commencé parce qu'elle l'avait traité de sale opportuniste d'Allemand.

— Ce n'est pas ce que je voulais dire, Lefti, chuchota-t-elle dans le vide, s'asseyant à côté de la montagne de couvertures qui s'entassaient sur le lit. Je ne fais jamais les choses comme il faut.

Après la délicieuse glace à la framboise mangée dans la zone piétonnière, Lefti avait insisté pour raccompagner Mlle Haselbacher chez elle. Tandis qu'ils déambulaient dans le quartier des vieilles maisons à colombages, parmi les rosiers grimpants, la demoiselle se mit à parler. Elle n'était pas née en Allemagne, mais en Autriche. Ses parents étaient morts pendant la guerre, pas à cause de la guerre, non, un malheureux accident, une explosion qui avait provoqué l'effondrement de leur logement. Lefti s'arrêta.

— Une bombe ? demanda-t-il, surpris.

Mlle Haselbacher, la respiration soudain embarrassée, eut besoin d'aller jusqu'au bout de la rue pour pouvoir apprendre un nouveau mot à Lefti : *con-duite-de-gaz.* Ils empruntèrent un petit chemin gravillonné qui montait sur le talus séparant la rue et le parc. À voir les maisons qui se dressaient là, on aurait pu croire que Hildesheim n'avait jamais connu ni guerre ni misère. De petites habitations à deux étages avec un tas de rosiers devant. Trudi avait grandi chez une tante en Basse-Autriche. Savait-il où cela se trouvait ? La Basse-Autriche était située au sud-est de l'Allemagne. Ils passèrent devant les becs de gaz qui répandaient leur faible lueur. Lefti s'était toujours plaint qu'en dépit de sa grisaille notoire, de son atmosphère brumeuse et de son obscurité constante cette ville n'eût pas réussi à installer un éclairage correct, mais alors qu'il longeait les buissons sombres avec Mlle Haselbacher il découvrit pour la première fois le charme de l'éclairage tamisé. Lefti fit à la demoiselle le récit du voyage en train de Salonique à Munich en passant par l'Autriche. Il s'était étonné de la proximité des montagnes. Lui-même était originaire d'une région de hauts reliefs. Les montagnes grecques, cependant, étaient différentes de celles d'Autriche. Les montagnes grecques étaient douces, elles s'élevaient paisiblement audessus du paysage, et l'on n'avait aucune peine à imaginer que les dieux avaient leur résidence sur leurs sommets. Les montagnes autrichiennes, en revanche, étaient âpres, brutales, rudes et anguleuses. Les Autrichiens ne croyaient pas aux dieux, c'était évident ; qui aurait eu envie d'installer sa demeure paradisiaque sur un cône pointu ? plaisanta-t-il, et Trudi rit en dévoilant légèrement ses petites dents. Elle lui effleura le bras, et Lefti fut convaincu que la seule déesse qui existât était en train de marcher à ses côtés.

Mlle Haselbacher habitait à l'extrémité du talus, où l'allée gravillonnée redescendait vers un nouveau lotissement, mais, au lieu de prendre congé devant la porte, ils firent demi-tour et revinrent sur leurs pas. Lefti parlait des loups, des aigles et des ours autour de Varitsi, de son père, qui était probablement mort, et de sa mère, qui lui manquait terriblement.

— Moi aussi, l'interrompit Trudi, moi aussi mes parents me manquent.

Et Lefti ne trouva d'autre réponse que de lui presser timidement la main. Et de la lâcher aussitôt.

Eleni se réveilla dans une profonde obscurité.

— Lefti ? fit-elle.

Elle palpa l'autre moitié du lit, mais ne sentit pas de torse maigre, de bras rugueux endurcis par le travail, de jambes nerveuses, de tête trop grosse pour le reste du corps.

— Lefti ?

Elle se leva. Il était presque une heure du matin, Lefti n'était pas rentré. Eleni enfila le chemisier trempé de sueur qu'elle portait pendant son discours et mit de l'eau à chauffer. En ouvrant la boîte de thé, elle eut un tel pincement au cœur qu'elle la laissa échapper : leur provision de thé des montagnes était épuisée. Eleni et Lefti n'avaient pas emporté grand-chose de leur village. Essentiellement des vêtements, qu'ils avaient remplacés par d'autres au bout de trois mois. Des petits sachets de lavande, qu'Eleni avait jetés après sa première visite dans une parfumerie allemande ; des raisins secs, qui avaient fait hocher la tête à Lefti après un passage au supermarché au cours duquel il était tombé sur le terme « Ingrédients pour gâteaux » surmontant tout un rayonnage ; de l'huile d'olive, qui ne leur avait pas duré longtemps et que Lefti achetait désormais chez le Turc. Ils s'étaient avoué en leur for intérieur que cette huile aux saveurs douces était meilleure que l'huile amère, vert foncé, de Varitsi, mais Eleni le ressentait comme une trahison à l'égard de son peuple – sans vouloir se plaindre toutefois : la solution alternative avait pour nom huile de tournesol allemande dans sa bouteille en plastique. La seule chose irremplaçable était le thé des montagnes. Eleni et Lefti ne comprenaient pas pourquoi, dans ce pays, on hachait les feuilles de thé pour en faire de la poudre qu'on enfermait dans des sachets. Le thé des montagnes n'avait rien de spécial. Plus agressif que les mauvaises herbes, il proliférait par tous les temps sur le moindre bord de chemin, entre les pierres, sur les surfaces les plus arides, était résistant à toutes sortes d'insectes, et ses longues tiges velues n'attendaient que d'être cueillies. Récolter du thé des montagnes, le sécher et le couper en morceaux gros comme le pouce ne demandait pas beaucoup d'efforts, pourtant il y avait peu de boissons aussi bénéfiques, à la fois apaisantes et énergisantes. Pour Eleni, le thé des montagnes était le goût de sa patrie ; le remède que sa yaya Maria lui donnait quand elle avait mal au ventre. La boisson chaude que sa mère lui préparait quand elle rentrait trempée comme une soupe par la pluie. Et voilà qu'ils avaient fini de boire ce petit bout de patrie, gorgée après gorgée, alors qu'ils s'étaient montrés si économes.

— Bonne nuit, Lefti, chuchota Mlle Haselbacher, alors qu'ils étaient depuis quarante minutes devant la porte de l'immeuble au premier étage duquel la demoiselle habitait un studio.

— Bonne nuit, Trudi, chuchota Lefti, debout devant elle, tout guindé.

Les clochers avoisinants sonnèrent une heure à l'unisson, Lefti et Trudi tressaillirent, mais Lefti fit aussitôt l'éloge de la ponctualité allemande, la demoiselle montra ses petites dents et Lefti se sentit fondre.

— Est-ce qu'on pourrait se revoir ? Pas en cours ?

— Quand vous voulez, répondit-elle.

Puis elle se dressa sur la pointe des pieds et l'embrassa sur la joue droite. C'était un baiser tendre, prudent au début, puis elle pressa plus fortement ses lèvres minces et douces sur sa peau fraîchement rasée, resta dans cette position pendant un instant qui sembla durer une éternité, et se laissa enfin retomber sur les talons. C'est donc ça, comprit Lefti, la sensation du bonheur.

Après avoir erré cinq heures durant, Otto dut se rendre à l'évidence : il n'aurait plus ce jour-là l'occasion de convaincre qui que ce soit de son génie méconnu. Il donna des coups de pied aux réverbères et ne cessa que lorsque les extrémités de ses bottes de cow-boy vertes imitation cuir se mirent à rebiquer.

— Jésus, t'es qu'un gros salopard ! cria-t-il à l'adresse du ciel.

Et en repartant, il jeta autour de lui un regard méfiant pour vérifier s'il ne manquait pas un couvercle sur une bouche d'égout ou si un pot de fleurs ne menaçait pas de tomber d'un balcon – il croyait Jésus tout à fait capable de ce genre de voie de fait, histoire de couronner dignement cette journée hallucinante.

— Nikos, un quadruple ! Et un *gyros* avec *souvlaki* ! lança Otto en entrant d'un pas titubant dans la taverne.

— T'es pas au concert ? s'étonna le patron.

Otto se laissa choir sur un tabouret de bar. Il posa la tête sur le comptoir en bois et grommela :

— Pas d'questions, file-moi plutôt un petit pichet en plus.

Eleni, qui n'avait pas supporté de rester dans l'appartement désert, ouvrit la porte de la taverne de Nikos, franchit le seuil d'un bond, mais tout ce qu'elle vit fut des assiettes et des verres vides, des serviettes tachées, une salière renversée, d'innombrables plats contenant des reliefs desséchés au milieu d'une table délaissée. Les souvenirs d'une fête à tout casser.

— Eleni !

Nikos avait deux grands plateaux vides à la main et un chiffon sur l'épaule. Il la regarda d'un air gêné, comme s'il lui était pénible de dire tout haut ce que la pièce montrait clairement : *Eleni, tu arrives trop tard, Eleni, tu as manqué une fête formidable. TA fête.*

— Les autres sont déjà partis ?

— Oui, ils sont allés danser, mais je ne sais pas où exactement. Essaie voir la Schuhstraße.

Eleni se mordit la lèvre et fit un signe d'assentiment.

— Donne-moi un quadruple *tsipouro,* je peux difficilement y aller sans avoir bu un petit verre !

Eleni essayait de paraître aussi joyeuse et optimiste que possible, alors que son désir le plus ardent était de se noyer dans une des bouteilles de Nikos.

Otto revint des toilettes et s'éveilla de son auto-apitoiement : entre le comptoir et l'espace réservé aux clients se tenait, en chair et en os, la belle femme de l'après-midi. Otto s'efforça d'adopter une position aussi élégante que possible sur son tabouret, tandis que la femme se rapprochait pas à pas. Elle laissa entre eux deux sièges inoccupés et avala d'un trait le premier verre que Nikos avait placé devant elle. Otto dut relever son menton à l'aide de sa paume pour pouvoir fermer la bouche.

En temps ordinaire, sa tête lui chuchotait qu'il valait mieux éviter d'aborder les femmes, parce que c'était une source de problèmes, tandis que le ventre, lui, disait, pourquoi perdre du temps, profitons de la jeunesse. Mais quand Otto vit Eleni, tête et ventre restèrent silencieux. Seul le diaphragme, endroit où les anciens Grecs situaient le siège de l'âme, se manifesta avec véhémence. Et soudain, Otto n'osa pas. Il n'avait encore jamais senti son diaphragme en pareille circonstance.

— Quoi ? fit la jeune femme, comme Otto était perdu dans la contemplation de sa nuque.

Jusqu'à ce jour il avait ignoré à quel point un dos droit, étiré, avec une nuque longue à la peau sombre pouvait être érotique sur un tabouret de bar.

— Pardon, marmonna Otto en se tournant vers Nikos, qui secoua la tête.

Nikos ne l'avait encore jamais vu comme cela. D'ordinaire il avait plutôt du mal à le dissuader de chanter la sérénade à toutes ses clientes et de leur faire des déclarations d'amour importunes.

Nikos ne tarda pas à avoir pitié, conscient non seulement qu'Otto faisait tout son possible pour détourner les yeux d'Eleni, mais aussi qu'Eleni s'obligeait obstinément à ignorer le bel Otto. Le patron sortit donc son meilleur schnaps au miel de sous le comptoir, en servit un verre à Otto et à Eleni, et dit :

— Eleni, voici Otto. Quand il était enfant, il aimait les histoires de héros. Otto, voici Eleni, notre héroïne du jour. Eleni et Otto, le schnaps est pour vous. Je vais débarrasser les tables. Prenez votre temps.

Sur ces mots, il saisit un plateau et passa dans la salle pour ramasser les verres et les assiettes, bien que ce fût plutôt la tâche de la Polonaise qui l'aidait en cuisine.

Otto et Eleni trinquèrent timidement, s'éclaircirent la gorge, constatèrent que le schnaps était délicieux, puis Eleni se risqua à faire le premier pas :

— Des histoires de héros ?

Il n'en fallut pas plus pour ouvrir les vannes. Ce fut une déferlante, Otto raconta son enfance ennuyeuse, le terrible internat où sa seule joie avait été les héros et surtout les héroïnes d'autrefois, sur quoi Eleni l'interrompit et parla des histoires de yaya Maria.

Pendant ce temps, Nikos empilait les assiettes au ralenti, pliait les serviettes tachées et allait même jusqu'à gratter la cire sur les bougeoirs pour pouvoir écouter, mine de rien, Otto et Eleni qui riaient et ne tardèrent pas à se disputer en toute amitié pour savoir qui était le plus grand héros : Ulysse ou Achille.

— Achille est déterminé ! Il sait ce qu'il veut, alors qu'Ulysse se contente de se laisser porter par les événements.

— Ce n'est pas vrai, Ulysse voudrait rentrer chez lui !

— Oui, mais uniquement parce qu'il est resté vautré chez la nymphe jusqu'à ce que les dieux se fâchent et lui ordonnent de rentrer immédiatement à la maison.

— Exact, sauf qu'il a voyagé jusqu'aux tréfonds de son âme et qu'il a vu de quoi il retournait. Achille n'a jamais eu à affronter un défi pareil !

— Oui, mais Achille est mort en véritable héros !

Nikos s'assit sur la banquette d'angle, alluma une cigarette et écouta Otto et Eleni, qui avaient oublié ce qui les entourait, se rapprocher peu à peu l'un de l'autre. Il entendit Otto dire :

— Je t'ai vue aujourd'hui, tu es une vraie héroïne.

Et Eleni répondit :

— Non, non. Je ne fais rien comme il faut. Je n'ai même pas de semences de basilic.

Ils baissèrent la voix, Eleni chuchota quelque chose à l'oreille d'Otto. Nikos réprimanda son aide de cuisine, qui faisait trop de bruit à son goût, il se leva, se glissa derrière le bar, mais au même moment Otto fit claquer quelques marks sur le comptoir, prit Eleni par la main et l'entraîna dehors.

— Attendez, où est-ce que vous allez ? cria Nikos.

Otto se contenta d'un signe de la main.

— Nous avons une mission.

Otto et Eleni sautèrent dans le premier taxi qu'ils trouvèrent et parlementèrent avec le chauffeur jusqu'à ce qu'il accepte de les conduire à la pépinière, dans le faubourg.

— Qu'est-ce que vous allez fiche là-bas ? À cette heure on ne peut rien acheter, protesta-t-il tandis qu'Otto et Eleni tenaient tout bas des conciliabules incompréhensibles.

Il n'aurait pas non plus l'occasion d'apprendre ce qu'ils manigançaient car, peu avant d'arriver, ils descendirent du véhicule et renvoyèrent le chauffeur, il n'avait pas besoin de les attendre.

— Je ne sais pas si c'est une bonne idée ! murmura Eleni tandis qu'ils longeaient la haie de troènes.

Otto attrapa sa main et l'entraîna.

Ils firent le tour de la pépinière et finirent par découvrir une citerne de l'autre côté du grillage.

— Ici, dit Otto.

Il fléchit les genoux et fit signe à Eleni de grimper sur ses épaules.

— Je vais te soulever, tu te serviras de la citerne pour descendre. Je te suis.

— Je suis trop lourde, minauda-t-elle.

Otto l'empoigna, la souleva et tourna une fois sur lui-même. Eleni rit, Otto lui mit la main sur la bouche.

— Chut, pas si fort, on est là pour un cambriolage.

Eleni et Otto se regardèrent dans les yeux, puis se mirent à l'œuvre. Ils utilisèrent la citerne pour passer de l'autre côté. Eleni était si souvent allée à la pépinière qu'elle trouva sans mal le stock de semences. Elle saisit un petit sachet de basilic.

— Ne sois pas si modeste. Vu qu'on est déjà là…, dit Otto.

Il s'empara d'un sac de pommes de terre vide qu'il remplit de sachets de graines. Puis, tel le Père Noël, il le jeta sur son épaule et ils filèrent sans demander leur reste.

Quelques semaines plus tard, tout Hildesheim parlerait d'un miracle. Car tout à coup, il se mit à pousser du basilic, de l'origan et du thym sauvages partout dans la ville. Les plants allaient devenir beaucoup plus grands, plus luxuriants et plus savoureux que ceux que l'on avait cultivés jusque-là. Les spéculations iraient bon train. On parlerait de volées d'oiseaux qui auraient mangé des graines à la pépinière avant de les répandre dans la ville avec leurs fientes ; d'un brusque changement climatique ; d'un écoulement d'engrais ; il y aurait aussi quelques rêveurs pour affirmer que même à Hildesheim la magie pouvait surgir. C'était tout de même la région où les frères Grimm avaient autrefois collecté leurs contes.

Eleni ne rentra que peu après neuf heures du matin, alors que Lefti était en route pour l'usine. Lorsque Lefti revint, Eleni était repartie pour Hanovre avec Otto afin de prendre part à une manifestation. Quand Eleni regagna la maison, Lefti dormait déjà. Quand Lefti se leva, Eleni dormait encore. Quand Eleni se réveilla, Lefti s'était absenté pour aller faire une excursion avec Mlle Haselbacher. Lorsqu'il rentra, Eleni était au concert d'Otto. Or ce dimanche-là marquait le début de la deuxième semaine du mois et c'était le moment où Lefti était de service de nuit. Il s'écoula encore toute une semaine durant laquelle ils ne se virent pas, ou juste quand l'autre était assoupi. Ni Eleni ni Lefti n'eurent l'idée de se réveiller mutuellement. Même quand la fenêtre était ouverte, l'air de l'appartement était étouffant de mauvaise conscience.

Ce ne fut qu'au début du mois de juin qu'ils se retrouvèrent un samedi après-midi dans la cuisine. Lefti lavait des tasses, Eleni préparait du moka dans la cafetière à anse. L'appartement semblait vouloir postuler pour un emploi au dépotoir municipal.

— On devrait faire le ménage, si tu veux bien, dit prudemment Lefti. Sinon, je m'en chargerai.

Eleni contemplait le milieu de la cafetière où tournoyait un ouragan de bulles de café. Lefti avait-il remarqué qu'elle avait emporté plusieurs jours de suite cet ustensile, un cadeau de mariage de Spiroula et de Yorgos, pour faire comprendre à Otto que le café filtre était une hérésie ?

— Eleni, je suis désolé.

Eleni se retourna. Bien que Lefti eût tout juste vingt-huit ans, ses tempes commençaient à se dégarnir, ce qui faisait ressortir ses rides d'anxiété.

C'est *moi* qui suis désolée, voulut dire Eleni, mais elle ne put articuler un mot. Elle n'avait pas la moindre idée de la raison pour laquelle Lefti était désolé. Ils se regardèrent et s'avouèrent leur défaite. Ils se connaissaient depuis qu'ils étaient tout petits. Ils avaient tout partagé, tout vécu ensemble. Cousin et cousine. Ami et amie. Chevalier et héroïne. Mari et femme. Même dans les plus grandes crises ils n'avaient jamais douté de l'importance qu'ils avaient l'un pour l'autre. Mais là, ils se dévisageaient et constataient sans mot dire que rien n'était plus comme avant. Lefti ne faisait plus partie de la vie d'Eleni, et Eleni ne faisait plus partie de la vie de Lefti.

Ce satané bonheur

Au cours des dix-huit mois qui suivirent, Eleni et Lefti expérimentèrent chacun de son côté un sentiment qui leur était jusque-là inconnu : la certitude d'être avec la bonne personne au bon endroit. Certains appellent cela le bonheur.

À la fin du mois d'août, Lefti commença de prendre la main de Mlle Haselbacher. D'abord, dans l'obscurité de la salle de cinéma ; puis, au début du mois de septembre, sous la table pendant le dîner ; et à la fin septembre, lorsqu'ils se promenaient dans la zone piétonnière. En octobre il lui caressait le genou à la dérobée dès qu'ils se voyaient pour le café, et à partir de novembre ils prirent congé en s'embrassant sur la bouche, épiés par les voisins derrière leurs rideaux de dentelle, incrédules en voyant que *la vieille fille d'à côté* s'était dégoté quelqu'un. Un type pas très beau, mais costaud et visiblement honnête – au travers des rideaux on ne l'avait jamais vu faire mine de franchir le seuil. Seule chose déconcertante, son apparence légèrement méridionale. On n'en était pas absolument sûr : les cheveux étaient certes fins et clairsemés, mais très sombres. La peau était pâle, presque blanche, et le nez pointu, le menton large. Pas un natif de Hildesheim, c'était évident, mais pas turc non plus. Un Italien du Nord ? Trop peu de grands gestes pour un Italien. Trop peu de cheveux pour un Grec. Un bled inconnu des Balkans ? Ou juste un gars sympa à qui le bon Dieu avait donné une physionomie du Sud ? Voilà ce qu'on se disait tout bas dans la rue et à l'église pendant que Trudi savourait cet émoi et prenait quelques centimètres de hauteur.

D'ailleurs, à trente-deux ans, Trudi se découvrait une âme de rebelle. Elle racontait fièrement à ses collègues qu'à présent elle avait un ami, « un Grec, un Ulysse, un fils d'Homère, issu du berceau de l'Europe, quelle culture formidable ». Et Lefti ? Eh bien, quand il se pavanait dans la zone piétonnière main dans la main avec sa Trudi, il se sentait chez lui. Arrivé. Accepté. Et surtout : aimé. Mais autrement que par Despina, Pagona ou yaya Maria, dont l'amour laissait une chaleur dans le ventre. Aimé d'une manière qui aurait fait voleter les oreilles, danser les poils sur les bras et sourire le nombril s'ils n'avaient tous été solidement arrimés.

En juillet, Eleni et Otto passèrent deux semaines au bord de la mer du Nord, où ils nagèrent tous les jours bien qu'il plût comme si à cet endroit le ciel était troué. En août, Eleni offrit une nouvelle guitare à Otto pour son anniversaire, elle l'avait achetée avec l'argent qu'elle avait mis de côté pour quitter la ville, et, au début du mois d'octobre, elle emménagea dans la petite mansarde d'Otto. De temps à autre, elle passait au domicile conjugal, récupérait un chemisier et mettait des slips au sale. Dans cet appartement qui finissait par devenir la penderie d'Eleni, Lefti veillait à ce que la lessive soit faite. Eleni ne tarda pas à être renvoyée de la blanchisserie. Cinq retards le matin en trois semaines, c'était trop. Alors qu'Eleni, sa lettre de licenciement à la main, luttait contre l'angoisse qui lui serrait le ventre, Otto la souleva de terre, tourna sur lui-même et la jeta sur le matelas.

— Oublie le capitalisme, tu n'as qu'une vie !

Dans son grand âge, Eleni s'entendrait souvent demander par ses petits-enfants : « Dis, yaya, c'était comment avant, quand tu étais hippie ? » Mais elle ne serait jamais capable de décrire tout ce qu'ils avaient fait. Dans sa mémoire, sa vie avec Otto ressemblait à un express traversant bruyamment un paysage sublime, et elle ne pouvait reconstituer où et quand il avait fait halte. Otto, lui, se rappellerait chaque journée. Plus tard il dirait : « C'était ici et là, là on a rencontré untel, et, non, on n'est jamais allés à cet endroit », tandis que l'esprit d'Eleni conservait les souvenirs comme des photos dont elle ne retrouvait plus la date.

Les pieds croisés, Otto est assis dans l'herbe, quelque part dans le Bade-Wurtemberg, une guitare sur les genoux, un joint au coin des lèvres, il est coiffé d'un chapeau de cow-boy. Eleni est allongée, la tête sur ses chevilles ; les mains sur le ventre, elle le regarde d'en bas. Ils s'emboîtent comme les pièces d'un puzzle.

Otto et Eleni sont assis sur un quai de gare. L'étui à guitare est appuyé contre le banc, le jour va se lever, ils attendent le premier train. La tête d'Eleni repose sur l'épaule d'Otto : des cheveux blonds en bataille et un fouillis de boucles brunes s'entremêlent ; tous deux sommeillent comme des enfants qui se sont endormis d'épuisement au milieu de leurs jeux.

Otto est assis nu dans le lit, la couverture tirée sur sa poitrine velue, on ne voit que son large sourire, mais pas les solides dents blanches, tout aussi solides et blanches que celles d'Eleni, parce que Eleni, installée derrière lui, a jeté ses boucles sur sa tête. Bêtises du matin.

Eleni projette ses jambes contre le mur et s'exerce au poirier pendant qu'Otto lui fait la lecture à voix haute.

Eleni sur les épaules d'Otto au milieu d'un attroupement devant divers arrière-plans. Tantôt les gens ont le regard tourné vers une scène, l'air rêveur, ou s'agitent sur la musique, tantôt ils sautent sur place ou brandissent des écriteaux. Otto et Eleni émergent toujours de la foule.

Mais le souvenir le plus précis d'Otto resterait ce matin d'automne où, contrairement à son habitude, il s'était réveillé avant six heures.

C'était la première fois qu'il se levait aussi tôt depuis son renvoi de l'internat. À l'époque, il s'était juré de ne plus jamais quitter son lit avant neuf heures. À ses yeux, seuls les petits-bourgeois s'activaient avant neuf heures – gens dépourvus d'imagination, adeptes de l'exploitation par le capitalisme. Mais Otto avait attrapé la grippe. La veille, il s'était couché à huit heures et, à présent, il était assis dans son lit, avec le nez qui coulait et le front bourdonnant. L'unique fenêtre du petit appartement mansardé était située juste au-dessus du matelas et l'enseigne lumineuse de l'usine, en face, répandait sa lumière implacable dans l'obscurité. Une raison de plus d'abhorrer le capitalisme. Otto caressa l'épaule d'Eleni. Elle dormait profondément à côté de lui, la bouche entrouverte. Eleni lui avait conseillé de ne pas sous-estimer la venue de l'hiver. Au premier bulletin annonçant l'arrivée d'un front froid, elle s'était rendue chez Lefti, avait sorti son gros manteau de l'armoire et se l'était coltiné sous le soleil radieux de l'été indien. Elle avait souvent raconté à Otto ses débuts en Allemagne. Ils étaient partis peu après leur mariage, alors que le soleil brillait encore dans son village dont Otto n'avait jamais vraiment compris où il se trouvait. En Allemagne, en revanche, il faisait déjà si humide et si froid que son haleine gelait. Elle avait observé un groupe de femmes de Chios : le temps qu'elles traversent le quai pour sortir de la gare, les semelles de corde de leurs espadrilles s'étaient décomposées. À ce moment-là, Eleni s'était juré de ne jamais sous-estimer le froid allemand.

Otto, lui, n'avait pas été aussi prévoyant et, en ce petit matin, il reniflait en s'apitoyant sur son sort. En présence d'Eleni, il n'avait pas le droit de dire « froid », elle soutenait qu'il y avait une différence entre « froid » et « froid allemand ». Comme entre criminel et grand criminel.

Otto se moucha le plus discrètement possible pour ne pas la réveiller et la regarda. Quand Eleni étirait ses boucles, elles lui descendaient jusqu'aux mamelons. Lorsqu'il y avait trop de lumière, elle empoignait en dormant une touffe de sa masse de cheveux et s'en couvrait les paupières.

Otto avait les bronches encombrées, il se leva, fit chauffer de l'eau dans le coin cuisine pour se préparer une inhalation, y versa une énorme quantité de sel et s'assit à la petite table couverte d'assiettes, de papiers et de cendriers pleins. Lorsqu'il se dégagea de la serviette, le visage gonflé, mouillé par la vapeur, et qu'il vit Eleni assoupie, qui claquait des lèvres comme si elle dégustait en rêve un mets particulièrement délicieux, Otto se sentit – en dépit de son nez qui coulait – inspiré comme jamais. Et alors tout alla très vite. Il attrapa une enveloppe non décachetée, la retourna, la mélodie lui vint d'un coup – pas la mélodie d'un autre, sa première mélodie à lui, la mélodie de ce qu'il voyait, *la*, *sol* mineur, *ré*. Il nota précipitamment les accords, les sons étaient là, clairs, distincts, ainsi que le texte, comme s'il avait toujours existé, comme si Otto n'avait pas eu à l'inventer, mais juste à le trouver.

Et Otto, regardant tour à tour l'enveloppe et son Eleni, composa la première des trente-sept chansons à grand succès qu'il réaliserait au cours des trois décennies suivantes – et la seule dont il serait fier :

Cheveux sur les yeux
doigt dans l'oreille
nous ne voulons pas entendre
nous ne voulons pas voir
pourtant
alourdi de vapeur
je veux juste
baiser tes paupières

Et quand Eleni se réveilla, marmonna « Salut » et, gênée, essuya un filet de salive au coin de ses lèvres, Otto prit sa guitare et joua pour la première fois le plus grand tube de sa vie, qu'il intitula *Cheveux dans les yeux* en l'honneur des habitudes nocturnes d'Eleni.

Des décennies durant, les critiques musicaux philosopheraient sur cette image des cheveux dans les yeux symbolisant la cécité de beaucoup d'enfants du mouvement pacifiste. Sur la manière dont le texte exprimait le besoin d'un amour sans limites butant sur les obstacles les plus triviaux (le proverbial cheveu sur la soupe, comme le dirait plaisamment dans un de ses cours un professeur d'histoire culturelle), ou sur cette « vapeur » dans laquelle on pouvait voir une métaphore de la drogue. Au fil des années, les exégètes s'accorderaient à dire que cette chanson était un peu l'apogée tardif du mouvement pacifiste, dont elle annonçait en même temps le déclin.

À l'origine pourtant, elle ne faisait que témoigner de l'influence bénéfique d'Eleni sur Otto.

Avant de la connaître, Otto n'avait toujours fait les choses qu'à moitié. Sa seule réussite avait été de se faire renvoyer de l'internat catholique, avec une excommunication en prime. Otto avait toujours été un formidable démolisseur, mais un piètre créateur. Il était parti pour Hambourg avec, dans son étui à guitare, les économies qu'il avait volées à son grand-père, afin de devenir le Bob Dylan allemand. Il n'était pas allé plus loin que Hildesheim, où il ne faisait que jouer des reprises en allemand de son idole. Si elles attiraient le public et avaient fait d'Otto une célébrité régionale, c'était sans doute parce qu'il était plutôt sexy. Il était grand, avait des épaules larges et un torse de joueur de cornet, bien qu'il se nourrît principalement de saucisses et de bière – Otto passerait le restant de son existence à pester contre les catholiques et le conservatisme bavarois, mais ne renoncerait ni au *Leberkäse*[1] et à la bière blanche, ni à son parler dialectal. Il était légèrement bronzé, parce qu'il aimait passer son temps libre au bord des lacs ou sur tout ce qui ressemblait à une montagne, il avait les yeux gris et des cheveux blonds toujours en bataille qui lui donnaient à toute heure l'air d'être tombé du lit. Tout cela faisait battre le cœur des nombreuses puéricultrices et médiatrices culturelles, étudiantes en sciences politiques ou éducatives, art-thérapeutes spécialisées dans la musique ou la peinture qui fréquentaient l'institut pédagogique de Hildesheim.

Mais il avait rencontré Eleni, qui était complètement différente des autres filles. Eleni s'était montrée critique, pourquoi ne jouait-il que les chansons d'illustres inconnus au lieu d'en composer lui-même ? Elle l'avait arraché à sa léthargie, elle était au courant de toutes les manifestations, savait quand et où se déroulait un festival. Elle le sensibilisait à l'injustice, son énergie déteignait sur lui. Elle se déchaînait comme une tornade dans sa vie en faisant ressortir tout ce qu'il avait de bon et qu'il avait lui-même presque oublié.

1. Sorte de pain de viande que l'on mange surtout en Allemagne du Sud – ainsi qu'en Autriche et en Suisse.

À la fin de l'année 1973, Mlle Haselbacher et Lefti se livrèrent à de longues promenades dans la ville. Ils contemplaient la gelée blanche, et Lefti composa ses premiers vers en allemand : « Des fleurs de givre je voudrais t'offrir/Si je peux ainsi te faire plaisir. »

Lorsque leurs joues se mettaient à brûler de froid, ils faisaient halte pour réchauffer leurs doigts raidis autour d'une tasse de cacao avec crème chantilly (Mlle Haselbacher) et d'un café avec beaucoup de sucre (Lefti). C'était leur deuxième hiver commun qui se manifestait en ces journées de novembre.

Ni Lefti ni Trudi n'avaient à Hildesheim de famille ou d'amis à se présenter. Ils travaillaient beaucoup et, tous les deux mois, Trudi prenait le train de nuit à Hanovre pour aller à Sankt Pölten rendre visite à sa vieille tante. Lefti passerait Noël à Varitsi pour la première fois depuis presque deux ans. L'année précédente, il avait annulé son séjour après avoir fait la connaissance de Trudi, car il était incapable de mentir. Surtout à sa mère. Lors de leurs rares conversations téléphoniques, elle avait vite senti que sa vie conjugale ne ressemblait pas vraiment à ce qu'elle avait imaginé, si bien qu'il ne l'appelait plus que pour discuter d'événements très généraux excluant les sujets de l'amour, de la reproduction et du retour.

Lefti et Trudi étaient assis l'un en face de l'autre dans un petit café de la zone piétonnière. La lumière était jaune orangé, les rideaux marron, le revêtement des sièges vert et les boiseries tendues de tissu bleu et rose sur lequel une serveuse accrochait des guirlandes de silhouettes découpées.

— N'oublie pas de dire à ta cousine de ne jamais laisser la cocotte-minute sans surveillance, elle pourrait exploser ! dit Trudi.

Elle prit une gorgée de son chocolat chaud et désigna le grand paquet enveloppé de papier cadeau vert. Lefti acquiesça d'un signe de tête et se pencha en avant pour essuyer la petite trace de chantilly qu'elle avait au coin des lèvres. Lorsque ses doigts effleurèrent sa joue, Trudi eut un geste de recul.

— Bichette ? fit-il prudemment tandis que Trudi extrayait une serviette en papier de l'étroit petit distributeur trop rempli.

— Ah, Lefti, je ne sais pas…

Trudi croisa les bras, observant la serveuse qui abîmait involontairement les silhouettes les unes après les autres en tirant inconsidérément sur la guirlande.

— Tu pars en Grèce.

— Ça te gêne ? Je peux rester et on fêtera Noël ensemble !

Lefti était enthousiaste à l'idée de ne pas rentrer et de se soustraire aux questions désagréables de sa famille. De feindre d'être malade pour le bien de ses amours et de passer du bon temps avec Trudi.

— Non. Ce n'est pas ça.

— Toi aussi, tu veux une cocotte-minute ?

— Je veux faire la connaissance de ta famille. Je veux que notre relation soit enfin légitime ! Je veux moi-même une famille. J'ai trente-deux ans, Lefti. Le temps presse.

Lefti sentit picoter ses oreilles, ses mains furent soudain trempées de sueur, il dut les frotter sur son pantalon en velours côtelé tout en fixant le sol d'un air gêné. Il s'était déjà dit qu'un jour elle le larguerait. Tout le monde avait droit au bonheur, sauf lui, il était condamné à être éternellement malheureux. Et pour la première fois depuis que son oncle était revenu à Varitsi et qu'il l'avait pris pour son père, il eut les yeux humides. Il n'avait pleuré ni à la mort de sa grand-mère, ni quand un collègue lui avait par mégarde arraché un petit bout de jambe avec sa pioche, ni quand il s'était marié. Trudi attendait, mais Lefti ne savait pas très bien quoi, aussi resta-t-il silencieux, si bien que Trudi se mit également à pleurer, au milieu du café le plus insipide de la plus insipide des zones piétonnières d'Allemagne. Trudi et Lefti veillaient toujours à ne pas attirer l'attention, mais en cet instant il leur était parfaitement égal que toutes les dames chapeautées assises autour d'eux interrompent leur causette et se mettent à les dévisager. La dernière à lever les yeux de sa canasta fut la veuve de l'architecte prussien Gries, qui avait fui le Mecklembourg avant la fin de la guerre et avait sur la conscience la plus grande partie des péchés architecturaux commis dans le centre-ville durant les années 1960 pour avoir cru à l'efficience du béton, à sa simplicité et à sa majesté, jusqu'au jour où une poutre lui avait défoncé le crâne. Ses partenaires négligeaient déjà la partie depuis quelques minutes et lorgnaient sans grande discrétion les deux jeunes gens installés à la petite table. Tout éloignés qu'ils parussent de la jeunesse turbulente d'aujourd'hui, ils laissaient pourtant libre cours à leurs sentiments d'une manière qui heurta les principes de la veuve Gries. Elle posa ses cartes sur la nappe en un éventail parfait, saisit la canne d'une de ses partenaires et en frappa la chaise de Lefti.

— Jeune homme, jeune fille, si vous ne pouvez vous empêcher de vous manifester si bruyamment, peut-être pourriez-vous nous raconter à nous autres habitués du samedi après-midi ce qui vous met dans cet état ?

Lefti et Trudi considérèrent la veuve avec une profonde tristesse, hésitèrent un court instant et dirent presque en même temps d'une voix entrecoupée :

— Il… Elle… ne… ne… m'aime… m'aime… pas… pas.

Ils se regardèrent, comme frappés par la foudre.

— Enfin quoi, si vous n'aimez pas cette jeune dame ni vous ce jeune homme, pourquoi faites-vous tout ce raffut ? répliqua la veuve.

Et elle reprit ses cartes.

— Mesdames, qui donne ?

— Mais Trudi.

— Mais Lefti.

— Je t'aime !

— Non, c'est moi qui t'aime !

— Non, moi !

Et tandis qu'ils continuaient à discuter de qui aimait quoi comment et plus et mieux, ils se prirent les mains, se rapprochèrent et, lorsqu'ils se donnèrent enfin le baiser de réconciliation, les derniers spectateurs revinrent à leurs moutons.

— Marions-nous ! chuchota Trudi dont le maquillage avait coulé.

— Absolument, répondit Lefti. Mais… d'abord, il faut que je divorce.

Trudi passa en quelques secondes du rouge cramoisi à une pâleur de cendre.

— Pardon ?

Et quand Lefti expliqua qu'il était marié, avec sa cousine, mais qu'il ne l'aimait pas, que d'ailleurs elle avait depuis longtemps quelqu'un d'autre, qu'il ne l'avait pas revue depuis des mois, qu'il se bornait à laver son linge, qu'en plus il ne l'avait épousée que pour lui permettre de quitter la Grèce parce que c'était une gauchiste, ou plus exactement que c'était la famille qui les avait poussés à cette comédie du mariage depuis leur enfance et que par ailleurs c'était une femme terriblement difficile, qui ne lui avait apporté que des malheurs, de frayeur Trudi Haselbacher renversa sa tasse, faisant gicler son cacao.

— Bon sang de bonsoir, ça commence à bien faire, on n'est pas dans un de ces vulgaires films d'amour ! pesta la veuve Gries depuis sa table de canasta.

Lefti se dit que la veuve n'avait pas la moindre idée de ce dont elle parlait.

Quand les chars arrivèrent

Le 17 novembre 1973, Eleni était à la taverne de Nikos et regardait la télévision, les paumes pressées sur sa bouche. Dimitris, assis à côté d'elle, posa la main sur l'épaule du jeune Crétois. Personne ne parlait, ils fixaient tous l'écran avec incrédulité : des images d'étudiants qui occupaient l'École polytechnique d'Athènes, s'accrochaient aux grilles, se tenaient debout sur les murs, agitaient des drapeaux, partout des écriteaux, partout des jeunes gens qui partageaient les idées d'Eleni, de Dimitris, de Nikos, de tous ceux qui étaient là, immobiles et muets sur leurs sièges. Ouvriers et écoliers, étudiants et citoyens – cela faisait trois jours qu'ils occupaient l'École polytechnique, la veille encore les quatre conseils d'administration de Griechen e.V. s'étaient réunis à la taverne, se demandant si c'était le début d'une grande révolte, du soulèvement longtemps attendu contre les généraux fascistes. Ils avaient encore dans l'oreille les exécrables retransmissions radiophoniques : *Ici l'École polytechnique ! Peuple grec, l'École polytechnique est le porte-drapeau de notre lutte et de la vôtre, de notre lutte commune contre la dictature et pour la démocratie !* Ils avaient passé les derniers jours à suivre tous ensemble les événements et à les commenter, la moindre nouvelle les mettait en émoi. Dimitris avait acheté un billet d'avion, il voulait partir le surlendemain pour Athènes, afin de participer à l'histoire en train de s'écrire. La population, qui pendant six ans et demi avait été comme dans un état second, paraissait avoir repris des forces. Les gens en avaient assez, ils voulaient une Grèce libre, démocratique, et chez Nikos on évoqua pour la première fois depuis des années l'éventualité du retour. Du retour au foyer. Dans une patrie libre.

Mais ce jour-là, il y avait de nouvelles images : des chars qui avaient franchi l'entrée principale à la première heure, bien qu'il y eût des gens derrière. Des jeunes qui n'auraient jamais pensé qu'un conducteur de char pût les écraser. Leur rouler tout simplement dessus. Une foule de soldats. Des policiers avec des matraques. Des menottes. Des camionnettes de prisonniers. Des chars, de la fumée, des cris, des écriteaux piétinés. Des slogans piétinés. L'espoir piétiné.

« Répression brutale du soulèvement », énonça la voix bien timbrée du présentateur allemand. Mais les mots leur manquaient. « Brutal » était une litote en regard de ces images. « Soulèvement », insuffisant pour un mouvement. « Répression », douloureux – ils connaissaient tous quelqu'un qui faisait ses études là-bas. La mère du jeune Crétois l'appelait chaque jour, parce que son frère était de ceux qui occupaient l'école.

« Qui sait, les images sont granuleuses, on ne le voit que de dos, ne cessait de marmonner Dimitris. De dos, tout le monde se ressemble. »

Hors d'haleine, la tête remplie d'images et le pouls galopant, Eleni monta l'escalier jusqu'à la mansarde d'Otto, passant devant le bureau de la Jeunesse socialiste, devant les caisses vides, devant les journaux. La porte n'était pas fermée, Otto devait être là. N'avait-il pas dit qu'il avait un concert à Hambourg ? Son premier disque était sorti à l'été. Au début, Eleni l'avait accompagné à tous les concerts et festivals, du nord au sud. Au début, ils passaient ensuite des heures ensemble, ils sortaient. Mais au bout d'un moment étaient apparus les mots *être seul, avoir la paix.* Dans le train, ils ne se parlaient plus. Après un concert, ils ne couchaient plus ensemble, bien que cela eût été leur seule habitude, une habitude qu'ils appréciaient.

— Ah, c'est toi...

Vêtu d'un drap de bain crasseux, Otto se tenait sur le seuil. Son bras était appuyé contre l'encadrement de la porte, barrant l'accès. Eleni vit ses pupilles, elle ne voulut pas se disputer avec lui à propos de ce qu'il avait pris. Elle aimait les joints et s'accorderait ce plaisir jusqu'à la fin de sa vie, mais, bouillon en cube ou cachets, peu importait – les produits de synthèse lui étaient suspects.

— Écoute un peu ce qui s'est passé à Athènes !

— Athènes ? Eleni, il faut que je dorme. Hier, je me suis couché à cinq heures du matin, aujourd'hui rendez-vous à la radio à huit heures, interviews, je suis crevé.

Otto se détourna, fit quelques pas et se laissa tomber sur le lit.

— Il y a des chars qui sont en train d'écraser mes amis et toi tu veux dormir ?!

Otto émit un bref grognement et remonta la couette sur sa tête. Il respira tranquillement pendant un temps, tandis qu'Eleni s'asseyait à la table, allumait une cigarette et attendait qu'il se relève et lui parle. Mais quand elle eut fini de fumer, il se contenta de dire :

— Oublie les chars, on va se faire un câlin.

Ce que la neige ne saurait cacher

En décembre 1973, Lefti dut chercher longtemps avant de trouver un taxi prêt à le conduire jusqu'à Varitsi pour un tarif qu'il estimait raisonnable. À peine fut-il assis sur le siège arrière qu'il regretta amèrement de ne pas s'être offert un chauffeur plus cher, car celui-ci n'arrêtait pas de pérorer sur les événements de novembre à Athènes. Lefti avait beau le prier instamment de se taire, il papotait sans discontinuer sur le soulèvement étudiant à l'École polytechnique. Au bout d'un quart d'heure, Lefti le rabroua pour qu'il cesse enfin de parler. Bien sûr, la mort de tous ces jeunes gens était une tragédie, mais cela ne l'intéressait pas. Sur ce, le chauffeur trouva un autre exutoire à sa frustration.

— Quelle saloperie, ces montagnes, jura-t-il.

Et pendant tout le trajet, il se livra à de bruyantes récriminations, disant que c'était de l'imbécillité de vivre dans ce trou paumé, que pour s'infliger ça volontairement il fallait être idiot. Et chaque fois qu'ils croisaient un âne, il grommelait : « Non mais regardez-moi ça, quels ploucs. »

Lefti n'avait rien à répondre : après tout, ici, les ânes et les taxis étaient en concurrence.

Quand il descendit de voiture, il eut l'impression que Varitsi avait rétréci. Certaines des maisons qui étaient inhabitées dans son enfance s'étaient définitivement écroulées ou avaient été démolies. De la place du village, on voyait bien les toits, bon nombre de ceux que l'on s'attachait encore à réparer à l'époque s'étaient effondrés. Le village était raccordé au réseau électrique, mais seules quatre maisons avaient l'électricité et l'éclairage public n'avait toujours pas été installé. Quelques enfants arrivèrent à toutes jambes, Lefti fut saisi en entendant leurs piaillements déchaînés – des enfants allemands ne se seraient jamais comportés ainsi, ils n'auraient jamais touché un étranger, mais là ils le tirèrent tous par son manteau.

— Hé, l'oncle, tu nous as rapporté quelque chose ?

Le cœur de Lefti vola en éclats. Parmi ces enfants, combien attendaient leur père, parti à l'étranger pour gagner de l'argent parce que ici, à Varitsi, il n'y avait pas de quoi subsister, il n'y avait rien ? Et avant même d'arriver à la maison dans laquelle il avait grandi, il s'avoua qu'il ne pourrait plus jamais vivre à Varitsi. Même si la junte était renversée, même s'il divorçait d'Eleni. Il n'avait rien à faire ici. Sa délicate demoiselle non plus.

On lui réserva un accueil exubérant. Même Foti, qui vivait désormais avec sa famille dans la ville portuaire où son mari travaillait sur un chantier naval, était venue avec les enfants. Christina et ses cinq rejetons tourbillonnaient dans la cuisine, tandis que sa mère ne voulait plus s'arrêter de sangloter depuis qu'il l'avait prise dans ses bras. La table s'affaissait presque sous le poids des plats, mais Lefti n'avait pas vraiment d'appétit. Pour la première fois, il remarqua avec quelle avidité tous engloutissaient la nourriture. On trempait du pain dans la soupe aux haricots, on avalait bruyamment les derniers restes. Les bouches étaient si pleines que les joues se gonflaient. Trudi lui avait appris à ne pas mettre les coudes sur la table et à ne prendre que de petites bouchées pour mieux savourer ce qu'il mangeait.

— Tu n'aimes pas ?

— Si, si, c'est délicieux, je déguste, c'est tout.

— Déguster ?

— Oui, en profiter le plus possible.

— Alors prends-en encore.

Les quinquagénaires Pagona et Despina avaient grisonné et leurs visages s'étaient durcis. Spiros, qui allait avoir soixante ans l'année suivante, était à présent légèrement bossu, mais ses traits s'étaient adoucis. Dans l'ensemble il avait l'air plus débonnaire, il lui arrivait de sourire et il jouait avec ses petits-enfants. Foti avait pris presque trente kilos. Comme elle était la cadette, elle avait reçu la dot la plus faible, ce qu'elle n'avait jamais pardonné à sa famille, elle le fit d'ailleurs sentir à tous ce soir-là. Christina n'avait presque plus de dents. Lefti se dit qu'en Allemagne il n'en avait jamais vu d'aussi gâtées. On ne cessait de lui demander des nouvelles d'Eleni. *Comment va-t-elle ? Que fait-elle ? Est-ce qu'elle a des amis ? Est-ce qu'elle mange comme il faut ? Combien pèse-t-elle ? Est-ce qu'elle digère bien ?* À l'inverse de Lefti, Eleni ne téléphonait plus du tout à sa famille. Si Lefti ne lui avait posé une fois par mois une carte postale de Hildesheim sur la table de la cuisine pour qu'elle la signe quand elle récupérait son linge, la famille n'aurait même pas su si elle était encore vivante. Embarrassé, Lefti fit comme s'ils s'enquéraient de Mlle Haselbacher.

— Elle va très bien. Quand je suis parti, elle n'était pas en forme parce qu'on a beaucoup marché, mais ça s'est arrangé, j'en suis sûr – elle est solide. Elle travaille beaucoup, elle donne des cours dans une école et s'occupe très gentiment de ses voisins. Elle fait les courses pour une vieille dame, elle porte son courrier à une autre qui habite au dernier étage et elle lit ses notices de médicaments à un monsieur presque aveugle. Elle mange comme il faut, oui, je l'invite trois fois par semaine au restaurant et chaque fois on essaie quelque chose de nouveau. Par exemple, il y a quelques mois on est allés manger chinois, ils nous ont donné des baguettes à la place du couteau et de la fourchette, des baguettes ! C'est idiot, hein ? En ce qui concerne sa digestion, je ne crois pas qu'elle voudrait qu'on en parle.

Despina lui tapota la cuisse.

— Popopopopopo, c'est vraiment une femme bien, ça !

— C'est vraiment une femme bien, approuva Lefti.

Et lorsqu'il distribua les cadeaux, il cacha que c'était Trudi qui les avait choisis. Eleni, qui supportait de plus en plus mal l'attitude conciliante de sa famille à l'égard de la dictature militaire, ne leur envoyait même pas son bonjour.

Despina et Pagona furent ravies de leurs nouveaux chapeaux. Ils étaient à la mode tout en restant discrets, les voisins ne jaseraient pas, et surtout elles auraient désormais les oreilles au chaud – une bénédiction pour elles qui souffraient d'otites chroniques. Foti se pavanait avec son écharpe en cachemire, Christina embrassa le couvercle de sa cocotte-minute, les enfants ne pouvaient plus se séparer de leurs jouets allemands, et Spiros, bienheureusement assis dans le coin, savourait le coussin anti-rhumatismes qu'il dédaignait encore une demi-heure plus tôt.

« Prodigieux, prodigieux », marmonnait-il.

Entre les repas de famille, les visites chez les voisins et les jeux avec ses neveux et nièces, tout contents d'avoir de nouveau à leur disposition un jeune homme qui puisse servir de cheval et de punching-ball, Lefti déambulait bien emmitouflé dans le village enneigé.

« Quoi, tu fais un tour dans le froid ? » lui avait demandé sa mère, pour qui le sens de la promenade restait énigmatique.

Aller quelque part sans raison précise ? De son plein gré et en dépit du froid ?

Mais Lefti nouait son écharpe autour du col de son manteau, mettait les moufles que lui avait tricotées Trudi et arpentait Varitsi, autrefois point de passage obligé de la route du commerce. À l'époque où l'on transportait encore le sel sur des ânes ou à dos d'homme, le village comptait presque trois fois plus d'habitants. La vieille citerne s'était à moitié éboulée, depuis peu l'église n'avait plus de curé et l'école était fermée, ce qui obligeait les enfants du village à se lever à quatre heures et demie du matin pour descendre dans la vallée. Bientôt Lefti comprit : dans le fond, Varitsi attendait de s'en aller. Sur ses deux jambes ou dans un cercueil. Et quand il croisa une femme enceinte, il souhaita à l'enfant niché sous son cœur de naître avec des ailes ; ainsi, il lui serait sûrement plus facile de quitter cet endroit.

Le 24 décembre, Otto dormit jusqu'en fin d'après-midi. Eleni se réveilla vers dix heures, le regarda et se résigna au fait qu'il ne se lèverait pas de sitôt. Elle s'enveloppa de tous les vêtements chauds qu'elle put trouver et fit une chose très inhabituelle : elle alla se promener. Eleni n'avait jamais très bien compris cette mauvaise habitude des Allemands. Soit on allait quelque part pour une raison bien déterminée, soit on revenait de quelque part, mais, marcher pour marcher, voilà qui restait mystérieux à ses yeux. Le 24 décembre, toutefois, elle sortit faire la première balade de sa vie parce qu'elle ne voyait pas d'autre solution. La taverne de Nikos était fermée, ses amis étaient dans leurs familles ou chez d'autres amis.

Eleni n'aimait pas les zones piétonnières. Neuf mois plus tôt, elle avait fracassé la vitrine d'un grand magasin lors d'une manifestation à Hanovre. Otto l'avait empoignée, ils s'étaient faufilés dans la foule, avaient couru se réfugier dans un parking souterrain en construction, repris leur souffle, fait l'amour, fumé un joint et, en ricanant, étaient retournés se placer en queue de cortège. Chaque fois qu'Eleni passait devant les vitrines du centre-ville, elle se sentait l'envie de recommencer. Au-dessus habitaient des gens, toute une armée postée derrière des rideaux de dentelle au travers desquels une armada d'yeux étaient aux aguets – espionner les voisins était monnaie courante à Varitsi mais, là-bas, on ne se donnait pas la peine de le cacher.

Eleni tourna dans une rue et arriva sur la place du marché, où les propriétaires de stands démontaient leurs échoppes de Noël. Seule la patinoire resterait en activité jusqu'en janvier. Eleni s'accouda à la rambarde : des enfants, des adultes et des personnes âgées fonçaient sur la glace. Parmi les gros pull-overs et les bonnets tricotés main, elle remarqua un couple : tous deux la soixantaine bien tassée, le visage ridé et les cheveux tout blancs, pourtant ils avançaient, l'air absorbé, au milieu de la meute piaillante. La moustache blanche de l'homme se recourbait vers le haut tant il riait. Sa femme avait les coins des lèvres si étirés que l'on voyait étinceler les crochets métalliques de ses fausses dents. Ils se déplaçaient avec lenteur et prudence sur la glace sans se lâcher un seul instant. Même quand lui tomba en entraînant son épouse. Ils s'écroulèrent de conserve en continuant de rire. Ils avaient les doigts entrelacés, comme s'ils étaient soudés, comme si aucune tempête, aucun orage en ce monde ne pourrait jamais les arracher l'un à l'autre. Alors Eleni se rappela une vieille légende que lui avait racontée yaya Maria :

Zeus, le père de tous les dieux, voulut savoir où en était l'humanité et s'il se trouvait encore des hommes qui avaient bon cœur. Il se fit donc accompagner d'Hermès, le messager des dieux, ils se déguisèrent en pauvres voyageurs et leur rendirent visite. Dans les palais et les villas on leur ferma la porte et, alors qu'ils étaient sur le point de renoncer, un vieux couple de paysans démunis leur offrit de les héberger. Le vieil homme débarrassa le lit pour que ses hôtes puissent y dormir et la vieille femme tua pour les régaler l'unique coq qui leur restait après un long hiver. Alors le cœur du père des dieux se brisa d'attendrissement, il enveloppa la pièce d'un éclat doré et se fit reconnaître :

« Vieilles gens, vous êtes les derniers justes de ce monde. Pour vous remercier j'aimerais exaucer votre vœu le plus cher. Dites-moi ce que vous voulez et vous l'aurez. »

Les deux vieillards échangèrent un bref regard, se prirent les mains et sourirent :

« Père Zeus. À notre âge, on ne désire pas grand-chose, mais vous pourriez nous accorder le bonheur suprême : quand nous mourrons, transformez-nous en saules dont les branches s'entrelacent comme nous le faisons de nos doigts – afin que nous restions ensemble pour l'éternité. »

Zeus exauça leur souhait, et aujourd'hui encore se dressent dans les montagnes des dieux, au sommet de la colline magique qui donne sur une vallée et des pentes douces, deux saules dont les branches se mêlent tandis qu'ils se chuchotent leurs chants d'amour dans le vent. Et ils eurent une bonne vie, mais la nôtre est encore meilleure.

Une fois rentrée, Eleni raconta cette histoire à Otto, qui, les cheveux en bataille, essayait maladroitement de préparer du moka comme elle le lui avait appris. En cette soirée de Noël, Otto ne pouvait deviner que, bien des années plus tard, son premier disque figurant au top ten s'appellerait *Des saules dans le vent.* Il aurait alors derrière lui trois cures de désintoxication, une banqueroute financière et une inculpation pour consommation abusive de stupéfiants. Ce disque signerait son come-back, il décevrait ses anciens fans, mais lui gagnerait le cœur des amateurs de variétés.

Après une soirée tranquille, Eleni fut réveillée le 25 décembre par une odeur sucrée, familière, qu'elle n'avait plus sentie depuis des années.

— Kallachristoyenna ! chuchota Otto tandis qu'elle se frottait les yeux.

— Quoi ?

— Kallachristoyenna ! répéta-t-il d'un ton hésitant.

Eleni se redressa. Elle n'en croyait pas ses yeux : dans toute la pièce étaient disposés des petits bateaux en papier décorés de bougies et sur la table il y avait des assiettes contenant des *kourabiédès,* les délicieux sablés aux amandes saupoudrés de sucre glace, et des *melomakarona,* exquis biscuits au sirop de miel – les sucreries qu'on servait à Noël dans son enfance.

— Kallachristoyenna, dit de nouveau Otto.

Enfin elle comprit, il avait même essayé d'apprendre pour elle un mot de grec moderne.

— *Kala Christouyenna,* répondit Eleni.

Elle sortit du lit et enlaça le cou d'Otto.

— Eleni, je t'aime. J'en ai marre de tout ça, et je me suis dit, on se calme un peu. On reste seuls, on se prend du temps pour nous. Tu te souviens, les Beatles sont allés en Inde, dans un ashram. Ce serait chouette. Je ferais de la méditation, toi du yoga, t'es tellement souple. Et on prendrait le soleil, on ressemble à des cachets d'aspirine, t'en as besoin, t'es du Sud. Fini ce froid.

Eleni ne comprenait rien aux bafouillages d'Otto. Il n'était pas doué pour exprimer ses sentiments. Il continua de marmonner jusqu'au moment où Eleni, incapable de résister, se mit à grignoter un sablé ; Otto profita de l'occasion pour sortir deux billets d'avion de la poche de son pantalon : Bombay. Pour un peu, Eleni aurait manqué toute chance d'aller en Inde, car elle s'étrangla avec des miettes qui vinrent boucher sa trachée. Elle toussait, râlait et devint si rouge que, de frayeur, Otto lui mit les bras autour du torse et serra, jusqu'à ce qu'elle recrache le bout de biscuit qui avait failli transformer le premier Noël grec d'Otto en une tragédie grecque.

— L'Inde ? balbutia-t-elle, incrédule.

— Six mois pleins. Rien que nous deux et la guitare. Ça te la coupe, hein ?

— Mais, Otto, je ne peux pas quitter l'Europe. Chez moi, on vient d'écraser une révolution, la junte est plus répressive que jamais, il faut agir, faire pression à l'étranger, sinon ça ne changera jamais !

Le regard d'Otto trahit la tristesse.

— D'accord, mais et nous ? On a eu si peu de temps à nous. Notre amour a plus besoin de l'Inde que la Grèce d'une énième manifestation en Allemagne.

Le 6 janvier avait lieu la bénédiction de l'eau, qui marquait la fin du Noël grec. C'était l'événement que Lefti préférait quand il était enfant. Après la messe, la communauté se rassemblait en dehors du village à l'endroit le plus large de la rivière, là où le mince cours d'eau formait un bassin à hauteur de hanche. Les femmes y lavaient le linge, de sorte que les enfants n'avaient pas le droit de s'y baigner, au grand regret de Lefti. Une fois par an, toutefois, on était autorisé à le faire – au moment de la bénédiction, quand le curé, après avoir commémoré le baptême de Jésus, jetait dans l'eau une croix d'or que les jeunes hommes devaient récupérer. Lefti avait tenté sa chance pendant des années, mais s'était toujours fait prendre de vitesse. Tandis que les fidèles se tenaient au bord de l'eau, chapeaux et foulards recouverts d'une fine couche de neige, Lefti regardait autour de lui et constatait que tous ceux qui lui avaient damé le pion jadis n'étaient plus là : Stanis, Mikalis, Theodoros et le deuxième Stanis travaillaient en Allemagne. L'un des Stavros en Belgique, l'autre en Amérique, tout comme Mikis et Andreas. Ceux qui étaient restés au pays avaient quitté le village pour des villes plus grandes. Qui était parti, pour aller où, personne ne le savait vraiment. Le vieux sonneur de cloches, qui avait coutume d'en tenir registre, était mort à l'été et, depuis, son cahier d'adresses demeurait introuvable. Le seul de la génération de Lefti à être encore là était Loukas. Depuis son retour, Lefti ne lui avait même pas adressé la parole. Il n'éprouvait à son égard ni peur, ni colère, ni désir de vengeance, juste de la compassion. Loukas avait mauvaise mine. Sa peau était jaune, ses cernes gonflés et ses yeux disparaissaient presque sous les paupières tombantes. Tout comme son père, il avait su fréquenter les gens qu'il fallait et avait fait sous le régime militaire une carrière de rêve : haut responsable de la police militaire et de l'administration à Varitsi, il avait même été maire pendant une courte période, mais le gouvernement du district avait regroupé Varitsi et cinq des petits villages de montagne qui ne cessaient de s'amenuiser. La fille qu'il aurait dû épouser avait disparu la nuit précédant les noces et refait surface dans un couvent, ce qui avait quelque peu refroidi les rares jeunes femmes encore désireuses de se marier. Et c'est ainsi que Loukas avait peu à peu vieilli dans la solitude. Et tandis qu'il l'observait, Lefti se rendit compte pour la première fois à quel point il avait l'air inoffensif sans tous les gamins qui l'accompagnaient autrefois. Comment avait-il pu avoir peur de ces doigts minces ?

Quand le curé eut achevé la bénédiction de l'eau et jeté la croix dans la rivière, Loukas ôta précipitamment ses vêtements. Lefti remarqua que tous le fixaient, attendant qu'il se déshabille lui aussi, mais il neigeait, et Lefti n'avait aucune intention de se jeter dans une mare à quatre degrés. Loukas sauta dans l'eau et dut plonger à trois reprises avant de s'exclamer joyeusement : « Je l'ai, je l'ai ! » en brandissant la croix.

Des applaudissements fatigués se firent entendre et Loukas s'aperçut qu'il aurait pu se dispenser de toute cette peine. Il n'y avait pas de concurrence. Les mains dans les poches, Lefti regardait d'un air gêné dans la direction opposée. Loukas essuya son nez morveux, cessa de crier victoire, sortit de l'eau, ramassa ses affaires et se rhabilla. Il remit la croix au curé, recueillit sa bénédiction et fut le premier à rentrer promptement au village.

— Lefti, pourquoi est-ce que tu n'as pas sauté ? le rabroua-t-on pendant tout le retour.

— Parce que l'eau est à quatre degrés.

Lefti en était venu à trouver passablement stupide cette observance d'une tradition qui venait manifestement de la côte méridionale, mais il se garda bien de le dire. Non, les coutumes qu'on imposait sans réfléchir à chaque génération ne lui inspireraient aucun regret et, alors qu'il s'apprêtait à rentrer en Allemagne, il décida qu'il était temps de dire la vérité à sa famille.

Despina était assise dans le fauteuil à bascule de la pièce où elle dormait. On pouvait difficilement appeler cela une chambre, songea Lefti. Debout sur le seuil, il se demandait où s'asseoir. Il constata avec surprise que, lorsqu'il dormait, enfant, sur le matelas installé à côté du lit de sa mère, il n'avait jamais remarqué que la porte restait fermée. Probablement parce que personne n'avait jamais essayé d'entrer.

Despina se cramponnait à ses aiguilles à tricoter, le coin d'un mouchoir dépassait de son poing.

— Lefti, je sais que tu vas me briser le cœur, alors fais vite.

Sa mère avait l'air vieille et fragile. Lefti savait qu'au cours des dernières années il s'était efforcé d'oublier à quel point elle était seule.

— Maman, j'aimerais que tu viennes en Allemagne.

— En Allemagne ?

La voix de Despina était si aiguë que Lefti était incapable de déterminer si elle allait se mettre à criailler ou à pleurer, ou si elle manquait juste de souffle.

— En Allemagne ? Chez ces salopards de nazis qui ont ton père sur la conscience ?

— Papa a été fait prisonnier pendant la guerre civile. Par ses compatriotes.

— Oui mais sans ces salopards de nazis il n'y aurait jamais eu de guerre civile, s'égosilla Despina.

Lefti lut de la peur dans ses yeux.

— Maman, là-bas je suis chez moi. Je ne reviendrai plus ici.

— Ne dis pas ça.

— Mais c'est la vérité.

— Comment peux-tu le savoir ?

Lefti ne voulait pas discuter avec sa mère. Il la connaissait, elle insistait, invoquait tout le panthéon des dieux, agitait la menace d'un infarctus jusqu'à ce que, tout penaud, il reconnaisse qu'elle était plus vieille et plus sage. Il sortit donc de la poche intérieure de sa veste une photo de Trudi et de lui réalisée par un photographe professionnel lors de leur première excursion dans le Harz. Le cliché avait déjà un peu pâli, parce que Lefti l'embrassait chaque soir avant de se coucher, mais le sourire qu'il arborait était bien visible. Rien à voir avec les lèvres pincées qu'ils avaient, Eleni et lui, sur la photo de mariage posée sur la table de chevet de Despina.

— Elle s'appelle Trudi Haselbacher. Je l'aime, maman. Et si tu m'aimes, alors tu ne pourras que l'aimer aussi.

Temps présents

Jusqu'à la fin de ses jours, Eleni considérerait comme une ironie suprême d'avoir, sept ans durant, suivi le moindre geste de la junte qui gouvernait sa patrie et manqué le plus important : son déclin. Pendant qu'à la suite de l'écrasement du soulèvement à l'École polytechnique la population s'émancipait, Eleni apprenait les sept chakras. Pendant que les gens descendaient de plus en plus souvent dans la rue, elle perfectionnait la posture du scorpion et travaillait sa technique de respiration. Pendant que son pays s'agitait, elle passait des heures avec Otto dans un hamac. Les généraux s'entre-déchiraient et Eleni saluait le soleil. Le pouvoir changeait de mains et elle s'essayait à la méditation sous l'emprise de diverses drogues. Otto et Eleni étaient très loin de tout. Ils n'avaient aucun accès aux informations, et les quelques Occidentaux qu'ils rencontraient étaient aussi éloignés de ce qui se passait dans le sud des Balkans que le jeune couple.

Tout bronzés et dévorés par les moustiques, Otto et Eleni reprirent l'avion dans la seconde moitié de juillet. Ils avaient un changement à Amsterdam et, quand, pour la première fois depuis des mois, Eleni eut entre les mains un journal allemand, tout le calme intérieur qu'elle avait laborieusement acquis au cours de longues semaines de méditation s'évanouit : la Turquie avait envahi Chypre. Deux cents officiers grecs réclamaient la démission de la junte militaire. Depuis des années, Eleni avait le sentiment que son monde était à l'arrêt et, alors qu'elle s'était résignée à cette situation, voilà qu'il se mettait à bouger.

Durant la dernière partie du voyage, Eleni fut incapable de rester assise une seconde. Otto essaya de la calmer, mais elle enroula son journal et lui en donna un coup.

— C'est ta faute, le rabroua-t-elle.

Otto se tut.

Quand en fin de soirée ils arrivèrent à Hildesheim, Eleni laissa Otto en plan à la gare avec tous leurs bagages et, sans un mot, courut tout droit chez Nikos.

— Ah tiens, t'es encore en vie, dit sèchement celui-ci.

Sur quoi tous se détournèrent et firent comme s'ils regardaient les actualités. Ce n'était pas l'heure du bulletin télévisé.

— Oui, je suis de retour ! déclara Eleni.

Et elle voulut s'asseoir sur la dernière chaise libre.

— Elle est prise, dit la femme qui était à côté.

— Où sont les autres ? Dimitris ? Le Crétois ? demanda Eleni à Nikos, qui fumait derrière le comptoir d'un air furibond.

— En Grèce. Ils s'engagent, eux, ils partent pas en vacances. Qu'est-ce que tu bois ?

— J'ai pas soif.

— Ouais, et mon restaurant, c'est pas un salon.

Eleni lui jeta un coup d'œil interrogateur, mais le patron se mit à polir ses verres sans plus lui accorder la moindre attention. Elle resta adossée au mur sans échanger un mot avec quiconque jusqu'à ce que Nikos flanque tout le monde dehors à la fin du programme télévisé. Elle attendit qu'il ait fini de ranger et ferme boutique.

— Niko, s'il te plaît, parle-moi !

Le patron soupira et passa la main sur son cou barbu.

— On avait besoin de toi, Eleni. Mais pendant les six mois les plus importants qu'on ait connus depuis la fin de la guerre, t'as préféré aller te défoncer dans la jungle avec ton pseudo-Orphée.

Sur ce, il se détourna et disparut dans les insondables ténèbres de la nuit hildesheimienne.

— Mais qu'est-ce qui se passe ? demanda Otto au retour d'Eleni.

Il avait défait les valises et buvait du thé à la cuisine.

— L'Inde a été la plus grande erreur de ma vie ! répondit-elle en se laissant tomber sur le lit. Je le sentais, mais je me suis laissé avoir par tes beaux discours.

— Pourtant c'était formidable, dit prudemment Otto.

— Je ne vois pas ce qu'il y a de formidable à fermer les yeux et à se cacher pendant que le monde entier fait naufrage. Ça n'a rien de formidable, c'est de la lâcheté !

Elle se tourna vers le mur et ne dit plus un mot. Cette nuit-là, Otto ne se risqua même pas à l'effleurer.

Le matin suivant, Eleni se leva tôt et sortit acheter toute la presse disponible, y compris un journal turc. Otto s'était rendu de bonne heure à sa maison de disques et, quand, l'après-midi, Eleni ne parvint plus à trouver de dérivatif, elle fit ce qui lui inspirait le plus de crainte : elle alla chez le médecin.

Eleni se tenait aussi loin que possible de la médecine car, à neuf ans, elle avait subi une opération des amygdales calamiteuse à l'hôpital de la grande ville la plus proche. Aujourd'hui encore, elle ignorait pourquoi on ne lui avait ôté qu'une amygdale en se bornant à inciser l'autre ou à perturber son ancrage dans la paroi pharyngée. Toujours est-il que, lorsque quelques heures après l'opération elle s'était réveillée avec d'atroces maux de gorge et les commissures des lèvres complètement déchirées, elle avait été prise d'une terrible crise d'éternuements au cours de laquelle elle avait expulsé la seconde amygdale.

« Oups, avait dit l'infirmière pour seul commentaire. Monsieur le docteur s'est montré un peu distrait. »

Cependant, quand Eleni se rendit chez le médecin, le 23 juillet 1974, ce n'était pas lui qu'elle redoutait, mais le diagnostic.

Otto arriva à la taverne de Nikos peu avant dix heures.

— Où est-elle ?

Nikos désigna la banquette d'angle tout au fond du local. Drapée dans une nappe, Eleni avait les yeux rivés sur le téléviseur où défilaient les images d'une foule en liesse à Athènes. Des gens dansaient dans la rue, agitaient des drapeaux, chantaient l'hymne révolutionnaire des Crétois, tandis qu'Eleni gémissait comme un chiot oublié devant la porte.

Perplexe, Otto regarda tour à tour Eleni et le poste de télévision.

— Le pays est libre, l'ex-Premier ministre revient de son exil parisien, mais ça fait des heures qu'elle reste là comme ça sans me dire pourquoi. Quand elle est arrivée, elle était tellement hystérique que j'ai cru qu'elle allait s'étouffer. C'est pour ça que je t'ai appelé, expliqua Nikos.

Otto se fit servir deux grands verres de *tsipouro,* s'assit à côté d'Eleni et la prit dans ses bras.

— Qu'est-ce qu'il a dit, le médecin ? Tu es malade ?

— Non, renifla-t-elle en resserrant la nappe autour de ses épaules.

— Mais alors, pourquoi est-ce que tu pleures ? Les colonels sont partis ! La dictature est finie ! C'est le début d'une nouvelle époque et tout et tout.

Otto posa sa joue contre ses boucles et, ensemble, ils contemplèrent les foules en fête à Athènes. À un moment donné, Nikos s'écria :

— Regardez, c'est Dimitris !

Effectivement, c'était Dimitris, dansant parmi une multitude de jeunes gens en faisant le V de la victoire.

— Waouh, ce que j'aimerais être à Athènes, marmonna Otto, captivé par cette joie sans mélange.

Eleni se faisait de plus en plus silencieuse à mesure que le café se remplissait.

— Otto, annonça-t-elle enfin, je suis enceinte.

Toute sa vie, Otto repenserait à ce moment-là. En fermant les yeux, il entendrait la voix d'Eleni, l'agitation qui faisait brusquement ressortir son accent grec alors qu'elle parlait désormais correctement l'allemand. Il se rappellerait la scène exactement comme il l'avait perçue à l'époque : quittant son corps, il s'élevait jusqu'au plafond, voyait en plongée une très belle femme, peau olivâtre, grands yeux et boucles indomptables, assise avec le dos bien droit d'une héroïne rebelle à tout assujettissement et qui pourtant tremblait de tout son corps. Et assis à côté d'elle, un homme blond et bronzé, un zombie incapable de dire quoi que ce soit. L'homme blond et bronzé prit les verres de schnaps qui se trouvaient devant lui, les vida d'une traite et les jeta par terre où ils se brisèrent en mille morceaux.

— Nananana, fit le patron en haussant les sourcils.

— Désolé, une maladresse, dit Otto tandis qu'il descendait du plafond et réintégrait son corps.

— Autre chose ? s'enquit Nikos en apportant un balai.

— Oui, toute la bouteille, répondit Otto, pour Eleni et moi.

Une semaine et demie plus tard, alors qu'Otto s'habillait, Eleni fit semblant de dormir. Otto le savait, mais cela l'arrangeait. Quand il eut rassemblé ses affaires, il s'assit à côté d'elle sur le matelas, dos à dos.

— Ce n'est pas le moment, c'est tout, lâcha-t-il, reprenant la phrase qu'il avait le plus souvent répétée au cours des derniers jours. Plus tard, on aura tous les enfants qu'on veut. Blonds, bruns et tout et tout. Mais là, c'est pas le moment. La tournée, le nouveau disque, tes activités politiques, on a encore trop de projets.

Otto s'éclaircit la gorge.

— Tu avais raison à propos de l'Inde. C'était une erreur. On s'est laissé détourner des trucs importants.

Otto glissa une cigarette roulée entre ses lèvres sans l'allumer.

— Je passerai te prendre quand ce sera fait. Ensuite on ira manger et t'acheter quelques blouses pour aller avec tes pantalons de yoga. Ce sera un bel été. On dansera, on chantera, on se marrera.

Il lui posa un baiser sur le crâne.

— Tu verras, c'est rien du tout, je t'attendrai.

Otto attrapa sa guitare et ferma doucement la porte derrière lui. Dans son trouble, il trébucha sur une pile de vieux journaux posés dans l'escalier, glissa et se retint in extremis à la rampe de sa main libre.

— Qu'est-ce que c'est que ce bazar ! pesta-t-il en sortant de l'immeuble.

Toute la journée il se réfugia dans la pensée de ce qu'ils pourraient faire, Eleni et lui, en l'absence d'enfants. Les voyages, les expériences, les aventures. Sur un point au moins il voyait juste : il traverserait encore beaucoup de choses, une brillante carrière l'attendait – mais pas comme il l'imaginait à ce moment-là.

Eleni resta couchée et imposa trois fois silence au réveil bien qu'elle ne dormît pas. Elle n'avait pas fermé l'œil de la nuit. Jamais encore elle n'avait été dérangée par les ronflements d'Otto, mais cette nuit-là cela l'avait exaspérée au point qu'elle s'était bouché les oreilles avec de la ouate. Son odeur lui était apparue inhabituelle, la pièce étouffante, l'air aigre, et chaque fois qu'elle avait les paupières qui tombaient de fatigue elle ne pouvait s'empêcher de repenser à cette matinée, vingt ans plus tôt, qu'elle croyait définitivement oubliée.

Elle avait alors cinq ans, sa mère avait ordonné à ses sœurs, qui se rendaient chez le chevrier, de l'emmener avec elles. « Et gare si j'en vois une de vous ici avant la tombée de la nuit. » Foti et Christina étaient adolescentes, elles marchaient bien plus vite qu'Eleni et se firent un malin plaisir de la distancer. Lefti était descendu dans la vallée avec sa mère, et Eleni, les larmes aux yeux, grimpait la pente à toute allure. « Hé, la naine, où es-tu ? C'est tes moignons qui te gênent ? Quand on est trop lent, on ne grandit pas. Petite-Eleni n'aura jamais de grandes jambes », se moquaient-elles. Eleni ne les voyait pas, « Attendez-moi ! » braillait-elle sans relâche, courant entre les buissons à hauteur de hanche et les herbes entourées d'abeilles bourdonnantes le long du chemin que les chèvres avaient tracé. À un moment donné, elle glissa sur une poignée de crottes de chèvre et tomba. Elle n'eut pas le temps de prévenir sa chute, et son menton heurta une grosse pierre pointue. Elle se releva péniblement, se massa les paumes et ce n'est qu'en voulant épousseter sa robe qu'elle y découvrit du sang. Déroutée, elle inspecta ses jambes, ses bras, nulle part elle ne s'était blessée, pourtant le sang gouttait. Eleni porta la main à son menton – et la retira inondée de sang, réellement inondée, pas seulement tachée comme la veille, lorsqu'elle avait aidé yaya à éviscérer un poulet. Elle poussa un hurlement, « Ne gueule pas comme ça, tu vas flanquer la frousse aux chèvres », lui crièrent ses sœurs, toujours invisibles, « Je saigne, je saigne », lança la fillette. « N'exagère pas, allez, viens », mais, affolée, Eleni partit dans le sens opposé, redescendant la pente en direction du village. Le portail de la cour était fermé, elle fit le tour de la maison au pas de course, escalada la clôture, passa par la buanderie couverte – et se figea sur le seuil de la cuisine.

Une fille du village voisin, qui avait passé beaucoup de temps dans leur cour les jours précédents, était allongée sur la table, jambes relevées. Penchée sur elle, Pagona lui écartait les genoux tandis que yaya Maria, assise sur une chaise, avait les yeux rivés sur un point entre ses cuisses. La fille hurla, Pagona se cramponnait de toutes ses forces à ses genoux :

« Arrête de brailler, tu veux que les voisins t'entendent ? la rabroua yaya Maria.

— Ça fait mal, gémit la fille.

— Il fallait y penser avant de t'en payer une tranche », pesta la vieille femme.

Sur ce, elle se leva, l'aiguille à tricoter dans la main.

« Eleni ! » fit-elle alors, déconcertée.

Pagona lâcha aussitôt les pieds de la jeune fille, qui se redressa et se tourna vers Eleni. Celle-ci était blanche comme un linge et l'on aurait dit qu'elle avait vu la mort.

« Seigneur ! » s'exclama Pagona en la découvrant immobile sur le pas de la porte.

Son menton saignait tellement qu'une petite flaque s'était formée à ses pieds.

Eleni fixait la jeune fille, celle-ci lui jeta un regard effrayé, Eleni baissa les yeux et tomba à la renverse.

Le soir, alors qu'elle était déjà au lit, yaya Maria vint la trouver. Quand elle entra dans la chambre, Eleni lui tourna le dos.

« Je veux que Lefti vienne », chuchota-t-elle tandis que la grand-mère s'asseyait avec un soupir sur le bord de son lit.

Foti et Christina n'étaient pas dans la chambre. Pagona était si fâchée qu'elle les avait privées de dîner et envoyées passer la nuit dans la bergerie. Eleni avait entendu par la fenêtre fermée les gifles retentissantes qui les avaient accueillies.

« Lefti sera là demain, chuchota la grand-mère en lui grattouillant le dos.

— Qu'est-ce qu'elle avait, la fille sur la table de la cuisine ? » demanda Eleni.

Au lieu de lui répondre, yaya Maria lui raconta une histoire :

Il était une fois, dans un pays très lointain, un village à l'extérieur duquel se trouvait un puits. Et dans ce puits vivait un terrible monstre. Ce monstre était particulièrement cruel, il avait de longues griffes et des dents acérées. De nombreuses années plus tôt, le monstre avait répandu la peste dans le village, tuant presque tous les habitants, mais le roi avait conclu un pacte avec lui : une fois par an, au cours de la nuit d'hiver la plus longue, les villageois jetteraient leur dernier nouveau-né dans le puits, en échange de quoi le monstre resterait chez lui et ne leur ferait pas de mal. Cela durait déjà depuis des années, et chaque femme qui mettait un enfant au monde craignait qu'il ne soit sacrifié. Leur peur était si grande qu'elles se jurèrent de ne plus avoir d'enfants, car le chagrin avait fait blanchir les cheveux des mères qui avaient perdu leur progéniture. C'est ainsi qu'elles cessèrent d'enfanter. À l'approche de la fameuse nuit, le roi fut pris d'inquiétude : sa belle-fille, la princesse, était enceinte et avait déjà un ventre pointu. Chaque jour, il priait pour que son petit-fils ne naisse pas avant le moment fatal, car le prince, son fils, était tombé au combat contre l'ennemi. Et tout ce qui lui restait de ce fils bien-aimé, c'était son enfant, qui faisait des galipettes sous le cœur de la princesse. Le roi convoqua l'ensemble des sorcières et des enchanteurs du royaume et leur ordonna de se livrer à tous les sorts et sortilèges possibles pour repousser le terme. Les sorcières et les enchanteurs s'exécutèrent et leurs efforts furent couronnés de succès, l'enfant resta sous le cœur de la princesse.

Le roi ordonna alors aux villageois de sacrifier l'enfant le plus jeune, mais le monstre flaira la tromperie. Ce qu'il préférait, c'étaient les petits bébés qui tétaient encore le sein. Et quand les femmes du village lui apportèrent un enfant qui marchait déjà à quatre pattes, il se mit en colère, s'extirpa de son puits et s'en fut réveiller le roi :

« Roi, crois-tu pouvoir me tromper ? Je sais ce que les sorcières et les enchanteurs ont fait. Si tu ne m'amènes pas ton petit-fils dans sept nuits, je l'arracherai du ventre de la princesse et je détruirai ton pays ! » siffla le monstre avant de repartir. Le roi pleura toute la nuit et, le lendemain matin, il demanda aux enchanteurs et aux sorcières de mettre fin à leurs sortilèges, c'était inutile, ils étaient tous perdus. On lui obéit, mais l'enfant persistait à ne pas vouloir sortir. La princesse ne cessait elle aussi de pleurer, elle caressait son ventre et disait à son enfant :

« Ah, mon bébé chéri, nous sommes perdus. Si tu viens au monde, le monstre te dévorera. Et si tu refuses, il nous dévorera tous les deux. »

Il se trouve qu'un jeune chevalier étranger était de passage dans le royaume et, alors qu'il longeait le palais, il entendit la princesse se lamenter à la fenêtre de la tour. Aussitôt il tira sur les rênes de son cheval et lui demanda pourquoi elle pleurait ainsi. La princesse lui raconta l'histoire de son bébé et du monstre. Le chevalier fut pris de pitié et, comme il était sans peur et sans reproche, il descendit dans le puits, affronta le monstre et le tua avec son épée. Tout le village fut en liesse, mais le bébé n'osait toujours pas sortir. Le roi rappela les sorcières et les enchanteurs – mais aucun sortilège ne peut obliger un bébé effrayé à venir au monde. Quand le chevalier l'apprit, il s'agenouilla devant le ventre de la princesse et chuchota dans son nombril, pour bien se faire entendre de l'enfant :

« Ne crains rien, petit prince, je suis là et je vous protège de tous les dangers, toi et ta maman. »

En entendant ces mots, le petit prince oublia sa peur et vint au monde. Le chevalier épousa la princesse et il tint les monstres à l'écart du royaume jusqu'à ce que le petit prince soit lui-même assez grand et assez fort pour les combattre. Et ils eurent une bonne vie, mais la nôtre est encore meilleure.

Eleni poussa un soupir et la grand-mère fit glisser ses longs doigts à travers ses boucles.

« Tu sais, mon trésor, dit-elle affectueusement, dans le monde, il y a beaucoup de monstres. La fille, dans la cuisine, elle avait dans le ventre un bébé que personne ne protégeait. Alors je l'ai ensorcelé pour qu'il ne sorte que quand il aura un papa qui veillera sur lui. »

Elle caressa le dos d'Eleni jusqu'à ce que sa petite-fille s'endorme.

Eleni se leva et se regarda dans le miroir. Il lui arrivait de se demander si la petite Eleni de sept ans qui s'était un jour juré de devenir une héroïne serait fière d'elle, dix-huit ans plus tard. Et alors elle caressa son ventre pour la première fois, s'observa dans le miroir et chuchota :

— Non, tu n'auras pas à rester pour toujours dans mon ventre. Tu n'as pas de papa, c'est vrai, mais ta maman te protégera contre les monstres.

Otto sortit du taxi avec un énorme bouquet de fleurs à la main et pria le chauffeur d'attendre. Il sonna à trois reprises, mais personne n'ouvrit. Bizarre, se dit-il, inquiet. Il était là pile à l'heure indiquée, au téléphone la femme lui avait assuré qu'il pouvait arriver plus tôt s'il le souhaitait ou même sans délai, elle accueillait souvent les hommes et les faisait patienter à la cuisine, il y avait tous les journaux qu'il fallait. Otto sonna derechef, laissant cette fois son index sur le bouton. De l'extérieur, l'immeuble ne se distinguait en rien d'une bâtisse de banlieue. Un jardin bien entretenu, des rideaux de dentelle aux fenêtres. Otto frappa sans discontinuer jusqu'à ce qu'une dame frêle d'un certain âge vienne ouvrir. Elle avait des bigoudis dans les cheveux, portait un chemisier blanc et un tricot par-dessus.

— Oui ?

— Je viens chercher Eleni Zifkos. Nous nous sommes parlé au téléphone.

La femme s'éclaircit la gorge.

— Mme Zifkos a changé d'avis.

— Pardon ? Quand ? Pourquoi ? Où est-elle ?

— Je ne sais pas, elle n'est pas venue.

— Alors pourquoi dites-vous qu'elle a changé d'avis ?

— Parce que sinon elle serait venue.

— Elle a peut-être été retenue.

La femme se racla de nouveau la gorge.

— Jeune homme, ça fait quarante ans que je fais ça. Croyez-moi, quand une femme est déterminée, elle n'est pas en retard. Au revoir.

Elle lui claqua la porte au nez, Otto entendit la clé tourner dans la serrure. Il retourna au taxi, la tête étrangement vide.

Pendant tout le trajet, il repensa à son enfance. Son père, qui l'avait élevé surtout à coups de ceinture, de torchons mouillés et de baguettes de noisetier, ne lui avait inspiré que mépris. Et il n'avait pas tardé à éprouver le même sentiment à l'égard de sa mère, qui le regardait faire sans rien dire. Dès l'adolescence, il s'était juré de ne jamais avoir d'enfants et de devenir célèbre, de montrer à son sinistre village bavarois de quoi il était capable. Et aux moines de l'internat qu'ils ne réussiraient pas à le briser quand ils l'obligeaient à s'agenouiller des heures durant sur des bûches pointues. Il prit soudain conscience qu'il n'avait jamais raconté tout cela à Eleni. Il avait cherché à se convaincre qu'un enfant ferait obstacle à sa carrière, mais c'était n'importe quoi. Il n'y avait qu'à voir tous les collègues qui trimballaient partout leurs gamins dans une écharpe porte-bébé. Otto avait caché à Eleni sa crainte de devenir comme son père, de mener la même vie minable et étriquée de petit-bourgeois fasciste. Mais quand le chauffeur s'arrêta et indiqua le prix de la course à Otto, celui-ci comprit son erreur. Eleni n'était pas femme à accepter une existence petite-bourgeoise. Au cours des années écoulées, elle n'avait cessé de le secouer quand il menaçait de se rabougrir émotionnellement et de sombrer dans la léthargie en attendant des jours meilleurs, comme ses parents.

Eleni respira, soulagée, Lefti n'avait pas changé la serrure. Cela faisait longtemps qu'elle n'était pas revenue, la dernière fois c'était avant son voyage en Inde, Lefti était encore à Varitsi. Elle ne l'avait pas revu depuis plus de six mois et n'avait même pas pris congé de lui.

À peine avait-elle ouvert la porte qu'elle entendit sa respiration régulière. Eleni s'arrêta devant le lit et contempla le dormeur. Il était couché sur le côté et ronflait légèrement, on aurait presque dit un matou ronronnant. Il ne portait qu'un bas de pyjama, la fenêtre était ouverte, les stores baissés. Eleni nota le calme incroyable de son sommeil. Otto ronflait comme une scierie, il ne cessait de se tourner et de se retourner, tandis que Lefti, lui, restait immobile et paisible. Le jour venu, il ferait un bon père. Lefti cligna des yeux et se réveilla.

— Eleni ?

— Bonjour.

— Qu'est-ce que tu fais ici ?

— Est-ce que je peux rester quelques jours ?

Lefti poussa un gémissement, s'assit sur son lit et passa un maillot de corps. Puis il se frotta longuement le visage.

— Ça fait un bon bout de temps que j'essaie de te joindre. Tu n'as pas reçu mes lettres ?

— J'étais en Inde. Et depuis que je suis rentrée, je n'ai pas eu le temps de lire mon courrier.

Lefti hocha la tête, se rendit à la cuisine et se mit la figure sous le robinet d'eau froide.

— Eleni, je voudrais divorcer. Je veux épouser mon professeur d'allemand. Dans quelques mois, nous partons nous installer en Autriche. C'est là qu'elle est née.

Eleni jeta un coup d'œil autour d'elle. Aux murs étaient accrochées des reproductions de tableaux, quant aux coussins, sur le lit, ce n'était certainement pas Lefti qui les avait achetés.

— Dans ce cas, il vaut mieux que je ne reste pas ici.

— Qu'est-ce qui se passe avec ton musicien ?

Eleni prit une profonde respiration.

— Divorçons. Mais j'ai besoin d'argent.

— Combien ?

Elle se demanda si elle devait lui dire la vérité. Elle prenait conscience du fait qu'elle était incapable d'anticiper sa réaction, car cela faisait trop longtemps qu'ils ne se parlaient plus, aussi choisit-elle de mentir :

— Notre pays est enfin libre. Je veux rentrer, de préférence en ville, et faire carrière dans la politique. Peut-être devenir la première Présidente du pays, un truc comme ça. Mais surtout, n'en parle pas au musicien. C'est pas un type bien.

Lefti acquiesça d'un signe de tête, s'approcha d'elle sans un mot et la serra dans ses bras. Il tapota affectueusement ses boucles brunes, comme autrefois, quand ils étaient petits.

— Je suis fier de toi, déclara-t-il. Dis-moi de combien tu as besoin.

Avant de monter à l'appartement, Otto courut jusqu'au kiosque du coin pour acheter une bouteille de mousseux, mais opta au dernier moment pour du jus d'orange, on pouvait aussi trinquer au jus d'orange. Il prit également un bocal de cornichons, du chocolat, des saucisses et des fruits, les femmes enceintes avaient toujours des envies bizarres, pensa-t-il, se rappelant une groupie à Göttingen, qui, au buffet dressé dans les coulisses, avait tartiné de pâté un morceau de tarte aux myrtilles.

Il avait peine à porter ses courses avec le bouquet de fleurs dans les mains et grimpa péniblement l'escalier, mais, quand il ouvrit la porte de l'appartement, Eleni n'était pas là. Plus encore : toutes ses affaires avaient disparu. Elle avait même emporté la partition originale de *Cheveux dans les yeux,* qu'il avait fait encadrer pour elle. Otto laissa choir ses achats, fit demi-tour et redescendit l'escalier à toute allure.

Eleni n'était ni à l'association ni dans un de leurs bistrots habituels. Il se rendit en toute hâte à l'appartement où elle avait vécu avant de le connaître, martela la porte jusqu'à ce que les voisins du rez-de-chaussée appellent la police. Il refit le tour des troquets, attendit devant l'immeuble le retour de l'époux d'Eleni. Otto ne le connaissait que superficiellement. Avec Eleni, il les avait rencontrés une fois ou deux en ville, son amie et lui, mais on s'était juste salué ou fait un signe de main en passant, sans échanger plus que quelques banalités. Épuisé et désespéré, Otto ne reconnut pas tout de suite Lefti quand celui-ci rentra à l'aube après son service de nuit. Lefti lui adressa la parole avant qu'Otto ne réalise que l'homme en bleu de travail était celui qu'il espérait.

— Je te le dis tout de suite, je ne sais pas où se trouve Eleni. Tout ce que je sais, c'est qu'elle ne veut plus jamais avoir affaire à toi.

CHANT V

Où l'on rapporte que le héros et l'héroïne
font à sept mille cinq cents kilomètres de distance
la même expérience :
arriver quelque part peut être très difficile.

Née coiffée

Les hululements du grand duc étaient rares, et Eleni avait beau tendre l'oreille, depuis son retour à Varitsi, au cours de l'été, elle n'avait pas encore entendu de loup. L'épaisse couette d'hiver était si lourde qu'elle avait l'impression d'étouffer, mais sans cette couette elle se sentait livrée sans défense au silence de la nuit. C'était bizarre de se retrouver seule dans son ancienne chambre, sans les râles de Foti, qui s'asphyxiait presque dans son oreiller quand elle reposait sur le ventre, et sans la respiration profonde et régulière de Christina.

Eleni ne pouvait dormir ni sur le ventre ni sur le dos, et sur le matelas dur elle avait mal partout dès qu'elle restait plus de deux heures étendue sur le côté. Et puis c'était la pleine lune. Elle respirait à fond, contemplait son gros ventre qui se soulevait et s'abaissait, puis finit par se lever.

Elle vit avec surprise que le banc situé sous l'auvent, dans la cour, était déjà occupé. Sans la regarder, son père Spiros se poussa légèrement sur le côté. Ses pieds étaient nus dans les lourdes bottes d'hiver, les lacets dénoués. Quand Eleni s'assit près de lui, il ôta la couverture de ses épaules et l'en enveloppa. Eleni fut si étonnée qu'elle ne laissa même pas échapper un merci.

— C'est de moi que tu tiens cette insomnie, les nuits de pleine lune, chuchota-t-il en attrapant une bouteille de schnaps qui se trouvait entre ses pieds.

— Je croyais que c'était de yaya.

— Yaya était insomniaque, pleine lune ou pas.

Spiros se rinça la bouche au schnaps et le recracha.

— Depuis que je suis au monde, je n'arrive pas à dormir quand c'est la pleine lune. Tu es pareille. Foti et Christina, aucun problème. Mais toi, tu es née à la pleine lune et tu n'as pas fermé l'œil de la nuit alors que tu venais juste de naître. Ta mère, Despina, yaya Maria, tout le monde était épuisé par l'accouchement, alors je t'ai prise, je t'ai enveloppée dans une couverture et j'ai marché avec toi autour de la maison jusqu'à l'aube. On ne s'est endormis tous les deux que quand la pleine lune s'est couchée.

Sous le nombril d'Eleni, l'enfant à naître donna un coup de pied. Eleni reprit son souffle et posa la main sur son ventre. Spiros la regarda et eut un sourire circonspect.

— Et là on a le prochain insomniaque de la pleine lune.

Bien des choses avaient surpris Eleni quand elle était revenue à Varitsi après tant d'années. Elle ne connaissait presque plus personne au village. Tous les hommes de son âge ainsi que la moitié des femmes étaient partis, l'église n'avait plus de curé, le Haut Village avait rétréci de moitié après l'effondrement de la plupart des maisons abandonnées au lendemain de la guerre, on avait évacué les décombres l'été passé. Comme si le village avait des dents manquantes, comme s'il s'était effrangé sur les bords. Mais ce qui avait le plus étonné Eleni, c'était de voir à quel point son père avait vieilli. Il n'avait que le début de la soixantaine, mais son dos s'était voûté à force de charrier, de porter, de se baisser. Il était émacié par les longues années de travail, ses os transparaissaient sous les vêtements, les cheveux blancs comme neige et la peau comme du cuir, tannée par le soleil, entaillée par la pluie et le vent, ridée, rugueuse. Et puis il y avait ses yeux. Eleni tressaillait chaque fois qu'il la regardait, on ne voyait plus en eux de sévérité, de force ni de dangerosité.

Le bébé donna un nouveau coup de pied. Eleni sursauta et, voyant que Spiros l'observait, elle lui prit la main et la posa sur son ventre. Comme en réponse à un signal, l'enfant se mit à cogner comme un fou, sur quoi Spiros éclata de rire, considéra Eleni d'un air incrédule, avant qu'un voile de tristesse se pose sur ses traits.

La première neige n'était pas encore tombée. L'odeur qui flottait dans l'air trahissait son arrivée prochaine, mais pour l'instant c'était encore le règne de la gelée blanche et des rues verglacées. Les oiseaux étaient depuis longtemps dans le Sud. Le ciel avait l'air presque sale avec toutes ces étoiles qui brillaient intensément, et la lune argentée éclipsait tout de son éclat. Spiros ôta sa paume du ventre d'Eleni, saisit la bouteille de schnaps et s'offrit une rasade.

— Je ferais mieux de retourner me coucher, fit Eleni.

Mais Spiros plaça sa lourde patte sur son épaule.

— Reste encore un peu, je voudrais te raconter quelque chose, dit-il en allumant une cigarette.

L'unique loup qui passait l'hiver dans les montagnes, loin de Varitsi, se mit à hurler juste à ce moment-là, comme s'il savait déjà quelle était l'histoire qui allait suivre. Il était si éloigné que le père et la fille ne pouvaient déterminer s'il ne s'agissait pas plutôt d'un chien. Mais les chiens n'ont pas de mémoire. Ils oublient même les histoires tragiques.

— Tu sais, Eleni, c'est difficile à concevoir, mais la vie à Varitsi n'a pas toujours été dure. Les vieux se souviennent encore de l'âge d'or, quand on transportait le sel à dos d'homme ou de mulet dans la montagne, quand des caravanes s'arrêtaient au village plusieurs fois par semaine pour payer les droits de douane, se reposer et marchander. Les enfants avaient des habits de soie, les encadrements de fenêtres étaient repeints chaque printemps dans des couleurs vives et les chiens errants étaient gras. Mais tout a changé, Eleni, tout a changé. Quand j'étais petit, on ne voyait plus que les derniers restes de splendeur. Ta yaya Maria était un des vestiges de cette époque. Elle avait toujours été la femme la mieux habillée du village, elle respirait le luxe et la richesse. Enfant, je me mettais à la fenêtre pour la regarder passer, j'imaginais ce qu'on servait le soir à dîner dans cette famille. La fortune venait de ton grand-père, mais c'est ta grand-mère qui lui donnait son éclat. Tu sais qu'elle était d'une famille de grands bourgeois d'Asie Mineure. Ses cheveux relevés, ses gestes délicats quand elle bougeait, sa façon choisie de s'exprimer – pour nous, enfants du village, c'était à la fois étrange et excitant. Yaya n'avait pas de fils, mais tous les jeunes gens de Varitsi voulaient épouser ses filles jumelles. À défaut d'être belles, elles étaient bien élevées, travailleuses, d'une maison honorable – et elles faisaient formidablement bien la cuisine. C'est un point auquel ta yaya avait toujours attaché la plus grande importance. Quand elles s'occupaient du buffet de la fête patronale, pendant la messe personne ne s'intéressait au saint patron, on priait uniquement pour avoir le droit de goûter à ce qu'elles avaient préparé. Mais ta beauté, ma petite Eleni, ce n'est pas d'elle que tu la tiens, c'est de ma mère. Tu ressembles comme deux gouttes d'eau à mes sœurs défuntes, que Dieu ait pitié de leur âme.

« Ta yaya Maria a toujours été une maligne. Les jeunes gens devaient venir se présenter devant elle, détailler ce qu'ils avaient et exposer leurs plans pour préserver l'héritage familial. Tu sais, Eleni, à Varitsi, on n'a jamais été de grands orateurs. Ton grand-père, lui, je m'en souviens, c'était un orateur. Quand il ouvrait la bouche, tout le monde l'écoutait, on était captivé, personne ne voulait s'en aller. Il venait d'une famille de marchands de sel, il avait passé sa vie à sillonner les steppes, les plaines et les autres pays, il n'y avait pas mieux que lui pour raconter des histoires. Quand on était enfants, on se faufilait dans le *kafenio* tard le soir, on se cachait sous les bancs et les tables rien que pour écouter les trucs extraordinaires dont il parlait. Mais nous, les hommes du village, on n'était pas des orateurs. Devant ta yaya on bafouillait, on disait n'importe quoi et elle nous jetait dehors. Tous sauf le père de Lefti, Eleftherios.

« Eleftherios était un des rares à avoir fait des études, il savait manier les mots, et surtout il n'était pas disposé à obéir aux règles du jeu de ta yaya. Pendant la journée, il lui coupait le sifflet et, la nuit, il se postait devant la fenêtre de Despina et lui récitait les plus beaux poèmes d'amour. Je crois que Despina a toujours la cassette dans laquelle elle conservait les lettres qu'il lui faisait passer en cachette. Eleftherios, c'était un sacré roublard, et Despina est tombée tellement amoureuse de lui qu'elle a menacé tes grands-parents d'apporter la honte sur la famille si on ne lui permettait pas de l'épouser, bon, tu connais ta yaya. Despina et Eleftherios se sont mariés, mais yaya Maria craignait qu'Eleftherios ne la mène par le bout du nez, surtout que son mari voyageait souvent et qu'il avait le cœur fragile. Ç'a été ma chance. Je suis tombé des nues le jour où ta yaya m'a convoqué, rien que de pénétrer dans cette maison, déjà, c'était un honneur pour moi, et alors elle a dit : "Spiros, je sais que tu ne possèdes pas grand-chose, et surtout que tu n'as aucune idée de la façon dont l'argent fait des petits, mais tu es travailleur et tu es un homme d'honneur. On peut se fier à ta parole. Je te donne ma fille Pagona si tu me promets solennellement de m'obéir. Je veux que tu me le jures par tout ce que tu as de plus sacré. Sinon, je te maudirai et ton cadavre ne trouvera jamais le repos."

« Bien sûr j'ai juré à ta yaya de toujours lui obéir et d'imposer sa volonté. J'ai épousé ta mère et notre mariage a été béni par votre arrivée à toutes les trois.

« Et puis la guerre est arrivée. Eleni, s'il y a une prière que je fais, c'est que mes petits-enfants ne connaissent jamais la guerre. Filles ou garçons, beaux ou laids, peu importe, rouquins même, je prie pour qu'ils ne connaissent jamais la guerre. D'abord les Italiens, ensuite les Allemands, les communistes, les fascistes : tous ceux qui pouvaient porter un fusil se sont déchaînés à Varitsi.

« Eleftherios, il faut que tu le saches, était très attiré par la politique. Il lisait beaucoup, il s'y connaissait bien mieux que moi. Moi, je me fichais du qui quoi comment – ce que je voulais, c'était que ma famille se porte bien. Eleftherios, lui, n'était pas du genre à rester spectateur. Quand les Allemands sont arrivés, il est allé dans la forêt rejoindre les communistes. Ils vivaient dans des cavernes, ils bougeaient tout le temps, faisaient du sabotage partout où ils pouvaient. Je les admirais beaucoup, Eleftherios était tellement plus fort et plus courageux que moi, et, quand Lefti est né, Eleftherios m'a dit : "Viens avec moi, mon Spiro, viens dans la forêt, mon frère, et chassons les Allemands avant qu'ils violent nos femmes et nos filles." Et j'ai voulu l'accompagner, je voulais défendre ma famille, mais yaya Maria a percé mes plans à jour, elle m'a fusillé du regard, il ne fallait pas que je parte, j'avais le devoir de rester, c'était ici que je pouvais le mieux protéger les miens. Alors j'ai obéi, j'avais juré. Eleftherios et ses amis, eux, ils ont chassé les Allemands. Au début, quand il est revenu, c'était un grand héros, et moi j'avais honte. Presque autant que Mavrotidis et les autres, tous ceux qui avaient collaboré. Tu peux me croire, Eleni, je n'ai jamais livré qui que ce soit aux Allemands. Jamais ! Mais j'avais honte à côté de mon beau-frère, le héros.

« Cependant, la guerre n'était pas encore finie, elle sommeillait comme un monstre pourchassé qui lèche ses plaies dans une caverne et attend de pouvoir frapper de nouveau. C'étaient des gens comme Mavrotidis, des politiciens qui avaient peur d'une Grèce communiste, et puis l'étranger aussi, personne n'aimait les communistes. À un moment donné, la situation a basculé. À Athènes, les rouges et les bleus s'affrontaient ; à Varitsi, Mavrotidis et ses amis ont pris les armes, ton oncle est devenu nerveux, Despina est devenue nerveuse, tout le monde est devenu nerveux, et c'est alors qu'Eleftherios a brusquement disparu. On avait déclaré que tous les communistes devaient déposer les armes, ce qui était injuste, après tout ils avaient chassé les Allemands. En tout cas, c'est ce que ton oncle avait dit avant d'aller dans la montagne.

« Le monstre s'est traîné hors de sa caverne, bien plus brutal, bien plus violent qu'avant, parce qu'il n'y avait plus d'ennemis extérieurs, il ne restait que des ennemis intérieurs. Frères contre frères. Pères contre fils. Le Haut Village contre le Bas Village. Eleftherios dans la forêt contre les royalistes. J'essayais de me tenir en dehors de tout ça. Mavrotidis se pointait chaque jour devant ma porte. “Viens nous rejoindre, espèce de couille molle”, qu'il disait, et un matin j'ai trouvé une arme sur le seuil. Je savais que, si je ne la prenais pas, on l'utiliserait contre moi. Pendant un an, j'ai fait exprès de tirer à côté mais, alors qu'on faisait une pause à Varitsi, une nuit ta yaya m'a réveillé. Je me rappelle encore son regard. “Spiro”, elle a dit, et j'ai deviné qu'il allait y avoir un malheur et que j'en serais responsable. “Spiro, elle a répété, Eleftherios se cache dans la forêt d'épicéas derrière le Haut Village. Despina est en train de rassembler leurs affaires, ils veulent s'en aller avec le gamin, traverser les montagnes jusqu'en Albanie, tu dois les en empêcher.” J'ai refusé, mais ta grand-mère m'a donné un coup de poing dans la figure. Tu vois cette cicatrice ? C'est la pierre de sa bague. Cette nuit-là, c'était juste une égratignure, mais ta yaya a craché dessus et elle a dit que cette égratignure deviendrait une grosse cicatrice si je n'obéissais pas.

« Pour ta yaya, il n'y avait rien au-dessus de l'héritage et de la famille. Son vœu le plus cher, c'était que notre nom et notre réputation à Varitsi se perpétuent jusqu'à la fin des temps. C'est pour ça que le fils d'Eleftherios, l'héritier, devait demeurer ici.

« Je me suis habillé, j'ai pris mon fusil, j'ai prié, je ne voulais pas trouver Eleftherios, j'espérais que je ferais chou blanc, mais à peine j'avais mis un pied dans la forêt qu'il est venu à ma rencontre. “Spiro, il a chuchoté, c'est moi, ton beau-frère.” Et j'ai prié pour qu'il soit armé, qu'il me neutralise, à ce moment-là je n'avais pas peur de mourir. Mais Eleftherios ne portait pas d'arme, il m'a serré dans ses bras, comme un frère, et j'ai dit : “Eleftherie, suis-moi, tu es en état d'arrestation.” Eleftherios s'est mis à rire, “Elle est bien bonne, celle-là”, il a dit, et j'ai tremblé, “Eleftherie, tu es en état d'arrestation”, j'ai répété, et il a cessé de rire. “Jure-moi que Despina et l'enfant resteront ici, dans ce cas je te laisse partir.” Il a secoué la tête, pas question de quitter le pays tout seul, il aimait son fils, c'était facile à comprendre, non ? Est-ce que je ne voyais pas que les communistes étaient en train de perdre, que s'il restait, au mieux, il finirait en prison et il ne verrait jamais grandir son fils ? J'en ai eu le cœur fendu et j'ai dit : “Va chercher Despina, maintenant, prenez l'enfant, et donnez-moi de vos nouvelles, que je sache que vous allez bien.” Je pensais que, s'ils disparaissaient sur-le-champ, je pourrais dire à la vieille que je ne l'avais pas trouvé.

« Mais ta yaya Maria était beaucoup plus maligne que moi. Et au bout du compte elle a aussi été plus maligne qu'Eleftherios. Elle savait que je le laisserais filer. Elle savait qu'il me ferait confiance. Et quand Eleftherios est entré dans la chambre pour réveiller Despina, Mavrotidis et ses hommes étaient là. Ils avaient bâillonné Despina, Lefti était avec yaya Maria. J'ai attiré Eleftherios dans un piège. C'est ma faute si Lefti n'a jamais eu de père. C'est ma faute si

Lefti est devenu comme il est. C'est ma faute si Lefti n'a aucun caractère. C'est entièrement ma faute si ton enfant n'a pas de père. C'est ma faute si Lefti abandonne son enfant et épouse une Allemande au lieu de retourner avec toi. Tout est ma faute. Mais je te le jure, Eleni, je ferai tout pour ton enfant. Je serai le meilleur grand-père du monde pour ce petit trésor. Je veillerai à ce qu'il ne manque jamais de rien.

Mis à part des nausées au début et des maux de dos vers la fin, la grossesse d'Eleni s'était déroulée sans le moindre problème. La jeune femme passait beaucoup de temps avec Pagona, et celle-ci constatait jour après jour avec une fierté approbatrice qu'Eleni était beaucoup plus agréable que Foti et Christina, qui n'avaient fait que geindre pendant neuf mois. Eleni appréciait sa grossesse. Elle n'était jamais seule et, comme si l'enfant était doué de pouvoirs magiques, tous ses cauchemars avaient disparu. Mais, pendant la journée, il lui arrivait souvent de rester là, les mains sur le ventre, à sentir les petits pieds cogner contre sa paroi abdominale et à penser à Otto. Jusqu'au huitième mois, elle s'était rendue toutes les trois semaines dans la grande ville la plus proche, où, dans la boutique de la gare, on trouvait un journal allemand, un magazine et un hebdomadaire. Elle les avait tous feuilletés, mais rien sur Otto. Eleni se faisait du souci, son nouvel album aurait dû être sorti depuis longtemps. Il y avait quelque chose qui clochait, mais elle s'interdisait toute pitié. Elle lui écrivait deux fois par semaine, généralement huit à dix pages pleines de colère, d'accusations, de frustration, les pliait soigneusement, les plaçait dans une enveloppe, achetait des timbres, affranchissait la lettre et la déposait dans une caisse en bois qu'elle cachait dans la niche du chien.

Eleni était partie sans prendre congé de qui que ce soit. Seul Lefti savait qu'elle comptait retourner en Grèce. Mais comme la famille croyait dur comme fer – et voulait croire – que Lefti était le père de l'enfant, ils avaient rompu toute relation avec lui.

Si Eleni apprit une chose sur sa famille en cette vingt-cinquième année de sa vie, c'est que la vérité n'était pas la bienvenue. À son retour, elle avait été surprise que personne ne pense à remettre en question sa version de l'histoire. Mais à présent, quelques mois plus tard, elle ne pouvait s'empêcher de soupçonner que nul ne voulait savoir ce qui s'était réellement passé en Allemagne. Pour la famille, seul importait le fait qu'Eleni soit rentrée. Et pas Lefti.

En décembre 1974, les tempêtes hivernales furent particulièrement violentes. Il faisait en dessous de zéro, des températures à deux chiffres, les rivières et les ruisseaux autour de Varitsi étaient gelés, les routes et les cols impraticables. Eleni restait souvent à la fenêtre à regarder les gros flocons. Quand la voisine Spiroula venait chercher du lait, elle s'enveloppait le visage d'un châle épais qui ne laissait libres que ses yeux. Quand elle entrait dans la cuisine, elle avait des cristaux de glace sur les cils. Eleni espérait que son enfant attendrait la fin du mauvais temps, de préférence le moment où les rues seraient dégagées et où l'on pourrait recourir à un médecin ou à une sage-femme, mais c'est au plus fort de la tourmente qu'il s'annonça, lors d'une nuit glaciale pendant laquelle le village ne put fermer l'œil parce que le vent sifflait comme un fou et que tout ce qui n'était pas cloué était projeté contre les murs des maisons. Le soir, Eleni avait montré peu d'appétit, elle sursautait au moindre bruit – un chat qui pleurnichait, une chaise renversée, la voisine qui toquait à la porte, le sifflement du vent. Elle ne put trouver le sommeil, se tourna et se retourna dans son lit, maudissant la lune, essayant de penser à quelque chose de beau mais, tout ce qui lui venait, c'était les histoires effrayantes de sa yaya Maria. Et peu après, les contractions commencèrent.

Eleni criait, mais le vent criait encore plus fort. Spiros fit appel à la voisine mais, quand ensuite il voulut se mettre en route pour aller chercher la sage-femme au village le plus proche, Yorgos le retint, disant que, s'il voulait à toute force faire le trajet dans cette tempête de neige et par moins vingt-cinq, il lui cognerait dessus jusqu'à ce qu'il soit bon pour l'hosto. Spiroula tentait de calmer Eleni, Despina lui soutenait la tête, Pagona lui caressait les épaules, on lui donna un foulard plié qu'elle devait mordre entre deux inspirations, mais la jeune femme n'arrivait pas à se concentrer sur la poussée, les volets claquaient sans relâche.

— Du calme, Eleni, respire tranquillement, concentre-toi, chuchotait Spiroula.

De nouveau, un claquement de volet, Eleni sursautait.

— Calme-toi, ton cœur bat beaucoup trop vite.

— Eleni, il faut que tu respires.

C'était la nuit la plus sombre, Eleni percevait la présence des esprits et des fantômes qui se risquaient hors de leurs cachettes tandis que le vent chassait toute vie et que les rues appartenaient aux loups.

Elle lutta pendant des heures et, quand au petit matin le vent émit un dernier hurlement, l'enfant vint au monde. Mais il ne cria pas.

Effrayées, Despina, Pagona et Spiroula hoquetèrent, toutes trois se signèrent. Eleni, baignée de sueur et tout juste en état de respirer, demanda :

— Pourquoi est-ce qu'il ne crie pas ?

Elle se redressa et là, dans les mains de Spiroula, elle vit non pas un bébé, mais un œuf, un œuf d'un blanc scintillant.

— Seigneur Dieu, qu'est-ce que c'est ?

Pagona s'empara des ciseaux qu'on avait posés là pour couper le cordon ombilical, elle effleura l'œuf, l'enveloppe se déchira avec un *platsch* et il en sortit une petite fille au crâne surmonté d'un fin duvet châtain clair, qui s'étira, s'allongea et se mit enfin à brailler à pleins poumons.

Toutes se mirent à rire. Les doigts tremblants, Despina trancha le cordon et Spiroula entama aussitôt une prière :

— Seigneur, nous te remercions de bénir cet enfant et de lui accorder la joie éternelle.

Eleni ne sentait que son cœur battant, elle était incapable d'avoir une pensée claire, n'éprouvait aucune douleur, aucune inquiétude, et ce n'est que lorsqu'on lui mit sa petite fille sur la poitrine qu'elle comprit : son enfant était né dans la poche des eaux. À Varitsi, cet événement était considéré comme un miracle : les enfants qui naissaient coiffés passaient pour des créatures bienheureuses, favorisées par le destin.

Eleni serra la petite fille contre son sein et prononça son prénom à voix basse : Aspasía. Aspasie avait été la compagne de Périclès. Elle avait soufflé au grand homme toutes les décisions importantes qu'il devait prendre, avait été la première femme d'État de l'Histoire. Voilà ce qu'Eleni jugeait alors du domaine du possible pour sa fille, si ce n'est plus. Elle devait conquérir le monde entier. Et Eleni la seconderait.

Elle ne pouvait se rassasier de contempler le nouveau-né, mais Spiroula le lui enleva pour le laver. Couchée sur le dos, à bout de souffle, Eleni prit la résolution de ne jamais laisser son enfant seule. Pourtant, un an plus tard, elle serait obligée de partir au loin sans pouvoir l'emmener. Mais à ce moment-là elle n'en avait pas le moindre soupçon et elle ferma les yeux avec le sentiment de n'avoir encore jamais rien accompli d'aussi formidable, d'aussi beau.

Seuls, mais au moins à deux

Lorsque Trudi et Lefti, fraîchement mariés et pleins d'allant, emménagèrent à Sankt Pölten en 1974, ils étaient si euphoriques qu'ils avaient le sentiment de pouvoir aller sur la Lune rien qu'en se tenant bien fort par la main. Sankt Pölten aussi avait le vent en poupe. Dix ans plus tôt, la ville n'était qu'une petite banlieue de la forêt viennoise, elle-même simple poumon vert de la capitale de l'Autriche, mais au tournant de la décennie les habitants avaient gagné en assurance. Ils étaient de plus en plus nombreux à réclamer que le Land de Basse-Autriche ait, comme tous les autres Länder, sa propre capitale au lieu d'être gouverné depuis Vienne. Des politiciens zélés rattachèrent alors administrativement tous les villages ruraux de la périphérie au territoire de la commune afin d'impliquer d'autres localités de Basse-Autriche dans cette demande, si bien qu'on ne tarda pas à dire en plaisantant que Sankt Pölten était la seule ville d'Autriche à avoir plus de tracteurs que de voitures.

À leur arrivée, Lefti et Trudi apprirent que la cité comptait à présent presque cinquante mille habitants. Mais mieux ils la connaissaient, plus elle leur paraissait petite. Et Lefti était surpris de voir des villages moins développés que Varitsi faire partie intégrante de la ville. Car à Varitsi, au moins, il y avait un *kafenio* et toute la splendeur du passé. Des endroits comme Pottenbrunn ou Ratzersdorf, en revanche, ne pouvaient se glorifier que d'un nombre de poules supérieur à celui des êtres humains.

Lefti et Trudi étaient venus s'installer à Sankt Pölten après la mort de la tante de Trudi, qui leur avait légué une grande maison en centre-ville ainsi qu'un compte en banque bien garni.

L'immeuble lui-même était en piteux état, le local au rez-de-chaussée était vide depuis la Seconde Guerre mondiale, mais, au grand plaisir de Trudi et de Lefti, il était situé dans un endroit qu'ils appréciaient déjà beaucoup à Hildesheim : la zone piétonnière. Les politiciens se montraient aussi mensongers à propos de l'étendue de celle-ci qu'au sujet du nombre de résidents. Au lieu des deux kilomètres et demi officiellement affichés, la zone piétonnière dépassait tout juste le kilomètre, ainsi que Trudi et Lefti le constatèrent après l'avoir arpentée jusqu'à ses moindres recoins. Mais ils s'en amusèrent et, dorénavant, surnommèrent leur nouveau foyer Megalomanopölten.

Bien qu'ils eussent fait un bel héritage, Lefti essaya de trouver du travail. À Hildesheim, il avait acquis de grandes compétences dans le domaine du caoutchouc et des substances chimiques, aussi espérait-il décrocher un emploi aux industries Glanzstoff, où l'on fabriquait de la viscose et de la rayonne pour les pneus. Par mauvais temps et quand le vent soufflait dans une certaine direction, les gaz résiduels répandaient leurs effluves dans toute la ville – ils avaient été accueillis par cette odeur de soufre dès leur arrivée à Sankt Pölten.

« Oui, ça sentait déjà comme ça dans mon enfance, on aurait dit que le diable pétait », tel avait été le commentaire lapidaire de Trudi. Lefti en avait ri pendant dix minutes, parce qu'il ne l'avait encore jamais entendue recourir au mot « péter ».

En traversant pour la première fois la cour de l'usine Glanzstoff, Lefti fut certain d'avoir trouvé l'endroit idéal où travailler. Il savait utiliser les matériaux et connaissait toutes les machines qu'il apercevait par les portes ouvertes.

Tout cela, il l'expliqua en détail au petit bonhomme pâle qui était assis de l'autre côté du bureau, mais celui-ci se borna à secouer la tête et à lui conseiller de rentrer chez lui. Lefti n'y comprenait plus rien. Et pour la première fois depuis qu'il avait quitté la Grèce, il refusa de faire ce qu'on lui demandait. Rajustant sa cravate, il répliqua :

— Vous commettez une erreur ! Je suis l'homme qu'il vous faut pour ce travail !

L'ingénieur en chef, un homme trapu aux cheveux si fins qu'ils laissaient entrevoir son cuir chevelu, mâchouillait l'extrémité de son crayon.

— Vous êtes grec. En dehors des gens d'ici, il n'y a que des Turcs à l'usine.

— Et alors ?

— Et alors je ne veux pas d'une deuxième guerre chypriote, rétorqua-t-il en lui indiquant derechef la porte.

Lefti quitta l'usine sans regarder à droite ni à gauche. Une fois rentré, il se coucha sur la housse en plastique du canapé et compta les cloques du papier peint mal collé.

Durant l'été, le nord de Chypre avait été occupé par les forces armées turques à la suite du coup d'État des officiers grecs, soutenus par la junte. Après l'invasion des Turcs, la junte s'était effondrée, elle avait vu trop grand, mais, loin de provoquer la joie, cet événement avait ravivé la haine séculaire entre Turcs et Grecs. Et voilà que Lefti, qui faisait tout son possible pour rester en dehors de la politique, se retrouvait une fois de plus entre les fronts.

— Deux mille quarante-sept, dit Lefti en arrivant chez lui.

— Quoi ? fit Trudi.

— Il y a deux mille quarante-sept pavés entre l'usine et ici, expliqua Lefti après avoir parcouru tout le trajet de retour les yeux rivés au sol.

Situé à l'étage supérieur, l'appartement ressemblait encore à ce qu'il avait été au moment du décès de la tante de Trudi. Encombré. Les meubles se succédaient, rapprochés ; à la fin de sa vie, la tante ne pouvait plus marcher sans canne et, pour se sentir plus libre, elle se déplaçait d'un meuble à l'autre en s'aidant des bras. Trudi fouilla une des valises à la recherche de la bouteille de *tsipouro* que Lefti avait rapportée de sa dernière visite à Varitsi. Trudi et Lefti buvaient très peu. Un petit verre de punch quand il faisait froid. Un peu de thé additionné de rhum quand on se sentait malade. Une gorgée de *tsipouro* quand Lefti se languissait de sa patrie. Ce jour-là, Trudi sentait qu'un verre de *tsipouro* ferait du bien à Lefti. Celui-ci huma longuement le schnaps clair, inhalant l'arôme du marc, ferma les yeux et entendit soudain la vielle du *kafenio* de son enfance, les discussions enflammées des ouvriers qui construisaient les routes. Il respira le thym frais qui prospérait sur les versants sud de Varitsi, le délicat fumet rôti de l'agneau qu'on faisait griller au-dessus du feu. Trudi prit une petite gorgée dans le verre à pied que faute de mieux elle avait repêché dans l'armoire de sa tante.

— Ah, Lefti, soupira-t-elle en lui caressant le dos. J'aimerais tant pouvoir te faire de l'agneau rôti au thym comme ta mère.

Le regard vide, Lefti comptait les mailles d'une nappe crochetée.

— Ou ces aubergines fumées dont tu parlais tant.

— Trudi, ce n'est pas d'un repas que j'ai besoin, mais d'un emploi !

Pendant que Lefti se révoltait contre la politique internationale, Trudi réfléchissait à ce qu'on pouvait faire pour y échapper. Et au bout du troisième verre de *tsipouro,* elle se dit subitement que pour être indépendant il fallait être son propre chef.

— Toi et moi, on devrait ouvrir un restaurant grec, fit-elle, le front échauffé par le vin.

Et elle se mit à rire, puis ce fut au tour de Lefti, puis elle imita les gestes d'une cuisinière italienne de Hildesheim qui se précipitait toujours hors de la cuisine en agitant sa cuillère en bois quand on critiquait ses pâtes, et fit remarquer en plaisantant qu'elle réagirait de la même façon. Ils burent et rêvèrent, se dirent que le local du rez-de-chaussée, qui jusqu'aux années 1940 avait été occupé par un fourreur, était idéal pour un restaurant, qu'il n'y avait pas de meilleur emplacement que la zone piétonnière et qu'en plus l'héritage leur permettait d'effectuer les transformations nécessaires. Ils rirent et burent, s'aimèrent cette nuit-là avec un peu plus de fougue qu'à l'ordinaire et, quand ils se réveillèrent le matin avec la migraine, il leur parut évident qu'au cours de la soirée ils avaient accouché de la meilleure idée de leur vie : Megalomanopölten aurait son premier restaurant grec. Et comme la petite ville rêvait constamment du vaste monde, il serait sûrement possible d'accueillir le vaste monde dans la petite ville.

Au cours des semaines qui suivirent, Lefti ne dormit pas plus de quatre heures par nuit, mais jamais il ne bâillait et, le matin, il continuait de s'en tenir à l'unique tasse de moka qu'il buvait avec plaisir pour stimuler sa digestion. Sa tête pétaradait comme les machines qu'il manipulait à l'usine de caoutchouc. Il n'en revenait pas de toutes les idées qu'il avait, de ce besoin d'activité qui semblait ne jamais vouloir cesser.

Trudi s'occupa des formalités administratives. Pendant ce temps, Lefti vidait le local, évacuait les gravats, installait une cuisine et, dans la grande pièce qui devait servir de salle à manger, il créa de petites niches avec des colonnes grecques. Au début, il s'y prenait mal, mais au bout de quelques semaines, quand il eut appris à manier le stuc, ses colonnes frôlèrent la magnificence.

Lefti écrivait une fois par semaine à Varitsi, décrivant fièrement à sa mère et à la famille l'avancée des travaux, et chaque fois il terminait en demandant à Despina et à Pagona de lui envoyer leurs meilleures recettes.

Au début, il ne s'inquiéta pas de l'absence de réponse. Spiros ne savait lire qu'à voix haute, et se montrait incapable d'écrire. Quant à Despina et à Pagona, elles ne maîtrisaient pas suffisamment l'écriture pour pouvoir rédiger une longue lettre. Dans le passé, c'était Foti qui s'en chargeait, mais elle était partie s'installer dans la ville portuaire, et Christina était sans doute accaparée par ses enfants. Lefti ignorait si Eleni était encore en Allemagne ou si elle faisait déjà carrière dans la politique à Athènes. Depuis le divorce, il n'avait plus entendu parler d'elle. Il lui avait donné presque toutes ses économies, en échange de quoi elle avait promis de lui écrire, mais Lefti la connaissait. Elle n'était pas douée pour entretenir les relations. Quand elle ne voyait plus quelqu'un, elle cessait de penser à lui. Lefti avait essayé une ou deux fois de joindre Spiros au *kafenio,* mais le patron le faisait patienter, puis raccrochait. Au cours de ces quelques mois, Lefti fut si absorbé par sa propre vie que l'attitude de sa famille ne le troubla pas particulièrement.

Il fut d'autant plus bouleversé par la lettre qui arriva enfin en janvier 1975, en même temps qu'un catalogue de bols mélangeurs pour restaurateurs et une notice sur des travaux de canalisation. Lefti ne savait pas qui lui avait écrit. Le grec archaïsant et l'écriture soigneusement calligraphiée le firent penser que le courrier avait été rédigé par l'instituteur retraité. Il lut la lettre à sept reprises, puis il se coucha sur son lit et n'en bougea plus.

À son retour, Trudi fut surprise de ne pas trouver Lefti dans le futur restaurant, où il demeurait souvent jusqu'à minuit à fignoler les plus petits détails, mais de le voir étendu sur le lit, complètement apathique. Tout habillé. Dans ses vêtements crasseux.

— Lefti ? Tu es malade ? demanda-t-elle. Dis quelque chose.

En voulant lui apporter un verre d'eau, elle aperçut le courrier de plusieurs pages sur la table de la cuisine.

— Qu'est-ce que dit cette lettre ?

Dans un premier temps, Trudi pensa qu'il était arrivé quelque chose à sa mère adorée. Elle se coucha à côté de lui, se pelotonna contre son dos, mais Lefti resta immobile, comme si elle n'était pas là.

Le lendemain, l'état de Lefti ne s'améliorant pas, Trudi se fit violence. Elle embarqua la lettre, revêtit un tailleur coquet à col montant qu'elle boutonna jusqu'en haut comme une carapace et se rendit à son ancienne école. Elle avait passé huit ans à l'internat, bien que la maison de sa tante ne fût qu'à quelques rues de distance. Quand elle arriva devant la façade blanc et rose ornée de stuc et qu'elle vit les lourdes fenêtres à barreaux qui rendaient toute fuite impossible, elle eut la chair de poule. Son séjour y avait été si insupportable qu'elle s'était juré de ne jamais y remettre les pieds. Mais elle voulait récupérer son mari. Elle entra donc et demanda à parler à la révérende.

— Ma sœur, vous qui lisez la Bible dans l'original, traduisez-moi cette lettre, s'il vous plaît, l'implora Trudi.

Par chance, ce n'était plus la supérieure qui, autrefois, lui mettait le dos en sang à coups de baguette. Trudi n'avait jamais rencontré la nouvelle, mais sa remarque cynique la renvoya immédiatement au temps de sa jeunesse :

— Vous avez bénéficié ici d'une si bonne éducation. Et maintenant cet étranger. Quelle honte.

Si elle s'était écoutée, Trudi se serait levée, aurait empoigné le crucifix en fer qui se dressait au bord du bureau et en aurait frappé le crâne de la supérieure. Mais elle resta tranquillement assise et la pria de l'aider au nom de Jésus.

La supérieure, qui aurait fait n'importe quoi pour son bien-aimé Jésus, obtempéra. Elle dut une ou deux fois ouvrir son dictionnaire, mais par chance pour Trudi la lettre avait effectivement été rédigée par l'instituteur, qui se servait de l'ancienne langue écrite et non de la nouvelle.

Il fallut presque deux heures à Trudi pour comprendre le sens de la lettre et, sans un mot de remerciement, elle tourna les talons et sortit du bureau en toute hâte.

— Sale gosse ingrate ! s'exclama la supérieure.

Trudi se précipita hors de l'école. Et pour se débarrasser du sentiment d'oppression que cet endroit, cette femme et surtout le contenu de la missive avaient déclenché en elle, Trudi Haselbacher-Zifkos fit une chose qu'elle n'aurait jamais cru possible : elle cria. Sans se retenir, au vu et au su de tous. Debout dans la Linzer Straße, totalement indifférente à ce qu'on pensait d'elle, elle hurla aux oreilles du monde. Sans chercher des mots, du sens, rien que le fracas d'une grande, d'une terrible colère. Rassemblées derrière les fenêtres grillagées, les novices se signaient, craignant que cette femme ne fût la proie du démon. Mais si elles avaient interrogé Trudi, celle-ci leur aurait expliqué que justement, le démon, elle venait de le rencontrer.

La cousine de son mari.

L'ex-femme de son mari.

Eleni.

À Varitsi, Eleni avait déclaré que l'enfant du musicien était de Lefti. Sur quoi la famille l'avait rejeté. Dans cette lettre, Lefti se faisait insulter de la pire manière, déshériter, bannir à jamais. On lui fermait la porte. Son oncle, sa tante. Et même sa propre mère. À ce moment-là, Trudi Haselbacher-Zifkos se jura d'arracher les yeux à Eleni, de la pendre par les pieds à un arbre, de l'enduire de miel et de lâcher sur elle une colonie de fourmis de feu. Et si cela ne suffisait pas, elle trouverait un autre moyen de lui réclamer des comptes. Quel qu'en soit le prix.

À la maison, Lefti était toujours sur son lit, parfaitement inerte.

— Je sais tout, dit Trudi en lui prenant la main. Nous n'avons pas besoin d'en parler. J'imagine ta tristesse. Je m'occuperai de tout. Je vais retrouver ce musicien et je le traînerai par les oreilles jusqu'à Varitsi. Il faut qu'on y mette bon ordre. Même si c'est la dernière chose que je fais.

Des larmes de colère jaillirent au coin de ses yeux. Lefti la regarda. Il n'avait jamais éprouvé un tel désespoir. En même temps, il ne s'était jamais senti aussi aimé qu'en ce moment où sa Trudi, d'ordinaire si timide, si réservée, s'était, l'espace d'un instant, muée en furie par amour pour lui.

— Ça ira, ma colombe, chuchota-t-il en l'attirant à lui. J'ai tout fait pour qu'Eleni ne perde pas sa famille. Si c'est ça la réponse, alors je n'ai pas besoin d'elle. Je n'ai pas besoin de la famille, puisque je t'ai.

Et quelques années plus tard, Lefti n'aurait pas seulement Trudi, mais aussi sa propre petite famille. Et il ne cesserait de répéter à ses fils, en jouant au cerf-volant avec eux, en leur apprenant à cuisiner, agenouillé devant la dînette de poupée, ou en tirant leur luge des heures durant dans la neige, qu'il les aimerait toujours, qu'ils deviennent des princes sentant la rose ou qu'une sorcière les transforme en mouches puantes et bouffeuses de charognes.

En attendant, il se blottit contre sa Trudi et remercia les dieux pour chaque pet qui échappait à sa femme – car n'était-ce pas la plus grande marque de confiance et de sincérité qu'on puisse s'offrir mutuellement que de ne rien retenir, de tout partager et de n'avoir jamais honte l'un devant l'autre ?

La boutique de robes de mariée de Greektown

Bien que le quartier grec de Chicago eût été rasé presque en totalité, la communauté grecque n'avait rien perdu de sa vitalité à la fin des années 1970. Deux décennies plus tôt, c'était toute la ville, en plus des émigrés grecs et de leurs descendants, qui s'était inquiétée, se demandant ce que deviendrait la communauté hellène une fois que son quartier d'origine, qui s'était développé au fil des années, aurait été nivelé au profit d'une voie rapide et d'un campus universitaire. Mais les émigrés grecs s'étaient adaptés. Les restaurants et les magasins avaient déménagé, et tout continuait comme avant. Et en fin de compte, ils en étaient fiers : eux-mêmes ou leurs ancêtres avaient quitté îles et villages dans le dénuement, au mieux avec quelques dollars en poche, pour se construire une nouvelle vie à l'étranger. Ils avaient été commerçants, cireurs de chaussures, ouvriers, marchands de fleurs, cuisiniers, et avaient réussi : ils avaient procuré un logement à leurs familles, acheté une voiture, fait suivre à leurs enfants une bonne scolarité afin de leur offrir un avenir meilleur. Beaucoup avaient fui les Turcs, les Italiens, les Allemands, les Britanniques, les désastres économiques ou la faim – pas question de se laisser impressionner par une mesure d'urbanisme. Avec une fierté nonchalante, ils avaient donc déplacé leur centre géographique, persistaient à vivre leur culture avec le même entrain, en administrant au passage de fréquents coups de griffe à d'autres quartiers d'émigrés qui n'avaient pas connu la même longévité. Et chaque fois que la conversation tombait sur la destruction du « Delta », le tout premier quartier grec de Chicago, on haussait les épaules et on se moquait des Polonais ou des Tchèques, qui avaient quitté Pilsen et s'étaient dispersés à tous vents à l'arrivée des premiers Latinos.

Quand Eleni partit s'établir en 1976 à Greektown, le quartier se trouvait sur Near West Side, entre Van Buren Street et Madison Street, le long de Halsted, qui passait entre les magasins et les restaurants, les boulangeries et les boutiques d'import, les salons de coiffure et les écoles, les églises et les clubs, telle une artère trépidante, animée d'une intense pulsation.

Jamais, au grand jamais Eleni n'aurait eu l'idée de se rendre en Amérique. Mais en juin 1975, Spiros avait perdu une jambe en voulant aider aux champs un cousin de la vallée. Cela avait été un tragique accident. Le cousin avait emprunté la fraiseuse d'un gros exploitant fortuné du voisinage, l'outil était considéré par les petits paysans de la vallée comme un prodige parce qu'il permettait de bêcher et d'aérer les sols durcis par la sécheresse et la monoculture, mais ni le cousin ni Spiros n'avaient beaucoup d'expérience dans le maniement de lourdes machines pour travailler la terre. Pour quelle raison, ce jour-là, Spiros était-il assis sur la fraiseuse attelée au tracteur, ils furent tous deux rétrospectivement incapables de l'expliquer. Le traumatisme fut durable. Spiros avait soudain glissé et sa jambe gauche, se retrouvant malencontreusement entre les pales, avait été sectionnée sous la cuisse. Eleni s'en voulut car, depuis qu'elle était revenue enceinte à Varitsi, Spiros acceptait tous les petits boulots qui rapportaient un peu d'argent. Si durs ou dangereux fussent-ils. Et à présent, cela faisait des semaines qu'il était à l'hôpital. En temps ordinaire déjà, trouver du travail à Varitsi et dans les environs n'était pas facile. Mais pour Spiros, ce serait désormais impossible. Il ne restait plus grand-chose des économies de Lefti. Entre-temps, Foti était partie s'installer à Athènes avec sa famille, avait pris la grosse tête et rompu presque tout contact. Dans sa jeunesse, le mari de Christina avait bien gagné sa vie en Allemagne mais, maintenant qu'ils avaient six enfants, Christina ne voulait plus le laisser s'en aller. Quand elle était assise à côté d'Eleni en train d'allaiter sa fille, elle répétait comme une litanie que ses enfants ne devaient pas grandir sans père, il avait déjà été trop longtemps absent. Eleni aurait bien voulu lui enfoncer son coude dans la figure, mais ce coude soutenait sa ravissante petite fille. Eleni avait compris qu'au lieu de répliquer elle devait faire un sacrifice pour subvenir aux besoins de sa famille, et surtout de son enfant.

Elle était revenue à Varitsi avec le projet de mettre l'enfant au monde, de chercher du travail en ville et de s'essayer à une carrière politique dans la Grèce libérée, de confier le bébé à ses parents dès qu'il serait sevré, puis de le reprendre lorsqu'elle aurait construit quelque chose. Mais à la ville, il n'y avait pas de travail pour une jeune femme sans grande instruction, obligée qui plus est de faire vivre sa famille. Et puis un jour, les voisins Yorgos et Spiroula avaient suggéré l'Amérique. La première chose à laquelle Eleni pensa, ce fut aux nombreuses manifestations anti-américaines auxquelles elle avait traîné Otto. Otto aimait l'Amérique, pour lui c'était le pays de Bob Dylan. Mais Eleni, qui, au fil des années, avait compris de plus en plus clairement que la dictature militaire grecque avait été directement soutenue par les services secrets américains et que les investisseurs américains faisaient d'excellentes affaires en Grèce, méprisait profondément l'Amérique.

« J'y ai une tante éloignée, avait expliqué Yorgos. Je ne l'ai jamais rencontrée, ses parents ont fait la traversée en

1902. Pendant la guerre, elle m'a écrit que, si j'étais en difficulté, je n'avais qu'à la rejoindre à Chicago, là-bas il y avait du travail pour tout le monde. »

Au début, Eleni fut si fâchée de cette suggestion que l'enfant se réveilla et fut prise à son tour d'une terrible agitation. Eleni écumait de rage mais, pour ne pas inquiéter davantage le bébé, qui se calmait lentement sur le sein de Pagona, elle se contenta de croiser les bras pendant que Pagona chuchotait sur un ton de mélopée, telle une nourrice :

« Et arrête de critiquer les colonels. Ils ont fait beaucoup pour les petites gens comme nous ! »

Depuis que Lefti, Eleni, Foti et Christina avaient quitté la maison, les vieux semblaient progressivement perdre le contact avec le réel. Comme si le monde tournait trop vite et leur devenait incompréhensible. Eleni connaissait la version de Pagona. Elle se garda de la contredire, sachant combien il était inutile de vouloir convaincre une femme qui, pendant des années, avait arrangé la réalité pour ne pas en souffrir. Eleni se tut et rejeta l'idée d'aller en Amérique au rayon des absurdités. Mais quand, quelques semaines plus tard, une tuile manqua de peu le berceau de sa fille et que le voisin Yorgos, après avoir inspecté le toit, constata qu'il était très abîmé et qu'il fallait le réparer de toute urgence si on voulait éviter qu'il n'ensevelisse la famille dans un avenir relativement proche, Eleni fut bien ennuyée. Son arrière-grand-père avait bâti la maison à l'apogée de sa richesse. À l'époque, personne n'avait pensé qu'un jour le commerce du sel pourrait s'arrêter ou l'héritage s'épuiser. Et encore moins que l'entretien du bâtiment dépasserait les moyens d'une famille de paysans dont le seul bien de valeur était le souvenir du passé. Christina ne pouvait être d'aucune aide, Foti ne voulait être d'aucune aide, Lefti ne serait d'aucune aide. Eleni se renseigna, mais personne n'avait connaissance d'un emploi suffisamment rémunérateur dans les environs. Si bien que, pour la première fois depuis son départ de Hildesheim, elle songea à refaire une place dans sa vie à Otto. Elle essaya à sept reprises de lui écrire pour lui demander son soutien. Mais chaque fois elle froissait la lettre avant de l'avoir signée.

« Et maintenant ? » fit-elle, interrogeant le fond de sa tasse de café. Elle la faisait tourner dans sa paume en quête d'un signe qui lui apportât la solution, quand soudain elle releva la tête. Voilà qu'elle reproduisait les inepties qui lui avaient inspiré le plus de dédain chez sa grand-mère.

« Je suis encore trop jeune pour devenir gâteuse », chuchota-t-elle. Elle résolut de prendre elle-même son destin en main au lieu de laisser un homme ou un signe décider à sa place et, avec ce qui restait des économies de Lefti, elle acheta un billet d'avion pour l'Amérique.

Une fois là-bas, Eleni eut peine à savoir si elle était encore en Grèce ou déjà en Amérique. La plupart des maisons étaient bâties en brique, de l'architecture industrielle américaine telle qu'elle l'avait vue au cinéma, mais les vitrines reflétaient bien sa patrie : il y avait des magasins de bougies, des boulangeries, des restaurants, des commerces qui ne vendaient que des produits alimentaires grecs et, à chaque coin de rue, des icônes. Une librairie où l'on ne trouvait pas un seul livre en alphabet latin. Et même des *kafenio* enfumés où les hommes parlaient politique. Mais aussi, partout, des marchands de glaces – chez le plus connu, on pouvait acheter des esquimaux à la vanille trempés dans du chocolat. Quand elle levait la tête, les silhouettes des gratte-ciel trônaient au-dessus d'elle pendant que des fenêtres ouvertes s'échappait un air de bouzouki. Sa première promenade dans Greektown l'avait comme écrasée. Marchant sans mot dire aux côtés de Lina, la grand-tante de Yorgos, elle avait alors compris de quelle manière les Allemands qui s'extasiaient sur la Grèce à Hildesheim se la représentaient : si artificielle qu'elle en paraissait authentique.

Deux ans plus tard, Eleni se trouvait dans la courette de la boutique de robes de mariée tenue par la grand-tante de Yorgos, tirant énergiquement sur sa cigarette. Elle était obligée de s'adosser au mur de brique pour ne pas succomber au vertige. L'air était poisseux entre les hauts immeubles, comme si on avait placé le quartier sous une cloche à fromage repoussant la moiteur vers le bas. Il faisait trop chaud pour fumer mais, depuis qu'Eleni vivait à Chicago, il faisait toujours ou trop chaud, ou trop froid, ou trop venteux. En été on ne respirait pas, en hiver on avait le bout des doigts gelé, et dans la brève période intermédiaire entre ces deux saisons soufflaient des vents qui initiaient les petits chiens à l'art de voler. Jeune fille, Eleni en grillait une de temps à autre, avec Otto elle consommait régulièrement de l'herbe, mais c'est à Chicago que la cigarette était devenue pour elle un acte quotidien. Cela avait commencé dans l'avion, quand son sympathique voisin lui avait offert cigarette sur cigarette en guise de calmant. Elle venait des montagnes, avait-elle expliqué au monsieur, elle n'était pas faite pour voler plus haut que les oiseaux, enfermée dans une cage. Et après l'atterrissage, les nombreuses soirées de solitude dans une ville qui, en dehors de Greektown, lui était suspecte n'avaient trouvé leur remède que dans ce type de dérivatif. Des gratte-ciel qui se dressaient à pic comme s'ils voulaient embrocher les dieux. Des gens qui se bousculaient avec grossièreté. Une langue qui ne voulait pas rentrer. Un lac qui, telle la mer, tendait vers l'infini. La plupart du temps, Eleni restait dans le quartier. Parfois, elle ne remarquait même pas qu'elle était en Amérique. Même les quelques Philippins qui avaient échoué là parlaient grec. Ce n'est que lorsqu'elle levait la tête et voyait les tours, ces noirs symboles de supériorité, qu'elle reprenait conscience de la distance qui la séparait de sa fille. Alors elle fumait. En fumant elle chassait les larmes et le mal du pays. En fumant elle chassait le désespoir et la nostalgie. Aspasía lui manquait. Le sentiment d'avoir un chez-soi lui manquait. Mais les héroïnes ne pleurent pas. Tout au plus fument-elles.

Eleni écrasa son mégot et retourna travailler.

La tante indéfinissablement éloignée de Yorgos lui jeta un regard sévère tandis qu'elle attachait la pelote d'épingles autour de son poignet et rangeait ses boucles sous un foulard.

— Tu as les dents qui vont pourrir et tu ne trouveras jamais personne, pesta-t-elle en lui tendant un bonbon à la menthe.

Eleni détestait ces bonbons. Depuis qu'elle était en Amérique, elle n'avait pas vu une seule fois de la menthe fraîche, elle en était sûre. Les Américains voyaient la menthe comme un liquide visqueux que l'on pouvait transformer en dentifrice, en solution dentaire, en friandises et en chewing-gums. Avec un soupir, elle glissa le bonbon dans sa bouche et fit la grimace. Mme Lina était impitoyable – « Si tu ne veux pas perdre ton travail, arrange-toi pour sentir bon, être propre et jolie. »

Mme Lina et Yorgos ne se connaissaient pas, car les parents de Mme Lina avaient fait la traversée dès le début du siècle, mais elle avait immédiatement accepté d'accueillir Eleni. L'âge de Mme Lina était un mystère. Eleni savait que la dame était veuve, mais n'aurait pu dire combien de rides se cachaient sous ses trois kilos de maquillage ni quelle avait été la couleur de ses cheveux avant qu'elle ne les crêpe en une grosse boule d'un noir bleuté.

Mme Lina ne connaissait que deux sujets dans la vie : les hommes et le mariage. Et tous ses efforts consistaient généralement à les faire se rejoindre. Eleni était sûre que le succès de Mme Lina ne tenait pas à la qualité des robes qu'elle vendait, mais au fait qu'elle était à l'origine de la plupart des unions pour lesquelles elle fournissait l'équipement. Au cours des deux années écoulées, elle avait appris à Eleni à faire tourner la boutique.

« Je suis vieille, je ne veux plus m'occuper que d'amour ! » lui avait-elle dit dès le premier jour.

Eleni s'occupait de la comptabilité, passait les commandes, habillait les mannequins, brossait les robes, effectuait les retouches et s'occupait du ménage. Les clientes se tenaient sur une petite estrade, entourée de trois miroirs disposés en trapèze. Sur le quatrième côté se trouvait un fauteuil capitonné qui permettait d'avoir une vision d'ensemble – mais gare à celle qui eût songé à s'y asseoir, mère, demoiselle d'honneur ou témoin accompagnant la mariée. C'était la place de Mme Lina. Le trône majestueux dans son royaume de tulle et de dentelle, de soie et de velours, de galons, de fleurettes, parchemin, coquille d'œuf, nacre, crème et blanc cassé. C'était là qu'elle expliquait aux futures mariées comment devenir de bonnes épouses, là qu'elle faisait tourner Eleni en bourrique dès que les clientes étaient parties.

Quand Eleni revint des toilettes où elle s'était parfumée et lavé les mains, Mme Lina trônait déjà, évaluant d'un œil expert une jeune fille potelée, coiffée d'une extravagante permanente noire, qui se tenait debout sur l'estrade dans une robe de mariée beaucoup trop étroite.

— Il te faut une autre robe, mon enfant. Ton promis, c'est une épouse qu'il veut, pas un saucisson.

C'était ce genre de propos qui avait conduit Eleni à prendre Mme Lina en affection. Elle était tapageuse et fainéante, impérieuse et obsédée par le mariage, mais d'une honnêteté sans faille.

La jeune fille descendit de l'estrade et voulut s'extraire de la tenue.

— Attends, attends, je vais le faire, dit Eleni, qui voyait déjà l'assemblage de soie et de viscose craquer de toutes parts si la jeune fille continuait de tirer dessus. Maintiens juste tes cheveux avec ton bras droit et lève le gauche.

— Mon mariage me rend tellement nerveuse ! Nos familles ne s'aiment pas. Si tout le monde vient, ce sera la catastrophe.

Eleni ouvrit toutes les fermetures Éclair et tous les boutons cachés et commença très prudemment à tirer le tissu vers le haut, centimètre par centimètre. Malheureusement la jeune fille transpirait et la viscose adhérait impitoyablement à ses hanches.

— Tout ça, c'est la faute de la politique. Mon père est démocrate, le sien, républicain. À nos fiançailles, ils se sont versé de la bière dans la nuque jusqu'à ce qu'il n'y en ait plus. Qu'est-ce qui se passera si les oncles et les tantes, les cousins et cousines viennent mettre leur grain de sel ? On est comme Roméo et Juli-aïe ! Ça fait mal !

La jeune fille piailla lorsque Eleni enfonça ses ongles dans les poignées d'amour.

— Roméo et Juliette, répéta Eleni.

— Aïe, aïe, arrête, ça fait mal, couina la jeune fille.

— Eleni, intervint Lina.

Mais, sans broncher, Eleni continuait de remonter le tissu millimètre par millimètre.

— Tu ne vois pas que ça fait mal à notre cliente ?

Eleni recula d'un pas et lança un regard furieux à la jeune fille.

— Tu as des soucis de riche. Va donc dans un pays en guerre. Regarde un peu ce que ça fait aux familles. Regarde ce qui se passe quand les frères se battent entre eux ou demande à ta famille pourquoi elle est venue ici ! Ils ont sûrement leurs raisons ! Commence par réfléchir et ensuite tu pourras parler. J'ai besoin d'une cigarette.

Et elle laissa en plan la future mariée ébahie à moitié déshabillée, la jupe remontée au-dessus des hanches et le décolleté dégrafé retombant sur les seins. En sortant, elle entendit Mme Lina dire d'un ton apaisant :

— Désolée, avec Eleni il faut éviter de parler politique. Elle est allée en prison, elle a dû quitter la Grèce pour l'Allemagne et, là, son mari est tombé amoureux d'une autre et l'a laissée tomber à son quatrième mois de grossesse. L'enfant est en Grèce, chez ses grands-parents. Eleni essaie de gagner sa vie, c'est une gentille fille, mais elle a un problème avec la politique.

Dehors, Eleni fuma quatre cigarettes d'affilée jusqu'à en avoir la nausée. Elle savait qu'elle s'était montrée injuste envers la jeune fille. Ici, les filles, même quand elles étaient grecques, grandissaient dans un autre climat mental que celui qu'elle avait connu à Varitsi. Ici, personne ne savait ce que voulait dire le mot « dot ». Faire des études supérieures allait de soi, et Eleni s'asseyait souvent dans le campus de l'université, situé non loin du magasin, rien que pour observer les étudiantes avec envie. Tous les quinze jours, Eleni se promettait de s'engager. Mais qu'il s'agît de manifestations, de meetings démocrates ou d'actions féministes, dès qu'elle arrivait, la mauvaise conscience la prenait et lui soufflait que c'était gaspiller son temps que de croire qu'une jeune femme venue de ses montagnes allait transformer le monde depuis l'étranger. Et qu'il aurait mieux valu s'occuper de sa fille et être une bonne mère pour son Aspasía, économiser le plus possible pour la faire venir dès qu'elle serait en âge d'aller à l'école et lui offrir un avenir meilleur. La porte de l'arrière-cour s'ouvrit sans qu'elle s'en aperçût et elle sursauta quand Mme Lina lui prit le briquet des mains.

— Assez fumé, dit-elle en sortant elle-même son fume-cigarette.

Les deux femmes restèrent un moment sans parler, prêtant l'oreille au vacarme de la voie express, qui fournissait en permanence un accompagnement sonore à ce quartier notoirement bruyant. Mme Lina poussa un soupir :

— Tu as de nouveau appelé à la maison ?

Eleni acquiesça d'un signe de tête.

— Ma propre fille n'a pas voulu me parler.

Mme Lina lui caressa l'épaule.

— Je te l'ai toujours dit, trouve-toi un homme, fais venir l'enfant, problème réglé.

Mme Lina regagna la boutique, perchée sur ses hauts talons. Eleni resta encore un instant adossée au mur à contempler la Sears Tower, puissant gratte-ciel noir qui, pour elle, n'était pas une merveille architecturale, mais l'illustration de la distance qui la séparait de tout.

Au-dessus de la porte du magasin de Mme Lina étaient suspendues trois cloches, qui imitaient le son des cloches de mariage. Les dames étaient tout de suite charmées par la mélodie, les rares visiteurs masculins, en revanche, s'arrêtaient, déconcertés, ravalaient une boule de nervosité et se cramponnaient des deux mains au bord de leur chapeau. On était vendredi soir, et Eleni leva les yeux du registre dans lequel elle inscrivait les séances d'essayage prévues la semaine suivante. L'homme qui était entré cligna des yeux derrière ses épaisses lunettes. Eleni soupira. Rares étaient les hommes qui venaient seuls chez Mme Lina, une loi non écrite voulait qu'ils n'aient rien à y faire, à moins que ce ne fût pour demander un rendez-vous à la mystérieuse femme des montagnes.

Cela avait commencé deux semaines après son arrivée à Chicago. Qu'elle fût en train de flâner dans le quartier, assise sur le banc public devant l'église grecque orthodoxe ou chez le coiffeur, il ne fallait jamais bien longtemps avant qu'une dame d'un certain âge se pende à son coude, engage incidemment la conversation et sorte d'un geste prompt la photo de son cher fils, petit-fils, neveu ou petit-neveu. Un jeune homme de valeur. Les mères la voulaient pour belle-fille parce que c'était une vraie Grecque, pas une Américaine. Les fils la voulaient pour femme parce qu'elle était à la fois belle et agréée par leur mère. Mais les hommes qu'elle rencontrait avaient toujours un défaut quelconque : Peter (c'est-à-dire Petros), le fils de son pâtissier préféré, émettait un grognement chaque fois qu'il inspirait par le nez. Jason (c'est-à-dire Iason), le gérant de la droguerie, avait la peau si sèche que, lorsqu'il se grattait (et il se grattait souvent et partout), les pellicules ruisselaient en pluie neigeuse. Tim (c'est-à-dire Timotheos), un garagiste exceptionnellement beau garçon, ne sortit que quelques mots durant leur dîner en tête à tête : Oui. Non. Milkshake à la fraise. Hamburger au fromage. Sans. Cornichons. Petros, Omeros, Stephanos ou Charalampos avaient pour la plupart depuis longtemps américanisé leurs prénoms et étaient devenus Peter, Homer, Stephen ou Harry. En d'autres termes : la plupart de ces prétendants auraient eu l'âge d'être le père d'Eleni. Ils étaient arrivés très jeunes à Chicago, avaient travaillé toute leur vie avec zèle et constance, pris du bon temps avec de fougueuses Américaines dans leur jeunesse, s'étaient épris d'une Italienne ou d'une Polonaise auxquelles leur famille, catholique, avait interdit d'épouser un orthodoxe, avaient travaillé encore plus dur par frustration, s'étaient fait un nom dans le quartier, avaient fini par rapatrier leurs parents et, maintenant qu'ils avaient dépassé le zénith de leur vie, ils voulaient enfin se marier, mais faire un bon mariage, hein, épouser une belle jeune femme, si possible de là-bas. Eleni avait eu tant de rendez-vous décevants qu'un jour, prise de rage, elle avait donné un coup de pied dans une poubelle sur Halsted et rabroué les bonnes sœurs du magasin de bougies qui voulaient lui fourguer un neveu notoirement amoureux d'un jeune Ukrainien. Il n'y aurait plus de rencontres arrangées, les hommes n'avaient qu'à prendre leurs couilles à deux mains et s'adresser directement à elle, elle n'était pas une marchandise !

S'il n'avait tenu qu'à elle, elle se serait abstenue. Ses expériences avec Lefti et Otto lui avaient fait passer le goût de la compagnie masculine, mais Mme Lina la harcelait. Or Eleni dépendait d'elle. Elle habitait dans le même immeuble que sa patronne, au dernier étage, et était bien mieux payée qu'une vendeuse normale. Eleni savait que Mme Lina adorait écouter le récit détaillé de ses rencontres galantes. Car, d'une certaine manière, cela l'aidait à recueillir sur les hommes du quartier désireux de se marier bien plus d'informations que ce qu'elle aurait pu apprendre par leurs mères. Celles-ci s'emballaient, Eleni racontait la vérité sans fard. Il n'était donc pas rare que ses soupirants trouvent peu après chaussure à leur pied grâce à Mme Lina. Un dicton de fin de soirée s'était même répandu parmi les célibataires : « Une gentille souris grise vaut mieux qu'un papillon revêche. »

Ce soir-là donc, l'univers sirupeux, d'un blanc scintillant, de la boutique de Mme Lina fut malencontreusement troublé par la note épicée d'un excès de lotion après-rasage, lorsqu'un homme qui avait avec courage décidé de passer par la voie directe poussa la porte.

— Oui ? fit Eleni, agacée, levant à contrecœur le nez de son registre.

— Bonsoir !

L'homme devait avoir le milieu de la quarantaine, il était presque chauve, affligé de dents proéminentes et, en le voyant cligner des yeux, Eleni pensa à une taupe.

— À qui ai-je l'honneur ?

— Vous ressemblez à ma mère quand elle était jeune. Elle est restée très désirable en dépit de son âge, déclara-t-il, se mordant la lèvre inférieure de ses grandes dents carrées.

Déconcertée, Eleni le remercia, attendant qu'il ajoute quelque chose, mais il demeurait immobile devant elle, la tête en avant, comme un vautour, et derrière les verres de lunettes ses yeux avaient des tressautements nerveux. Eleni s'écarta, il la suivit du regard.

— En quoi puis-je vous aider ?

L'homme avança d'un pas dans sa direction. Elle commença à perdre son assurance.

— Est-ce que je peux toucher vos cheveux ? lança-t-il soudain en tendant la main.

— Non, répondit-elle en reculant.

Elle se demanda où elle avait posé ses ciseaux, se pencha lentement en arrière vers sa petite table à ouvrage, la taupe suivit le mouvement, quand soudain les cloches de mariage retentirent.

— Lina, bonjour, tu es encore là ?

Eleni respira, soulagée, c'était la voix grave de Milton, il tenait une boulangerie à gauche de la boutique et, sur la droite, deux immeubles plus loin, un restaurant. Mme Lina et Milton étaient de vieux amis, c'était lui qui fournissait les gâteaux (boulangerie, à gauche) et les repas (restaurant, à droite) pour la quasi-totalité des mariages arrangés par Lina. Et quand il faisait la navette entre les deux établissements, il passait souvent apporter des restes de gâteau ou de mignardises et buvait un moka avec Mme Lina. En temps normal, Eleni s'en irritait, parce que cela voulait dire que sa patronne serait absente pendant au moins une heure, ce qui lui donnerait encore plus de travail que lorsqu'elle était là. Mais, ce jour-là, elle fut plus que ravie de l'arrivée de Milton.

— Lina ? Eleni ?

— Je suis à la table à ouvrage !

La taupe contempla sa main, comme si celle-ci allait lui dire quoi faire. Quand Milton apparut, la taupe mit son chapeau et fila prestement, sans prendre congé.

— C'était quoi, ça ? s'enquit Milton, surpris.

Il posa un carton de sucreries sur la table à ouvrage et alla se poster à côté d'un mannequin en robe de gaze pour jeter un coup d'œil dans la rue.

— Un fou. Je commence à croire que je devrais entrer au couvent, répondit Eleni.

Elle alluma une cigarette, fit basculer la fenêtre côté est. Mme Lina l'assassinerait si elle savait qu'elle fumait à l'intérieur. Mais c'était la fin de la semaine. La fumée avait deux jours pour se dissiper. Dehors, il pleuvait des cordes et des hallebardes, il pleuvait si fort que les égouts débordaient. Eleni se rappela ce que Mme Lina lui avait dit un jour : « Ne sois pas trop difficile. Tu as tout de même un sacré désavantage – tu es divorcée et tu as un enfant sans père. »

— Tu t'ennuierais au couvent, répliqua Milton en ouvrant le carton.

Ravie, Eleni battit des mains : des échantillons de pâtisserie. C'était toujours le meilleur moment de la semaine quand les reliefs des spécimens que Milton proposait aux futurs mariés particulièrement exigeants atterrissaient dans la boutique. Le framboisier fondait sur la langue. La création chocolat-noisette était à se damner.

— Je ne comprends pas comment tu peux être aussi mince avec l'appétit que tu te paies, reprit Milton, mâchonnant le brin de paille qu'il trimballait constamment dans la poche de sa veste depuis que le médecin l'avait exhorté à arrêter illico de fumer.

Milton avait cinquante-trois ans, des jambes minces et des épaules sveltes, mais au milieu il était d'un volume imposant – une femme enceinte, avait pensé Eleni, la première fois qu'elle l'avait vu. Il avait encore d'épais cheveux dont la couleur noire avait fait place à diverses nuances de gris. On voyait à sa peau qu'il avait trop fumé, qu'il travaillait trop et buvait trop peu d'eau. Certains jours, elle était presque jaune.

À l'extérieur, les éclairs brillaient. Soudain il tonna si fort qu'Eleni laissa choir sa bouchée de *streusel* aux fraises et à la crème au beurre. Le gâteau fit une tache sur la robe de mariée et sur le tapis. Eleni poussa un juron.

— Ne t'inquiète pas, je ne dirai rien à Lina, plaisanta Milton en l'aidant à nettoyer les dégâts.

Il y eut un autre coup de tonnerre.

— Ne me dis pas que tu as peur de l'orage ? fit-il, taquin.

— Peur ? Je suis paniquée.

— Toi ? Et moi qui croyais que tu n'avais peur de rien.

— Si, depuis la naissance de ma fille. En pleine tempête hivernale.

Un bref silence, pendant lequel Milton parut réfléchir intensément.

— C'est quoi le nom de ta fille, au fait ?

— Aspasía.

— Comme la conseillère de Périclès ?

— Exactement, la première grande femme politique de l'Histoire.

Eleni et Milton restèrent dans la boutique jusqu'à ce que l'orage se calme. Eleni mangeait des pâtisseries et parlait de sa fille. Elle poussait bien, elle aimait les chevaux, elle évaluait rapidement le caractère des gens, son premier mot avait été *thé.*

Une fois dans son lit, Eleni se rendit compte que, presque tout ce qu'elle avait raconté à Milton, elle l'avait appris par d'autres. Elle n'était pas là quand Aspasía avait dit *thé.* Elle n'avait jamais vu briller ses yeux quand on l'asseyait sur un cheval docile. Cette nuit-là, Eleni ne put fermer l'œil. Et entre quatre et cinq heures du matin, à l'heure la plus sombre, alors que la culpabilité et la nostalgie pesaient sur sa poitrine, tel un noir kobold, elle se jura de retourner en Grèce le plus tôt possible.

Eleni redécouvre Eleni

Assise devant la table à ouvrage, Eleni découpait un bout de dentelle fine pour une cliente qui tenait absolument à ce qu'il soit inséré dans sa robe. La robe en question surpassait déjà en extravagance tout ce qu'Eleni avait pu voir jusque-là dans la boutique. Lorsqu'elle avait été livrée dans son emballage plastique, la jeune femme avait éclaté de rire : une surabondance de tulle, un corsage orné de perles, de galons et de petites roses en tissu ; par-dessus, une étole qui disparaissait complètement sous l'excès de broderies ; partout des nœuds, des lacets, encore plus de perles, encore plus de roses. La tenue typique d'une mariée incapable de choisir un style et voulant tout en même temps. Elle en avait souri, mais cette robe exerçait un effet magique sur presque toutes les clientes et, il y a peu, une brune relativement jeune, mais très déterminée, avec des hanches généreuses et une silhouette de déesse de la Fécondité, l'avait désignée du doigt :

— Celle-là.

Comme s'il n'y en avait pas assez, elle avait formulé toutes sortes de desiderata supplémentaires : ici encore plus de dentelle, là encore plus de perles, rembourrer les épaulettes. Pendant ce temps, perchée sur ses hauts talons, Mme Lina déambulait dans le magasin et regardait ses articles, comme pour se rappeler que son activité principale était de vendre des robes de mariée, non d'être une entremetteuse.

— Je vais te dire, si j'étais le fiancé, je prendrais mes jambes à mon cou en voyant cette robe, marmonna Eleni, plongée dans son travail de couture.

Mme Lina prit une profonde inspiration et s'approcha d'elle.

— À ta place, je l'ouvrirais un peu moins. Commence donc par trouver quelqu'un qui ne prenne pas ses jambes à son cou en te voyant.

Mme Lina lui en voulait depuis le scandale qu'elle avait déclenché sur Halsted à propos du fils de sa pédicure.

Pourtant, la soirée avait bien commencé. Eleni était de bonne humeur, Milton était passé lui apporter une tonne de pâtisseries, qu'elle avait dégustées sous les yeux des clientes. C'était pour elle un plaisir dissimulé, toutes ces futures mariées au régime qui la lorgnaient avec les yeux ronds d'un assoiffé contemplant un mirage. Le jeune homme qui l'avait invitée à dîner était un beau garçon éloquent, à la mise soignée, douché de frais, qui ne semblait pas avoir de déficiences physiques graves et avait poussé la correction jusqu'à se pointer avec vingt-cinq minutes de retard. Eleni était une retardataire notoire et elle trouvait parfaitement irrespectueux de priver, par ponctualité, une femme de la possibilité de respirer un peu, de fumer une cigarette et de mettre du rouge à lèvres. Si elle lui jeta son vin à la figure, ce ne fut pas parce qu'il lui avait brièvement pris la main, mais parce que au dessert ils en étaient venus à parler de la junte militaire. « Des connards de fascistes », avait dit Eleni à sa manière particulièrement distinguée, mais lui : « Il ne pouvait rien arriver de mieux à la Grèce qu'un régime militaire ! Ils ont sauvé le pays des communistes, bâti un vrai système scolaire et ils ont fait beaucoup pour les petites gens ! » Eleni n'avait pu se retenir : c'étaient des tortionnaires ! Ils frappaient les pieds des femmes avec des tuyaux en métal et avaient emprisonné des milliers d'opposants au régime sur une île sans eau potable ! Et puis tous deux étaient devenus cramoisis, Eleni parce qu'elle était folle de rage, lui, parce qu'elle l'avait inondé de vin rouge.

— Tu sais, Eleni, je comprends très bien que tu n'aies pas digéré cette histoire avec ton ex-mari. Mais regarde-toi, tu sèches sur pied ! Ça fait deux ans que tu es ici, tu viens travailler chaque matin tôt, tu restes à la boutique au-delà de l'heure de fermeture, tu rentres à la maison, tu t'affales devant le journal télévisé, tu lis tes drôles de bouquins. Et ce cynisme ! Seigneur ! Et en plus tu t'aigris, tu deviens une furie, dès que tu vois une jeune mariée heureuse, tu te moques d'elle, tu la tournes en dérision pendant que, toi, tu vieillis, et laisse-moi te dire une chose, dans quelques années tu ne seras plus aussi belle qu'aujourd'hui.

Mme Lina conclut son discours en soufflant bruyamment par le nez, elle se détourna et se rendit dans l'arrière-boutique pour se faire un café. Le café fort et sucré la calmait.

Eleni reprit ses ciseaux. Les paroles de Mme Lina venaient certainement de ce que sa pédicure, la jugeant responsable de l'humiliation de son fils, ne voulait plus soigner ses cors – une catastrophe, car pour Mme Lina les cors étaient un fléau divin.

Eleni dut toutefois reconnaître que Mme Lina n'avait pas tort. Cela faisait trois ans qu'elle était malheureuse et elle n'avait pas levé le petit doigt pour y remédier. Elle s'était complu dans le rôle de la belle délaissée, assise sur l'escalier de secours à fumer, les yeux perdus mélancoliquement au loin. Quand avait-elle commencé à savourer la souffrance ?

Eleni était venue à Chicago pour faire quelque chose de sa vie. Gagner de l'argent, être autonome, peut-être aussi rencontrer un homme aimant Bob Dylan et ayant protesté contre la guerre du Vietnam. Avant tout : soutenir financièrement sa famille et faire venir sa fille le plus vite possible.

Le souvenir d'Otto fondit sur elle sans crier gare – un de ces moments où le sol se dérobait sous ses pieds. Otto et Eleni en Inde. Il fait très chaud. Trop chaud pour faire quoi que ce soit. Ils ne sont plus à l'ashram, voyagent dans la région sans destination précise. Depuis des mois, Eleni ne porte plus d'autre tenue qu'un pantalon de yoga, un tissu ample, sans boutons, enroulé autour du ventre à l'aide de lanières pour lui éviter de glisser. Otto aime ce pantalon, il est si facile d'y glisser la main. D'explorer le pubis du doigt. De jouer un peu. Juste un peu. Ils sont couchés dans un hamac, à moitié l'un sur l'autre, à moitié l'un à côté de l'autre, parlent du singe qui s'agite dans les arbres au-dessus d'eux. Du ciel, si différent de celui qu'ils connaissent. Du chez-soi et du fait que cela n'existe pas. De Hildesheim et du fait qu'ils veulent déménager. De Hambourg et du fait qu'ils devraient s'y installer. Que Berlin serait également une possibilité. Qu'Eleni, jamais, au grand jamais, ne voudrait retourner en Grèce. Otto n'est encore jamais allé en Grèce. Otto aime la Grèce. Otto a fait du grec ancien à l'école. Eleni se moque de lui quand il cite Homère. Ça ne se prononce pas du tout comme ça. Otto veut aller en Grèce. Avec Eleni. Otto caresse le bas-ventre d'Eleni, Otto aime tellement Eleni, il voit en elle une héroïne grecque. Antigone, qui sait que ce qu'elle fait va lui compliquer la vie. Mais elle le fait quand même. Parce qu'elle a ses principes. Pas comme Électre, qui se contente de geindre, dit Otto, et il l'embrasse comme seul Otto peut embrasser Eleni.

« Antigone, ça ne peut plus continuer comme ça », se dit Eleni. Elle expira profondément et s'absorba dans son travail de retouches. Au moment de l'essayage, le lendemain, elle sourit à la cliente et lui dit :

— Elle te va très bien, tu es magnifique.

Mme Lina s'étrangla avec son café et fut prise d'une quinte de toux. Après le départ de la jeune fille, elle fixa Eleni droit dans les yeux.

— Si tu es malade, reste au lit. Je ne veux pas que tu me refiles ce que tu as !

Une semaine plus tard, Eleni se contempla tout excitée dans le miroir. Elle s'était rendue chez le coiffeur et, une fois n'est pas coutume, avait accepté qu'on discipline ses boucles afin qu'elles tombent un peu plus élégamment au lieu de rebiquer dans tous les sens. Pour la première fois depuis qu'elle avait quitté la Grèce, elle avait enfilé une robe et emprunté des chaussures à talons hauts et du maquillage à Mme Lina. Elle alluma une cigarette, la fuma hâtivement et se mit en route pour le centre-ville.

À peine était-elle assise dans le bus qu'elle se sentit l'envie de rebrousser chemin. Son anglais n'était pas terrible, à la boutique les clientes parlaient grec, tout comme les commerçants de Halsted. Au début, elle était allée plusieurs fois s'asseoir au bord du lac, devant un des pontons, pour regarder au loin. Mais plus le temps passait, moins elle sortait de son quartier. À Hildesheim, il lui était intolérable de rester ne serait-ce qu'un soir par semaine à la maison. Elle proposait sans arrêt à Otto telle ou telle chose, et quand il était trop fatigué, ou parti seul en tournée, elle s'installait à la taverne et y demeurait jusqu'à la fermeture. À Hildesheim, il n'y avait guère d'autre endroit où passer la soirée. Chicago, en revanche, offrait l'aventure à chaque coin de rue. Eleni se demandait ce qui lui était arrivé. Mais au fond de son cœur, elle le savait : c'était sa mauvaise conscience qui la retenait. Elle ne pouvait pas s'amuser en sachant qu'à l'autre bout du monde sa fille l'attendait.

Le bus sentait le chien mouillé aux oignons et la plupart des gens lui faisaient peur, mais elle ne bougea pas. En Allemagne, elle avait toujours eu l'impression d'avoir la peau très sombre, mais ici, dans ce bus, il lui semblait avoir la peau claire. Cela étant, ce changement de bord ne diminuait nullement son sentiment d'exclusion.

Une femme d'un certain âge monta, visiblement ivre, et commença à beugler. Un homme la rabroua, un nourrisson se mit à brailler dans son écharpe porte-bébé, puis ce fut au tour du chauffeur de joindre sa voix à ce concert de cris. C'était une de ces nuits glaciales où le vent apportait la froidure du désert de glace canadien dans les rues encaissées, mais Eleni sentait ses aisselles humides de transpiration. Regardant par la fenêtre, elle vit les immeubles devenir de plus en plus hauts. « Ça défie l'imagination, avait dit sa voisine Spiroula avant qu'Eleni ne quitte Varitsi, des immeubles qui montent jusqu'au ciel. » Toute la famille avait été époustouflée par les premières cartes postales de gratte-ciel qu'Eleni avait envoyées. Celle-ci était la seule à ne pas partager cette fascination. Elle aimait les montagnes, les arbres, les lacs – les lieux où vivaient des monstres et des elfes, des fées, des dieux et des magiciens. Ces gratte-ciel, en revanche, montraient une forme d'humanité absolument répugnante.

La première boîte de nuit dans laquelle elle entra, sur la recommandation d'une cliente plutôt ouverte et sympathique, était désespérément vide. Les rares personnes assises au bar ou dans de petits fauteuils cocktail ne lui parurent pas le moins du monde intéressantes. Pourtant, on était vendredi et la soirée débutait à peine. Eleni fit demi-tour avant même d'avoir ôté son manteau. La deuxième boîte, quatre rues plus loin, était nettement plus fréquentée. Il y avait un orchestre de jazz, Eleni enleva son manteau mais, alors qu'elle cherchait une place libre, elle s'aperçut que tout le monde était en couple. Les gens étaient assis deux par deux, comme collés l'un à l'autre, se dévisageant d'un air rêveur ou se pinçant amoureusement. Eleni remit son manteau. Le bar suivant se trouvait un peu plus bas dans la même rue. L'atmosphère était si bruyante et si confinée que la jeune femme en arracha quasiment son manteau – sueur, humidité, fumée, elle avait peine à reprendre son souffle parmi tous ces corps qui dansaient joyeusement, qui se remuaient, des postérieurs frottaient contre des cuisses, Eleni dut se baisser pour éviter des bras qui tournoyaient tumultueusement en l'air, elle n'aurait su dire si c'était en rythme parce qu'elle était incapable d'identifier un rythme quelconque. Elle patienta au comptoir, mais aucun des barmen ne lui prêtait attention. Au bout de quelques instants, elle décida de s'en aller.

Dehors, elle vérifia l'heure à l'horloge d'une petite église. L'excursion n'avait pas été très longue ni très fructueuse, mais Eleni pourrait tout de même raconter plus tard à sa fille qu'un soir elle était sortie seule à Chicago. Elle s'apprêtait à rejoindre la station de bus quand elle entendit soudain une musique de piano agréablement discrète, qui s'échappait d'une fenêtre entrouverte, masquée par des rideaux. Sur le rebord, une bougie et un écriteau : *Night long.* Eleni rectifia sa coiffure et poussa précautionneusement la porte. La lumière n'était ni trop claire ni trop tamisée, la salle était haute de plafond et les murs recouverts de boiseries, banquettes et chaises étaient tendues de cuir sombre, l'atmosphère adoucie par des tableaux, de la peinture abstraite. Presque toutes les places étaient occupées, essentiellement par des hommes, nombre de clients étaient venus sans être accompagnés : c'était exactement ce qu'Eleni avait imaginé, un endroit où l'on pouvait être seuls ensemble.

— Un verre de vin rouge, s'il vous plaît.

— Lequel ?

— Un verre de vin rouge.

Eleni s'assit au bar. À sa gauche un homme un peu plus âgé, à sa droite une version américaine d'Otto.

— Quel vin rouge ? Nous en avons beaucoup.

Eleni ne comprenait pas, ne voulait pas comprendre, elle voulait juste du vin rouge.

— Un verre de vin rouge, répéta-t-elle avec insistance.

Le barman leva les yeux au ciel. De manière générale, les Américains aimaient bien lever les yeux au ciel. Cela faisait longtemps qu'Eleni ne se laissait plus impressionner par ce geste, ni par leur propension à exhiber leurs dents. Elle eut droit à un énorme verre contenant étonnamment peu de vin. Le barman le posa sur une serviette blanche, puis ajouta une coupe de cacahuètes.

Eleni prit une gorgée et regarda autour d'elle. Tout le monde semblait absorbé par la musique, personne ne l'observait. Elle se plaça légèrement de biais pour pouvoir examiner l'homme assis à sa droite. Ses cheveux longs, moins blonds que ceux d'Otto, étaient plus ondulés, moins en bataille. Ses yeux étaient bleu pâle et non gris, mais il y avait en lui quelque chose d'intéressant. Il avait l'air d'avoir manifesté contre la guerre du Vietnam, d'être allé à Woodstock et d'avoir écouté Bob Dylan en live. Eleni prit son courage à deux mains et dit :

— *Hi !*

Il lui jeta un bref coup d'œil, son nez avait une forme étrange.

— *Hi,* répondit-il.

Et il reporta son attention sur sa bière. Eleni devait-elle lui demander comment il allait ? C'était souvent ce que faisaient les Américains pour entamer la conversation, mais l'homme fixait sa bière d'un air si perdu que les mots lui restèrent dans la gorge. Au bout de quelques instants, Eleni se détourna, resta là à sourire, écouta la musique, but son vin, en commanda un autre, se remit à sourire, sourit un peu moins, écouta la musique, commença à déchiqueter la serviette sur laquelle était posé son verre, ne sut plus quoi faire et se rendit par ennui aux toilettes. Quand elle revint, la version américaine d'Otto avait disparu. Eleni demeura là encore un moment, attendant qu'il se passe quelque chose. Mais il ne se passa rien. Et quand le barman lui présenta la note, elle constata que cette soirée, susceptible d'être la plus excitante de sa nouvelle vie à Chicago, avait été de loin la plus ennuyeuse et la plus coûteuse. Rassemblant toute la monnaie accumulée au fond de son sac à main, elle parvint tout juste à payer la somme exorbitante qui figurait sur l'addition. Et en retrouvant le froid du dehors, elle s'aperçut qu'elle n'avait pas les moyens de s'offrir un taxi, que les bus ne circulaient plus et que les chaussures étroites de Mme Lina lui faisaient horriblement mal aux pieds.

Eleni passa près d'une heure à marcher péniblement dans le froid impitoyable de la ville avant de distinguer les lumières blanc-bleu de Halsted Street. Quand elle aperçut enfin la boutique de robes de mariée, elle était transie, affamée, et avait les pieds couverts d'ampoules. De là, il lui restait encore un quart d'heure de marche jusqu'à l'immeuble de Mme Lina. Eleni fouilla dans son sac, priant pour avoir sur elle la clé du magasin. Elle ne pouvait plus faire un mètre et elle était si fatiguée que la perspective du tapis chaud et moelleux et d'une étole de fourrure en guise d'oreiller lui paraissait préférable à quinze minutes de plus dans le froid.

Il était presque trois heures du matin, deux des immeubles précédant la boutique montraient encore de la lumière. Eleni fit halte devant la vitrine du restaurant de Milton et vit que celui-ci était en train de placer des chaises sur les tables. Au lieu de continuer à chercher sa clé, elle toqua sans savoir pourquoi à la vitre et, quand Milton, étonné, lui fit signe de la main, elle ne put s'empêcher de sourire.

— Ben ça alors, qu'est-ce que tu fais dehors à cette heure ? lui demanda-t-il en ouvrant la porte.

— Soirée épouvantable, répondit-elle en s'asseyant au bar.

— La mienne non plus n'a pas été très exaltante, indiqua Milton en s'éclipsant à la cuisine.

Il revint quelques minutes plus tard avec un plateau d'amuse-bouches et une assiette de gâteaux.

— Aujourd'hui, j'ai fait un repas de mariage au centre communautaire. Ce que j'ignorais, c'est que mon imbécile de serveur était sorti tout récemment avec la future mariée. J'aurais dû me demander pourquoi ce fainéant qui se défile toujours le week-end insistait pour travailler aujourd'hui.

Milton se mit à balayer le sol.

— Quand le photographe a voulu faire une photo du couple devant le gâteau de mariage, notre cavaleur a enfoncé la tête du marié dans le gâteau.

Eleni gloussa.

— C'est pas drôle, protesta Milton.

Cependant il ne put se retenir de rire. Et tous deux pouffèrent comme des enfants.

Eleni mangea des canapés avec un mélange de tomate et de feta hachés à l'origan. Des anchois frits avec du *saganáki,* des légumes revenus dans de l'huile d'olive et des brochettes de viande que Milton avait réchauffées au four exprès pour elle. Eleni était une piètre cuisinière, mais elle aimait manger. Manger, c'était un peu retrouver sa patrie, surtout en un jour comme celui-là.

— C'est toi qui as préparé ça ou tu as quelqu'un ? demanda-t-elle à Milton, qui passait la serpillière.

— Eh bien… ne le répète pas, mais j'ai deux cuisiniers polonais.

— Polonais ?

— Oui, mais garde ça pour toi. Ce sont mes recettes. Enfin, les recettes de mon île. Tous les cuisiniers grecs que j'ai eus les dénaturaient, ils les adaptaient à ce qu'ils connaissaient. Tu sais bien, chaque village a sa manière de faire le *tzatziki.* Mais le mien, il faut qu'il ait le goût de chez moi.

Eleni goûta le *tzatziki* et, oui, il avait le goût du *tzatziki,* mais avec plus d'aneth et moins d'ail que celui de Varitsi, c'était incontestable.

— D'où est-ce que tu viens exactement ?

— De Makarionissi. Une petite île de pêcheurs, à l'ouest. Magnifique, mais hélas pauvre comme Job.

Eleni prit une grosse bouchée de viande de porc et se sentit mauvaise conscience. Après Mme Lina et la coiffeuse, Milton était la troisième personne à s'être présentée à elle à son arrivée. Il lui avait même offert un gâteau de bienvenue à la crème au beurre, décoré d'un drapeau américain. Au lieu de le remercier, elle avait plaisanté de ce chauvinisme. Milton passait presque chaque jour à la boutique, mais pas une seule fois elle ne lui avait demandé comment il allait, elle avertissait immédiatement Mme Lina. Elle lui avait collé l'étiquette « ami et partenaire commercial de Mme Lina » et ne savait rien de lui alors qu'il semblait tout savoir d'elle. Quand c'était son anniversaire ou sa fête, il lui apportait un gâteau. Mais désormais sans plus rien d'américain.

Eleni avala une aubergine et s'enquit :

— Au fait, c'est quoi ton histoire ?

— Qu'est-ce que tu veux dire ?

— Ben, pourquoi tu es ici. Tes parents ont émigré ? Tu avais un oncle ici ? Tu voulais absolument voir la statue de la Liberté ?

Milton rit et s'essuya les yeux.

— Ça fait longtemps qu'on ne m'a plus posé la question.

— Tu n'es pas obligé de répondre.

— Si, si, ça me fait plaisir qu'on s'intéresse à moi pour une fois, dit-il en souriant.

Eleni connaissait bien ce sentiment.

— Je me suis enfui. Ma famille vivait dans la misère, des pêcheurs qui n'attrapaient jamais assez de poisson. Ma mère buvait. Quand les filets restaient vides, mon père cognait et, lorsque j'ai su que quelques jeunes pêcheurs de l'autre côté de l'île avaient décidé d'émigrer, j'ai prétendu que j'avais seize ans. Le type qui nous a recrutés et conduits en Amérique a changé mon nom, Militiades Anastasiadis, en Milton Aniston pour le rendre plus facile à prononcer par les Américains. J'ai toujours eu l'intention de revenir un jour, mais entre-temps toute ma famille est morte sans que je l'aie revue.

Milton prit deux brins de paille et les glissa entre ses lèvres. Eleni avait très envie de fumer mais, comme Milton semblait avoir beaucoup de mal à décrocher, elle laissa le paquet dans la poche de son manteau.

— Une fois en Amérique, j'ai commencé tout en bas. Il fallait d'abord que je rembourse ma traversée, mais peu à peu les choses se sont améliorées. Toute ma vie j'ai travaillé, fumé et lu des histoires de héros. Et aujourd'hui, je suis vieux, seul, mais satisfait.

Eleni l'interrompit :

— Des histoires de héros ?

— Oui, surtout celles de l'Antiquité.

— Et quel est ton héros préféré ? Ulysse ou Achille ?

— Achille, bien sûr ! Ulysse est un lâche et un fainéant. Il veut rentrer chez lui et retrouver sa femme et son fils, mais il ne fait rien pour. Il se laisse porter par les événements et s'en remet aux dieux. Je préfère les héros troyens, ils se fichent des dieux et prennent leur vie en main.

Tout le monde dit oui

Milton et Eleni se marièrent au printemps suivant, en 1979, et ce fut le mariage le plus sobre et le moins spectaculaire de toute l'histoire du quartier grec. Lorsque, le dernier jeudi de mai, Mme Lina s'absenta pour son rendez-vous hebdomadaire chez la coiffeuse, Eleni ferma la boutique et essaya un petit tailleur blanc que sa patronne avait commandé par erreur, quelques mois plus tôt, et laissé en stock par suite d'un différend avec le fournisseur. Le tailleur se composait d'une jupe de coupe droite, descendant jusqu'aux genoux, et d'une veste cintrée avec des épaulettes. Celle-ci était un peu courte aux poignets, mais Eleni retroussa les manches, s'inspecta dans le miroir et fit un signe de tête satisfait. Le vendredi matin, alors que Mme Lina était sur le point de partir travailler, Eleni fit son apparition en peignoir au rez-de-chaussée.

— Je ne peux pas venir aujourd'hui. Je t'expliquerai ce soir, rendez-vous à sept heures et demie chez Milton, au restaurant. Et amène les voisins.

Sans laisser à Mme Lina le temps de réagir, Eleni se détourna et remonta chez elle. Quand elle eut entendu la porte claquer, elle s'habilla, se mit un peu de rouge à lèvres, vérifia qu'elle avait bien tous les documents et prit – Milton avait insisté – un taxi alors que la mairie était facilement accessible par les transports en commun. Milton attendait sur les marches, vêtu de son plus beau costume, mâchant quatre brins de paille.

— Ravissante, dit-il lorsque Eleni descendit de voiture.

Il lui donna le bras et la conduisit jusqu'au premier étage, à gauche, où ils se placèrent dans la file. Devant eux se trouvaient un couple asiatique, un couple afro-américain et un couple sud-américain.

Le couple asiatique patientait avec stoïcisme, la femme portait une sorte de peignoir orange, l'homme une chemise et un pantalon. Derrière eux, les deux Afro-Américains, étroitement enlacés, se regardaient dans les yeux – tous deux vêtus d'un jean et d'un tee-shirt.

Eleni se mordait nerveusement les lèvres.

— Je me réjouis de rencontrer Aspasía, chuchota Milton.

— J'aimerais voir l'île où tu es né, chuchota Eleni.

Pour calmer sa nervosité, elle repensa au dîner, un mois plus tôt, pendant lequel ils avaient élaboré des projets d'avenir. Dès qu'Eleni aurait reçu son nouveau passeport, ils retourneraient en Grèce, iraient récupérer Aspasía à Varitsi et entreprendraient un long voyage, visiteraient Makarionissi, l'île natale de Milton, puis rentreraient tous les trois à Chicago. Milton avait commencé à chercher une grande maison. Eleni avait déjà repéré une école maternelle. Elle retrouverait enfin sa fille et vivrait au côté d'un homme qui la respectait. Qui était son mari, mais aussi et surtout son ami.

Et lorsqu'ils se retrouvèrent seuls devant la porte, Eleni se cramponna au bouquet de tournesols que Milton lui avait offert. Milton se hâtait de mâchouiller son brin de paille, observé du coin de l'œil par Eleni, qui songeait qu'on devait pouvoir lui faire perdre cette habitude et qu'avec du sport et une meilleure alimentation il arriverait à maigrir. Un été en Grèce, et il ne serait plus aussi pâle. Milton avait l'âge d'être son père et elle ne pourrait rien y changer, mais elle appréciait la décontraction dont il faisait preuve à son égard.

« Tu veux être heureuse. Et je crois que je peux te rendre heureuse. La solitude me pèse », avait-il déclaré avant de la demander en mariage. Il s'en était acquitté avec simplicité, alors qu'il la reconduisait chez elle au bout de leur treizième soirée – sans lui offrir de bague, parce que, avait-il déclaré, il valait mieux qu'elle la choisisse elle-même. Et c'est justement pour cette raison qu'elle avait dit oui : il ne lui dictait rien, ne cherchait pas à la corseter, l'acceptait telle qu'elle était. Elle avait le droit de choisir elle-même. Il respectait sa volonté, ne voulait pas la régenter, ne formulait pas d'exigences.

— Personnes suivantes, s'il vous plaît.

Eleni et Milton échangèrent un regard, s'adressèrent un signe de tête, Milton prit la main d'Eleni et, d'un même pas, ils entrèrent dans le bureau pour leurs dix minutes d'épousailles. Eleni savait que Milton lui ferait du bien. Qu'il serait là pour Aspasía et pour elle, qu'il était un ami. Mais pourrait-elle jamais l'aimer ? Peut-être, peut-être pas, pensa-t-elle en s'efforçant d'avoir l'air heureuse. Car même si cela faisait cinq ans qu'elle n'avait plus parlé à Otto, une durée supérieure au temps qu'ils avaient passé ensemble, elle continuait de lui écrire deux fois par semaine une lettre qui allait dans une caisse en bois, sous son lit. Et quand Milton l'embrassa, elle ferma les yeux et, l'espace d'un instant, imagina que c'étaient les lèvres d'Otto qui se posaient sur les siennes.

L'automobile obscène

Pendant qu'au fil des années les villes devenaient plus grandes et plus bruyantes, un petit village de montagne à la frontière gréco-albanaise connaissait l'évolution inverse. Les marchands itinérants avaient été les premiers à plier bagage, suivis de peu par les commerçants, ce qui avait sonné le glas de la prospérité et forcé tous ceux qui pouvaient travailler à partir. En 1979, à Varitsi, il n'y avait presque plus que des vieux, qui en avaient trop vu pour vouloir s'en aller, et des enfants logés chez leurs grands-parents en attendant que leurs parents se soient durablement établis dans les villes où ils s'étaient rendus, parfois à l'étranger. Aspasía n'était pas la seule à avoir presque oublié l'odeur de sa mère. Mais la fillette née coiffée ne manquait de rien. Elle avait ses deux yayas jumelles, qui étaient capables de se parler sans ouvrir la bouche. Elle avait son papy, qui boitillait sur une jambe, tel un pirate ; elle avait les autres enfants, qui l'admiraient à cause de ses boucles couleur miel, mais elle éprouvait peu d'intérêt pour eux. Elle préférait jouer avec les adultes. Et ce qu'elle aimait par-dessus tout, c'étaient les chevaux.

Ce jour-là, elle était une princesse prenant de grands airs sur les épaules de son fidèle coursier Loukas, en brandissant la baguette magique que son papy Spiros lui avait sculptée pour qu'elle puisse transformer le monde à sa guise. Aspasía agita sa baguette :

— Quand ma mère arrivera, elle t'épousera !

Loukas fit un bond, Aspasía couina de plaisir, aveuglée par un tourbillon de boucles miel.

— À vos ordres, ma princesse !

Sur un saut, Loukas partit au galop et Aspasía se mit à rire.

— Louka, Aspasía, du calme ! cria Despina.

Loukas ralentit le pas et entra dans la cour en trottant. Aspasía observait ses yayas qui balayaient la maison avec du sable. Un nuage de poussière flottait au-dessus du seuil. Tante Christina était à la cuisine et préparait à manger, papy Spiros polissait ses outils. Tous s'affairaient avec animation en prévision du retour d'Eleni, seule Aspasía se montrait réservée. Tout ce qu'elle savait ou presque de sa mère, elle le tenait des adultes. Son grand-père racontait qu'elle vivait en Amérique, dans une maison si haute qu'à son sommet on pouvait caresser les nuages. Les grands-mères expliquaient qu'elle confectionnait des robes extraordinaires pour des reines américaines. Le fidèle coursier rappelait de temps en temps à quel point elle avait été turbulente dans son enfance et relatait les aventures qu'ils avaient partagées. Et quand Aspasía lui disait bien gentiment « s'il te plaît », il lui montrait sa cicatrice, à l'endroit où sa mère l'avait mordu autrefois. Une des rares choses qu'Aspasía connaissait d'expérience, c'était la voix de sa mère, qui ressemblait à celle de la femme qu'on voyait à la télévision, au *kafenio.* Le *kafenio* était le château de son papy, et Aspasía était la seule fillette à avoir le droit d'y entrer, parce qu'elle était une princesse.

Aspasía était accoutumée à être au centre de l'attention. Même les étrangers qui faisaient étape à Varitsi lors d'une randonnée ou qui n'étaient que de passage tombaient en arrêt à la vue de cette enfant d'une beauté incroyable avec sa peau olivâtre, ses yeux gris pâle et son indomptable tignasse couleur miel. Dans les villages voisins, on racontait qu'Aspasía était fille de Zeus, sœur d'Hélène, la plus belle Grecque de tous les temps, qui avait même été cause d'une guerre et de la destruction d'une ville. Toutes deux étaient sorties du même œuf.

— Où Votre Majesté souhaite-t-elle aller, maintenant ? s'enquit le fidèle coursier Loukas.

Aspasía hésitait entre un tour dans la forêt ou une visite aux moutons quand Pagona sortit dans la cour.

— Aspasía, rentre, il faut que tu te laves.

Le coursier s'agenouilla, la princesse descendit, prit son cheval dans ses bras et lui chuchota à l'oreille :

— Je dirai à maman qu'elle doit t'épouser.

Le coursier appliqua avec entrain un baiser sur le crâne de la princesse.

— Je serai éternellement l'obligé de Votre Majesté.

Loukas suivit la petite des yeux jusqu'à ce qu'elle eût disparu. Pagona secoua la tête. Leurs regards se croisèrent, celui de Pagona était soucieux, comme pour dire : « Ne fais pas ça. »

Lorsque Eleni était rentrée à Varitsi, Loukas et elle avaient passé beaucoup de temps ensemble. Eleni n'avait pas supporté longtemps de rester à la maison, où les jumelles ne cessaient de lui donner des conseils sur la manière de s'y prendre avec sa fille. Quand elle se promenait, Loukas lui tenait compagnie, l'écoutait parler de l'Allemagne et soulevait le landau pour lui faire franchir les obstacles. Quand ils s'asseyaient sur un muret, leurs hanches et leurs bras se touchaient pendant quelques instants. Loukas ne comptait plus les fois où, au cours des années passées, il s'était retrouvé devant l'agence de voyages de la ville avec le désir d'acheter un billet pour Chicago, de s'offrir une jolie chambre d'hôtel, un nouveau complet, et de se rendre avec un énorme bouquet de roses à la boutique de robes de mariée, de s'agenouiller devant Eleni ; il était sûr que la bague de sa grand-mère lui plairait – mais il n'avait pas osé. Cette fois pourtant... Loukas était persuadé qu'il y avait entre Eleni et lui un lien puissant : tous deux étaient restés. Ils représentaient l'avenir de Varitsi. Le village s'éteignait, mais ils pouvaient lui insuffler une nouvelle vie. Or c'était bien ce que yaya Maria avait toujours souhaité. Elle avait simplement surestimé Lefti – lui, Loukas, valait mieux que Lefti.

Oui, nul n'éprouvait autant de joie à l'idée du retour d'Eleni Stefanidis que Loukas Mavrotidis. Et nul n'éprouverait autant de déception en voyant revenir non pas Eleni Stefanidis, mais une Eleni Aniston, qui plus est dans un gigantesque vaisseau couleur bordeaux, une Lincoln Continental, aussi longue que trois des rares voitures à deux portes de Varitsi. Le moteur bramait comme un cerf en rut, si bien que les derniers résidents du village sortirent la tête par la fenêtre. Certains des vétérans se terrèrent sous la table de leur cuisine, prenant le miracle du douze cylindres pour un char d'assaut. La Lincoln klaxonna, Eleni agita les mains par la fenêtre, et la bague qu'elle portait au doigt étincela au soleil. Sur le siège du chauffeur les curieux repérèrent un grand monsieur corpulent. Assez vieux pour être son père, mais avec un visage avenant et une épaisse chevelure, quoique grise. Costume coûteux, élégantes lunettes de soleil, de la classe, indiscutablement. De la prestance. Le mari d'Eleni.

Despina et Pagona se prirent par les mains, Aspasía se cramponna au moignon de son grand-père et Loukas se détourna sans mot dire tandis que la Lincoln Continental se garait, tel un paquebot qui jette l'ancre au port.

La famille attendait devant la maison, comme si elle avait pris racine.

Loukas, qui s'était enfermé chez lui, ne vit pas Eleni bondir de la voiture, serrer Aspasía contre elle et la couvrir de baisers jusqu'à ce que la petite se plaigne de ne plus pouvoir respirer. Et il manqua les premiers mots d'Aspasía à sa mère :

— J'ai trouvé un mari pour toi, il est déjà dressé.

Eleni se mit à rire, les autres l'imitèrent, Eleni prit Aspasía dans ses bras.

— Pose-moi par terre, pose-moi par terre, geignit celle-ci.

— Mais, ma chérie, j'ai déjà trouvé un mari, un nouveau papa pour toi.

En retrouvant le sol, Aspasía recula d'un pas.

— On peut faire du cheval avec lui ?

Debout de toute sa hauteur à côté de la voiture, Milton sortit avec gêne un brin de paille de sa poche de poitrine. Aspasía se dégagea et se cacha derrière Spiros.

— Ce n'est pas un cheval, répondit Eleni. C'est ton nouveau papa.

Cramponnée au pantalon de Spiros, Aspasía rentra le menton, comme à son habitude lorsque sa méfiance était éveillée.

— Je n'ai pas de papa, chuchota-t-elle.

— Mais si, ma chérie, le voilà, il s'appelle Militiades, répliqua Eleni en désignant Milton.

Aspasía ne faisait pas mine de vouloir lâcher le pantalon de Spiros.

— Non, c'est la cigogne qui m'a apportée.

Les adultes s'esclaffèrent, Milton y compris. Seule Aspasía garda son sérieux. Elle avait l'air vexée.

— Y a rien de drôle ! La cigogne m'a apportée, et papy, il a dû se battre ! Je m'en rappelle, c'était là-bas, sur la place du village. La cigogne a apporté tous les bébés. Mais moi, j'étais la plus belle. Les yayas, elles voulaient toutes m'avoir.

Mais papy, il est arrivé en vitesse, il les a repoussées et il m'a prise parce qu'il voulait absolument que je sois à lui. Tu ne savais pas ?

Eleni déglutit et jeta à son père un regard scrutateur. Spiros sourit d'un air d'excuse, détourna promptement les yeux et caressa la tête bouclée d'Aspasía. Soudain, Milton s'agenouilla pour être à la hauteur de la fillette.

— Mais si, bien sûr. J'ai tout de suite su que la cigogne t'avait apportée, les plus jolies filles, ce sont toujours les cigognes qui les apportent.

Aspasía eut un sourire hésitant.

— Tu veux que je te révèle un secret à propos des cigognes ?

La petite acquiesça d'un signe de tête.

— Dans ce cas, il faut que tu viennes avec moi, parce que je vais te montrer une photo que personne d'autre ne doit voir.

Aspasía aimait les secrets, elle lâcha la jambe de pantalon de Spiros, qui, pris de court, rajusta son moignon, et s'approcha prudemment de Milton. Elle s'arrêta à cinquante centimètres de lui, l'examina de bas en haut, puis s'assit sur sa cuisse, plaça son bras autour de sa nuque et examina la photo qu'il avait tirée de sa poche de poitrine. Elle le représentait dans un avion. Pendant un temps, Milton avait travaillé au bord du lac Michigan, dans une usine d'hydravions. Et il était particulièrement fier d'avoir réussi, peu avant son départ, à convaincre un photographe qui prenait des clichés des nouveaux modèles de le faire figurer sur l'image pour servir d'étalon de grandeur.

— Vous savez, princesse, il y a des cigognes avec des plumes et des cigognes en métal. Les cigognes à plumes apportent les petites filles. Et les cigognes en métal apportent des papas aux petites filles.

— Des cigognes en métal ?

— Bien sûr ! Regarde mon gros ventre ! Tu crois qu'une cigogne à plumes aurait pu me porter ?

Milton plaça les menottes d'Aspasía sur son ventre, de l'index la fillette en testa la consistance, puis, ravie, se mit à tambouriner sur la grosse boule ronde.

Soulagée, Eleni serra sa mère dans ses bras. Celle-ci, effrayée par ce geste inattendu, fit un petit bond. En observant Milton et Aspasía, Eleni eut pour la première fois depuis longtemps le sentiment d'avoir enfin réussi quelque chose.

La famille était tellement contente de leur présence qu'Eleni se demanda si elle ne devrait pas poser un cadenas sur le garde-manger : la table croulait sans arrêt sous les nouveaux plats. Depuis son séjour en Allemagne, Eleni savait très bien dire non, mais Aspasía se plaignait chaque soir d'avoir mal au ventre et Milton passait quotidiennement deux heures au petit coin. Eleni n'avait pas le cœur d'interdire à ses parents et à la tante Despina de gaver mari et enfant. Car après tout elle était venue leur enlever Aspasía. Elle pouvait bien leur concéder au moins ce plaisir-là. À Varitsi, personne ne parlait des sentiments. Il n'existait pas de mots pour dire regret, plaisir, peur ou affection. À la place, Eleni voyait la table s'alourdir à mesure que leur départ approchait.

Le matin où Eleni et Milton s'apprêtaient à quitter Varitsi, Despina se leva avant le premier chant du coq et se glissa dans l'ancienne chambre des filles, à présent celle d'Aspasía. Eleni et Milton résidaient au Haut Village, où il y avait depuis peu un hôtel pour les randonneurs et les citadins attirés par le calme et l'air pur des montagnes. On s'était mis à considérer comme un grand luxe d'aller là où il n'y avait personne. Une nuit à l'hôtel du Haut Village équivalait en moyenne à une semaine de salaire à Varitsi. Bon gré mal gré, Aspasía y avait passé quelques nuits avec ses parents mais, pour les adieux, Eleni lui avait permis de dormir une dernière fois avec ses yayas. Despina s'assit sur le lit de la petite et repoussa les boucles qui lui tombaient en désordre sur le visage. Eleni était partie quand Aspasía avait un peu plus de un an. Despina se souvenait qu'Eleni avait donné à l'enfant un baiser sur le front avant de monter dans la voiture de l'épicier, qui descendait avec elle dans la vallée. Elle avait limité les adieux. À force de pleurer, Aspasía avait fini par s'assoupir et, quand elle s'était réveillée dans sa chambre, elle avait recommencé à pleurer et appelé sa mère avec affolement. Despina s'était levée et était allée se coucher avec la fillette dans l'ancien lit d'Eleni, qui gardait encore son odeur. Depuis, elles s'y étaient blotties ensemble presque chaque nuit. Despina se sentait le cœur brisé à l'idée que Milton et Eleni emporteraient sa petite-fille à des milliers de kilomètres de là, de l'autre côté de l'océan. Elle caressa doucement la tête de la fillette. Quand Aspasía serait partie, elle n'aurait plus rien qui lui rappelle son fils. Lefti lui écrivait tous les quinze jours. Au début, elle avait jeté ses lettres au feu sans les lire, puis la nostalgie avait fini par triompher. Cela faisait à présent quatre ans que Lefti était marié avec son Allemande. La demoiselle était enceinte, elle accoucherait dans un ou deux mois. Lefti terminait toutes ses lettres par un dessin du ventre, sur lequel il indiquait les endroits où il avait senti le bébé donner des coups de pied. Lefti et sa femme (jamais Despina ne parviendrait à se rappeler son prénom) avaient quitté l'Allemagne pour s'installer en Autriche. Lorsqu'elle s'était rendue en ville pour consulter le médecin, Despina avait pour la première fois mis le pied dans une librairie et elle avait prié le jeune libraire de lui montrer dans un atlas où se trouvait Sankt Pölten. Il n'avait pas réussi à le localiser. Lefti et son Allemande y avaient ouvert un restaurant. Cuisine grecque. Despina n'arrivait pas à se faire une idée claire de la chose, Lefti n'avait rien d'un cuisinier exceptionnel, et cette Allemande, Autrichienne ou ce qu'on voudra ignorait sûrement tout des recettes grecques. Chaque soir avant de se coucher, Despina regardait les photos qui accompagnaient les courriers. Le mariage, Lefti et la demoiselle en montagne devant des chalets, dans des tenues bizarres. Et sur tous les clichés Lefti riait, il avait constamment l'air heureux.

Despina posa un baiser sur les cheveux d'Aspasía, scruta son visage à la recherche des traits de Lefti, mais sans succès. Elle croyait dur comme fer que cela tenait à ces satanées photos, qui ne donnaient pas de son fils une image fidèle. Elle caressa l'enfant endormie, se leva et se rendit dans la cuisine.

Dans la faible lumière de l'aube, elle s'assit à la vieille table. Celle-ci gémit sous le poids de la solitude lorsque Despina se demanda qui elle pourrait bien solliciter pour écrire une lettre à son fils. La première depuis la naissance d'Aspasía.

— Déjà réveillée, *mou* trésor ?

Aspasía acquiesça, grimpa sur le banc de la cuisine et mordilla son pouce. Elle ne l'avait jamais sucé, tout ce qu'elle aimait, c'était mâchouiller les choses. Comme son nouveau papa Militiades, pensa Despina.

— Tu veux que je te remette au lit ?

Aspasía bâilla.

— Non, je peux pas dormir.

— Tu es énervée ?

— Très très.

— *Mou* chérie, tu vas faire un grand voyage, voir beaucoup de belles choses, et peut-être que ton nouveau papa t'achètera un vrai cheval.

Despina déglutit, serra le poing et ajouta d'une voix cassée :

— Ta yaya aussi va faire un voyage. Dans un pays avec des montagnes très hautes et très pointues, où il n'y a pas de dieux parce qu'ils n'ont pas d'endroit où s'asseoir. Ce pays s'appelle l'Autriche.

— Et tu reviens quand ?

— Quand tu reviendras.

Grand-mère et petite-fille s'embrassèrent longuement. Sans se douter que plus jamais elles ne se reverraient.

Après des adieux où l'on pleura abondamment, la famille Aniston monta dans la Lincoln et prit la direction du sud. Quand il conduisait, Milton était dans son élément. Il lui avait fallu une semaine de coups de fil et une grosse somme d'argent pour trouver à Athènes quelqu'un qui accepte de lui louer cette voiture pour leur voyage de noces. Eleni ne savait toujours pas comment il s'y était pris pour la dégoter, elle connaissait juste sa force de persuasion. Aspasía s'ébattait sur la banquette arrière, elle adorait son nouveau carrosse, qui avait bien plus de chevaux que son coursier. Aux yeux d'Eleni, la Lincoln était une obscénité, elle détestait se faire dévisager pour la simple raison qu'on roulait dans un véhicule plus gros qu'un tracteur. Mais, sur ce point, Milton était un authentique Américain. Il pouvait s'extasier des heures durant sur la liberté qu'apportaient les moyens de locomotion individuels. Le parfum de l'asphalte. La promesse d'un soleil couchant au bout d'une longue rue. Le témoignage de l'ingénierie humaine. Eleni jugeait que la voiture puait l'essence et la tôle, qu'elle était beaucoup trop grande, beaucoup trop tape-à-l'œil, mais chaque fois qu'il lui venait l'envie de râler elle repensait à l'arrivée de Milton en Amérique. Treize ans, bien trop jeune pour voyager seul sur un paquebot. Mais déjà farceur et roublard. Quelqu'un à qui on ne la faisait pas.

Milton avait émigré avec une dizaine de pêcheurs, un rabatteur les avait expédiés par bateau dans une usine de production automobile, Milton avait mal supporté le voyage. C'était un enfant de la mer, à quatre ans il plongeait à huit mètres de profondeur, à sept naviguait par gros temps, et voilà qu'il se retrouvait enfermé sous le pont dans une cabine, puis parqué dans un train, embarqué dans un bus, débarqué dans un gîte de fortune, encore un bus – il s'était fait l'effet d'être une daurade : capturée, transportée par bateau, convoyée par voie de terre, destination l'usine de traitement. Il lui avait fallu trois semaines de travail pour comprendre ce qu'il faisait là. Ce n'est qu'au bout de ce temps que, pour la première fois, il avait vu ce que devenaient les barres informes qu'il assemblait sur la chaîne de montage. Au moment de la pause, il était parti dans la mauvaise direction : au lieu de sortir dans la cour, il s'était retrouvé dans l'aire où l'on chargeait les véhicules achevés dans des wagons de chemin de fer à deux étages. Sa vie avait soudain pris une autre signification. Il voyait avec quelle élégance les chauffeurs conduisaient à grand bruit dans la cour les voitures flambant neuves, qui sentaient la peinture fraîche, et il sut qu'un jour lui aussi en posséderait une comme celles-là. Il avait regagné son poste de travail. Donné le meilleur de lui-même et passé presque quarante ans à œuvrer avec plus de zèle, de prudence et de roublardise que quiconque pour enfin, la cinquantaine venue, se retrouver au volant d'une Lincoln Continental.

Ils traversèrent le pays jusqu'à la côte, empruntèrent un pont très long pour rejoindre la plus grande île de la région et la parcoururent du nord au sud afin de prendre un ferry pour l'île natale de Milton, Makarionissi.

Quand Aspasía vit la mer pour la première fois, son excitation ne connut pas de limites. Milton dut entrer avec elle dans l'eau jusqu'aux genoux et, après qu'il en eut bu une gorgée en exemple, elle essaya à son tour pour voir si c'était vraiment salé. Milton lui acheta une miche de pain pour nourrir les mouettes. Aspasía donna un nom à chacune et Eleni ne put s'empêcher de penser que la petite était capable de les distinguer. Depuis peu, elle avait développé une prédilection pour les oiseaux. Après tout, son nouveau papa avait lui aussi été apporté par l'un d'eux.

Aspasía idolâtrait Milton. Bien sûr, Eleni était sa mère, c'était sur ses genoux qu'elle se pelotonnait quand elle était fatiguée, mais Milton était son héros. Rien ne lui paraissait en dessous de sa dignité, il la trimballait partout, se laissait tirer à hue et à dia, n'hésitait pas à se salir, lui achetait ce qu'elle voulait et saisissait toutes les occasions de la faire rire. Eleni avait éprouvé beaucoup d'inquiétude à l'idée d'enlever Aspasía à son environnement ; de l'éloigner de ses grands-parents chéris, des voisins de Varitsi. Mais Aspasía était prodigue de son affection. Elle aimait tous ceux qui lui accordaient leur attention. Et Milton était celui qui lui en témoignait le plus, il la traitait en véritable princesse. Sans l'avoir prémédité, il agissait comme il fallait.

Ils mirent trois heures à atteindre l'embarcadère. Comme ils avaient encore quarante minutes avant le départ, ils déambulèrent sur la promenade en bord de mer où se succédaient petites épiceries, glaciers et échoppes de souvenirs. Milton marchait du côté boutiques, Eleni du côté mer, Aspasía leur donnait la main et ne cessait d'étirer les jambes si bien qu'elle était suspendue entre eux comme un bébé singe. Au bout de trente mètres, Eleni eut mal à l'épaule.

— Aspasía, arrête ça et marche normalement, dit-elle.

Elle voulait simplement imposer un peu de discipline à sa fille, mais sa réprimande provoqua la première grande dispute des nouveaux époux. Milton s'énerva, pourquoi Eleni parlait-elle ainsi à sa fille, Aspasía ne faisait que jouer. Eleni le rabroua, lui reprochant d'être trop faible avec la fillette et de lui donner de mauvaises habitudes. Après un duel verbal de quinze minutes, Milton se tut et, sans se soucier des protestations véhémentes d'Eleni, acheta à Aspasía un ours en peluche qui était presque aussi grand qu'elle.

Ils garèrent la Lincoln Continental sur le ferry, Milton alla chercher trois pull-overs dans le coffre. C'était un chaud après-midi de début d'été. Tout excitée, Aspasía s'agitait comme un feu follet, d'innombrables mouettes tournoyaient au-dessus de leurs têtes en criaillant.

— Ne jamais sous-estimer l'air du large, dit Milton en tendant son pull à Eleni.

Celle-ci le prit d'un air furibond, sans un mot de remerciement. Elle lui en voulait encore d'avoir sapé son autorité, et puis elle le savait, qu'on ne devait pas sous-estimer l'air du large. Les nuits précédentes, elle avait fait de mauvais rêves où les îles jouaient un rôle important et semblaient la menacer. Mais Milton l'ignorait au moment où il entreprit un petit tour de reconnaissance avec Aspasía.

Treize ans avaient passé depuis qu'Eleni avait été emprisonnée dans la vallée. À Varitsi, elle n'en avait jamais parlé à quiconque. Seul Otto savait. Il en avait même tiré deux chansons, qui l'avaient aidée à prendre de la distance à l'égard de ces souvenirs. À percevoir les odeurs, les bruits, la douleur comme si c'était quelqu'un d'autre qui les avait vécus. Désormais, elle n'y pensait plus que rarement mais, après que Milton eut parlé de son île natale pendant toute une soirée, elle s'était réveillée en pleine nuit, se croyant de nouveau sur le sol de la cellule surpeuplée et nauséabonde, où la lumière du jour ne pénétrait pas. Il lui avait semblé entendre des cris, elle s'était blottie contre Milton et, pour la première fois, avait apprécié son embonpoint : il offrait un refuge. Dans son rêve, elle avait été déportée sur une île. Un rocher nu, qui n'abritait que des chardons et des rats. Il n'y avait pas un seul arbre, pas de sol capable d'engendrer des plantes, car les vents violents chassaient toute vie. Dans l'Antiquité déjà, on avait coutume de dire que là-bas les souris mangeaient du fer. Et quand on avait suggéré à l'empereur romain Tibère d'y exiler un opposant, il avait balayé la proposition d'un revers de main, au motif qu'un bannissement sur cette île abominable était un châtiment inhumain. Or ce qui était apparu comme une cruauté excessive aux yeux des Romains était devenu réalité en 1967, plongeant Eleni dans l'horreur.

La sirène du ferry retentit. Aspasía, qui avait terminé son tour d'exploration avec Milton, prit la main d'Eleni et montra la grande cheminée. De la fumée s'élevait dans le ciel et, avec une secousse, le ferry se mit en route. À l'horizon, on distinguait les contours de Makarionissi, une montagne au milieu et, tout autour, la mer d'un bleu profond.

— Le bateau avance, le bateau avance ! piailla Aspasía, les lèvres rêches, écarquillant ses yeux gris pâle.

Milton se mit à rire, puis remarqua le regard fixe d'Eleni.

— Tu as le mal de mer ? s'enquit-il.

— Un peu, répondit-elle en s'agrippant au bastingage.

Elle gardait les yeux rivés sur l'île, comme s'il s'agissait d'un ennemi en approche. Milton et Aspasía allèrent chercher des boissons. Le vent la faisait pleurer, mais elle ne pouvait se détourner.

Milton lui apporta un moka dans un gobelet en carton, très sucré, comme elle l'aimait. Aspasía avait eu droit à une grande glace.

— Tu te sens mieux ? demanda Milton en lui caressant le dos.

— Ça va. Je suis une fille des montagnes, tu sais, pas de la mer.

— Makarionissi te plaira. C'est le plus bel endroit du monde, tu verras. L'île a la forme d'un lucane, on dirait que Politouranou, la principale localité, se trouve prise entre ses pinces. Au centre, il y a un volcan éteint, qui empêche la moitié des habitants de voir les feux d'artifice de la Saint-Sylvestre de l'autre moitié. Makarionissi est étonnamment fertile, partout des oliveraies, des plantes sauvages, les gens sont incroyablement aimables et prévenants. Très différents des montagnards, beaucoup plus ouverts, ils voient la mer tous les jours, ils ont la sensation de la liberté. Et c'est ce qu'il y a de plus beau : partout on respire la fraîcheur de l'air marin. Il ne fait jamais vraiment froid, il n'y a jamais de neige, le soleil brille toute l'année. Ce ne serait pas formidable de vieillir là-bas ?

Et pendant que Milton continuait de s'extasier, Eleni essayait de raccorder l'idée d'île avec celle de liberté. Car même si les montagnes constituaient une frontière naturelle, elles procuraient asile et protection. Sur une île, en revanche, on était totalement exposé et, surtout, sans bateau il n'était pas si facile de partir.

Aspasía avait terminé sa glace. Milton lui essuya les mains avec un mouchoir en tissu et la prit dans ses bras. La fillette tendit l'index :

— L'île Makkaroni !

Milton éclata de rire.

— Makarionissi ! Écoutez donc un peu, mesdemoiselles, ce qu'on raconte sur cette île : bien longtemps avant que nous ne venions au monde, les plus grands héros avaient le droit de s'y installer quand ils n'avaient plus envie d'être des héros. Sur l'île, il y avait des prairies paradisiaques, où fleurissaient les roses, et une source de nectar. Mais pas n'importe quel nectar, un nectar où se mêlait l'eau du fleuve des Enfers. Et quand on en buvait, on oubliait toutes les souffrances qu'on avait connues dans la vie, on ne se souvenait plus que des belles choses. C'est là que Ménélas habitait avec sa femme Hélène – le grand roi qui avait détruit la ville de Troie. Il y avait aussi Achille et Pélée, son père, qui autrefois avait enlevé une divinité de la mer.

Ainsi que Cadmos, le fondateur de Thèbes. Et ils s'amusaient toute la journée aux dés, ou bien ils jouaient de la lyre et demeuraient étendus au soleil. Il ne faisait jamais trop chaud, la chaleur restait agréable.

CHANT VI

Où l'on raconte l'arrivée de l'héroïne
sur l'île des Bienheureux, havre de paix
dans un premier temps,
avant qu'un événement terrible ne se produise
à la fin des années 1980 ;
suivi, au début des années 1990,
par un grand bonheur,
comme toujours dans la vie,
car les héros sont soumis
aux mêmes règles que les hommes :
nous sommes tous le jouet des dieux.

Le lucane

Makarionissi faisait 137,8 kilomètres carrés, était située en Méditerranée occidentale, et tous les pilotes, passagers de petits avions, dieux et autres bestioles ailées qui la survolaient ne pouvaient manquer de noter qu'elle avait l'allure d'un lucane. Au nord s'étendait une plaine, flanquée à droite et à gauche de deux minces bras côtiers qui se rejoignaient, comme pour enlacer l'anse naturelle. D'en haut, on aurait dit que le lucane prenait Politouranou en tenaille, la principale localité. Deux échancrures étroites formaient comme des pattes de coléoptère et, au milieu, les deux bosses du volcan éteint avaient l'air de bourgeons d'aile.

L'île était trop grande pour que tous ses habitants puissent se connaître. Mais aussi trop petite pour que des choses puissent passer inaperçues.

Quand donc, en 1979, une jeune famille d'Amérique décida de s'établir à Makarionissi, toute l'île fut prise de curiosité. Jamais on n'avait vu pareil ménage. Si l'époux paraissait avoir l'âge d'être le père de la mariée, il ne cessait de mâchonner des brins de paille, tel un adolescent. La femme était ravissante, mais dotée d'un sacré tempérament, et les hommes qui siégeaient sous l'olivier se demandaient si la cravache suffisait à la dompter ou si Milton usait aussi du licou, de la muserolle et des rênes. Toutefois, celle qui alimentait le plus les conversations, c'était la fille : elle était conforme à l'idée qu'on se faisait d'Hélène enfant, la plus belle femme du monde, au nom de laquelle les Grecs et les Troyens avaient mené la plus grande guerre de tous les temps.

Cette famille suscitait l'attention et bientôt se répandirent des rumeurs extravagantes. On s'interrogeait sur la manière dont l'homme avait pu gagner assez d'argent pour faire construire un hôtel sur la pointe sud de l'île, où les petites criques n'étaient pas situées à l'à-pic, comme sur les côtes orientale et occidentale, mais où le relief descendait en pente douce vers la mer, offrant de belles plages de sable. Un hôtel à cet endroit, donc – mais pas n'importe lequel, un complexe énorme ! Près de trois cents lits sur quatre étages dans un bâtiment principal et deux annexes.

Au début, les habitants de l'île ne venaient que tôt le matin ou bien le soir pour observer le chantier. Les artisans du cru étaient sceptiques : les matériaux qui étaient acheminés de loin dans de grands conteneurs ne correspondaient pas au style local. Mais un jour, l'Américain convia tout le monde à une réunion d'information.

Pour ces insulaires remplis de doutes et de curiosité, c'était là une étrange coutume américaine. Après tout, personne n'avait sollicité leur avis avant de construire l'usine de production de mousse synthétique ou le nouvel embarcadère pour le ferry. Ils étaient habitués à ce que les puissants prennent des décisions derrière leur dos. Il leur paraissait d'autant plus bizarre qu'un particulier, finançant sur ses fonds propres une propriété privée, veuille exposer publiquement, dans le détail, ce qu'il avait l'intention de faire. Mais quand Milton leur expliqua qu'il était né sur l'île, qu'il l'avait quittée à l'âge de treize ans et qu'il revenait avec sa famille pour œuvrer en faveur de Makarionissi, il gagna leur amitié. Il se servit des matériaux restants pour faire rénover l'école et donner un coup de pinceau à l'église. L'île fêta le retour de son fils prodigue sans soupçonner que c'était sa femme qui l'avait encouragé à agir de la sorte.

Car, dans un premier temps, les retrouvailles de Milton avec son lieu de naissance avaient été plutôt belliqueuses.

Le jour de son arrivée, Milton avait fait laver la Lincoln par des enfants de pêcheurs, il voulait impressionner ceux qu'il avait connus autrefois en mettant son retour en scène. La poitrine gonflée de fierté, il avait sorti la voiture du ferry, mais s'était aussitôt senti complètement perdu. Le petit port de jadis avait grandi, et à la place des maisonnettes badigeonnées de blanc se dressaient à présent en bord de mer des bâtiments à deux étages accueillant au rez-de-chaussée des tavernes, des cafés et toutes sortes de commerces. La boulangerie où il allait mendier du pain dans son enfance avait cédé la place à une boutique de lingerie féminine. Milton ne reconnaissait plus les lieux. L'ancien village de pêcheurs s'était transformé en une pittoresque petite ville ouvrière et, à l'est de la localité, il y avait à présent une imposante usine de mousse synthétique. Presque tous les pêcheurs et les paysans y avaient trouvé un travail indépendant des caprices de la nature. Politouranou comptait trois fois plus d'habitants qu'à l'époque où Milton jouait à cache-cache avec ses camarades parmi les maisons délabrées. Quelques veuves et femmes seules louaient des chambres mais, à l'exception de deux petits lotissements et de quelques habitations isolées, l'île paraissait éteinte. La tombe de ses parents était introuvable, et Milton comprit avec douleur qu'on ne pouvait revenir dans un lieu qui n'existait plus.

« C'est à ça qu'il ressemble l'endroit où les chevaux vont quand ils doivent mourir ? » avait demandé Aspasía après qu'ils eurent roulé pendant un moment. Milton avait gardé le silence.

Ils restèrent quinze jours. Eleni passait ses journées étendue sur la plage avec un livre ou son tapis de yoga. Il n'avait pas fallu plus d'une semaine à Milton pour apprendre à nager à Aspasía et, lorsque peu avant leur retour en Amérique il commença à faire sa valise, Eleni se racla si longuement la gorge qu'il s'interrompit et alla la rejoindre à la table. Aspasía avait les bras croisés sur la poitrine, et Milton pressentit que ses deux femmes s'étaient liguées contre lui.

— Nous voulons rester ici, déclara Eleni.

— Je croyais que tu détestais les îles ? fit Milton d'un ton hésitant.

— Oui, mais pas celle-là.

Ne comprenant pas le revirement d'Eleni, il ignora sa remarque et finit par faire les bagages de tout le monde. Eleni monta en voiture sans rechigner. En revanche il dut porter Aspasía, ce qui fut pénible parce qu'elle se cramponnait à tout ce que ses menottes pouvaient agripper.

De retour à Chicago, cependant, Milton commença lui aussi à regretter le soleil, la nourriture, la mer, la chaleur, et trois semaines plus tard, après qu'Aspasía eut manqué se faire écraser par un camion parce qu'elle avait lâché sa main pour attraper un pigeon, il proposa de retourner à Makarionissi. Il vendit la boulangerie, le restaurant, retira de la banque tout l'argent qu'il y avait déposé et fait fructifier par d'habiles investissements et décida, après son expérience dans l'industrie hôtelière, d'aller plus loin et de réaliser le rêve qu'il caressait depuis longtemps. À Chicago, même dans sa situation, ce projet aurait été irréalisable, mais en Grèce il fut aisé à concrétiser au moyen de quelques dollars : un hôtel.

C'est ainsi que, deux ans après sa première visite à Makarionissi, juste à temps pour permettre à Aspasía d'effectuer son entrée à l'école, la famille se retrouva devant sa nouvelle vie : 80 000 mètres carrés, 287 chambres, trois restaurants, une grande piscine d'eau douce, deux bassins pour enfants, un bâtiment principal, quelques bungalows et le *room service* vingt-quatre heures sur vingt-quatre comme dans les palaces américains que Milton connaissait par les congrès de l'Association gastronomique de Chicago qu'il avait assidûment fréquentés.

« Je n'arrive pas à le croire, il est fini », répétait Eleni à voix basse, comme un mantra, tandis qu'Aspasía se montrait inhabituellement silencieuse.

Milton lui avait emprunté son prénom pour baptiser l'hôtel : *Aspasía-Sunshine-Beach-Paradise-Hotel.*

Eleni avait essayé de leur expliquer que « Beach », ou « Sunshine », ou « Paradise » était suffisant, que personne n'était capable d'en mémoriser davantage, mais Milton et Aspasía avaient déclaré que c'était une façon de garantir aux clients qui découvraient l'hôtel dans les prospectus de voyage qu'une multitude de belles choses les y attendaient.

La façade sentait encore la peinture fraîche, couleur jaune citron, qu'Eleni avait choisie. Les balcons qui entouraient l'hôtel côté mer ou intérieur des terres étaient d'un blanc éclatant. Les haies de lauriers-roses, les palmiers, les bananiers qui bordaient l'allée et isolaient le vaste solarium du regard des îliens avaient certes besoin de grandir un peu, mais leur vert intense laissait déjà deviner ce que Milton voulait dire en parlant du « jardin paradisiaque » qu'il entendait aménager entre les piscines et la promenade pavée de marbre qui descendait vers la plage. Et il y avait les chambres lumineuses, l'imposant vestibule, qui avait des allures d'entrée de temple grec, la terrasse avec vue sur la mer. Et la plage.

— C'est beaucoup trop beau pour être partagé, déclara Aspasía.

Milton et Eleni se mirent à rire.

Eleni espérait que l'hôtel apporterait de la vie sur l'île, que Makarionissi sortirait de sa léthargie et que les autochtones iraient à la rencontre du monde. Celui-ci viendrait à Makarionissi au lieu de le laisser choir, comme cela s'était produit à Varitsi. Où plus personne n'avait envie de résider. Où tous ceux qui en avaient la possibilité étaient partis. Même Christina, la sœur d'Eleni, avec sa famille. En quittant Varitsi pour l'Autriche, Despina avait brisé le cœur de Pagona. Depuis, celle-ci tenait des propos bizarres. Tout comme Spiros, qui ne pouvait presque plus se déplacer. Christina avait proposé de les prendre avec elle, en ville, mais ils avaient refusé. Il faut que quelqu'un reste à Varitsi, disaient-ils à Eleni, sans comprendre que personne n'a le devoir de demeurer là où il n'y a pas d'avenir.

— Bon, et maintenant reprenons, dit Milton en serrant les mains de sa femme et de sa fille. Un, deux, trois, compta-t-il.

Et tous ensemble ils entonnèrent :

— Bienvenue à l'hôtel Aspasía-Sunshine-Beach-Paradise !

Un château de sable pour l'éternité

C'était une chaude journée printanière de l'année 1989. Eleni humait des tomates et ferma les yeux un bref instant. Les panicules rugueuses, vert foncé, sentaient le soleil.

— Une livre, s'il vous plaît, dit-elle.

Mme Ouranakis déposa précautionneusement les deux plus belles panicules de tomates sur les autres légumes.

— Merci.

— Ce sera tout ?

Eleni récupéra le bout de papier bleu au fond de son panier de vélo et relut la liste que Milton avait rédigée ce matin-là.

— Il me faudrait aussi de l'ail.

Sur les marches du monument érigé en l'honneur de Venizélos, quelques mètres derrière la marchande de légumes, étaient assises plusieurs vieilles femmes du village, qui faisaient la pause de midi en observant Eleni, l'Américaine, comme on la surnommait depuis que la famille Aniston s'était établie sur l'île.

— On dirait encore qu'elle vient tout juste de se lever.

— Et ces pantalons bizarres.

— C'est même pas elle qui fait la lessive, et elle sait pas cuisiner, c'est ce que dit la Pertroulis qui fait le ménage chez eux, elle lève pas le petit doigt. C'est lui qui fait la cuisine. Non mais vous vous rendez compte ! C'est lui qui fait la cuisine !

Eleni les salua avec une amabilité marquée, déposa ses achats dans la corbeille de son vélo et monta en selle.

Difficile de résister à l'envie de se retourner et de lancer à ces vieilles bonnes femmes une remarque bien sentie. Des paroles acerbes n'attendaient que l'occasion de franchir la barrière de ses dents mais, au début de l'année scolaire, Eleni avait relu l'*Odyssée* pour la première fois depuis longtemps. Aspasía devait lire le texte pour l'école et, comme elle ne faisait pas ses devoirs si on ne la surveillait pas, Eleni s'y était mise elle aussi.

Depuis, dans ce genre de situations, elle pensait à Ulysse, qui était revenu dans son palais après des décennies d'absence déguisé en mendiant et s'était retrouvé en butte aux railleries des servantes et des prétendants. Mais au lieu de céder à ses émotions et de prendre son arc pour les tuer, il s'était exhorté au calme : *Sois fort, mon cœur. Tu as enduré bien pire.* Désormais, Eleni faisait de même. Et cela fonctionnait. Milton attribuait ce flegme inédit au fait qu'elle avançait en âge, après tout elle venait de fêter son quarantième anniversaire. Mais en réalité, c'était juste un moyen pour Eleni de contrôler le bouillonnement de ses émotions. Car en observant de la retenue, Ulysse s'était finalement ménagé une meilleure vengeance et il fit pendre de manière ignominieuse toutes les servantes qui avaient bêtement médit de lui, laissant leurs cadavres pourrir au soleil sans sépulture.

Sa fille, qu'elle aimait profondément, était devenue une princesse trop gâtée mais, aux yeux des habitants de l'île, il n'y avait pas plus belle ni plus élégante qu'Aspasía. Quant à Milton, il sillonnait Makarionissi dans ses clinquantes américaines de luxe (il en avait fait venir trois, un anniversaire sur deux) et saisissait toutes les occasions de montrer ce qu'il pouvait s'offrir, mais on le considérait comme un homme d'affaires généreux et habile. Eleni, pour sa part, circulait à vélo, s'habillait avec discrétion, se montrait aimable avec tout le monde, ce qui ne l'empêchait pas de passer pour une mégère fainéante et désordonnée. Et cela, uniquement parce que Milton faisait la cuisine. Or il aimait cela. Il travaillait beaucoup et, quoique l'hôtel marchât formidablement bien et affichât complet en haute saison, il se fâchait au moins sept fois par heure, parce qu'à ses yeux il y avait toujours quelqu'un quelque part qui salopait le boulot. Quand il rentrait chez lui, rien ne lui faisait plus de bien que de se mettre aux fourneaux avec Aspasía, qui avait désormais quatorze ans, et de préparer le dîner. Eleni aimait cette île, mais la façon de penser de ses habitants lui restait étrangère.

Eleni prit les petites rues de Politouranou, dans lesquelles se côtoyaient de vieilles maisonnettes de pêcheurs et les méfaits bétonnés à deux étages du début des années 1970. Elle traversa la grand-place, passa devant le bijoutier-confiseur, qui lui cria de saluer Milton de sa part, et longea pour finir la promenade du port en direction du sud. Comme chaque jour, les vieux du quartier étaient assis sous un olivier dont on disait qu'il ombrageait déjà le petit banc quand le volcan était encore actif au centre de l'île.

Eleni les salua, les vieux répondirent d'un signe de tête, et elle poursuivit sa route, le dos bien droit.

La mer scintillait, c'était une journée sans un souffle de vent, et l'air, occasionnellement soulevé par le passage des voitures, reposait sur la chaussée, aussi chaud qu'une main caressante. Sauf que le nouveau revêtement, posé par un ouvrier rond comme une barrique, qui, au lieu de porter toute son attention sur les produits chimiques entrant dans le mélange, s'était concentré sur les anciennes pastourelles qu'il chantait, sentait l'animal empaillé, comme toujours quand il faisait plus de vingt degrés.

De temps à autre, Eleni croisait des vacanciers qui se rendaient à vélo dans la localité. Jusqu'à présent, elle n'avait jamais vu d'autochtones sobres sur des bicyclettes. Après que le chef de la police de l'île eut infligé en grommelant des amendes salées à deux automobilistes alcoolisés, Eleni avait observé une recrudescence de gens ivres rentrant tardivement chez eux sur des deux-roues. Et lorsque l'un d'eux fonça de plein fouet dans un âne, le chef de la police comprit qu'à Makarionissi l'ivresse des cyclistes était encore plus dangereuse que celle des automobilistes et, à dater de ce jour, il arrêta de distribuer des sanctions. Les habitants de l'île se méfiaient des moyens de locomotion faisant appel à la force musculaire, et l'incident avec l'âne vint conforter cette suspicion.

Eleni et Milton avaient conçu l'hôtel ensemble. Milton avait tenu à offrir un confort aussi américanisé que possible et Eleni avait insisté pour que le personnel reçoive des salaires plus élevés que la moyenne, pour qu'on n'utilise que des plantes locales et qu'on ne lave pas le linge tous les jours.

« Tu as la folie des grandeurs comme les Américains, pesta Eleni lorsque Milton, pensant aux clients qui, comme lui, siégeaient sur le trône plus longtemps qu'il n'était d'usage, voulut installer un téléphone à côté de chaque cuvette de W-C.

— Et toi, tu crois que ta maniaquerie rendra le monde meilleur ? » riposta-t-il en désignant une longue liste de doléances.

Nombre de clients se plaignaient d'avoir le séant à vif après qu'Eleni eut remplacé le papier toilette traditionnel par une version recyclée, qui en plus se dissolvait difficilement et ne satisfaisait personne – à l'exception du plombier local, dont les revenus mensuels avaient doublé.

« Bien sûr que oui ! » s'écria-t-elle.

Sa force de conviction faisait toujours plier Milton. Car, oui, elle avait raison : même un plombier a besoin de travailler.

« Ma conscience délocalisée », tel était le surnom affectueux qu'il lui avait donné. Il alla jusqu'à accepter le tri des ordures, alors même que les éboueurs reversaient pêle-mêle le contenu de toutes les poubelles sur la surface de chargement.

Eleni arriva à l'hôtel une demi-heure plus tard, elle gara son vélo, prit sur la droite, longea l'espace piscine jusqu'au bungalow le plus reculé, où ils logeaient provisoirement en attendant que la villa directoriale soit terminée sur le terrain avoisinant. Il avait fallu à Milton des années de négociations pour l'acquérir. Le vieux propriétaire avait longtemps refusé de vendre parce qu'une nuit Asclépios, le dieu de la Médecine, lui était apparu et lui avait assuré que dans l'Antiquité cette terre sacrée avait accueilli un temple de la médecine. Comme il souffrait de la goutte, il avait alors pris l'habitude de passer la nuit sur le champ en friche quand il faisait beau, et il ne se laissa pas démonter par les expertises scientifiques qui montraient de façon irréfutable que la partie sud de l'île n'était apparue que mille deux cents ans plus tôt, à la suite d'une éruption volcanique, et qu'il n'avait donc pas pu y avoir de temple de la médecine sur sa propriété, à moins que le grand Asclépios n'eût offert des cloches à plongeur à ses prêtres.

Les fondations de la future villa avaient déjà été posées et Aspasía faisait chaque jour de nouveaux plans pour sa chambre. Eleni avait insisté pour que la maison ne soit pas trop grande, construite afin de minimiser la consommation d'énergie et aménagée en fonction des principes du feng shui. Au grand amusement de Milton et d'Aspasía, elle pestait contre l'Église, les vieilles superstitions et même l'amulette que Milton portait sur son trousseau de clés pour lutter contre le mauvais œil, mais elle croyait dur comme fer aux théories chinoises sur l'agencement des habitations, aux sept chakras, et se rendait tous les soirs à la plage pour faire ses exercices de yoga.

Quand Eleni entra dans le bungalow, Milton était déjà dans la petite cuisine et préparait son orgie culinaire du soir.

— Légumes farcis à la viande hachée, riz et sauce tomate, annonça-t-il.

Eleni l'embrassa, puis donna un baiser à Aspasía, qui faisait ses devoirs sur la table de la cuisine. En voyant le nombre d'étoiles, de petits cœurs et de fleurs qu'elle avait dessinés dans la marge de son bloc-notes, Eleni se dit que sa fille n'avait pas dû avancer d'un millimètre.

— Les tomates sentent délicieusement bon ! fit remarquer Milton.

Aspasía sifflotait en décorant la date d'un collier de fleurs. Elle aimait la musique par-dessus tout. Elle avait peu d'amies et ne semblait pas s'intéresser aux enfants de son âge, mais elle passait des heures à danser dans sa chambre, écoutait de la pop à plein volume et chantait. Chaque fois que des musiciens se produisaient à l'hôtel, elle était au premier rang.

Aspasía était indubitablement la fille d'Otto. Elle ne lui ressemblait pas seulement comme deux gouttes d'eau, avec les mêmes cheveux blond miel, les mêmes yeux gris pâle. Otto lui aussi était capable de rester seul des heures, des soirées, des journées entières, du moment qu'il avait sa musique. Il va de soi qu'Aspasía ignorait tout de cela. Elle croyait que son père biologique vivait quelque part en Autriche, avait quitté Eleni à cause d'une Allemande, et elle n'éprouvait pas l'envie d'en savoir plus. Elle se sentait pleinement la fille de Milton et tenait absolument à ce que personne, sur l'île, n'apprenne qu'il n'était pas son vrai père.

Sa difficulté à se concentrer et sa tendance à oublier les choses les plus simples étaient également un héritage d'Otto, pensa Eleni. Elle s'assit à côté de sa fille qui, plongée dans ses pensées, mâchouillait son crayon noir.

— C'est toxique, dit-elle en lui ôtant le crayon de la bouche.

— J'ai jamais eu un devoir aussi difficile.

Comme tous les enfants de sa classe, Aspasía prenait des cours particuliers, parce que les professeurs du lycée, situé sur l'île principale, n'étaient pas en mesure de boucler le programme et encore moins de le rendre compréhensible aux élèves. Eleni s'était déjà plusieurs fois fait expulser de l'établissement sous la menace d'un recours à la force publique pour avoir jeté des vêtements en direction des professeurs et même une fois atteint le directeur par mégarde. Il était indispensable d'avoir une bonne moyenne pour entrer à l'université. Or Eleni désirait ardemment qu'Aspasía fasse les études auxquelles elle-même n'avait pas eu droit. À l'époque où elle vivait à Hildesheim avec Otto, elle avait fréquenté des clubs de lecture débattant des théories marxistes, chanté et défilé avec des étudiants, mais elle n'avait jamais étudié.

— Ce n'est pas si compliqué, Aspasía. Il s'agit juste de lire un récit mythologique en grec moderne et d'identifier l'original parmi les textes que vous avez travaillés au cours des dernières semaines. Autrement dit d'établir des ponts entre ces histoires. Représente-toi les mythes anciens comme une toile d'araignée : tout est lié. Toi, tu es l'araignée qui explique où les choses se recoupent.

— Des araignées, beurk, fit Aspasía.

Eleni leva les yeux au ciel.

Debout devant le plan de travail, Milton coupait des tomates en dés pour la sauce. Il régnait déjà une forte odeur d'origan frais.

— Lisez donc tout haut, proposa-t-il en nouant un tablier de cuisine autour de son gros ventre.

Pour se déplacer entre la plaque électrique et le plan de travail, Milton ne marchait pas, il sautillait. Il sautait, pivotait sur lui-même, effectuait de petits pas comme ceux qu'Eleni avait vu exécuter par les groupes de danses folkloriques grecques dans sa jeunesse. Quand il était aux fourneaux, Milton se mouvait comme un héros qui relate ses aventures en dansant au son de la lyre. Mais son visage se couvrait d'un film de transpiration. Le cœur de Milton battait toujours un peu trop vite, sa tension était trop élevée. Il s'énervait trop, pensa Eleni, et comme le disait sa yaya Maria, s'énerver, c'est ce qu'il y a de pire pour la santé.

— Doucement, Milton, fit Eleni d'un ton d'exhortation.

Aspasía se mit à lire tout haut :

Vous classerez le mythe suivant dans le cosmos des mythes étudiés en cours.

Il était une fois une jeune reine dont le royaume ne comptait que des femmes. Celles-ci avaient découvert qu'en l'absence d'hommes elles étaient beaucoup plus fortes et qu'elles n'avaient pas à se laisser opprimer par qui que ce soit. Elles surpassaient tous les peuples au tir à l'arc, étaient plus rapides à cheval que quiconque, bâtissaient d'énormes châteaux et se chargeaient elles-mêmes de la chasse. Elles allaient jusqu'à se couper le sein gauche pour pouvoir mieux tenir leur bouclier.

Notre histoire se passe à l'époque où les Grecs faisaient le siège de Troie et essayaient depuis des années de prendre la citadelle. Mais celle-ci avait été construite par les dieux – aucun être humain ne pouvait la vaincre. Athéna, la déesse protectrice des Grecs, était furieuse que le combat soit inutile. Elle eut alors recours à une ruse : elle envoya à la jeune reine du peuple des guerrières un rêve dans lequel elle lui fit rencontrer Achille, le plus puissant héros grec, en lui promettant qu'elle triompherait de lui.

Le cœur de la reine fut troublé par ce rêve, car les femmes avaient juré de ne jamais tomber amoureuses. Les hommes qui étaient autorisés à avoir des relations sexuelles avec elles pour qu'elles puissent assurer leur descendance étaient la propriété de toutes. Quand elles avaient besoin d'enfants, elles allaient donc chercher ces hommes et sortaient avec eux jusqu'à ce qu'elles tombent enceintes.

À ce moment du récit, Milton frappa de sa cuillère en bois la casserole dans laquelle il faisait revenir de la viande hachée avec des oignons, de l'ail et des herbes.

— C'est ça que vous apprenez à l'école ? demanda-t-il avec une indignation feinte.

Eleni lui lança un regard sévère, il ne fallait pas distraire Aspasía pendant qu'elle se concentrait.

Elles gardaient les filles et rendaient les garçons à leurs pères, avec qui elles cessaient toute relation. La jeune reine fut troublée en se rendant compte qu'elle était tombée amoureuse de l'image d'Achille qu'elle avait vue en rêve. Elle ne voulait surtout pas le partager avec ses compagnes, elle le voulait pour elle toute seule.

Quand la reine partit à la chasse, le lendemain, elle fut incapable de se concentrer, elle ne faisait que penser à Achille et se demander comment s'emparer de lui.

C'est alors que l'accident arriva.

Visant un sanglier, la reine manqua sa cible. Son cœur était embrumé, son esprit confus, et au lieu d'atteindre l'animal elle toucha sa sœur, qui s'était approchée par l'autre côté. Celle-ci mourut sur-le-champ et toutes celles qui l'accompagnaient furent en deuil.

La reine résolut alors de se venger d'Achille, qui avait, pensait-elle, poussé son bras à commettre cet acte cruel.

Remplie de colère, elle rassembla ses guerrières et partit pour Troie combattre les Grecs aux côtés des héros troyens.

Elle trouva Achille, ils s'affrontèrent, mais le héros grec était plus fort, et il la tua. Lorsqu'il arracha le casque de la mourante, il tressaillit en voyant qu'elle avait les yeux remplis d'amour. Il la prit dans ses bras et se lança dans une déploration funèbre.

— Je sais ! s'écria Milton. C'est la reine Penthésilée et sa sœur s'appelle Hippolyte – c'est le mythe des Amazones. Et Hippolyte a été enlevée par Thésée, sur quoi les Amazones ont déclaré la guerre à Athènes. C'est de là que vient l'hostilité entre les Amazones et les Grecs, n'est-ce pas ?

Tout réjoui, Milton huma l'arôme de la sauce tomate et se mit à sautiller devant une casserole où il faisait cuire des légumes à l'étuvée.

— Merci ! s'exclama Aspasía, ravie.

Et elle écrivit la réponse de Milton en la détaillant.

— L'aider à faire ses devoirs, ça ne veut pas dire lui souffler la réponse, protesta Eleni. À l'examen, il faudra qu'elle se débrouille toute seule.

Milton souleva le couvercle de la casserole et le plaça devant son visage, comme s'il s'attendait à recevoir des projectiles. Rien ne venant, il baissa son bouclier.

— Chérie, en entendant cette histoire je n'ai pas pu me retenir. Si je n'avais pas été là, toi aussi tu aurais été une Amazone. La reine Eleni Aniston, ennemie du gouvernement insulaire de Politouranou – la reine Eleni contre une armée de fonctionnaires. Son royaume est un hôtel légendaire où se produisent des miracles. On rapporte que, grâce à la magie yogique de la reine, des paralytiques ont réappris à danser le Chien Agile !

— La posture s'appelle *adho mukha svanasana,* « le chien tête en bas », et elle ne se danse pas, rectifia Eleni.

Mais, trois secondes plus tard, elle riait de si bon cœur qu'un petit grognement lui échappa.

— Vous me rendrez folle, tous les deux, dit-elle en s'essuyant les yeux.

Le matin, quand Eleni se réveillait, elle racontait à Milton, qui se levait toujours bien avant elle, les songes qu'elle avait faits au cours de la nuit. Milton, lui, rêvait peu. Toute sa vie, il avait si durement travaillé que, la nuit, il dormait d'un sommeil profond, dépourvu de rêves. Cette fois, pourtant, il fit le plus beau songe de sa vie. Il rêva de ses deux femmes. De la petite, qu'il avait aimée comme sa fille dès qu'il l'avait vue, et de la grande, qui le faisait rire et dont l'énergie le galvanisait et tirait le meilleur de lui-même. Vivre avec elles lui avait appris à se calmer. À s'arrêter. À ne pas penser à la suite et à savourer l'instant. Il lui avait fallu tout ce chemin pour trouver ces deux-là et retourner avec elles à l'endroit qu'il avait fui. Milton se levait chaque matin à l'aube, il fermait les rideaux pour qu'Eleni ne soit pas dérangée par la lumière. Cette fois, il les fermerait tout de suite puisqu'il était réveillé, mais d'abord il devait faire visiter l'hôtel à ses parents. Ils attendaient dans la chambre. Milton leur montra la terrasse où les clients prenaient le petit déjeuner. Il les conduisit dans les plus belles chambres, dans la salle de fitness, leur fit voir les piscines, dont l'une était équipée d'un appareil de nage à contre-courant. Ses parents allaient de surprise en surprise mais, ce qui les étonna le plus, ce fut sa belle épouse, qui faisait ses exercices de yoga sur la plage, et sa ravissante fille, qui chantait pour les clients. « Eleni donne des cours de yoga aux clients, leur expliqua-t-il, et mon Aspasía deviendra un jour une grande musicienne », puis il se tut. Ses parents le retinrent. « Mon fils, tes deux Amazones seront capables de se débrouiller sans toi, elles sont fortes » , chuchota sa mère, et Milton comprit. Il était arrivé à destination.

Lorsque Eleni s'éveilla, la lumière du soleil était si vive qu'elle garda les paupières soigneusement closes. Milton avait dû oublier de tirer les rideaux, pensa-t-elle, et elle attendit quelques secondes avant de se redresser et de s'asseoir. Elle resta les yeux fermés, essayant de se remémorer le rêve qu'elle venait de faire, mais impossible. Elle se retourna, ouvrit les yeux et vit que Milton dormait encore. Pour plaisanter, elle lui boucha les narines afin de lui faire peur et de le tirer brusquement de son sommeil, mais il avait le nez glacé. Effrayée, Eleni lui palpa le cou, le secoua, posa sa tête sur sa poitrine. À l'extérieur, Aspasía s'agitait.

— Maman, tu es réveillée ? Où est papa ? Il avait dit qu'il irait avec moi chez le coiffeur ! s'écria-t-elle.

— Il est déjà parti travailler, répondit Eleni. Je vais t'accompagner, installe-toi dans la voiture.

L'esprit ailleurs, elle enfila pantalon et tee-shirt, prit le téléphone et composa le numéro du médecin. Elle parla aussi bas que possible et, quand elle pressa la touche pour mettre fin à la communication, ce ne fut pas la tonalité qu'elle entendit, mais la voix de sa yaya Maria.

« S'énerver, c'est ce qu'il y a de pire pour la santé. »

Maillots de corps et tee-shirtzaki

— Trudi ! hurla Despina depuis la cuisine. Trudi ! répéta la belle-mère.

Trudi descendit en toute hâte du dernier étage, où la famille avait ses quartiers, jusqu'au restaurant. Les enfants étaient dans la cuisine avec leur grand-mère, et Despina poussait de tels cris que Trudi eut peur qu'il soit arrivé quelque chose à ses fils. Elle poussa la porte : Hubert-Spiros avait un ballon de football sous le bras, Josef-Stavros avait mis ses genouillères, ils avaient l'air de deux garçons en bonne santé s'apprêtant à disputer une partie de foot. Despina, en revanche, était livide.

— Trudi ! Pourquoi est-ce que les enfants ils n'ont pas de maillot de corps sous leur tee-shirtzaki ? brailla-t-elle comme s'il en allait du bonheur de la famille.

Trudi jeta un regard à l'extérieur.

— Parce qu'il fait plus de trente degrés. C'est l'été, même à Sankt Pölten, répondit-elle, décontenancée.

Despina frappa dans ses mains et se lança dans ses jérémiades coutumières, pinçant la joue de ses petits-fils.

Trudi était toujours étonnée de la gentillesse stoïque avec laquelle les enfants enduraient les manifestations d'affection exubérantes de leur grand-mère grecque. Pour sa part, elle n'avait pas encore réussi à s'habituer aux embrassades, aux cajoleries et aux bourrades constantes de sa belle-mère, alors qu'elle gardait soigneusement ses distances avec elle. Gentiment ou pas, Despina la touchait trente-six fois par jour.

— Les enfants jouent, ils transpirent, ils reviennent, ici il y a des courants d'air, des courants d'air partout, ils tombent malades, il faut qu'ils portent un maillot de corps sous leur tee-shirtzaki !

Trudi regarda de nouveau par la fenêtre, où un groupe d'enfants torses nus couraient vers la fontaine située sur la place de l'hôtel de ville. Elle aurait bien demandé à Despina si elle plaisantait, mais elle savait que sa belle-mère était on ne peut plus sérieuse. Bizarrement, alors qu'à Sankt Pölten on pensait que les enfants devaient jouer dehors et prendre l'air le plus possible pour être en bonne santé, en Grèce on semblait croire que la nature était source de dangers et de maladies. S'il n'avait tenu qu'à elle, Despina aurait sans doute laissé les garçons toute la journée devant le téléviseur, elle les aurait enveloppés de couvertures et nourris d'eau sucrée. A fortiori quand il faisait trente degrés.

Le courant d'air suspect que Despina ne cessait de détecter en tout lieu semblait venir tout droit de l'enfer. C'était lui le responsable de ses indispositions, lui qui – elle le rappelait quatre fois par jour – causerait la mort précoce de Lefti. Quand, à deux ans et demi, Hubert-Spiros avait eu pour la première fois une vraie grippe, Trudi avait surpris Despina en train d'essayer de calfeutrer toutes les fenêtres de la pièce avec du ruban isolant et de la ouate.

— D'accord, je m'en occupe. Allez, les garçons, ordonna Trudi en faisant signe à ses fils de monter.

— On est vraiment obligés de mettre quelque chose en dessous ? demanda l'aîné, une fois sur le palier.

Trudi posa un doigt sur ses lèvres.

— Bien sûr que non, mais promettez-moi de filer sans vous faire remarquer par yaya, chuchota-t-elle.

Les enfants acquiescèrent, ravis, et prirent la poudre d'escampette.

Depuis que Despina avait annoncé sa venue à Sankt Pölten et que Lefti l'avait accueillie sans faire la moindre allusion à l'enfant d'Eleni ni aux accusations malveillantes de sa famille, Trudi avait le sentiment d'avoir perdu la liberté qu'elle avait ressentie au moment de sa rencontre avec Lefti. Despina voyait, entendait et flairait tout ce qui se passait chez eux. Peu après son arrivée, elle avait dicté ses conditions et su les défendre : la maison située dans une ruelle latérale, entre la place de l'hôtel de ville et la Kremsergasse, dont le rez-de-chaussée abritait le restaurant grec préféré de la ville et les premier et second étages les appartements de la famille Haselbacher-Zifkos, était son île grecque. En ces lieux, on parlait et on cuisinait grec, on crachait trois fois par-dessus son épaule, on préparait le café dans une cafetière à moka avec beaucoup de sucre, et l'autorité suprême n'était pas le président de la République, mais le métropolite.

En dépit de son exaspération, Trudi savait que Despina était irremplaçable. À la fin des années 1980, la cuisine grecque n'était plus aussi exotique qu'en 1975, lorsque Trudi et Lefti avaient ouvert le restaurant. Mais, contrairement à ce qui se passait ailleurs, au *Zeus flâneur* on accommodait avec amour des produits frais et la chef cuisinière connaissait vraiment son métier. Despina. Dont la mère, une manipulatrice à en croire Lefti, semblait être une femme instruite, qui n'avait jamais appris à ses jumelles à écrire correctement, mais leur avait enseigné à cuisiner à la perfection. Dans l'arrière-cour, Lefti avait construit une petite serre dans laquelle Despina faisait pousser toutes sortes d'herbes. Elle refusait d'utiliser des herbes séchées ou surgelées et tenait absolument à ce qu'elles soient fraîches. Trudi était toujours surprise de voir ce que la vieille femme parvenait à concocter avec des ingrédients simples – seules les herbes fraîches paraissaient indispensables.

Que ce soit à propos des recettes, de la tenue de la maison ou de la coupe de cheveux des garçons, Despina avait un avis sur tout. Quelques semaines plus tôt, Trudi et elle s'étaient violemment crêpé le chignon à propos de la garniture du filet de poisson. Trudi avait posé un quart de citron sur le côté gauche de l'assiette, sur quoi Despina lui avait assené un coup de cuillère en bois sur la tête en affirmant haut et fort qu'il fallait mettre un demi-citron sur le côté droit.

Lefti prenait systématiquement la défense de Despina, expliquant que ses humeurs n'étaient qu'un moyen de cacher son inquiétude à propos de sa jumelle Pagona, qui, depuis qu'elle vivait seule à Varitsi, avait développé une propension malsaine à la superstition. Apparemment, Pagona croyait déceler partout la présence de diables, démons et autres esprits. Trudi avait su plus tard que, le jour où Despina l'avait frappée de sa cuillère en bois à cause d'un citron, celle-ci avait appris que Pagona, croyant qu'un des moutons était possédé, avait fait venir à grands frais un exorciste. Or si l'animal hurlait à n'en plus finir, c'était parce qu'il avait un sabot enflammé – tel avait été le diagnostic du voisin Yorgos après que l'exorciste s'en fut allé avec tout son tralala et deux mois de paie.

Mais, pour Trudi, l'incident du citron était la goutte d'eau qui avait fait déborder le vase. Pas un instant elle n'avait songé à refuser d'héberger la mère de Lefti chez elle. Elle n'avait pas non plus critiqué Lefti quand il avait sans sourciller pardonné à sa mère. Pourtant, Despina ne s'était jamais excusée d'avoir cru aux mensonges d'Eleni sur le père de son enfant, jusqu'à ce que Trudi exhume une vieille photo du musicien, qu'elle avait, sage précaution, découpée dans le journal des années plus tôt et conservée dans le tiroir où elle rangeait ses sous-vêtements. Mais, à présent, elle en avait assez. Elle avait déclaré à Lefti et à Despina qu'elle ne lèverait plus le petit doigt si cela voulait dire avoir affaire à sa belle-mère.

Depuis quelques semaines, donc, Trudi s'occupait exclusivement des commandes et des courses, et, le soir, ne se montrait plus au restaurant.

Lefti l'implora de se calmer, le travail était bien plus agréable quand son joli postérieur était dans les environs, mais Trudi se montra inflexible :

— C'est ta mère ou moi.

Or tous deux savaient que Despina resterait irremplaçable tant qu'elle n'aurait pas livré tous ses secrets culinaires. Et, Despina le sachant aussi, elle protégeait ses recettes comme un trésor.

« Je vous expliquerai tout quand le moment sera venu », telle était sa manière de botter en touche. Lefti et Trudi avaient passé de nombreuses nuits à se dire qu'il leur faudrait sûrement utiliser leurs enfants comme agents doubles pour espionner leur grand-mère dans l'éventualité où Despina n'aurait plus la main sur le restaurant.

Trudi appréciait la pause qu'elle s'était octroyée. Elle savourait le fait que ses cheveux ne sentent plus l'huile de friture, et surtout d'être plus disponible pour ses fils. C'est alors qu'elle fit une découverte lourde de conséquences.

Tout commença par un avis inoffensif du fisc signalant qu'il manquait des justificatifs de dépenses pour l'année écoulée. Une simple notification, formulée avec amabilité. On les priait juste de vérifier les livres de comptes pour retrouver ces justificatifs, mentionnés mais non transmis. Dans leur propre intérêt.

Comme la lettre était courtoise, Trudi l'oublia aussitôt. Ce n'est que deux semaines plus tard, alors qu'elle était devant la télévision avec ses fils à regarder un enquêteur italien capricieux élucider le meurtre d'un employé des finances, qu'elle y repensa brusquement. Elle avait deviné qui était l'assassin dès la première scène. À l'inverse de Lefti, Trudi ne trouvait aucun plaisir au long processus qui menait à la vérité dans cette série télévisée, aussi se leva-t-elle d'un bond pour se mettre à la recherche des justificatifs manquants. Jusque-là, les questions financières avaient été du ressort de Lefti mais, depuis que Trudi était en grève, il n'avait plus le temps de s'occuper de quoi que ce soit.

Une heure durant, elle éplucha les classeurs où, en temps ordinaire, Lefti rangeait soigneusement les papiers, y dénicha un des justificatifs demandés, mais les autres restèrent introuvables.

Pour finir, Trudi ouvrit le *bric-à-brac* de Lefti, comme elle disait. Dans ce petit meuble de bureau, il conservait tous les résultats d'analyses médicales, articles de journaux ou prospectus publicitaires que Trudi voulait jeter, mais dont il pensait qu'un jour on pourrait avoir besoin. Ce qu'elle y mit au jour fut tout autre chose.

Trudi chancela et atterrit sur les fesses. Une enveloppe avec une liasse de documents bancaires.

Des ordres de virement à Spiros et à Pagona.

Chaque mois, cinq cents schillings. Envoyés aux proches de l'unique femme au monde qui aurait justifié le recours à un exorciste.

Sa vue se brouilla. C'était à cause de ces cinq cents schillings qu'ils partaient depuis des années en vacances à Neusiedler See au lieu d'aller en Italie. À cause de ces cinq cents schillings que Lefti roulait dans la vieille Fiat Tipo où ils étaient serrés comme des sardines. À cause de ces cinq cents schillings que Despina ne cessait de repriser la housse du vieux canapé, qui se déchirait quand les gamins sautaient dessus, parce qu'ils n'avaient pas les moyens d'en acheter un neuf. C'était Lefti qui gérait le compte familial. Jamais elle n'avait questionné cette formule vague : « Non, ça coûte trop cher. » Elle avait tout simplement pensé que Lefti était économe. Alors que c'était un menteur.

Si elle s'était écoutée, Trudi Haselbacher-Zifkos aurait foncé sur son mari avec le couteau à pain électrique reçu pour son anniversaire, au lieu d'un bijou, mais les enfants étaient encore debout. Et puis le couteau ne coupait pas bien. Alors elle prit le téléphone et appela une amie. Elle mit quelques affaires pour les enfants dans une valise, chassa ses fils du canapé où ils regardaient le film et dit :

— Les garçons, ce soir on couche chez Élisabeth, il y a des puces dans l'appartement !

Inquiets, les enfants s'habillèrent et sortirent en silence à la suite de leur mère par la porte de derrière.

— Et papa ? s'enquit Hubert-Spiros.

Trudi le pressa d'avancer, se bornant à indiquer :

— Malheureusement, les puces se trouvent dans ses cheveux.

— Mais papa n'en a presque plus, objecta Josef-Stavros en se grattant la tête d'un air soucieux.

— Papa n'a pas de cheveux, mais il a plein de poils sur la poitrine et sur le dos, c'est là que sont les puces. Et elles lui sucent le sang.

Le petit se mit à pleurer.

— Ne vous inquiétez pas, il arrivera peut-être à s'en débarrasser, mais en attendant il vaut mieux s'éloigner un peu, autrement elles nous suceront le sang à nous aussi.

Au cours de son existence, Lefti avait eu maintes fois l'occasion de se sentir seul. Mais que ce soit soir après soir à Hildesheim, dans le petit appartement miteux, parce que Eleni assistait à des meetings politiques, ou quand il avait appris que sa famille le rejetait, croyant qu'il était le père de l'enfant d'Eleni, jamais il n'avait éprouvé un tel sentiment de solitude que lorsqu'il rentra chez lui et constata que Trudi et les enfants avaient disparu. Les avis de virement à Spiros et à Pagona étaient posés sur le lit.

Cette nuit-là, Lefti apprit deux choses.

Il n'y a pas pire solitude que celle dont on se sait responsable.

Et pire encore est la solitude quand on sait qu'on ne devrait pas être seul.

Trudi, qui s'était réfugiée dans le quartier sud de Sankt Pölten, chez une amie de jeunesse, apprit elle aussi quelque chose au cours de ces journées de séparation, où elle put observer Élisabeth et son mari Ernst. Ernst était un autochtone pure souche, outrageusement fier d'être né à Sankt Pölten, d'y avoir fait sa scolarité et de travailler pour l'entreprise Voith, une grande et célèbre usine fabriquant des turbines. Il était fier de ses performances au club de tir, lequel se réunissait le lundi. Il était fier d'être le trésorier de l'association des joueurs de bowling, qui siégeait le mardi dans un bistrot. Il était fier de n'avoir encore jamais manqué le schnaps du parti des travailleurs, le mercredi. Il était fier de retrouver ses amis à la table d'habitués chaque jeudi depuis qu'il était en âge scolaire. En voyant cela, Trudi se sentit soudain fière d'avoir un mari qui passait chaque minute de son temps libre avec ses fils. Qui ne serait jamais allé au bowling sans elle. Qui même lors des soirées les plus exténuantes, quand le restaurant était bondé, employait ses trois minutes de pause à s'occuper de ses fils. Qui n'était membre d'aucune des cent cinquante mille associations qui marquaient la vie sociale de cette ville. Et qui voulait juste être un père qui s'agenouillait sur le sol pour que ses gamins puissent grimper sur ses épaules et attraper les étoiles. Lefti n'avait pas d'amis, pas de passe-temps, Lefti avait sa famille.

Et Trudi comprit qu'un homme comme lui ne pouvait pas laisser tomber sa parenté. Même quand celle-ci était injuste à son égard.

Chez ses amis de Sankt Pölten, le dimanche était dévolu à la famille. La matinée commença par des cris et des pleurs parce que ni les enfants ni le paterfamilias ne voulaient aller à l'église et qu'Élisabeth imposa sa volonté au moyen de quatre gifles. Pendant qu'après l'office elle se démenait frénétiquement dans la cuisine pour préparer un repas dominical digne de ce nom, Ernst prit la voiture et alla chercher sa mère à la maison de retraite. Durant le déjeuner, Trudi et ses fils furent pris de peur. La vieille femme était assise en silence dans sa chaise roulante, les yeux perdus dans le vide. Personne ne s'occupait d'elle à l'exception des enfants d'Élisabeth, qui s'amusaient à la bombarder de petits pois. Ernst n'ouvrit la bouche que pour critiquer la viande, trop sèche à son goût. Ensuite, il prit une bière et s'installa devant la télévision. Pendant qu'elle faisait la vaisselle, Élisabeth entrechoquait les assiettes de manière passive-agressive. Dans son fauteuil roulant, la vieille femme restait plongée dans l'apathie tandis que les enfants suivaient le tracé de ses artères au stylo-feutre.

— Le dimanche est vraiment un jour formidable, hein ? dit Ernst à Trudi lorsqu'elle vint débarrasser la quatrième bouteille de bière vide.

Pour toute réponse, Trudi se rendit dans la chambre d'amis, refit la valise sans un mot et en cachette, puis appela un taxi.

— Venez, les garçons, on rentre à la maison, les puces sont parties !

Le royaume des Amazones

Le soleil ne s'était pas encore levé, mais les rayons qui le devançaient éclairaient l'horizon au-dessus de la mer. Sur la plage de l'hôtel Aspasía-Sunshine-Beach-Paradise gisaient des algues, deux poissons morts, quelques crabes rejetés sur la côte et une botte en caoutchouc qu'un pêcheur avait sacrifiée à Poséidon avec force jurons. Peu après six heures, les premiers employés viendraient nettoyer le sable avec des râteaux tandis que les cuisiniers du petit déjeuner prépareraient le buffet. Mais, pour l'heure, le sommeil profond du petit matin enserrait encore le complexe hôtelier dans son étreinte, et un bernard-l'ermite pouvait en toute tranquillité vérifier si parmi les cannettes de bière déposées par les flots durant la nuit il ne se trouvait pas un nouveau logis qui puisse lui convenir.

Le calme régnait également dans l'espace piscine entre plage et hôtel. Il n'y avait pas d'enfants pour faire la démonstration de leur plus beau plongeon bombe ; de jeune couple s'enduisant mutuellement le dos de crème ; de serveur manœuvrant entre les chaises longues des plateaux de cocktails décorés de petits parasols colorés et de brochettes de fruits. Les transats étaient encore disposés parallèlement les uns aux autres, tels qu'ils avaient été rangés la veille au soir, après le départ des derniers clients qui se rendaient au buffet.

Seule la pompe de filtration du petit bassin émettait un bourdonnement exagérément bruyant après qu'une paire de lunettes de plongée abandonnée eut été aspirée par la buse d'entrée.

Et pendant que pompe et lunettes se livraient un combat acharné à qui sortirait indemne de la rencontre, un retraité de l'administration néerlandaise se réveillait sur une chaise longue. Estimant le trajet de la discothèque de la plage de Politouranou jusqu'à sa chambre trop fatigant, il avait déclaré forfait sur les derniers mètres et s'était pelotonné sur un transat avec une serviette. Le matin était frais, Jan-Henrik de Waart sortit de son sommeil, palpa son pantalon blanc de soirée à la recherche de sa clé de chambre et fut content de l'avoir préventivement attachée avec un élastique à sa ceinture. Il se leva, s'étira et se dirigea d'un pas chancelant vers l'entrée de l'hôtel. Mais, avant de franchir la porte coulissante, il aperçut les coffres dans lesquels les clients pouvaient prendre des serviettes de bain. Ils n'étaient pas fermés et, en cette heure matinale, Jan-Henrik de Waart, enivré par une nuit de Bacardi-Coca, flaira la chance unique de devenir un héros et d'œuvrer pour le bien de son peuple. Il piocha dans les coffres, se saisit d'un tas de serviettes et les posa sur les chaises longues les plus convoitées, celles qui étaient situées au bord du bassin. Ainsi ses compatriotes qui, à son image, faisaient la fête la nuit et dormaient le matin seraient-ils au moins une fois bien installés au lieu d'être exilés tout au fond, dans un endroit qui sentait la pisse de chat au soleil de midi, en raison des manœuvres stratégiques des Allemands qui, avant même de prendre leur petit déjeuner, couraient à la piscine réserver les meilleures places. Jan-Henrik de Waart eut un sourire de grenouille à grande bouche et rentra cuver son vin. Dans le petit bassin, la pompe émit un râle, s'échauffa et rendit l'âme. Les lunettes de plongée remontèrent intactes à la surface. David avait vaincu Goliath.

— Et à la prochaine expiration, on relâche la tension, mais sans mollir, et on revient très lentement à la position initiale. Et *fououououou,* souffla Eleni.

Elle baissa le bassin et se retrouva dans la position à quatre pattes, imitée une fraction de seconde plus tard par la dizaine de femmes qui, face à la mer, sur des tapis de yoga couleur turquoise, quittèrent la posture du chien tête en bas.

— À présent, on fléchit les jambes, on allonge les orteils et on prend la position quadrupède. On expire, dos rond, on inspire, dos creux, on expire, dos rond, comment fait-il, le chat ? Colonne vertébrale vers le haut. Vous, là-bas derrière, le haut, c'est l'endroit où se trouve le ciel ! On expire, dos rond, on inspire, dos creux !

Eleni se releva d'un bond et se mit à déambuler entre les femmes agenouillées sur le sol qui s'étiraient et s'enroulaient de nouveau à la respiration suivante, posant la main sur des ventres, aidant à pousser le dos vers le haut. Chaque été, Eleni Aniston s'étonnait que l'on puisse désapprendre à l'âge adulte des enchaînements de mouvements que les enfants trouvaient tout simples et naturels. Elle était désormais habituée à ce que nombre de touristes soient incapables de rester debout sur une jambe, et a fortiori de poser un pied sur leur cuisse puis de pousser les fesses vers l'arrière. Mais lorsque, sur six Anglaises, il n'y en avait qu'une seule qui sache faire le dos rond, elle finissait par se demander si en Grande-Bretagne on connaissait les chats.

— À la prochaine expiration, on revient dans la position quadrupède. *Fououou.* Très bien.

Eleni regagna son tapis.

— On inspire et on contracte son centre intérieur, on amène le périnée vers le ventre, on respire par le ventre comme dans un immeuble à plusieurs étages, premier étage, *fououou.* Deuxième étage, *fououou.* Troisième étage, *fououou.* Quatrième étage, *fououou.* On fait respirer la paroi abdominale. *Fououou.* On fait respirer la paroi abdominale. *Fououou.*

Du *ghetto blaster* d'Eleni, le dernier article d'importation que Milton avait encore eu le temps de commander avant sa mort, s'échappait un son de marimba. Du coin de l'œil, Eleni vérifia si ses élèves suivaient toujours. Certaines s'endormaient au moment de la relaxation, surtout les Anglaises et les Hollandaises, qui pensaient pouvoir évacuer leurs péchés de la veille par le yoga.

Depuis la mort de Milton, Eleni avait repris la direction de l'hôtel, mais elle n'en donnait pas moins chaque jour un cours de yoga. C'était une manière de montrer aux membres du personnel qu'elle était des leurs. Au cours des années passées, tous les employés locaux, à l'exception de deux réceptionnistes, avaient démissionné. L'île se portait bien, nombre de gens ouvraient eux-mêmes des pensions ou des commerces, mais la plupart jugeaient en dessous de leur dignité d'accomplir des travaux subalternes sous les ordres d'une femme. Désormais, le personnel était presque exclusivement albanais et, le soir après le travail, Eleni passait du temps avec eux à agiter des idées communistes.

— Chef ! chuchota Chavet, un jeune homme de Tirana qui était de service à la piscine ce jour-là.

— On continue à respirer, indiqua Eleni aux vacancières. Qu'est-ce qu'il y a ? murmura-t-elle.

— Il faut que vous veniez. À la piscine, c'est la guerre.

Eleni mit fin au cours et, laissant le *ghetto blaster* allumé, les tapis de yoga déroulés dans l'espace activités, elle partit en toute hâte avec Chavet. Cet espace était une terrasse dotée d'un parquet en bois sous un pavillon où avaient lieu les cours de gymnastique, les cours de yoga et les conférences. C'était là que Milton avait eu pour dessein de bâtir sa villa directoriale mais, après sa mort, Eleni avait décidé, au grand agacement d'Aspasía, que sa fille et elle n'avaient pas besoin d'une maison, elles pouvaient très bien loger à l'hôtel, en plus ce serait moins compliqué parce qu'on n'aurait pas à faire soi-même la cuisine, la lessive ou le ménage. Eleni ignorait que c'était justement ce dont sa fille avait envie. D'ailleurs elle avait le sentiment de ne pas la comprendre. Un an plus tôt, Aspasía avait claqué la porte du lycée et était entrée en apprentissage dans un salon de coiffure. Eleni avait fait tout ce qui était en son pouvoir pour lui interdire cette voie, mais Aspasía avait réussi à imposer sa volonté. De toute façon, depuis la mort de Milton, elle n'écoutait plus sa mère. Eleni savait qu'elle ne lui pardonnait pas d'avoir gardé les yeux secs, de ne pas s'être drapée de noir comme les veuves de l'île et de s'être jetée à corps perdu dans le travail. Eleni avait tenté de s'expliquer, mais Aspasía était jeune et têtue. Elle ne voulait pas comprendre qu'il fallait regarder en avant et ne pas passer son temps à déplorer le passé au risque de sacrifier le présent.

Avant même d'arriver à la piscine, Eleni entendit des voix excitées qui se querellaient. Elle tourna à l'angle du bâtiment et aperçut les époux de ses élèves de yoga engagés dans une violente dispute, ils voulaient savoir qui avait eu l'impudence de se lever aux aurores pour occuper toutes les bonnes places.

— Calmez-vous, s'il vous plaît, lança aussitôt Eleni, en anglais et en allemand, afin d'apaiser les esprits.

Personne ne fit attention à elle. Les grossièretés fusaient, vilaines accusations, concentré de haine. La seule chose qui unissait ces hommes, c'était leur teint rouge écrevisse, résultat d'une exposition au soleil brûlant de midi.

Alors qu'Eleni se demandait si elle n'avait pas intérêt à braquer le tuyau d'arrosage sur ces coqs de basse-cour, Chavet chuchota :

— La pompe de filtration du petit bassin est cassée, elle ne peut plus évacuer le pipi des enfants.

— Il ne manquait plus que ça, marmonna Eleni.

Elle se surprit à penser à Milton. Parfois, quand elle n'en pouvait plus, quand elle avait le sentiment que l'hôtel la dévorait, lui volait le temps qu'elle aurait pu consacrer à Aspasía, la tristesse se frayait un chemin en elle. Elle recommençait à se reprocher de n'avoir pas mieux veillé sur lui. Eleni détestait les médecins, elle avait toujours déconseillé à Milton de consulter, lui assurant qu'il valait mieux manger sainement et faire du sport. Mais cela n'avait pas suffi. Elle leva les yeux vers le ciel et aperçut au nord, en direction de l'île principale, un énorme nuage orageux qui se profilait. L'horizon était si sombre qu'il ne faudrait pas plus de quelques heures pour qu'il pleuve, songea-t-elle. Elle se tourna vers Chavet.

— Bah, laisse-les se disputer. De toute façon, quand la pluie arrivera, ils rentreront tous et ils se réconcilieront autour d'une bière. Et s'il pleut vraiment autant que le promet ce nuage, quoi qu'on fasse le petit bassin débordera. Pas la peine de s'inquiéter.

Elle retourna à la plage pour mettre le *ghetto blaster* à l'abri, sans soupçonner ce qui se préparait entre-temps sur l'île principale.

Pendant que le sud de Makarionissi prenait ses dispositions en vue de l'orage, l'île principale était la proie de la foudre et du tonnerre. Il pleuvait des cordes et des hallebardes, mais dans un petit salon de coiffure du centre-ville, dont les fenêtres étaient masquées par de lourds rideaux de velours rouge et où le bruit des sèche-cheveux couvrait la radio, c'est tout juste si l'on savait qu'à l'extérieur c'était la fin du monde. Seule Mme Stavromanoudis, propriétaire de ce salon de coiffure et de beauté, éprouvait une curieuse sensation au creux de l'estomac. Son petit doigt tressaillait si violemment qu'il ne lui fut pas nécessaire de regarder au fond de sa tasse de café pour savoir que, ce jour-là, il se produirait quelque chose. Assise sur un tabouret derrière la caisse, elle observait sa plus jeune employée, Aspasía, qui enroulait habilement un bout de fil retors autour de son cou, le nouait sur sa poitrine et se servait des extrémités pour façonner les sourcils d'une cliente. Mme Stavromanoudis massa ses doigts gonflés et bleuâtres, impossible de deviner d'où viendrait le désastre.

— N'oublie pas de te mettre ensuite de la crème sur les mains, dit-elle à Aspasía, penchée avec la plus extrême concentration sur le visage de la cliente, en tapotant le distributeur de crème.

Le jour où Aspasía s'était présentée, elle avait tout de suite su qu'elle avait trouvé celle qui lui succéderait, que cette fille pourrait apprendre tout ce dont ses autres employées étaient incapables. La propriétaire du salon de coiffure n'arrivait pas à comprendre pourquoi la jeune fille avait dû interrompre sa scolarité en raison de ses difficultés de concentration. Quand Aspasía travaillait, rien ne pouvait la distraire, elle s'attachait aux moindres détails avec une méticulosité et un soin incomparables jusqu'à ce que le résultat soit parfait. Et toutes les clientes qui avaient eu affaire à elle au cours des dix-huit derniers mois étaient reparties satisfaites. La seule à ne pas afficher de satisfaction était la mère, chose incompréhensible pour Mme Stavromanoudis. L'hôtel ne durerait pas éternellement. L'art de l'embellissement, en revanche, était un métier susceptible de résister aux crises, qui avait toujours existé et existerait toujours. Y avait-il des hôtels dans l'Antiquité ? Bien sûr que non. En revanche, toute Romaine qui se respectait avait une esclave affectée aux soins cosmétiques et, dans le musée archéologique de l'île principale, on avait reconstitué un salon de beauté antique avec fauteuil de barbier, miroir, ciseaux, peigne, éponges, bandeau, pierre à aiguiser, fer et épingles à cheveux, en se fondant sur un papyrus qui expliquait comment teindre les cheveux en noir à l'aide de sangsue putréfiée, de vin et de vinaigre. Tout cela, Mme Stavromanoudis l'avait expliqué à Eleni Aniston et, au bout d'une heure de discussion acharnée, celle-ci avait accepté à contrecœur de laisser Aspasía en apprentissage, avait tourné les talons et s'était précipitée hors de la boutique. Mme Stavromanoudis avait serré Aspasía dans ses bras. « Elle s'y habituera », avait-elle dit. « Elle ne sera jamais fière de moi », avait répondu Aspasía.

La porte du petit salon s'ouvrit, et Mme Stavromanoudis sentit l'odeur de la pluie qui se déversait du ciel avant même que le désastre eût franchi le seuil. L'ingénieur secoua son parapluie, ce qui ne l'empêcha pas d'introduire de l'eau dans la boutique. La vieille dame vit Aspasía suspendre son geste, tourner les yeux vers l'entrée et sourire timidement. L'ingénieur, avec ses jambes de pantalon mouillées et ses vêtements humides, sourit de même. Mme Stavromanoudis s'interposa dans leur champ visuel.

— Encore vous, monsieur l'ingénieur ? On vous voit plus souvent que les ménagères qui s'ennuient !

Il eut un sourire gêné ; Mme Stavromanoudis le fixait d'un air sévère. Au cours de ses longues années d'exercice, elle n'avait jamais ridiculisé un client, mais l'ingénieur le méritait. Depuis qu'Aspasía l'avait coiffé pour la première fois, six mois plus tôt, il faisait constamment rafraîchir sa coupe. Au début, il avait eu la décence de ne venir qu'une fois par mois. À présent, c'était tous les quinze jours.

— C'est que j'ai les cheveux épais. Et votre jeune dame s'y entend. Elle sait s'y prendre.

Mme Stavromanoudis le regarda droit dans les yeux. L'ingénieur Filippo Floridis. Marié, sans enfants. Assez vieux pour être le père d'Aspasía.

— Aspasía est occupée. Je vais vous désépaissir les cheveux.

— Non, lança la jeune fille de l'autre bout du salon. Ce n'est pas la peine, Kyria, je peux m'en charger. J'ai bientôt fini. Monsieur Floridis, asseyez-vous là-bas.

Mme Stavromanoudis croisa les bras sur sa poitrine.

Dehors, la pluie crépitait sans interruption sur les pavés. Mme Stavromanoudis ne quittait pas des yeux le fauteuil où était assis l'ingénieur Floridis, qui faisait rire Aspasía. C'était vraiment un bel homme, aucun doute, avec son épaisse chevelure noire, qu'il portait brossée en arrière. Visage anguleux, lèvres ourlées, pas le genre lèvres de poisson. Et un sourire engageant. Mais il était marié, et Aspasía adolescente. Après avoir payé, il demanda :

— Aspasía, il pleut vraiment beaucoup, voulez-vous que je vous conduise jusqu'au ferry ?

Et Aspasía, qui ne se faisait jamais reconduire au ferry par les clients, qui était modeste et se rendait toujours au port à vélo, quel que soit le temps, répondit avant même que Mme Stavromanoudis pût intervenir :

— Ce serait gentil.

Et lorsque Aspasía eut pris son manteau et fut sortie dans la rue, l'ingénieur sur les talons, il se mit à pleuvoir sur le sud de Makarionissi.

Trois mois plus tard, Eleni observait du balcon les employés qui préparaient l'hôtel pour l'hiver. Ils récupéraient les chaises longues sur la plage et les rangeaient à la cave, empilées comme des Lego. Les parasols étaient emmaillotés dans du plastique, les plantes qui longeaient la grille de la terrasse transportées sous l'avant-toit, où elles seraient à l'abri des vents hivernaux. Dans quelques jours, ils seraient presque tous partis, seuls resteraient Eleni, Aspasía et cinq ou six personnes, qui assureraient le tout-venant. Ce matin encore, Eleni se serait réjouie de ce retour à la paix, mais à présent elle appréhendait les intempéries. Enveloppée dans une couverture, elle contemplait la terrasse, ses employés, la mer. Si seulement il y avait eu quelqu'un pour la protéger elle aussi de l'hiver.

Aspasía était assise dans la suite, les jambes repliées contre le corps. Son visage était gonflé, ses yeux rougis, elle avait tout avoué à une Eleni pétrifiée.

— Mais regarde-toi, tu n'es qu'une enfant, dit celle-ci en refermant la porte du balcon et en réintégrant la pièce.

Aspasía renifla.

— Alors comme ça, c'est ma faute ? Tu veux me montrer que je n'ai pas été assez présente, que je ne me suis pas suffisamment occupée de toi ?

Eleni s'était promis de rester calme, de ne pas faire de reproches à Aspasía. De ne pas envenimer la situation. D'agir comme Milton l'aurait fait. Mais elle avait la voix tremblante. Elle n'était pas Milton.

— Enfin, Aspasía, regarde autour de toi. Tu as tout. Tu n'as jamais eu faim, je ne t'ai jamais rien imposé, tu as toute la liberté souhaitable, tout t'est ouvert, et toi, qu'est-ce que tu fais ? Tu fricotes avec un vieux type ! Tu te fais engrosser ! Tu croyais vraiment qu'il quitterait sa femme ?

Incapable de refréner sa colère, Eleni empoigna la lampe de chevet et la fracassa au sol. Aspasía sursauta. Eleni piétina l'abat-jour et ne s'arrêta que lorsque l'ampoule se brisa sous ses semelles. Elle repensait à son adolescence.

À l'époque, au début des années 1960, avant que la junte ne s'empare du pouvoir, le climat politique dans lequel elle avait grandi s'était brièvement adouci. Les gens s'étaient remis à parler politique, chez eux, mais aussi dans la rue, sur les places, dans les cafés et même sur les marchés. Et ils ne parlaient pas seulement de ce qui était autorisé. Au Bas Village, on voyait de plus en plus d'habitants du Haut Village. Sauf chez les Stefanidis. Chaque fois qu'Eleni voulait discuter de ce sujet, Spiros frappait du poing sur la table : « Tais-toi. » Mais plus Eleni grandissait, moins elle avait envie d'obéir. Elle pensait à Christina, dont le mari était parti travailler à l'étranger et qui restait à la maison avec deux petits enfants. Elle pensait à Foti, qui trouvait son époux répugnant. Christina et Foti s'étaient toujours tues, elles s'étaient toujours conformées à ce qu'on exigeait d'elles. Eleni entendait dire dans les cercles de gauche qu'elle n'avait pas à garder le silence. Qu'elle pouvait se battre. Qu'elle avait des droits, qu'elle ne valait pas moins que son cousin. Entre-temps, les femmes avaient obtenu le droit de vote. Alors Eleni commença à lutter, à se rebeller contre son père qui, semaine après semaine, lui rougissait les joues de ses gifles. Elle se rebella même contre sa grand-mère.

« Eleni, pense à moi, lui dit un jour yaya Maria après avoir trouvé un livre interdit dans la chambre de sa petite-fille.

— Ce sont mes affaires, répliqua Eleni.

— Tu es une femme, répondit la grand-mère, qui était âgée déjà et fragile. Alors comporte-toi en conséquence et ne fais pas honte à ta famille. »

Sur ce, elle jeta le livre au feu. Eleni fulmina, elle avait emprunté l'ouvrage à un vieux couple de communistes, « Prends-en bien soin, avait dit l'homme, il est difficile de se le procurer. » Elle repensa à eux : lui, partisan, incarcéré sur l'île du Diable ; elle, leur apportant son concours, enfermée des semaines durant dans la prison pour femmes. Puis elle vit sa grand-mère, qui s'était toujours élégamment tenue à l'écart des conflits. Ne se souciant que de ses intérêts, veillant à la préservation de l'héritage, de la famille. Qu'étaient ce bout de terre, le bétail, la maison en comparaison de la liberté ? De l'égalité ? Du droit à disposer de soi ? Et Eleni avait levé la main, flanqué une gifle à sa yaya et pris la fuite.

Elle s'était cachée pendant quatre jours chez les vieux communistes. Mais, à son retour, la famille avait fait comme si de rien n'était. Et lorsqu'elle s'était retrouvée seule avec sa yaya, celle-ci lui avait dit d'un air sévère :

« Je te pardonne. Tu es jeune, stupide, et tu ne sais pas ce qui est bon pour toi. Mais je peux t'assurer que, quand tu auras toi-même une famille, tu repenseras à cette journée et tu comprendras. »

Aspasía se moucha bruyamment, se leva et jeta le mouchoir dans la corbeille à papier. Elle rassembla les débris de la lampe en silence.

— J'espère que tu t'es bien défoulée, dit-elle d'une voix calme. J'ai l'intention de garder l'enfant. Si tu es encore fâchée, il y a la télévision. Je vais t'apporter un marteau.

— Aspasía, je ne veux que ton bien, répondit Eleni d'un ton résigné.

La jeune fille jeta l'abat-jour et l'armature de la lampe à la poubelle et alla se laver les mains dans la salle de bains.

— Tu dis toujours que je ne te ressemble pas du tout. Et c'est vrai. Je n'ai pas besoin d'aller en Allemagne ou en Amérique. J'aime le monde comme il est. Je n'ai pas envie de le changer. Mais il y a un truc où on est pareilles : moi aussi, j'aurai mon enfant toute seule. Je n'ai pas besoin de mari pour ça. Tu m'as montré que c'était possible. Et j'ai une chance de faire mieux.

Elle sortit de la pièce.

Sans claquer la porte. Elle la referma doucement.

À peine fut-elle seule qu'Eleni comprit. Elle avait peur, mais sentit son cœur prêt à exploser tant elle était fière de sa fille.

Quatre semaines plus tard, alors que la tranquillité de janvier régnait sur l'hôtel, le concierge appela Eleni au téléphone, lui demandant de venir de toute urgence, un couple insistait pour lui parler. Eleni pensa tout d'abord qu'il s'agissait de travailleurs immigrés albanais en quête d'un emploi pour la saison suivante. Mais la femme était pâle et très maquillée. L'homme était grand, il avait d'épais cheveux noirs, un beau visage fin et des lèvres ourlées. Il était soigné, très élégamment vêtu, et, avant même qu'il puisse se présenter, Eleni perçut son indéniable ressemblance avec Milton. Elle comprit.

— Dehors ! hurla-t-elle.

Elle saisit un vase placé là pour la décoration et le lança sur l'ingénieur, dont les yeux écarquillés montraient qu'il s'était représenté sa première rencontre avec la grand-mère de son futur enfant sous d'autres auspices.

Filippo Floridis recula. La femme à son côté retint son souffle.

— Nous trouverons une solution ! cria-t-il, désespéré. Je reconnaîtrai l'enfant, ma femme veut l'adopter, elle l'aimera comme le sien !

— Fumier, espèce de malade ! beugla Eleni, cherchant du regard un autre projectile.

— L'enfant aura tout ce dont il a besoin et Aspasía pourra prendre le temps de grandir. Je lui paierai même des dommages et intérêts. Je vous en prie, il faut que nous parlions !

Eleni empoigna le balai à franges et le pointa comme une épée sur l'ingénieur.

— Elle est mineure ! Elle n'a pas la moindre idée de ce que ça signifie !

Eleni leva la main, l'ingénieur fit un saut de côté, glissa, s'effondra sur le sol et sa tête heurta rudement le marbre.

— Filippo !

Alertée par les cris, Aspasía dévala l'escalier.

Étendu sur le sol, l'ingénieur gémissait. Le concierge attrapa le téléphone pour appeler l'ambulance par mesure de précaution. Le souffle court, Eleni était penchée sur Filippo Floridis, brandissant son balai d'un geste menaçant.

— Personne n'enlèvera son enfant à ma fille ! Personne ne m'empêchera d'être grand-mère ! Quant à votre argent, vous pouvez le garder.

Cramponnée au bras de sa mère, la respiration haletante, Aspasía releva le menton comme le faisait Eleni :

— Nous n'avons pas besoin d'hommes. Ni l'une ni l'autre !

Le royaume des Amazones ne demeura que cinq mois sous la domination des femmes, car en juin 1991 ce ne fut pas un, mais deux garçons qui vinrent au monde, pour en devenir aussitôt les maîtres adorés. Manolis Aniston, trois kilos vingt et cinquante et un centimètres. Et un quart d'heure plus tard, Iannis Aniston, trois kilos cinq et quarante-neuf centimètres. Eleni embrassa ses petits-fils et les promena pendant des heures, si bien que les infirmières durent la menacer de prévenir le service de sécurité si elle ne les rendait pas sur-le-champ. Eleni regarda les nourrissons : ses boucles à elle, la couleur de cheveux d'Aspasía, la bouche de Filippo, les yeux d'Otto.

« Mes chéris, je serai la meilleure, la plus formidable yaya du monde. Et je ne vous dirai jamais ce que vous devez faire ou pas », promit-elle. Et elle remit les enfants à la puéricultrice avec la ferme intention de ne plus jamais les rendre à qui que ce soit quand ils auraient quitté l'hôpital.

CHANT VII

Où l'on voit le temps filer comme l'éclair,
les petits princes susciter la fierté
du héros et de l'héroïne,
croître et prospérer, vivre des aventures,
combattre des monstres,
devenir adultes et découvrir enfin que,
dans un royaume,
la princesse ne peut avoir qu'un seul soupirant.

Qui est le roi Otto ?

1) La souffrance qu'on perçoit dans sa voix éveille chez le public un sentiment de sincérité.

2) Le tourment qui se lit dans ses yeux donne l'impression qu'il ne saurait y avoir plus malheureux que lui en cet instant.

3) Ses mélodies sont des bouées dans la mer de la nostalgie, les auditeurs s'y cramponnent pour se sentir compris le temps d'une chanson.

4) En fait, toutes ses chansons parlent de la même chose : femmes fortes, nostalgie, perte, amour, malheur → cœur-souffrance.

5) Structure de la mélodie et du texte d'une simplicité absolue ; on les identifie au bout de trois accords. Et trois quarts des gens chantent avec lui.

6) Les refrains s'enfoncent dans les canaux émotionnels du public comme des hameçons. Les filles ont les larmes aux yeux.

7) Beaucoup d'impératifs et de suppliques. Comme si chanter était pour lui une question de vie ou de mort.

8) Adorno se retournerait dans sa tombe.

Nico Moritz referma son bloc-notes, rangea son stylo-plume dans la poche de sa veste et se renfonça sur son siège pour observer, bras croisés, la suite du concert. Il avait amplement de quoi rédiger son grand portrait de la star qui brillait au firmament de la musique allemande : le roi Otto. Cela faisait des semaines qu'il se documentait, sur son bureau les dossiers étaient déjà bourrés à craquer. Un fils de paysan, qui avait fui un internat bavarois et atterri à Hildesheim. Faisait son apparition au début des années 1970 sur la scène alternative des auteurs-compositeurs avec un premier album : *Cheveux dans les yeux.* Textes politiques sur le courage civique et la puissance de l'individu. Quelque chose de Bob Dylan, énorme succès, hymne hippie légendaire, et ensuite : silence. Overdose. Longue cure de désintoxication. Avait failli y passer. Une erreur, dixit la maison de disques, jeunesse difficile. Guéri à en croire le médecin – sans doute payé par la maison de disques. Et cinq ans plus tard, l'album : *Où es-tu ?* Premier au hit-parade. Tournée en Allemagne, trois représentations supplémentaires à Cologne, Munich et Francfort. Un an après : *Amour infini,* numéro un des ventes pendant cinquante et une semaines consécutives. Tournée plus longue. Salles plus grandes. Les organisateurs jubilent. La maison de disques aussi, bien sûr. Habitué des plateaux télévisés. Et maintenant, après une courte pause : *La Mer de la nostalgie,* accession au panthéon de la variété allemande.

Nico Moritz contemplait la scène : un T à hauteur de poitrine assiégé de cinq côtés par des femmes piaillantes. Autour des places debout, les gradins étaient bondés, mais personne n'était assis, pas même les hommes, à qui cette idolâtrie aurait dû être suspecte et qui étaient là à battre des mains et à se balancer en cadence. Nico Moritz eut envie d'une bière. Le jeune journaliste avait interviewé des critiques musicaux, des producteurs, des fans, des organisateurs, des compagnons de route et cent cinquante autres personnes. Il avait également rencontré Otto à trois reprises déjà. Il connaissait tout ce qui avait été écrit sur lui. Mais il lui restait une chose à tirer au clair : qu'est-ce qui avait pu pousser un chanteur, auteur de textes politiques, à jeter tous ses idéaux par-dessus bord et à fredonner les ballades sentimentales les plus sirupeuses de toute l'histoire musicale allemande, vêtu d'un costume bleu scintillant, avec lunettes de soleil et brushing ? Les musicologues avec lesquels Nico avait discuté se rejoignaient tous sur ce point : chansonniers et chanteurs de variétés, en Allemagne, il n'y avait quasiment aucune différence. Que ce soit sur le plan de la musique ou des textes, la frontière entre l'art et le kitsch était si mince qu'elle avait souvent tendance à s'effacer. La maison de disques avait juste dit qu'Otto s'était reconverti, voilà tout, mais Nico Moritz soupçonnait autre chose derrière tout cela.

Il se trouvait au dernier rang des gradins, où la vue était bonne et l'ambiance un peu moins échauffée.

Le public avait les larmes aux yeux. Extase collective. Quatre rappels. Bon nombre de fans qui ne voulaient pas partir et s'accrochaient à l'espoir que le roi Otto reviendrait. Puis les videurs qui, alors que les spectateurs s'apprêtaient enfin à rentrer chez eux, évacuèrent brutalement la salle. Puis les employés du service de nettoyage, armés de balais, qui mirent tous les sous-vêtements, roses et peluches dans des poubelles noires.

Que se passait-il dans la tête de ce type ? se demandait Nico Moritz. Il fut hélé par un petit homme à la voix haut perchée.

— Vous pouvez venir !

Le journaliste le suivit, descendit les gradins, traversa la scène, emprunta le couloir sombre des coulisses, troisième loge à gauche, lumière atténuée.

— Asseyez-vous là, Otto arrive tout de suite.

Nico Moritz examina la loge : pas de grigris, pas d'objets personnels. Comme partout où il avait rencontré Otto. À croire que cet homme n'avait pas de sentiments, pas de désirs, pas de regrets, que tout cela n'existait que dans ses chansons. Visiblement épuisé, Otto entra en trébuchant. Il s'assit sur la chaise pivotante, soupira, regarda le jeune journaliste musical dans les yeux et dit :

— En fait, j'ai pas du tout envie d'une interview. J'ai faim.

Il se leva alors, se débarrassa de son manager, qui l'avait pris par le coude pour le retenir, et fila.

Au cours des sept semaines suivantes, Nico Moritz essaierait obstinément de découvrir ce qui se cachait derrière ces yeux tristes. Il assisterait à tous les concerts du chanteur, irait même dans le bled bavarois où le musicien avait grandi, se verrait accorder une longue interview en guise de dédommagement, mais ne trouverait pas la réponse à sa question.

Pourtant, il lui aurait suffi de demander à Otto ce qu'il mangeait après le spectacle. Ou de le suivre. Il se serait alors rendu compte que, dans chaque ville, Otto allait dans un restaurant grec. Et il l'aurait vu demander à parler au propriétaire, se rendre en cuisine, rassembler tout le personnel et poser la question suivante :

« Connaissez-vous Eleni Zifkos ? Une grande tignasse brune et bouclée ? Et un enfant de – et là, Otto ajoutait chaque hiver une unité de plus – … ans ? »

Alors Nico Moritz aurait compris ce qui faisait marcher le roi Otto : la nostalgie de cette femme. Et l'espoir que dans un restaurant quelconque, dans une communauté grecque quelconque de ce pays, quelqu'un connaîtrait Eleni ou du moins aurait entendu parler d'elle. Si le journaliste avait abordé le sujet avec Otto, celui-ci lui aurait expliqué qu'Eleni ne passait jamais inaperçue. Qu'elle parlait haut et qu'elle se battait pour défendre ses convictions, qu'on la remarquait.

Si Nico Moritz avait eu connaissance de tout cela, il aurait sûrement proposé à Otto de l'aider. Mais de toute façon, il est probable que cela n'aurait rien donné, car Otto ne cherchait pas dans le bon pays. Il aurait assuré à Nico

Moritz que, oui, Eleni se cachait, mais que jamais au grand jamais elle ne serait retournée en Grèce, elle qui ne cessait de déblatérer contre ce pays où on l'avait emprisonnée et forcée à garder profil bas.

Pour Otto, le temps s'était arrêté. Et il ne lui venait pas à l'idée que, pour Eleni, il avait poursuivi sa course.

De l'intérêt d'un trou dans le sol

La zone piétonnière de Sankt Pölten était calme. C'était un soir de février exceptionnellement chaud de l'année 1999. Dans la Schreinergasse, un monsieur d'un certain âge promenait son pinscher ; dans la Kremsergasse, une dame sortait son dalmatien ; sur la place de la cathédrale, deux adolescents assis sur le dossier du banc des retraités, les pieds sur le siège, les mains croisées, se demandaient comment passer le temps en cette soirée des plus ordinaires où les clubs étaient fermés, les bars désertés, où le multiplexe ne projetait que des films qu'ils connaissaient déjà et où la salle de billard était privatisée.

C'est alors que se répéta une scène qui se produisait chaque soir depuis presque vingt ans. Tout d'abord, un grand *plouf*. Une femme de soixante-dix-neuf ans, venue des montagnes à la frontière gréco-albanaise, les cheveux dissimulés sous un foulard noir, son petit corps voûté vêtu d'une blouse blanche de travail, déversa un seau rempli de graisse recuite, d'eau de vaisselle et de reliefs de nourriture dans les égouts, à droite du restaurant grec *Au Zeus flâneur.* Elle n'avait pas fini d'envoyer le contenu par le fond qu'une fenêtre s'ouvrit, au premier étage de l'immeuble d'en face.

— Vous n'avez pas le droit de jeter des déchets dans les égouts !

La vieille Grecque leva les yeux, haussa les épaules et vida le reste du seau pendant que la voisine criait : « C'est interdit ! Je vais appeler la police ! » Mais l'autre faisait semblant de ne pas comprendre. Quitter sa patrie avait déjà été assez pénible comme cela. Elle ne consentait à parler que lorsqu'il fallait convaincre sa belle-fille que ses petits-enfants n'étaient pas assez chaudement vêtus ou n'avaient pas suffisamment à manger. Avant d'arriver en Autriche, elle n'avait quitté qu'une seule fois les montagnes où elle était née. Un demi-siècle plus tôt, alors jeune mère, elle avait pris son fils unique par la main et s'était rendue avec lui au bord de la mer pour y chercher son mari. Son fils avait failli se noyer, cinquante ans plus tard elle faisait encore des cauchemars en pensant à la mer. Elle n'avait pas retrouvé son mari. Et ensuite, son fils était parti avec l'intention de ne séjourner que quelques années à l'étranger pour gagner de l'argent. Au début, il lui avait écrit chaque semaine, puis moins souvent, elle avait senti qu'elle était en train de le perdre, qu'il ne reviendrait plus, alors elle s'était fait violence. Avait quitté sa sœur jumelle avec qui elle était restée matin, midi et soir depuis qu'elle était née. Mais la vieille femme avait constaté qu'on aimait davantage l'être que l'on avait porté dans son ventre que celui avec qui on avait partagé le même ventre. C'était plus fort que l'amour du pays natal. Assez fort pour lui faire supporter de longues journées de voyage. Assez fort pour lui faire accepter une belle-fille autrichienne. Et assez fort pour lui faire apprécier de vivre à Sankt Pölten où il n'y avait même pas une église correcte et où ses petits-fils portaient le même nom que les soldats qui avaient pillé Varitsi et abattu les Tsiganes en 1941.

La voisine jurait comme un charretier et, une fois de plus, la vieille Grecque se demanda ce qui avait pu arriver à cette femme pour qu'elle s'excite à ce point en voyant jeter des déchets dans un trou.

— Excusez-nous ! s'écria Trudi, sortant en toute hâte du restaurant, perchée sur ses hauts talons, et faisant signe de la main à la dame d'en face.

Despina lui lança un regard de reproche, Trudi la prit par le coude et la ramena au restaurant, la voisine ferma la fenêtre, et les trois femmes soupirèrent intérieurement de la folie des deux autres. « Pourtant ça n'est qu'un trou dans la terre », pensait Despina. « Ce sont les égouts, tout de même », pensait la voisine. « Au moins, elle ne jette plus rien dans les toilettes », pensait Trudi.

Le *Zeus flâneur* était le seul restaurant de Sankt Pölten où l'on pouvait encore manger chaud après vingt et une heures trente. Quand il y avait des clients, le local restait ouvert jusqu'à minuit, parfois même plus, mais ce jour-là on était mardi et la salle polyvalente, au sud de la ville, accueillait une grande vedette de la chanson pour un concert monumental, aussi les habitants de la cité avaient-ils dîné tôt. Le centre-ville était comme si souvent désert, on ne voyait même pas de rat passer furtivement.

— Un Allemand a appelé cet après-midi, on attend encore un groupe assez nombreux, annonça Lefti quand les deux femmes entrèrent dans la salle.

— Tu es sûr ? demanda Trudi en bâillant.

Sa belle-fille avait changé de façon étonnante, se dit Despina. Elle était devenue plus impulsive et plus assurée, mettait les poings sur les hanches comme une vraie matrone et proclamait à son tour que le diable se cachait dans les courants d'air. Mais il y avait une chose à laquelle elle n'avait pu s'habituer : se coucher tard. Même après deux décennies, Trudi Haselbacher-Zifkos bâillait ponctuellement à vingt-deux heures.

Despina se rendit à la cuisine, s'affaira autour de la cafetière à moka et revint avec trois tasses. En buvant, sa belle-fille crispa légèrement les commissures des lèvres, comme elle le faisait depuis presque vingt ans. Elle trouvait toujours le café de Despina trop sucré, trop chaud ou trop noir. De toute façon, on ne pouvait jamais satisfaire Trudi, songea la vieille femme. Elle secoua la tête et reporta son attention sur le fond de sa tasse. C'est alors qu'elle fut prise de frayeur et que ses mains faillirent laisser échapper la tasse.

— Fermez immédiatement ! s'écria-t-elle, les yeux rivés sur le marc de café. Le malheur est en route.

Despina maudit ses yeux, ralentis par l'âge. Avant qu'elle puisse montrer à Lefti qu'elle avait vu le cavalier noir au sud, la porte s'ouvrit et un petit homme avec une épaisse moustache entra dans le restaurant.

— Bonsoir, c'est moi qui vous ai appelé !

Il était suivi d'une dizaine de personnes qui, aux yeux de Despina, ressemblaient à ces guildes de carnaval qui rendent les zones piétonnières peu sûres avant le carême. Des femmes en tenue trop courte, qui gloussaient comme des poules. Des hommes en pantalon déchiré dont aucun n'avait de coiffeur décent ni apparemment de mère qui les eût empêchés de sortir dans la rue ainsi attifés.

Despina, qui par principe se terrait dans la cuisine quand il y avait des clients, considérait alternativement sa tasse de moka et l'étrange société qui venait d'arriver. Une fois déjà elle avait vu le cavalier noir, c'était il y avait plus d'un quart de siècle.

Ce jour-là, elle était dans la cour avec Pagona. Après avoir nettoyé les haricots, elles avaient bu le café tandis que les enfants de Christina se faisaient pourchasser par les oies. Puis toutes deux avaient regardé au fond de leur tasse et chacune y avait découvert le cavalier noir. Celui-ci n'était pas le signe le plus terrible. Il n'annonçait ni la mort ni la perdition, mais des années de larmes. Et c'était exactement ce qui s'était passé : Lefti et Eleni s'étaient séparés peu après son apparition.

Lefti installa ses clients et leur donna la carte.

— Maman, arrête avec ces idioties. On n'est plus au XIXe siècle, siffla-t-il.

Il ôta sa tasse à Despina et sortit son bloc pour prendre la commande des boissons. Despina eut encore le temps d'apercevoir le dernier membre du groupe avant que la porte de la cuisine se referme derrière elle : épais manteau de laine jaune moutarde, cheveux blonds ébouriffés et, lorsqu'il retira ses lunettes de soleil, elle vit ses yeux gris pâle et perçants. Aspasía, songea-t-elle, et elle maudit derechef ses propres yeux qui, non contents d'être trop lents, lui jouaient en prime des tours.

Otto était fatigué. Ni les concerts, ni les filles, ni la drogue n'avaient plus d'effet, et cela faisait déjà quatre fois ce mois-ci qu'il avait essayé d'annuler un concert. Mais comme à Augsbourg, Salzbourg et Linz, son manager l'avait obligé à se produire à Sankt Pölten. Otto n'avait jamais entendu parler de cette ville en cours de géographie, ni remarqué son existence quand il prenait l'autoroute de l'ouest entre Salzbourg et Vienne, alors qu'elle constituait une étape obligée. Ce soir-là, peu avant le spectacle, il avait demandé à son manager :

« Où est-ce que je suis ?

— À Sankt Pöl-ten.

— Où ?

— Sankt Pölten. Je t'en prie, Otto, ressaisis-toi ! Sankt Pölten ! »

Et il s'était ressaisi, avait non seulement prononcé le nom de la ville comme il fallait, mais aussi fait magnifiquement rocker le public. Après le concert, il avait proposé à son équipe d'aller manger indien pour changer mais, dans cette cité, seul le restaurant grec était ouvert à cette heure.

Otto fut le dernier à s'asseoir, il aurait mille fois préféré se coucher sans dîner, mais il savait qu'il ne pourrait pas dormir. C'était bizarre. Avec l'âge il gagnait en expérience et en assurance, mais, les soirs de grand succès, le vide intérieur qu'il ressentait était encore plus oppressant. Pourtant il connaissait par cœur la marche à suivre, comment pouvait-on se sentir aussi mal dans une activité aussi rodée ? Il passa sa commande, espérant qu'une bonne dose de schnaps l'aiderait à trouver le sommeil.

— Une grande bière et un triple *tsipouro,* nota précipitamment Lefti, les yeux rivés sur son bloc, car les autres membres du groupe annonçaient déjà leurs choix en parlant tous en même temps.

Même s'il avait été moins stressé, il est probable qu'il n'aurait pas reconnu Otto. Il avait perdu ses lunettes de vue trois jours plus tôt et devait se contenter de ses lunettes de lecture. C'était Trudi qui assurait le service car, l'avant-veille, il avait trébuché à deux reprises sur un chien et s'était systématiquement trompé en apportant les plats.

Trudi n'avait pas besoin de lunettes. Et lorsqu'elle posa devant Otto une assiette de calamars frits accompagnés d'une mayonnaise à l'ail et que celui-ci, levant la tête vers elle, la remercia aimablement, elle poussa un cri de frayeur.

Tout le monde se mit à rire, on était habitué à ce que la présence d'Otto plonge les femmes dans l'extase.

— Vous ne seriez pas..., bredouilla-t-elle.

— Le roi Otto en personne, déclara Otto en portant le premier calamar à sa bouche.

— Non, le musicien ! Le musicien d'Eleni ! s'écria Trudi.

Otto avala son calamar de travers, Lefti réagit avec présence d'esprit, lui tapa dans le dos jusqu'à ce qu'il reprenne son souffle. Otto vida un verre d'eau d'une traite et regarda Lefti d'un air incrédule.

— Vous connaissez Eleni Zifkos ?

— Eleni Stefanidis ? Ex-Zifkos ? Épouse Aniston ? Bien sûr.

Le plat principal venait juste d'arriver, mais Otto flanqua son équipe dehors, referma la porte du restaurant et s'assit à la table avec Lefti. Et en dépit des protestations véhémentes de Trudi, Lefti lui fit part de ce qu'il savait sur Eleni par Despina, laquelle lui avait rapporté derrière le dos de Trudi ce que Pagona lui avait raconté.

Qu'Eleni avait eu son enfant et que celle-ci s'appelait Aspasía. Une fille avec des boucles blondes et des yeux gris clair. Qu'Aspasía avait à présent le milieu de la vingtaine et qu'elle avait elle-même des fils. Des jumeaux. Qu'Eleni avait épousé un riche Américain et qu'ensemble ils avaient construit un hôtel. Que l'Américain était mort d'un infarctus et que désormais c'était Eleni qui s'occupait de l'établissement.

Elle allait bien, à ce qu'il croyait avoir compris.

Pendant qu'Otto et Lefti passaient la nuit à parler, Trudi et Despina étaient à la cuisine, en train de les observer par le hublot. Puis, prises de fatigue, elles montèrent se coucher.

Trudi avait perdu la foi après ses années d'internat catholique, mais cette nuit-là elle pria pour que cette étrange rencontre ne signifiât pas le retour d'Eleni dans la vie de Lefti.

Despina, profondément ébranlée après avoir vu Lefti et Otto fondre en larmes – les hommes n'étaient pas censés pleurer –, se vit confortée dans l'idée que lire dans le marc de café était la seule manière de savoir ce que la vie vous réservait. Elle avait eu raison, une fois de plus : le cavalier noir n'apportait que des larmes.

Toute une vie dans une valise

Dans les années 1990, à l'école primaire du quartier du port de Politouranou, capitale de Makarionissi, l'île en forme de lucane, la cloche était encore actionnée manuellement par le concierge. À treize heures, il avait pour tâche de tirer sur une ficelle reliée aux cloches situées dans les classes par un mécanisme compliqué et peu fiable. Cependant M. Divani, un homme débonnaire auquel il restait davantage d'orteils que de dents quoiqu'il lui en manquât deux des premiers, était trois fois plus vieux que le système scolaire grec. Aussi, à l'école primaire du port de Politouranou, les cloches sonnaient-elles généralement trop tôt, trop tard, voire pas du tout. Chaque institutrice avait une clochette de secours avec laquelle elle pouvait mettre fin au cours lorsque le signal tardait outre mesure. Toutefois elles en faisaient peu usage, le programme scolaire étant extrêmement ambitieux.

Un mardi du mois de mai 1999, il était déjà une heure douze et les jumeaux Aniston, Iannis et Manolis, ainsi que leur meilleure amie Rhea, craignaient de ne plus pouvoir rentrer chez eux. Or c'était une journée importante : la bande des héros avait une mission à accomplir.

Rhea était la seule à continuer de recopier ce que l'institutrice notait sur le tableau en se reportant à son bout de papier. Cela faisait déjà une demi-heure que Manolis avait rangé ses affaires dans son cartable et il jouait à présent sous la table avec son lance-pierres. Penché sur une feuille couverte de gribouillages, Iannis cogitait. Au moment où Manolis plaçait un petit morceau de crayon de couleur dans sa fronde et visait le postérieur corpulent, absolument immanquable, de son institutrice, M. Divani s'éveilla de sa petite sieste involontaire et, sous le coup du remords, tira énergiquement sur la ficelle. Affolée, l'institutrice s'écria :

— Restez assis, s'il vous plaît, je n'ai plus qu'une ligne à écrire !

Mais il était trop tard. La cloche sonnait, les bancs grincèrent et, comme s'il s'agissait d'une alerte incendie, les enfants se précipitèrent hors de l'établissement.

— On déjeune en vitesse et on se retrouve à Plaka ! On a une mission : reconquérir la baie de Malanixi ! s'écria Manolis, le chef de la troupe.

Rhea fonça à la pension *Aphroditi,* qui donnait sur la *plateia*. Manolis et Iannis passèrent en trombe devant le bâtiment et rejoignirent la ruelle située derrière la place.

Peu après la création de leur bande, ils avaient choisi la crique de Malanixi pour quartier général. Celle-ci était isolée et cachée, mais facilement accessible. Pour atteindre les autres anses, plus petites, il fallait emprunter les côtes escarpées, on ne pouvait arriver sur la plage que par des sentiers de terre battue. Alors que là, à vélo, on débouchait directement sur le sable. Quelques jours plus tôt, cependant, leur crique avait été occupée. Des puissances ennemies s'en étaient emparées et avaient bouclé la zone avec des rubans de signalisation et des panneaux. Le seul lien avec le monde extérieur était un câble électrique qui pompait le courant de la guérite du transformateur sur la grand-rue. Manolis en était arrivé à la conclusion qu'elle accueillait des extraterrestres. Depuis qu'il avait vu un film d'apocalypse avec des aliens, trois ans plus tôt, il stockait tout un arsenal de pistolets à billes sous son lit. Les autres n'étaient pas convaincus par sa théorie. Et ce jour-là, ils s'étaient proposé de se faufiler sous les rubans et d'étudier ce qui se passait dans la crique.

Après le déjeuner, toutefois, les jumeaux durent attendre Rhea, qui n'arrivait pas à trouver sa mère.

— Maman ? appela-t-elle.

Elle parcourut les quatre étages et vit que la trappe qui conduisait au grenier était ouverte.

— Maman ? répéta-t-elle, sans recevoir de réponse.

Elle gravit l'échelle qui menait dans la pièce et sursauta. Sa mère était assise sur une vieille chaise, l'air étrangement perdu. Rhea déglutit. Quelque chose clochait.

— Maman, je voulais juste te dire que je sors jouer avec les jumeaux. Je serai de retour pour le dîner.

Sa mère la regarda sans la voir. Puis elle se leva, d'une manière presque féerique, comme si elle ne touchait pas terre, pressa la tête de Rhea contre son ventre et lui posa un baiser sur le crâne.

— Amuse-toi bien, ma chérie, et ne laisse jamais personne te rendre malheureuse, hein ?

Rhea entendit les jumeaux qui l'appelaient d'en bas.

— Rhea, viens ! Il faut qu'on récupère notre quartier général, allez, dépêche !

À ces mots, Rhea ravala ses doutes, comme elle l'avait fait des gnocchis trop cuits du déjeuner, et redescendit à toute allure.

Le soleil dans les yeux, tous trois pédalaient dans la rue du Port, à gauche la ville, à droite la mer. Les voisins leur criaient de ne pas rouler aussi vite, ils allaient se rompre le cou. Mais Rhea et les jumeaux ne faisaient qu'en rire. Ils formaient la bande des héros, l'île leur appartenait.

Vue du quartier du port, la crique de Malanixi était la troisième sur la côte occidentale de l'île. Pour la rejoindre à vélo il fallait une vingtaine de minutes en longeant le flanc ouest de la colline d'Elemeni, en traversant les oliveraies et en passant devant les fermes éparses, désertées, qui, en raison du nombre élevé d'araignées qui les habitaient, s'étaient révélées impropres à faire office de quartier général. Au bout d'un quart d'heure, il fallait prendre le chemin de terre entre les oliviers de M. Kaliomeranos et ceux de M. Oulolaniokis, qui traversait ensuite une forêt de platanes et débouchait directement sur l'anse. À peine la bande s'était-elle engagée sur le chemin que Iannis freina.

— Tu as une mouche dans l'œil ? demanda Manolis.

— Non, regardez par terre.

Iannis désigna les larges ornières, l'herbe aplatie, les branches de platane brisées.

— Les traces d'atterrissage du vaisseau spatial, c'est clair.

Manolis prit aussitôt les choses en main.

— À partir de maintenant, plus un mot ! ordonna-t-il à voix basse.

Aussi silencieusement que possible, ils déposèrent leurs vélos sur le bord du chemin, dans l'herbe sèche. Manolis se plaça en tête du groupe, ensuite venait Rhea, Iannis fermait la marche. Sous l'effet de l'excitation il avait oublié d'ôter son casque de vélo. Ils cheminèrent à la queue leu leu sous les platanes et suivirent les traces de véhicule jusque sur la petite éminence derrière laquelle se trouvait la crique. Manolis conduisit ses héroïques compagnons sur la gauche, parmi les arbres, et ils marchèrent un moment avant de rejoindre l'endroit d'où l'on avait vue sur toute la baie, ainsi que Manolis l'avait appris de quelques garçons plus âgés. Au crépuscule, en effet, Malanixi était très apprécié des jeunes gens avides d'aventures érotiques en plein air. Sur un signe de Manolis, les enfants se jetèrent au sol et gravirent le talus en rampant de conserve. Ils avancèrent prudemment la tête pour regarder en contrebas. Manolis avait sa fronde chargée à la main. Dans un premier temps,

Rhea et Iannis pensèrent qu'il avait vu juste et qu'un vaisseau spatial avait effectivement atterri dans la crique. De fait, c'était bien une sorte de vaisseau spatial d'un autre temps qui avait pris ses quartiers à Malanixi avec l'idée d'y rester : le bus de tournée du chanteur allemand de variétés le plus connu des années 1970 et 1980.

Il va de soi que les héroïques compagnons n'avaient jamais entendu la moindre de ses chansons et le visage d'homme plus grand que nature avec ses boucles blondes, ses dents étincelantes et sa chemise largement déboutonnée, peint au spray sur le bus, ne leur disait rien. Quant à l'inscription sur le flanc du véhicule, *Otto, car la musique c'est l'amour,* elle leur fut incompréhensible. Ils virent dans cette figure masculine sur le bus bleu foncé un portrait du chef alien.

— Vous croyez qu'ils ont des intentions pacifiques ? chuchota Iannis.

Il ne pouvait le savoir, mais le gouvernement de l'île s'était posé une question similaire une semaine plus tôt, quand le ferry avait apporté ce monstre sans crier gare et que le grand Allemand blond aux yeux gris avait offert une somme faramineuse pour louer – à vie – une crique à son usage exclusif.

La discussion avait été longue mais, étant donné que les caisses de l'île étaient structurellement vides, on avait décidé de faire une exception. La plupart des membres du gouvernement conservaient de beaux souvenirs érotiques de Malanixi, cependant les élections approchaient et les mensualités du roi Otto permettraient de créer des emplois de fonctionnaires dans l'administration et de se ménager ainsi le vote des fils chômeurs des familles influentes et, par voie de conséquence, de leur parenté. On donna donc son accord et le bus d'Otto entama son dernier voyage – de la capitale Politouranou jusqu'à la baie de Malanixi, où il cala ses roues dans le sable avec la ferme intention de rouiller au soleil en compagnie d'Otto. Tout cela, la bande des héros l'ignorait évidemment lorsque Manolis chuchota :

— À l'attaque !

— Mais peut-être que c'est des gentils aliens tout mignons qui se cherchent une nouvelle patrie, objecta Rhea.

— On attaque quand même, s'obstina Manolis.

— Pas avant de savoir combien ils sont et ce qu'ils ont comme armes, fit Iannis. Et puis la violence, c'est pas une solution.

Manolis fouilla dans sa poche. En sortant de chez lui à toute allure, il avait raflé le cirage que sa mère utilisait pour ses escarpins en cuir et il se traça deux traits sous les yeux.

— D'autres amateurs ?

Peu après, la bande descendait sans se faire remarquer jusqu'à la baie. Le vaisseau spatial reposait dans le sable, silencieux, éteint, seule la porte était ouverte. Devant se dressait une tente de plage de la hauteur d'un homme. À l'intérieur il y avait une chaise longue sur laquelle était posé un peignoir de bain brodé de paillettes dorées. Désignant le vaisseau du doigt, Manolis déclara :

— Voilà le char d'assaut des aliens. Ils sont sans doute allés chercher de la nourriture. On va explorer l'intérieur.

Il gardait sa fronde prête à servir.

— Qui entre le premier ?

— Toi, bien sûr, répondit Iannis en jetant un coup d'œil apeuré autour de lui.

— Il faut que je fasse le guet, je suis le seul à avoir une vraie arme.

Ils restèrent un moment à se dévisager d'un air indécis, puis, comme tout semblait calme, Rhea se décida.

Manolis se posta à l'entrée. Iannis prit position à l'extrémité antérieure du bus afin de ménager à la bande une possibilité de fuite. Rhea grimpa dans le véhicule. Il était faiblement éclairé, tous les rideaux étaient tirés. La fillette fronça le nez. L'odeur de la marijuana moisie lui était inconnue, Otto avait un jour caché sa réserve au milieu des meubles capitonnés avant de l'oublier. Un rayon de soleil, pénétrant par une fente des rideaux, tombait sur la boule à facettes suspendue au plafond. Rhea sursauta et, au même moment, Manolis cria de l'extérieur :

— L'alien ! L'alien !

Rhea se rua dehors, Manolis activait déjà son lance-pierres en direction de la mer, et à la vue de ce qui sortait de l'eau – le roi Otto dans le plus simple appareil – ils prirent la fuite.

Ils rejoignirent leurs vélos et pédalèrent de toutes leurs forces jusqu'à la *plateia,* et ce n'est qu'une fois arrivés à la pension *Aphroditi* qu'ils mirent pied à terre. Ils se précipitèrent dans l'arrière-cour, s'affalèrent sur le sol et décidèrent de ne plus jamais retourner à Malanixi.

— Face à un alien, on ne peut rien faire, déclara Iannis, résumant la situation d'une voix entrecoupée.

Au bout d'un moment, Manolis proposa de se rendre à la caverne de Paplagos, sur la colline d'Elemeni. Là, il y avait une petite source où l'on pouvait tremper ses orteils, et on y était à l'abri des extraterrestres. Pendant que les autres demeuraient dans la cour, Manolis se rendit au jardin et urina en cachette contre le mur de la maison, ce qui lui procurait toujours un plaisir particulier. Il se trouvait à proximité de la fenêtre de la chambre à coucher des parents de Rhea. Le rebord était à peu près à la hauteur de sa poitrine et, quand il se fut soulagé et qu'il entendit des bruits par la fenêtre ouverte, il ne put s'empêcher de se montrer curieux.

Dans la pièce se trouvait la mère de Rhea, en train de remplir quatre grandes valises. On aurait dit qu'elle avait entassé toute sa vie sur le lit : livres, vêtements, bijoux, chaussures, produits de beauté, et même de la vaisselle. Mme Tsipiratis n'avait pas l'air de se préparer à un simple voyage.

— Qu'est-ce que tu fiches là ? s'enquit Iannis, qui était parti à la recherche de son frère.

Il était suivi de Rhea. Posant un index sur ses lèvres, Manolis leur fit signe de regarder par la fenêtre. Ils s'exécutèrent à tour de rôle, Rhea se contenta d'un bref coup d'œil.

— Où est-ce qu'elle va, ta maman ? s'enquit Iannis.

Rhea s'était assise sous la fenêtre, elle entoura ses genoux de ses bras et posa sa tête dessus. Soudain, ils entendirent un bruit de moteur, puis la sonnette de la porte d'entrée. La mère de Rhea sortit de la pièce et revint peu après en compagnie d'un homme. Ils s'exprimaient dans une langue qu'aucun des enfants ne comprenait.

Iannis voulut aider Rhea à se relever. Mais la fillette ne bougeait pas. Manolis courut jusqu'à l'angle du mur pour surveiller ce qui se passait devant la maison. Il revint en toute hâte.

— Il y a une voiture. Viens voir, Rhea.

Mais la fillette ne bougea toujours pas. Manolis et Iannis continuèrent d'épier la mère de Rhea. Celle-ci portait une splendide robe en crêpe, ses lèvres étaient fardées. Devant la pension, l'homme mit le moteur en route, Mme Tsipiratis sortit de la pièce. Les jumeaux le connaissaient : il venait chaque année passer deux ou trois semaines à la pension et apportait aux enfants des pistolets à eau et du chocolat qui était blanc à l'intérieur et noir à l'extérieur. Quand la voiture démarra, faisant crisser le gravier sous ses pneus, Rhea se leva d'un bond et contourna la maison. Les jumeaux coururent derrière le véhicule jusqu'à ce qu'il tourne à l'angle de la *plateia* et disparaisse en direction du port. La fillette observait, immobile, les tourbillons de poussière, comme si elle attendait que la voiture fasse demi-tour parce que la mère de Rhea avait oublié quelque chose – parce que la mère de Rhea avait oublié Rhea.

La gamine resta longtemps dans la rue. Les jumeaux s'assirent sur le seuil de la pension. Puis Iannis prit Rhea par la main et l'attira à l'ombre.

— Tu vas choper un coup de soleil, dit-il d'un ton ferme, comme si Rhea n'avait aucun autre souci.

— Je vais aller nous chercher des glaces chez le vieux Aris, déclara Manolis dans un accès d'empathie très inhabituel.

Iannis ôta enfin son casque et fit un signe de tête approbateur.

Rhea s'assit sur le petit escalier de la pension, enlaça ses genoux et posa son menton sur ses bras. Ainsi recroquevillée, elle parut tout à coup très vulnérable à Iannis – pour la première fois il eut le sentiment qu'il fallait veiller sur elle. Jusque-là, elle n'avait été pour lui que quelqu'un avec qui on pouvait grimper aux arbres, plonger dans la mer depuis les rochers et manger des insectes. Il s'assit à côté d'elle et la prit maladroitement dans ses bras.

— Elle reviendra, ta maman. Sinon, on ira la chercher.

Mais cet après-midi-là, Rhea Tsipiratis savait que sa mère ne reviendrait plus. Iannis et Manolis partageaient cette obscure prescience, tandis que tous trois dévoraient un carton entier d'esquimaux glacés que Manolis avait chipé à Aris, profitant de ce que celui-ci était dans l'arrière-cour de son restaurant à éloigner les chiens errants de ses poubelles. Assis à l'ombre, les enfants mangèrent chacun cinq crèmes glacées, jusqu'au moment où ils se sentirent pris de nausée et vomirent l'un après l'autre.

Manolis avait vu juste. Mme Tsipiratis avait réellement emporté toute sa vie dans ses valises. Le père de Rhea pleura des jours entiers. Rhea pleura des jours entiers. Mais sa mère ne revint pas.

Les jumeaux passaient désormais beaucoup de temps à concocter des aventures, mais rien de ce qu'ils imaginaient n'était assez spectaculaire pour dérider Rhea.

Et pour couronner le tout, ils furent bientôt la proie d'un nouveau souci : leur mère commença à se comporter bizarrement. Depuis qu'ils avaient quitté le bungalow de l'hôtel, quelques années plus tôt, pour emménager dans le quartier du port, Aspasía confectionnait chaque soir des plats chauds, même quand elle avait travaillé toute la journée au salon de beauté de l'hôtel et qu'elle était obligée d'y retourner après le dîner pour épiler une dernière paire de jambes. Manolis préférait la nourriture de l'hôtel mais, quand Aspasía n'était pas trop débordée, elle insistait pour faire elle-même la cuisine. Ce qui avait les faveurs de Iannis, qui était son marmiton – comme à l'hôtel, où tous les chefs cuisiniers avaient des aides. Manolis se moquait de lui, disant que la cuisine était un truc de filles, mais Iannis secondait sa mère du mieux qu'il pouvait.

— Ça n'a aucun goût, déclara Manolis un soir, alors qu'Aspasía servait à ses fils des aubergines farcies dans lesquelles elle avait oublié de mettre la viande hachée.

Aspasía elle-même ne touchait pas à son plat, se bornant à picorer avec sa fourchette. Manolis finit par repousser son assiette.

— Enfin, maman, c'est plus possible. Hier, il y avait de la soupe de poule à l'œuf et au citron sans œuf, ton gâteau de semoule m'a coûté ma dernière dent de lait, et tout ce que tu nous as servi pendant la semaine était ou trop salé ou trop sucré. Si tu n'as plus envie de faire la cuisine, on ira manger à l'hôtel, chez yaya.

C'est alors qu'Aspasía posa brusquement ses avant-bras sur la table et y enfouit son visage. Manolis et Iannis échangèrent un coup d'œil déconcerté, Iannis essaya de détendre l'atmosphère :

— Ça ira, maman. Et demain, c'est moi qui préparerai le repas.

Aspasía se leva, contourna la table, fit pivoter les chaises des jumeaux pour les avoir en face d'elle et s'agenouilla devant eux.

— Mes chéris, dit-elle d'une voix enrouée, peu importe ce qui se passe, je vous aime. Allez regarder la télévision. Je suis trop fatiguée, je vais me coucher.

Sur ce, elle se leva, monta l'escalier et disparut dans sa chambre.

Manolis jubilait.

— On a le droit de regarder la télévision tant qu'on veut, Iannis ! On va se faire des films pour adultes toute la nuit !

Mais Iannis avait l'air soucieux.

— Réfléchis trente secondes, Manoli : regarder la télé tant qu'on veut ?

— Ben oui ! exulta Manolis.

Mais il s'interrompit en pleine exultation. Leur mère surveillait la télévision comme le monstre Argos la princesse Io, métamorphosée en vache. Les jumeaux n'avaient droit qu'à deux heures au maximum par semaine, et quand Aspasía travaillait le soir à l'hôtel elle débranchait le câble et l'emportait.

— Tu crois que maman est malade ?

— Je crois qu'elle pète les plombs.

Leur mère ne parla pas de ce qui la tracassait et, quelques jours plus tard, Iannis constata que sa grand-mère se comportait elle aussi de manière bizarre. Après l'école, il se rendit à vélo à l'hôtel – pendant que Manolis avait son cours de karaté, lui faisait de la gymnastique indienne avec sa grand-mère –, mais en arrivant il trouva le personnel de cuisine assis sur le muret, devant le bâtiment.

— Vous n'êtes pas censés travailler ? demanda-t-il avant même d'avoir mis pied à terre.

— Ta grand-mère a perdu la boule, répondit le grand brun qui excellait au beach-volley.

— Elle nous a tous flanqués dehors. Et elle a menacé d'appeler la police si on remettait les pieds à l'hôtel.

— Qu'est-ce que vous avez foutu ? s'enquit Iannis, craignant sérieusement que sa mère et sa grand-mère n'aient à leur tour l'idée de mettre toute leur vie dans une valise et de décamper.

— Bah, rien de spécial. On s'ennuyait, alors on a envoyé les stagiaires nettoyer les fenêtres de la chambre froide. On fait ça depuis des années.

Iannis gara son vélo à sa place habituelle, près des poubelles, et passa par l'entrée latérale. Les réceptionnistes haussèrent les épaules quand il leur demanda où se trouvait sa grand-mère. Tout le monde semblait passablement remonté contre elle, même les femmes de ménage, qui d'ordinaire avaient le rire facile, levèrent les yeux au ciel. Iannis prit l'ascenseur des employés jusqu'au dernier étage.

Il connaissait l'hôtel comme sa poche. Manolis ne s'intéressait qu'à la piscine et au toboggan aquatique. Iannis, en revanche, nourrissait depuis tout petit une intense fascination pour le bâtiment. À cinq ans déjà, il crapahutait dans les conduits d'aération sans s'égarer. Et quand il jouait à cache-cache avec Rhea et Manolis, il gagnait toujours. Il connaissait chaque coin et recoin de l'établissement. En sortant de l'ascenseur, il perçut les cris de sa grand-mère. Elle était avec quelqu'un qui essayait de lui faire entendre raison, mais elle paraissait hors d'elle. Iannis ne comprit pas de quoi il s'agissait, ils s'exprimaient dans une des langues de touristes. Devait-il frapper à la porte ou rebrousser chemin ? Il replia les doigts, mais n'eut pas le temps de prendre une décision : le battant s'ouvrit de l'intérieur. Il se figea :

l'alien était devant lui. Peau rouge écrevisse, longs cheveux blonds en bataille, odeur étrange, costume étincelant.

Iannis fit demi-tour et prit la fuite.

La bande des héros ne ferma pas l'œil de la nuit. Manolis se leva peu avant trois heures du matin pour nettoyer sa collection de pistolets à billes. Pour avoir vu certains films qu'il n'avait le droit de visionner qu'avec sa mère et que Iannis n'aimait pas, parce qu'ils lui semblaient trop brutaux, il savait qu'il était crucial d'avoir des armes propres et bien entretenues. Les deux autres peaufinèrent toute la nuit les prétextes qu'ils fourniraient pour pouvoir partir plus tôt à l'école. Manolis était un excellent baratineur : la veille au soir, il avait raconté qu'il s'était pris une retenue pour avoir bombardé le postérieur de l'institutrice avec sa fronde et qu'il devait s'en acquitter avant le début des cours. Au matin, Iannis prétendit avoir lui aussi reçu une colle, Manolis ayant persuadé l'institutrice qu'il avait agi à son instigation. Quoique mauvais baratineur, il parvint à convaincre Aspasía. Quant à Rhea, qui, depuis le départ de sa mère, dormait le plus souvent chez eux, elle partit tout bonnement en même temps qu'eux. Car les enfants avaient une nouvelle mission : ils voulaient sauver les femmes de l'île.

Manolis, Iannis et Rhea en convenaient tous les trois : l'alien rendait les femmes complètement folles. Dès son arrivée, la mère de Rhea avait pris la poudre d'escampette. Ensuite, cela avait été le tour d'Aspasía : elle restait muette à longueur de soirée, ne faisait plus de bons plats et avait cessé de chanter – c'était ce qui les inquiétait le plus, car d'habitude elle avait constamment une chanson aux lèvres, fredonnant jusque dans son sommeil. Mais, surtout, elle leur interdisait d'aller chez leur grand-mère. Ils n'avaient même plus le droit de s'approcher de l'hôtel ! Et pour finir, même yaya Eleni avait eu son compte, apparemment elle se mettait tout le temps en colère.

Cela ne pouvait pas être un hasard.

Au lever du soleil, la bande se rendit donc à vélo sur la côte ouest. Ils pédalèrent en silence. Ils avaient emprunté des pistolets à billes à leurs amis, chacun d'eux en avait deux autour de la poitrine, ainsi que des munitions dans sa poche de pantalon.

Ils posèrent silencieusement leurs vélos sur le sable, descendirent furtivement la colline – ce jour-là, tous avaient eu recours au cirage d'Aspasía et s'étaient dessiné des traits noirs sous les yeux. L'extraterrestre devait partir.

L'air farouchement déterminé, ils se plantèrent devant le bus de tournée. Manolis frappa à la porte, ils braquèrent leurs pistolets sur l'entrée.

— Dès qu'il sort, tirez ! Sans attendre ! murmura Manolis.

Puis, d'une voix forte :

— Sors de là, espèce de sale alien, et rends-toi !

Au bout de quelques secondes, la porte s'ouvrit et un homme vêtu d'un peignoir scintillant descendit du véhicule en titubant et poussa un cri lorsque la balle de Manolis le toucha à la jambe.

— Hé, vous êtes dingues ou quoi ?

Mais les enfants ne comprirent pas son dialecte bavarois et se mirent à tirer à tout-va. Le roi Otto réintégra illico son bus.

Il y eut un bref silence. Les enfants haletaient d'excitation. Enfin, la porte s'entrouvrit mais, cette fois, ce fut yaya Eleni qui émergea du bus. Elle arborait des vêtements qui ne lui appartenaient pas. Les trois héros le remarquèrent aussitôt.

— Les enfants, déposez les armes et asseyez-vous, il faut que nous parlions.

Lorsque Eleni Aniston prononça cette phrase au printemps 1999, elle ne pouvait deviner combien il lui faudrait encore parler avant de pouvoir de nouveau s'entretenir normalement avec sa famille.

Elle ne pouvait deviner combien il serait difficile d'expliquer à ses petits-fils qu'ils avaient soudain un grand-père, dont ils ne maîtrisaient pas la langue et qui – sur ce point, elle leur donnait raison – avait l'air très étrange.

Elle ne pouvait deviner le temps qu'elle devrait passer devant la porte close d'Aspasía avant que sa fille finisse par lui ouvrir, quelques mois plus tard, et accepte de l'écouter.

Elle ne pouvait deviner que tous ses efforts pour convaincre Otto de quitter l'île resteraient vains, car Otto avait enfin trouvé ce qu'il avait cherché un quart de siècle durant.

Deux plus un font un de trop

En juillet 2008, Makarionissi fut la proie d'une « chaleur de chien » qui brouillait l'horizon, telle une image télévisée de mauvaise qualité. Les volets étaient clos, les chaises en plastique sur lesquelles on refaisait le monde par temps plus frais, délaissées. Cette canicule avait retrouvé son étymologie parce que c'était la seule saison où même les chiens errants souffraient de la chaleur. Ils cessaient de renverser les poubelles, de se glisser dans les maisons ouvertes à la recherche de nourriture, de se battre dans les jardins pour défendre leur territoire et de s'accoupler à tout-va. Ils se terraient et, quand par hasard on en rencontrait un, il haletait comme si sa vie en dépendait. La plupart du temps, ils faisaient le mort, étiraient leur ventre en direction du ciel dans l'attente de jours plus cléments. Les grillons chantaient comme s'ils appelaient à l'aide – avec insistance, jusqu'à couvrir le bourdonnement continu des vieux climatiseurs – et l'air était épaissi par le parfum des platanes.

Un jeudi caniculaire, des bruits de moteur transpercèrent soudain le silence, effrayant les grillons, qui s'arrêtèrent de striduler. C'était le mugissement de deux vieux engins équipés de deux-temps, qui fonçaient sur les départementales après que leurs propriétaires eurent réussi à pousser le moteur de deux à six chevaux. Le *chip tuning* avait enfin fait son apparition sur Makarionissi.

Les frères Aniston, âgés à présent de dix-sept ans, rêvaient de ce moment depuis presque six mois. Comme pour presque tous les actes semi-légaux auxquels se livrait la jeunesse îlienne, c'était Iannis qui en avait eu l'idée et Manolis qui l'avait mise à exécution.

Iannis travaillait depuis un an et demi à la cuisine de l'hôtel après ses journées au lycée. Officiellement pour se faire un peu d'argent de poche, mais il disait à ses amis que la cuisine était sa grande passion et que, pendant les cours, il préférait réfléchir à des recettes. Un après-midi où il n'y avait pas grand-chose à faire – c'était avant la saison touristique –, il s'était jeté sur le lit tapissier d'une chambre vide, avait regardé une émission américaine sur une chaîne par satellite et découvert un truc incroyable. Une fois rentré, il en avait aussitôt fait le récit extasié à Manolis : « T'imagines, Manoli, on foncerait à toute blinde, mille fois plus vite que les glandus de Nikos ! »

Presque tous les produits américains arrivaient sur Makarionissi par l'entremise de Thalis Anagnostopopoulos, un Gréco-Américain, dirigeant d'une entreprise d'import de taille moyenne sur l'île principale. L'hôtel et le grand supermarché comptaient au nombre de ses clients, et Iannis craignait que sa grand-mère ne découvre le pot aux roses s'ils commandaient eux-mêmes les puces électroniques chez Thalis. Yaya Eleni était la meilleure grand-mère du monde, elle était complètement déjantée et c'était ce qu'il aimait en elle, mais elle n'en restait pas moins une vieille hippie. Elle détestait les motos, la télévision et, depuis l'arrivée au pouvoir du Président texan aux oreilles en feuilles de chou, tout ce qui venait d'Amérique – bien qu'elle y eût vécu et que son mariage avec Milton lui eût conféré la double nationalité. Iannis avait passé des jours et des jours à exposer ces difficultés à Manolis, et celui-ci avait fini par prier Minas, le responsable des achats du supermarché, de commander lui-même les puces. Minas avait commencé par se moquer de lui, mais Manolis lui avait très tranquillement expliqué qu'au fil des derniers mois il avait pris presque chaque jour des cours particuliers chez le vieux pharmacien. Et qu'il s'interrogeait depuis un bon bout de temps : était-ce un hasard si la femme de Minas et la quasi-totalité des caissières du supermarché achetaient la même crème contre la mycose vaginale virulente ? Le teint aussi blanc que la crème en question, Minas avait accédé au souhait de Manolis et fait l'acquisition de deux puces. Il avait même tenu à en faire cadeau aux jumeaux.

Et c'est ainsi que deux motos fonçaient à présent dans la chaleur, surpassant de loin toutes celles de Makarionissi. Manolis souleva sa roue avant et s'essaya aux acrobaties. Un peu distancé, Iannis le suivait, avec Rhea sur le siège arrière. Il aurait bien voulu rouler plus vite, mais il ralentissait dès qu'il sentait les ongles de sa passagère s'enfoncer dans ses hanches.

— Ianni, tu conduis comme une fillette ! railla Manolis sans parvenir à énerver son frère.

Il accéléra et arriva bien avant les autres à Malanixi. Comme lorsqu'ils étaient enfants, il roula jusqu'au talus où le pré débouchait sur le sable et où les roues ne pouvaient presque plus avancer. Il coupa le moteur, mit pied à terre et descendit en courant jusqu'au bus de son grand-père.

— Génial ! jubila Manolis, tirant brusquement Otto de sa sieste dans le véhicule, qui avait été réaménagé pour être habitable toute l'année.

Il sortit une bière du réfrigérateur que l'électricien avait installé dans la soute à bagages pour faire plaisir au genou d'Otto, et prit place sur une chaise longue. Tout ensommeillé, Otto émergea du bus.

— Papy, passe donc un vêtement ! dit Manolis.

Mais le Bavarois grattouilla les boucles de son petit-fils, prit une bière et s'affala sur la deuxième chaise longue.

— Où est ton frère ?

— Il conduit comme une fillette. Où est mamie ?

— Elle ne me parle plus.

— Qu'est-ce qui se passe encore ?

— Pose-moi une question plus facile.

Manolis haussa les épaules et trinqua avec Otto. Ni Manolis, ni Iannis, ni Aspasía, ni les soixante-deux employés de l'hôtel, ni qui que ce soit d'autre sur cette île ne comprenaient le cas Otto et Eleni. Trois semaines plus tôt, quand on avait dressé un manège sur la place après la fête du port, toute l'île avait regardé la propriétaire du grand hôtel, cinquante-neuf ans, et l'ex-vedette de variétés, soixante-quatre ans, faire quatre tours sur les chaises volantes installées pour les enfants. Eleni et Otto s'étaient plaints si bruyamment de cette discrimination à l'encontre des vieux, des résidents et résidentes du troisième âge, que le responsable avait fini par leur accorder l'accès. Les boucles mêlées de gris d'Eleni et les cheveux de paille blanc-jaune d'Otto avaient volé en tous sens et, lorsqu'elle riait, Eleni se tenait la bouche parce qu'elle manquait encore de confiance dans ses nouvelles dents et vivait dans la crainte continuelle que ses bridges ne tombent. Ils s'étaient mutuellement nourris de barbe à papa, bombardés de pop-corn, puis étaient rentrés à la maison main dans la main. Quelques jours plus tard, les quatre policiers de l'île étaient passés au bureau d'Eleni parce que Otto était arrivé au poste de secours avec un gros hématome sur la tempe. « Je suis tombé dans l'escalier », avait-il affirmé, or même les infirmiers savaient que les marches du bus débouchaient dans le sable.

Quand les bouteilles furent presque vides, on entendit la moto de Iannis, puis des rires. Manolis termina sa bière et alla en chercher une autre. Il regarda Rhea se pencher sur Otto, qui lui tendit les bras depuis sa chaise longue et déclama dans son grec rocailleux (entre-temps Iannis et Manolis étaient devenus bien meilleurs en allemand qu'Otto en grec) :

— La plus belle fille de l'île !

Rhea l'embrassa sur la joue et Manolis se demanda si elle ne trouvait pas ça écœurant.

Iannis installa une chaise longue pour Rhea, qui lui passa la main dans les cheveux.

— Merci !

En voyant son sourire radieux, Manolis s'irrita de ne pas y avoir pensé. Iannis voulut aller chercher de la bière, mais son frère le repoussa :

— Laisse, je m'en occupe.

Il s'acquitta de sa tâche en toute hâte et servit Rhea en premier.

— Santé ! dit Otto.

— Santé, dit Manolis.

Rhea et Iannis trinquèrent ensemble comme si les autres n'existaient pas. Manolis ne supportait pas leur façon de se regarder. Comme s'ils pouvaient se parler sans avoir à ouvrir la bouche. Il connaissait bien cette forme de communication, mais cette époque lui paraissait désormais aussi lointaine que si elle faisait partie de la vie d'un autre.

Il arrivait encore aux jumeaux d'aller ensemble chez leur papy bavarois, dans le petit havre où ils avaient le droit de boire de la bière et de fumer, mais en dehors de cela ils s'étaient éloignés l'un de l'autre. Les différences physiques s'étaient elles aussi accentuées. Manolis était plus grand, plus fort, avait un torse de cornettiste hérité du grand-père, les cheveux clairs de sa mère, la peau olivâtre de sa grand-mère, et son visage était rude. Iannis était plus délicat, plus mince, avec un visage plus étroit, les cheveux noirs de son père inconnu et la peau claire de sa mère. Quelques semaines plus tôt, une touriste avait dit à Eleni que les deux jeunes gens ressemblaient à des statues antiques d'athlète (Manolis) et de philosophe (Iannis).

— Je ne vois pas l'intérêt d'avoir trafiqué ces motos si tu roules à deux à l'heure, lança Manolis. Je vous en prie, dieux de l'Olympe, faites que mon frère ne devienne pas homo, sinon il devra rejoindre les motards de Nikos.

Il se mit à rire, Iannis grinça des dents, Rhea croisa les bras sur sa poitrine.

— Un de ces jours, tu vas te rompre le cou, Manoli. Tu roules comme un sanglier abruti.

Manolis tressaillit.

— Je ne vois pas comment tu pourrais en juger, Rhea, répliqua-t-il sans grande conviction.

Rhea leva les yeux au ciel, quitta sa chaise et donna une bourrade à Iannis.

— Viens, allons nager.

Manolis fut agacé. Pourquoi proférait-il en sa présence des choses qu'il ne voulait pas dire ? Il se renfonça sur son siège et observa son frère et Rhea qui se jetaient dans les flots.

— Hé, doucement, mon gars, tu as la descente rapide, intervint Otto, assis à côté de lui.

Il tenta de prendre la bouteille inentamée des mains de Manolis, mais celui-ci refusa de la lâcher.

— Un peu de respect ! Nous devons cette bière délicieuse au roi de Bavière Otto Friedrich Ludwig de la maison de Wittelsbach, qui est devenu roi de Grèce en 1832 et a introduit dans ce pays la réglementation allemande sur la fabrication de ce breuvage ! Otto a été le premier roi d'une Grèce libérée des Ottomans, par conséquent cette bière témoigne de la liberté de ta patrie et de la générosité de la tradition bavaroise ! Et toi, petit-fils d'une déesse grecque et d'un soûlard bavarois, tu devrais être bien placé pour l'apprécier et ne pas l'avaler comme un chameau !

Manolis connaissait par cœur la tirade d'Otto sur la tradition gréco-bavaroise de la bière – il la leur avait servie chaque soir en les mettant au lit, Iannis et lui. Sans prêter la moindre attention à Otto, Manolis se rallongea et se mit à fixer la mer, qui le fixait en retour.

Il aurait souhaité pouvoir remonter le temps jusqu'à l'étrange incident qui avait eu lieu deux mois plus tôt. Ce jour-là, il avait plongé dans des eaux où il aurait mieux fait de ne pas s'aventurer. Et il en avait émergé avec de la haine pour son frère et du désir pour leur meilleure amie.

C'était la première journée torride de l'année, on était à la fin du mois de mai. Manolis et Rhea étaient passés chercher Iannis, qui travaillait à l'hôtel. Mais Iannis n'était pas disponible, il était en train de faire revenir un baron d'agneau en compagnie d'un cuisinier albanais. Manolis n'avait jamais compris cette obsession. Il avait toujours trouvé étrange que son frère préfère être en cuisine avec sa mère plutôt que de se bagarrer avec lui, cultiver des herbes dans le jardin plutôt que de jouer au football avec lui. Comme il faisait terriblement chaud, Manolis et Rhea se rendirent à la plage. À l'exception d'une dizaine d'habitués, des retraités qui venaient chaque année pour un mois en début de saison, l'hôtel était vide. « Le dernier à la bouée piquera une bouteille de rhum au bar ! » s'écria Rhea. Elle ôta sa robe de plage bleu azur, abandonna ses tongs dans le sable et piqua une tête. « Attends un peu », riposta Manolis, qui dut se débarrasser de ses coûteuses baskets avant de pouvoir la suivre. Rhea nageait loin devant, Manolis se lança dans un crawl, il la rattrapa peu avant la bouée, mais au lieu d'accélérer Rhea plongea et lui baissa son slip presque jusqu'aux genoux. Manolis plongea à son tour, essaya sous l'eau de lui arracher son haut de bikini et, tandis qu'ils chahutaient, les seins nus de Rhea effleurèrent le ventre de Manolis. Effrayés, ils s'écartèrent l'un de l'autre. Ils remontèrent à la surface, se regardèrent, quelque chose avait changé. Ils avaient l'air aussi hébétés l'un que l'autre. La bouche entrouverte, les yeux écarquillés, le front rouge et brûlant alors que la mer était plutôt froide. Manolis ne savait quoi faire. Il se cramponnait à l'un des côtés de la bouée, Rhea à l'autre, et sous l'eau, le long de la chaîne, leurs corps se touchaient. Pas de manière accidentelle. Pas comme se toucheraient une fille et un garçon qui ont grandi ensemble. Manolis fut traversé par un sentiment étrange. Rhea cessait soudain d'être la petite sœur à qui il dessinait une moustache pendant qu'elle dormait sur un matelas, aux pieds de Iannis. Rhea était soudain la plus belle fille de tous les temps avec ses cheveux châtains qui lui tombaient sur les épaules et son petit grain de beauté sur le menton. Au cours des dernières années, Manolis n'avait cessé de blaguer à propos de ce grain de beauté. « Rhea, tu as du chocolat, là. Ah, non, c'est ton grain de beauté. » Il était sur le point d'y poser ses lèvres quand Iannis apparut sur la plage, vêtu de blanc : « Revenez, il faut que vous goûtiez cet agneau ! »

Et pendant que Rhea rebroussait chemin, Manolis avait fait des longueurs sous l'eau jusqu'à n'avoir presque plus de souffle.

Depuis, tout avait changé. Depuis, Manolis se sentait bizarre quand Rhea lui souriait. Depuis, il avait mal au ventre quand Rhea faisait des messes basses avec son frère. Depuis, il ne se sentait plus indifférent quand elle ôtait ses vêtements à côté de lui et qu'elle entrait dans l'eau en bikini. Quelque chose avait changé.

— Ça va, Manolis ? s'enquit son grand-père.

— Ouais, bien sûr, répondit Manolis.

Il regarda encore un moment son frère et Rhea s'ébattre dans l'eau et dit :

— C'est juste qu'on s'emmerde à mourir, ici.

Un vieux vélo de femme avec une petite corbeille sur le guidon et un tapis de yoga sur le porte-bagages était appuyé contre le mur de la maison. Manolis avait espéré qu'il n'y aurait personne, mais sa yaya Eleni se trouvait à la cuisine, assise en tailleur sur une chaise, tandis que sa mère évidait des légumes.

— Réunion de famille ? s'enquit-il, énervé, en prenant un Coca dans le réfrigérateur.

— Tu vas finir par choper un cancer avec ce truc ! assena Eleni.

Aspasía se haussa sur la pointe des pieds pour embrasser son fils, mais celui-ci se détourna, avala d'une traite le contenu de la cannette et rota à l'adresse d'Eleni. Celle-ci secoua la tête.

— Oui, yaya, je sais, le Coca me collera un cancer, à moins que je ne me rompe le cou ou que je ne m'empoisonne avec des marshmallows. La télé m'abêtit, le foot aussi, je ferais mieux de porter des pantalons de pyjama, de rester toute la journée assis en tailleur et de bouffer du compost parce que c'est vachement sain, c'est ça ?

Le couteau d'Aspasía dérapa sur la tomate, lui occasionnant une coupure au pouce gauche.

— Voyons, Manoli, tu débloques ou quoi ? fit-elle en plaçant aussitôt sa main sous l'eau froide.

Manolis se sentit une envie folle de renverser la table. De l'empoigner et de la balancer dans la pièce. Il voulait détruire quelque chose, avoir dans l'oreille le bruit que fait un objet volant en éclats.

— Pourquoi est-ce que tu te comportes de façon aussi répugnante, Manoli ? demanda sa yaya en dardant sur lui son regard.

— J'en ai ras le bol de ton baratin sur la santé ! Et papy Otto ? Il t'aime, il ferait n'importe quoi pour toi. Mais toi, dès qu'il s'approche un peu trop, tu le repousses. Pourtant, tout le monde sait que tu l'aimes. Ça se voit. Mais au lieu de le lui dire, tu te fous de lui. Ça fait chier !

Eleni se leva, fixa par en dessous son petit-fils dans les yeux – il faisait deux têtes de plus qu'elle –, leva la main et lui flanqua une gifle qui fit jaillir du buisson de lauriers-roses les oiseaux qui s'y trouvaient.

Aspasía en eut le souffle coupé, Eleni et Manolis s'affrontèrent du regard, furieux.

— Ne parle pas de ce que tu ne connais pas ! dit froidement Eleni.

Et, se détournant, elle quitta la maison.

Manolis palpa sa joue brûlante. Il n'avait encore jamais reçu de gifle. Pas même de sa mère le jour où, en voulant allumer une pièce d'artifice dans la baignoire, il avait esquinté tous ses produits de beauté.

— Qu'est-ce qui t'a pris, Manoli ? demanda Aspasía en posant la main sur l'épaule de son fils.

Manolis se dégagea et monta dans sa chambre.

À la nuit tombée, Iannis frappa à sa porte.

— Manoli, j'ai fait du steak et des frites, je te mets une assiette devant la porte, annonça-t-il.

Manolis pressa l'oreiller contre sa bouche.

Il se promit d'avoir une discussion avec Rhea et Iannis. Il fallait que son frère sache ce qu'il ressentait. Ils étaient jumeaux, tout de même. Manolis avait la nostalgie du temps où Iannis devinait toutes ses pensées. Et Rhea. Il fallait qu'elle sache, elle aussi.

Il ne pouvait tout de même pas mener la vie dure à tout le monde rien que parce qu'il était incapable d'exprimer ses sentiments.

Manolis ne pouvait soupçonner que, sur ce point, il ressemblait plus à sa grand-mère qu'il ne l'aurait souhaité.

Ni que Iannis éprouvait exactement la même chose que lui pour Rhea.

Quand heurs et malheurs se donnaient la main

Jamais Rhea Tsipiratis n'avait plus douloureusement ressenti l'absence de sa mère, qui l'avait abandonnée il y avait plus de douze ans, qu'en ce jour censé être le plus heureux de sa vie. Rhea se réveilla à l'aube, tenta de se rendormir, puis se rassit derechef dans son lit et tressaillit en voyant la robe de mariée d'un blanc éclatant qui était suspendue sur un cintre, au dos de la porte. Il lui avait fallu plusieurs semaines de réflexion avant de l'acheter, elle s'était rendue plus de vingt fois dans la boutique, sur l'île principale, avait essayé et réessayé toutes les tenues jusqu'à ce que la vendeuse lui demande si elle avait vraiment envie de se marier. Ce reproche l'avait piquée au vif, si bien que, dans un mélange de mauvaise conscience et de défi, elle avait opté pour ce modèle.

Rhea se leva, but une gorgée d'eau et la recracha aussitôt dans le verre – on aurait dit qu'elle avait passé au moins trois ans sur sa table de chevet. Quand elle ouvrit les volets, les strass disposés sur le bustier en spirales emboîtées étincelèrent au soleil. La robe était sans manches, avec une jupe ample doublée de tulle. Elle était féerique. Mais ce n'était pas la robe dont elle rêvait depuis toujours.

Rhea avait toujours souhaité être aussi belle que sa mère le jour de ses noces. Les souvenirs s'estompaient d'année en année, comme si, dans sa tête, les images étaient tout aussi sujettes au jaunissement qu'un cliché exposé en plein soleil. Rhea ouvrit le tiroir de la table de nuit et en sortit la photo de mariage de ses parents. Le jour où sa mère avait quitté Makarionissi, la première chose que son père avait faite, c'était d'arracher tous les clichés des murs et de les brûler avec les vêtements, les articles de toilette et autres objets qu'elle avait laissés. Rhea se rappelait la puissante détonation quand la bombe de laque avait explosé, et les attaches sur les murs, que son père avait mis si longtemps à enlever. Leur présence était encore pire que s'il y avait eu des photos. Celles-ci auraient dit : quelqu'un n'est plus là. Mais les crochets criaient : il manque quelqu'un.

Rhea avait pu sauver quatre clichés. Son préféré était la photo de mariage de ses parents. Elle s'assit sur le lit, l'image à la main. Avec ses hauts talons et ses cheveux crêpés, sa mère était un peu plus grande que son père, qui souriait à l'appareil d'un air de béatitude niaise. Élancée, mince, affichant un doux sourire, elle fixait le spectateur de ses yeux verts, ces yeux verts qui renvoyaient leur regard à Rhea quand elle se contemplait dans le miroir. Et puis cette robe. Comparée à la sienne, elle était simple – ajustée, manches courtes, un col relativement montant – mais, le plus beau, c'était le tissu : de la dentelle fine, magnifique, qui avait l'air si élégante, si gracieuse, qu'en observant sa propre tenue Rhea se sentait comme une Barbie de pacotille.

Manolis avait l'impression de flotter à deux mètres au-dessus de son corps. Il s'observait lui-même, debout dans la cuisine, l'air indifférent, d'une beauté renversante dans son costume neuf. Il observait sa mère, qui courait frénétiquement dans tous les sens pour emballer, organiser ou faire encore ceci ou cela. Il observait ses grands-parents, qui se partageaient un joint, assis dans le jardin.

Manolis s'observait montant l'escalier jusqu'à la chambre de son frère. Iannis était devant le miroir.

— Manoli, j'ai l'impression que mon visage va exploser. Regarde, là, entre le nez et la lèvre, la peau est tendue. Tu crois que je vais avoir un bouton ?

Iannis pencha la tête en arrière, Manolis appuya son doigt sur la zone suspecte.

— Aïe, ça fait mal, se plaignit Iannis.

Manolis appuya encore plus fort.

— Voilà, je l'ai enfoncé bien profond, je pense qu'il ne ressortira que quand tu seras marié.

Iannis sourit et répéta :

— Quand je serai marié.

Manolis s'observait tandis qu'il se mordait les lèvres, réfléchissait un bref instant et disait :

— Tu sais, Ianni, Rhea est une femme formidable. Je t'envie.

Iannis lui jeta un regard surpris.

— Toi ? Tu m'envies ?

Manolis planta la pointe de sa chaussure dans le tapis. En réalité, cela faisait deux ans qu'il enviait son jumeau, depuis le jour où il était allé dans sa chambre et avait pris le coffret où Iannis cachait ses secrets derrière la collection de livres de cuisine. Il espérait y trouver un reste de la marijuana qu'ils avaient piquée dans le bureau de leur grand-mère. Il n'y en avait plus, en revanche le coffret renfermait un slip turquoise. Manolis se postait presque chaque soir à la fenêtre avec ses jumelles en espérant que Rhea oublierait de fermer les volets. Il connaissait ce slip. Au début, il essaya de se convaincre que son frère était un pervers qui collectionnait les sous-vêtements mis à sécher et que ce slip ne pouvait pas lui avoir été donné par Rhea. Prenant son courage à deux mains, Manolis proposa à Rhea d'aller se promener avec lui sur le port. Il avait quelque chose à lui dire. Rhea hésita. Manolis et elle ne faisaient jamais rien ensemble. Finalement, elle attrapa sa veste en jean et sortit avec lui. Quand Manolis et Iannis venaient tous les deux la chercher, elle se mettait du brillant à lèvres devant le miroir de l'entrée. Mais, quand Manolis était seul à la porte, elle passait sans s'arrêter devant le miroir et la petite coiffeuse sur laquelle les tubes de rouge à lèvres attendaient, tels des soldats de plomb prêts à intervenir. Quand ils arrivèrent au port, Rhea lui demanda de quoi il voulait lui parler. Repensant à l'absence de rouge à lèvres, Manolis dit :

« Ça fait chier que tu passes ton temps à glander chez nous. »

Quand Iannis et Rhea se prirent la main pour la première fois sans se cacher, Manolis commença à séduire les filles des clients de l'hôtel. Il décrivait en détail à Iannis tout ce qu'il loupait. Et devant Rhea il s'extasiait sur les touristes, tellement plus excitantes, plus belles et plus intelligentes que les filles de l'île.

Manolis se força à revenir dans le présent.

— Non, je plaisantais, mentit-il. Le mariage, c'est pour les imbéciles.

Iannis haussa les épaules comme s'il était soulagé.

— Dis, Eleni, si à l'époque je t'avais demandé ta main, tu m'aurais épousé ? lança Otto en tirant avec délectation sur son joint.

Eleni le regarda. Chaque fois qu'elle examinait Otto, elle prenait conscience de l'âge qu'elle avait. Le yoga l'avait maintenue en forme, sa fille avait déjà plus de problèmes de santé qu'elle, un dos fichu à force de rester debout, des difficultés respiratoires dues aux teintures capillaires qu'elle pratiquait au salon de beauté. Alors que pour sa part, en dehors de quelques bouffées de chaleur, elle ne s'était même pas aperçue de l'arrivée de la ménopause. Otto, en revanche, avait extérieurement vieilli. Le soleil lui avait blanchi les cheveux, quand le temps changeait il marchait courbé et sa peau fripée rendait certains de ses tatouages méconnaissables. Parfois Eleni avait le sentiment qu'Otto avait été envoyé par les dieux pour lui rappeler sa propre mortalité.

— On ne va pas remettre ça sur le tapis, dit-elle en lui prenant son joint.

Pourtant, depuis leurs retrouvailles, Otto et Eleni ne faisaient que remettre des choses sur le tapis : tantôt ils s'aimaient comme au premier jour, tantôt ils se disputaient, se reprochant mutuellement d'être cause du fait qu'ils avaient vécu séparés pendant un quart de siècle et que leur fille avait grandi sans son père. Une des cuisinières albanaises avait dit : « Vous vous aimez et vous vous détestez beaucoup trop pour pouvoir vous comporter normalement l'un avec l'autre. »

Ils observèrent un bref instant de silence. Seul le papier crépitait lorsque Eleni tirait sur le joint.

— Je souhaiterais que Iannis et Rhea ne se marient pas, déclara-t-elle finalement en toussant.

Otto lui caressa la cuisse.

Eleni repensa à ce dimanche, six mois plus tôt, où Iannis avait invité toute la famille en prétextant qu'il voulait fêter son diplôme d'école de tourisme. Aspasía avait dressé la table dans le jardin, c'était une des premières journées de printemps vraiment chaudes, où l'on pouvait rester assis dehors, les bras nus. Cela faisait étonnamment longtemps qu'Otto et Eleni ne s'étaient pas disputés et ils avaient prudemment envisagé la possibilité d'emménager ensemble. Un appartement à Politouranou, près de chez Aspasía, au lieu de la vie à l'hôtel et dans le bus. Ce jour-là, Otto avait joué de la guitare, Aspasía avait chanté. Et Iannis avait fait de la magie : petits poissons frits dans une panure à l'ail, caviar d'aubergine fumé, cuisses de poulet au citron et au romarin, le dessert en revanche… Aujourd'hui encore, Eleni aurait été bien en peine de l'identifier. Après le plat principal, en effet, Iannis avait ôté son tablier de cuisine et s'était assis à côté de Rhea. Il avait pris sa main, s'était éclairci la gorge, avait revêtu un air grave et annoncé que Rhea et lui avaient réfléchi à leur avenir. Le père de Rhea voulait vendre la pension et emménager chez sa nouvelle amie, sur l'île principale. Rhea et Iannis avaient décidé de reprendre l'établissement. Il avait parlé d'abondance, avec une fougue et une énergie qu'on ne lui connaissait pas. Ils voulaient rénover la pension et ouvrir un restaurant gastronomique au rez-de-chaussée. De la cuisine expérimentale. Essayer quelque chose de complètement nouveau. Eleni n'avait su quoi penser. Et son petit-fils avait dit en souriant :

« Oui. On demandera un de ces prêts Starter accordés aux jeunes couples. »

Aspasía, qui sirotait son vin, recracha sur la table la gorgée qu'elle venait de prendre :

« Aux jeunes couples ? »

Iannis eut un large sourire, de sa main libre Rhea jouait avec un coin de la nappe.

« Oui, on va se marier. Ça nous permettra une économie d'impôts et, pour ce projet, ce sera juridiquement plus simple si on est mariés. En fin de compte, ça repose sur nous deux. On forme une équipe. Et puis : on s'aime. Alors pourquoi attendre ? »

Sortant enfin de sa transe, Eleni avait bondi de sa chaise et s'était écriée :

« Vous êtes dingues ou quoi ? Vous ne pouvez pas vous marier aussi jeunes ! Vous venez tout juste d'avoir vingt ans ! Vous n'avez pas envie de voir le monde ? De vivre des choses ? Vous êtes collés l'un à l'autre depuis que vous êtes nés ! Et puis pourquoi tu t'intéresses à cette pension ? Tu as mon hôtel !

— Qu'est-ce que tu veux que je fasse de cette baraque de mégalo ? avait vertement rétorqué Iannis. Hors de question ! »

Eleni avait toujours pensé qu'un jour Iannis reprendrait l'hôtel. Manolis n'était pas fait pour cela. Il travaillait huit heures par jour, cinq jours par semaine, à l'usine de production de mousse et il s'y trouvait très bien. Manolis ne savait pas recevoir, il préférait être reçu.

Même en ce jour de noces, Eleni ne parvenait pas à se réjouir. Ce mariage réduisait tous ses plans à néant.

— À quoi penses-tu ? demanda Otto en lui attrapant la main.

— À une histoire de ma grand-mère, répondit Eleni, en se débarrassant de son mégot d'une pichenette.

Il y a longtemps, dans un pays très lointain vivait un prince qui causait beaucoup de soucis à ses parents. Le roi et la reine avaient mené de multiples guerres, vaincu des monstres, et s'étaient démenés sans compter pour faire du royaume un paradis. Les fleuves étaient de lait et les arbres laissaient goutter du miel. Leurs sujets se portaient bien et ils habitaient dans un palais de briques dorées. Mais le prince n'avait qu'une envie : partir. Il n'avait jamais rien connu d'autre, ignorait ce qu'avaient été les temps sombres du passé et ne pouvait apprécier à sa juste valeur le bien-être dont il jouissait. Le prince se plaignait du lait et trouvait le miel trop sucré. Il n'aimait pas le palais et décida un jour de s'en aller pour fonder lui-même un royaume. Le roi et la reine furent très tristes, après tout c'était pour lui et lui seul qu'ils avaient fait tout cela. Ils l'implorèrent de rester, mais le prince sella son cheval et s'éloigna.

Pendant de nombreuses années, il combattit de terribles monstres, dormit dans des cavernes et souffrit de la faim, mais nulle part il ne trouvait d'endroit où fonder un royaume. Et lorsqu'il fut parvenu aux confins du monde, il se rendit compte à quel point la vie était belle chez lui. Le goût délicieux du lait et la douceur sucrée du miel lui manquaient, aussi fit-il demi-tour pour rentrer. Quand il arriva, au terme d'un long voyage, il ne reconnut plus sa patrie. Les fleuves s'étaient taris et les arbres desséchés. La famine régnait, partout on ne voyait que violences et querelles, et le palais, autrefois si beau, menaçait ruine. Très inquiet, le prince se précipita dans la salle du trône, où il trouva ses parents, terriblement vieillis, malades et affaiblis.

« Maman, papa, que s'est-il passé ? À quels ennemis devons-nous cela ? Dites-le-moi et je les anéantirai ! » s'exclama-t-il.

Mais le roi secoua la tête.

« Il n'y a pas d'ennemis, mon fils. Ta mère et moi avons pris de l'âge. Nous n'avons plus la force de nous occuper du royaume. »

Le prince ressentit en son cœur une grande tristesse et regretta amèrement d'être parti.

« Ah, si seulement je l'avais su plus tôt ! » s'écria-t-il en s'accablant de reproches.

Rhea et Iannis souhaitaient un mariage simple. Iannis avait renoncé au traditionnel rasage par un ami, et Rhea avait insisté pour s'habiller elle-même.

Mais, quand il fut temps de se préparer, Rhea rencontra un problème : il lui était impossible de fermer sa robe toute seule. Dans la boutique, la vendeuse l'avait aidée et, depuis, elle n'avait pas réessayé sa tenue. Rhea avait beau se contorsionner, rien à faire. Elle laissa glisser la robe au sol, s'assit sur le lit et contempla le tissu bouffant.

— Eleni, tu peux venir un instant ? cria-t-elle alors par la fenêtre.

Rhea fut surprise de l'habileté d'Eleni. Elle pensait que celle-ci, qui pour une fois – chose inconcevable – ne portait pas ses pantalons de yoga, s'escrimerait avec la robe, mais elle laça le corset comme si elle n'avait rien fait d'autre pendant des années.

Rhea se regarda dans la glace. Elle ne se reconnaissait pas.

— Eleni, tu te souviens encore de ma mère ? Est-ce que je lui ressemble ?

— Comme deux gouttes d'eau, répondit Eleni en souriant.

Rhea se sentit soudain si mal qu'elle courut jusqu'à la petite salle de bains attenante pour vomir de la bile. Eleni lui maintint les cheveux relevés, la soutint quand ce fut fini et, alors que Rhea, blanche comme un linge, s'asseyait sur le couvercle des toilettes, elle lui nettoya le visage.

— Yaya, est-ce que c'est une bonne idée ? chuchota Rhea pendant qu'Eleni sortait le poudrier et lui mettait un peu de couleur sur les joues.

Eleni eut une hésitation.

— Eh bien... j'ai amèrement regretté de m'être mariée aussi jeune. Mais à l'époque je ne pouvais pas faire autrement. Si c'était à recommencer, j'explorerais tous les continents, j'apprendrais à me connaître et j'embrasserais beaucoup de crapauds avant de choisir un prince. Quand on est jeune, on ne sait pas encore distinguer les princes des crapauds. On ne sait pas non plus si on est soi-même un crapaud.

À ce moment-là, on entendit du bruit dans la maison, les gens arrivaient. Eleni l'embrassa sur le crâne et lui dit en sortant de la pièce :

— Il n'y a aucune obligation.

Rhea tremblait. Elle fut envahie par une bouffée de chaleur, la pièce se mit à tourner, elle n'arrivait plus à respirer. Elle avait la bouche sèche, le cœur battant. Le corset est trop étroit, pensa-t-elle, puis, je ressemble à ma mère, puis, mes parents se sont mariés jeunes eux aussi, puis, ma mère n'était pas une princesse mais un crapaud, puis, il lui a fait confiance, puis, Iannis me fait confiance, puis, ça ne va pas, puis, je n'ai jamais vécu ailleurs qu'ici, puis, je ne veux pas, puis, comment pourrait-on savoir ce qu'est l'amour quand on n'a personne qui vous l'apprenne, quand il n'y a personne qui vous ait montré l'exemple ?

Debout, tout sourire, devant l'église, Iannis saluait les invités d'une poignée de main. À côté de lui, Manolis lui chuchotait des blagues cochonnes à l'oreille. Aspasía faisait les cent pas, parlait avec les nouveaux arrivants sans vraiment écouter ce qu'on lui disait, retournait dans l'église, vérifiait si les couronnes de mariage étaient toujours sur l'autel, si les lys étaient encore frais, puis ressortait inspecter les costumes de ses fils. Alors qu'elle rajustait la pochette de Iannis, elle demanda incidemment :

— Qui a les alliances ?

— Iannis, répondit Manolis.

— Manolis, répondit Iannis.

Ils se dévisagèrent d'un air éberlué. Aspasía frappa des mains au-dessus de sa tête. Iannis poussa un juron.

— Toute ma vie j'ai souffert de ces foutues cloches qui sonnaient à la première heure, mais pour une fois j'apprécie qu'on soit à cinq pas de l'église, plaisanta Manolis en donnant une tape sur l'épaule de son frère.

— Dans ma chambre, sur le bureau, lui cria Iannis. Et merci !

La porte était fermée, la clé se trouvait dans un pot de pétunias, à côté de l'entrée. Manolis ouvrit, monta en courant jusqu'à la chambre de Iannis et resta un instant interloqué, croyant voir un fantôme assis sur le lit.

Ce n'était que Rhea.

En robe de mariée.

— Qu'est-ce que tu fais là ? demanda-t-il, stupéfait, en empochant rapidement les alliances par mesure de précaution.

— Il faut que je dise à Iannis que je suis un crapaud.

— Il est déjà devant l'église, il t'attend. Viens, je vais te conduire.

Manolis tendit la main vers elle en souriant. Rhea se leva, le regarda et prononça les paroles que pendant des années il avait secrètement désiré entendre, mais qui ne pouvaient tomber plus mal :

— Manoli, emmène-moi loin d'ici, s'il te plaît.

Après avoir attendu vingt minutes pendant que les invités s'impatientaient sur leurs chaises, Iannis sentit qu'il y avait un problème.

Au bout de vingt-deux minutes, M. Tsipiratis arriva et lui chuchota à l'oreille qu'il avait fouillé toute la maison sans parvenir à trouver Rhea.

Au bout de vingt-cinq minutes, Aspasía courut jusque chez elle, mais ne vit personne, pas même Manolis.

Au bout d'une demi-heure, les invités commencèrent à sortir de l'église parce qu'ils avaient froid à l'intérieur.

Au bout de quarante minutes, la boîte vocale des portables de Rhea et de Manolis était saturée de messages et ne se déclenchait même plus.

Au bout de quarante-cinq minutes, les hommes commencèrent à taper sur l'épaule de Iannis d'un air compatissant.

Au bout d'une heure et demie, l'assemblée se mit à se disperser.

Au bout de deux heures, Iannis s'assit sur les marches de l'église.

Au bout de cinq heures, Iannis dit pour la première fois :

— Je ne bougerai pas d'ici. Laissez-moi. Rhea viendra.

Au bout de sept heures, Otto vint s'asseoir à côté de lui avec une bouteille d'ouzo.

Au bout de sept heures et demie, Otto et Iannis se mirent à pleurer.

Au bout de neuf heures, Aspasía ramena Otto à la maison.

Au bout de neuf heures et quart, le père de Rhea présenta ses excuses.

Au bout de neuf heures et demie, Aspasía revint.

Au bout de dix heures, Eleni arriva.

Au bout de dix heures et quart, Iannis chassa Eleni.

Au bout de onze heures, le soleil se coucha.

Au bout de onze heures et demie, Aspasía apporta à manger.

Au bout de treize heures, Aspasía renonça et laissa Iannis tranquille.

À minuit, les chiens errants se mirent à hurler. Et Iannis Aniston hurla de conserve.

CHANT VIII

Où le prince abandonné se cherche
un nouveau royaume,
mais apprend à son corps défendant
qu'on ne peut fuir les conflits
en se cachant dans une grande ville suisse
bien protégée ;
car même si les entrées dans la forteresse
sont sévèrement contrôlées,
les fantômes du passé
sont capables de traverser les murs.

Les rivaux de la zone piétonnière

Lefti dut repousser les objets exposés pour pouvoir accéder à la vitre. Trudi avait entassé dans la devanture toutes les bricoles qu'elle achetait à chacun de leurs séjours dans le Péloponnèse : un casque de guerrier vert turquoise, des vases rouges au ventre orné de danseurs nus, une statue d'Aphrodite vêtue d'un simple tissu autour des hanches, un Héraclès qui exhibait sa virilité, un Zeus assis, toute une camelote pour touristes qui était un vrai nid à poussière, ainsi que Lefti ne cessait de le répéter. Pourtant, chaque fois qu'il engageait la conversation avec des clients, il montrait les statues et célébrait la grande culture grecque et le monde des dieux. Il colla en plein milieu de la vitre une feuille A3 portant une phrase au marqueur : « Ici, on ne sert pas de grillades de chien. »

Satisfait, il remit les statues en place et sortit contempler son œuvre. Bien lisible, en lettres soignées.

Lefti tourna la tête en direction du lampion rouge vif : Zhang Chen, son plus grand ennemi depuis presque une décennie, se tenait devant son restaurant chinois, les bras croisés. Lefti opina du chef et serra le poing en signe de victoire, Zhang Chen l'imita.

Lorsque Lefti rentra, Trudi poussa un soupir.

— Lefti, c'est puéril, dit-elle en étendant des nappes propres sur les tables.

— Trudi, c'est la guerre.

— Entre la Chine et la Grèce, pour savoir qui régnera sur la zone piétonnière ? Sur le champ de bataille de Sankt Pölten ?

— Un homme doit faire ce qu'il a à faire !

Il devient têtu en vieillissant, pensa Trudi en retournant à ses occupations. Elle s'adoucit en vieillissant, pensa Lefti en inspectant les salières.

L'âge d'or du restaurant grec appartenait au passé. Lefti le savait, Trudi le savait. Depuis la mort de Despina, quatre jours après celle de Pagona, ils avaient du mal à retenir leurs habitués, jadis si nombreux, et encore plus à attirer une nouvelle clientèle. Ils avaient essayé divers cuisiniers mais, au cours de la décennie écoulée, aucun d'eux n'avait pu empêcher Sankt Pölten de s'éveiller du profond sommeil gastronomique dans lequel il était plongé depuis la chute de l'Empire romain.

Tout avait commencé avec les échoppes de kebab, qui avaient surgi de terre comme des champignons. À treize heures trente, quand le lycée situé au nord de la zone piétonnière libérait ses élèves, qui traversaient alors la rue piétonne en direction du sud pour se rendre à la gare, tout ce qu'on voyait ou presque, c'étaient des adolescents boutonneux avec un kebab à la main. Sur la Herrenplatz il y avait deux excellents restaurants italiens, dans la Wiener Straße un indien, et tout Sankt Pölten semblait raffoler du poisson cru servi dans des boîtes en plastique. Lefti n'y comprenait plus rien. Encore deux ans à tenir, pensait-il, jusqu'à ce que ses fils aient terminé leurs études. Hubert-Spiros et Josef-Stavros étaient tous les deux à l'université technique de Vienne. Lefti ne parvenait ni à retenir l'intitulé de leur cursus ni à comprendre ce qu'ils apprenaient exactement, mais les clients du restaurant auxquels il parlait des garçons lui assuraient qu'ils avaient devant eux une grande carrière. Hubert-Spiros gagnait même déjà de l'argent en réalisant des expériences pour son professeur. Cependant Lefti leur avait toujours dit : « Tant que vous ferez des études, vous n'aurez pas besoin de travailler. Nous vous aiderons. » Aussi les deux garçons prenaient-ils leur temps. Mais un jour, ils voleraient de leurs propres ailes, alors Lefti et Trudi vendraient le restaurant et partiraient à la découverte de l'Europe, Suède, Danemark, France – sur leur réfrigérateur se trouvait une liste d'endroits qu'ils avaient vus à la télévision et qu'ils souhaitaient visiter.

C'était la pause de midi, Lefti s'apprêtait à monter à l'étage quand soudain on frappa à la vitre. Lefti montra l'écriteau « Nous sommes fermés », mais le jeune homme à l'épaisse tignasse bouclée continua de toquer jusqu'à ce que Lefti aille ouvrir à contrecœur.

— Oui ?

Iannis en avait le souffle coupé. Derrière lui, un groupe de retraités en excursion parlait haut et fort en traversant la zone piétonnière. Il essaya d'ignorer leurs commentaires excités et enthousiastes sur la colonne de la Peste qui se dressait sur la place de l'hôtel de ville toute proche. Iannis était arrivé le matin même dans cette ville étrange et, malgré ses efforts, ne parvenait pas à comprendre pourquoi on élevait un monument à une épidémie qui avait fait des ravages. Il pensait que les calamités devaient être oubliées au plus vite. Et c'est pour cela qu'il se trouvait à présent devant la porte de son grand-oncle au deuxième degré.

Après avoir reconnu, au cours de sa nuit de noces, que Rhea ne reviendrait plus, Iannis avait quitté Makarionissi au plus vite. Il était rentré chez lui, avait ôté son costume de mariage sans faire de bruit, pour ne pas réveiller Aspasía, préparé sa valise et attendu le lever du soleil sur le port afin de partir par le premier ferry. Une fois sur l'île principale, il avait pris l'avion pour Athènes avec tous ceux qui passaient le week-end dans leurs familles avant de reprendre le travail. Deux semaines durant, il avait écumé les bars avec des amis rencontrés dans divers cours et séminaires. Mais Athènes lui paraissait trop proche de Makarionissi. Il avait trop d'anciens camarades de classe qui y vivaient, or Iannis ne voulait pas parler de Rhea. Il ne voulait pas parler de son frère. C'est alors qu'un matin il avait eu l'idée de se rendre là où personne n'irait le chercher. Là où on ne pourrait manquer de le comprendre : chez Lefti, le cousin d'Eleni.

— Vous êtes Lefti Zifkos ? demanda-t-il, étonné.

Devant lui se tenait un vieux monsieur placide, torse maigre, crâne dégarni, mais sur les tempes et devant les oreilles se dessinait une fine couronne gris-noir, on aurait dit du laurier. Il avait le cou ridé, la tête en avant, les dents du haut légèrement proéminentes et l'air inoffensif. Surtout à cause des deux touffes de poils blancs qui lui sortaient des oreilles. Il ne ressemblait pas du tout au tyran oppresseur dont Eleni parlait et avec qui elle n'avait plus échangé un mot depuis leur divorce. On aurait plutôt dit un drôle de grand duc.

— J'aimerais bien travailler chez vous.

— J'ai déjà suffisamment de personnel, répondit Lefti, déconcerté de s'entendre adresser la parole en grec.

— Oui, mais je pense être le cuisinier qu'il vous faut.

— Et qu'est-ce qui te fait croire ça ?

— On a quelque chose en commun, dit-il et, prenant une grande inspiration : Eleni nous a gâché la vie à tous les deux.

L'homme changea brusquement d'expression, il devint curieusement affable et, à la surprise de Iannis, presque joyeux. Reculant d'un pas, il invita le jeune homme à entrer.

— Eleni. Cela faisait longtemps que je n'avais pas entendu ce nom.

Renonçant à sa sieste, Lefti posa une bouteille de *tsipouro* sur la table. Il sortit des hors-d'œuvre froids et écouta l'histoire de Iannis – un flot d'informations sur une femme qu'il n'avait plus revue depuis des décennies.

Il y avait peu de passage devant le restaurant. Car, à l'inverse de Lefti, la zone piétonnière faisait la sieste. Ils ne furent interrompus que par un chien qui urina contre la porte. Lefti se leva d'un bond et beugla que, si cela se reproduisait, il le livrerait au Chinois pour qu'il en fasse de la chair à saucisse.

Quand Iannis eut terminé son récit, Lefti remplit de nouveau les verres, trinqua, huma son schnaps, le reposa et partit d'un brusque éclat de rire.

— Vous trouvez ça drôle ? lança Iannis.

Lefti n'en rit que plus fort.

— À mourir de rire. Non mais quelle ironie ! À t'entendre, j'ai l'impression qu'Eleni est devenue exactement comme notre grand-mère. Elle se mêle de la vie de ses petits-enfants parce qu'elle croit devoir préserver un héritage absurde, et c'est ce qui t'a fait fuir. J'aurai tout vu !

Dehors, les réverbères s'étaient allumés. Trudi arriva alors que Lefti était en train de rire, l'air d'être prête à partager la gaieté ambiante.

— Qu'est-ce qui se passe ? demanda-t-elle.

Elle vint se placer derrière Lefti, lui mit les mains sur les épaules et posa un baiser sur son crâne.

— Qui est ce jeune homme ? s'enquit-elle tandis que Lefti s'apaisait peu à peu et s'essuyait la bouche avec une serviette.

— Notre nouveau cuisinier. Tu ne vas pas le croire, c'est le petit-fils d'Eleni.

Et Lefti, qui, dans son hilarité, avait pensé que Trudi, devenue plus douce avec l'âge, trouverait elle aussi l'arrivée de Iannis parfaitement grotesque, en fut pour ses frais.

— Fichez le camp, tout de suite ! ordonna-t-elle d'une voix glaciale en montrant la porte.

Iannis bondit de sa chaise.

— Il est hors de question qu'un proche parent d'Eleni franchisse ce seuil !

Lefti se leva et lui caressa les bras comme il le faisait chaque fois qu'elle s'énervait trop. Sa grand-mère ne disait-elle pas que l'énervement était ce qu'il y avait de pire pour la santé ?

— Calme-toi, Trudi. Iannis est OK. Je crois qu'en ce moment il est aussi fâché que toi contre Eleni. Il restera ici.

— Mais..., voulut-elle objecter.

Lefti la regarda, les caresses sur les bras faisaient leur effet, elle se tut.

— On en parlera ce soir, ajouta-t-il prudemment.

Trudi souffla dédaigneusement et retourna sans mot dire à la cuisine.

— Désolé, déclara-t-il, ma femme n'est pas très douée pour lâcher prise.

— Lâcher prise ?

— Tu sais, dans le passé, il y a eu beaucoup de trucs très moches. Mais j'ai appris qu'à un certain moment on doit lâcher prise et pardonner. Pas oublier, mais accepter le fait que parfois les choses sont comme elles sont. Je ne sais pas en quoi tu crois, providence, volonté des dieux, hasard ou destin, mais je suis certain que rien n'arrive sans raison.

Iannis s'apprêtait à répondre quand il y eut une détonation. Ils sursautèrent et tournèrent les yeux vers la vitrine, sur laquelle dégoulinait une pâte noire semi-solide qui ressemblait à une bouse de vache. Lefti bondit.

— Zhang Chen ! gronda-t-il.

Il courut à la cuisine et, sans un mot d'explication à l'adresse de Iannis, ramassa un seau qui sentait le tarama avarié et sortit en toute hâte dans la rue.

— Voilà, tu peux bouger ! annonça Hubert-Spiros, deux semaines plus tard.

Il montra à Iannis l'écran de l'appareil photo numérique.

— Et tu penses que ça marchera ? demanda Iannis.

Il remit en place le tableau représentant un village de pêcheurs grec, qu'ils avaient décroché dix minutes plus tôt afin d'avoir un fond blanc pour le cliché.

— Absolument, marmonna distraitement Hubert-Spiros.

Il avait raccordé l'appareil photo à son ordinateur portable et transférait l'image. Iannis en profita pour aller se changer. À l'hôtel, il cuisinait habillé comme il lui chantait, mais Lefti lui avait fait comprendre que, à l'inverse de ce qui se passait en Grèce, les services de contrôle alimentaire autrichiens étaient fort zélés et surtout très méchants. Ils étaient constitués de fonctionnaires qui se vengeaient sur les petites gens du fait qu'il n'y avait plus d'impératrice Marie-Thérèse, car sous le règne de Marie-Thérèse les fonctionnaires étaient des nobles. Iannis n'avait pas compris ce que Lefti avait voulu dire par là, mais pour lui faire plaisir il portait désormais la tenue prescrite. Lorsqu'il revint dans la pièce, le visage de physicien quantique d'ordinaire si sérieux de Hubert-Spiros s'était éclairé d'un large sourire :

— Qu'est-ce que tu en dis ?

Iannis regarda la photo retouchée et, pour la première fois depuis son arrivée à Sankt Pölten, il éprouva un vrai plaisir. Hubert-Spiros avait découpé sa silhouette et l'avait placée devant un temple indien.

— Tu es un génie ! s'exclama-t-il en tapant joyeusement sur les épaules de Hubert-Spiros.

Celui-ci avait hérité de la silhouette menue, un peu maigrichonne, de Trudi et quand Iannis sentit ses omoplates délicates, dépourvues de muscles, il mit aussitôt un terme à ses manifestations de joie.

— Bah, tu as bien vu : ça m'a pris trois minutes. Je peux le faire toutes les semaines si tu veux.

Iannis s'installa immédiatement devant l'ordinateur pour envoyer la photo sur Facebook.

Au cours des quinze derniers jours, Lefti n'avait cessé de l'exhorter à donner de ses nouvelles à sa famille et à dire où il était. Iannis avait refusé, il ne voulait plus avoir de contact avec quiconque, ou à la rigueur, de temps en temps, avec sa mère et son papy – quand il se sentirait prêt. Mais il ne voulait surtout pas qu'ils apprennent où il se trouvait. Il avait besoin de calme et de recul. Sinon quelqu'un viendrait le chercher. Au mieux, Otto. Au pire, Eleni. Ou pis encore, Rhea. Ou pire que tout, Manolis. Et quand Trudi avait fait remarquer que dans ce cas il devrait au moins raconter à sa mère un bobard quelconque, qu'il était parti découvrir le monde ou un truc de ce genre, afin qu'elle ne s'inquiète pas, il avait envoyé un mail à Aspasía : *Suis en train de faire le tour du monde. Je me cherche un restaurant dans un endroit chaud et j'y travaille jusqu'à ce que j'aie envie de repartir.*

Toute la famille de Iannis, à l'exception d'Eleni, était sur Facebook. L'hôtel lui-même avait une page dédiée, tenue à jour par les réceptionnistes. Aspasía était accro aux tutoriels américains, Otto communiquait avec d'anciennes groupies, Manolis partageait la moindre blague, même la plus stupide, et Rhea, comme toujours, participait pour faire comme tout le monde.

Le soir même, Iannis constata que son plan fonctionnait : sa mère lui avait envoyé un long message bourré de fautes d'orthographe pour lui exprimer sa joie d'avoir de ses nouvelles et d'apprendre qu'il allait bien. Il lui manquait, mais elle comprenait qu'il veuille voyager pour digérer sa peine. Otto avait commenté la photo avec fierté : Iannis était un battant, capable de renverser une situation à son profit. Manolis et Rhea avaient eu la décence de ne pas se manifester. Mais il espérait qu'ils avaient vu le cliché et qu'il leur avait fait envie. Iannis appréciait d'être chez Lefti et Trudi, il appréciait de vivre dans une ville étrangère tout en ayant un foyer. Il préférait cela à la chaleur tropicale, aux singes mordeurs et aux cafards volants.

Dans un des anciens tubes de son grand-père, il était question de deux sortes d'hommes : les paysans et les marins. Les marins faisaient le tour du monde et en redemandaient. Les paysans, au contraire, préféraient rester chez eux et cultiver leur champ. Dans sa chanson, le grand-père de Iannis disait évidemment qu'il était contraint de se faire marin parce qu'il était à la recherche de sa bien-aimée, et qu'il espérait la retrouver et devenir avec elle le paysan qu'il était au fond de son cœur. Mais lorsque cette chanson lui revint en mémoire, au cours des semaines qui suivirent le mariage raté, Iannis se borna à penser que dans sa famille personne n'arrivait à accepter qu'il soit un paysan : qu'une vie simple, une belle maison et une bonne cuisine suffisaient à son bonheur. Personne à l'exception de Lefti.

Iannis logeait dans l'ancienne chambre de Despina. Trudi lui préparait son petit déjeuner et Lefti lui découpait tous les articles sur la crise financière qu'il trouvait dans son quotidien. Son grand-oncle répétait continuellement qu'il ne s'intéressait pas à la politique, mais paraissait obnubilé par les perturbations financières. Pour Iannis, il n'y avait qu'une seule explication, c'était parce que les clients abordaient sans arrêt le sujet avec lui. Même les actualités télévisées de Basse-Autriche lui demandaient son avis à chaque occasion. À Sankt Pölten, il était devenu une sorte de commentateur politique apolitique. Iannis le remerciait gentiment, mais ne lisait aucun des articles. Pendant ce temps, sa famille le croyait en train de parcourir le Vietnam, sac au dos. Car au bout de six semaines, Lefti s'était fait violence et avait autorisé Iannis à aller chercher des *dim sum* chez son ennemi juré. Iannis avait ensuite posé devant l'objectif de l'appareil photo avec des baguettes. Après quoi Hubert-Spiros avait intégré l'image à une photo de soupe populaire au Vietnam. Iannis en avait retiré un plaisir secret, car Rhea et lui avaient eu le projet d'aller en Thaïlande, au Vietnam et au Laos pour leur lune de miel.

Huit semaines après l'arrivée de Iannis en Autriche, Manolis se risqua à lui écrire. Iannis supprima le message sans le lire. Tout comme ceux de Rhea. Otto lui avait assuré qu'il ne s'était rien passé entre eux, mais Iannis continuait de se sentir trompé et abusé. Par les deux êtres auxquels il faisait le plus confiance, ceux qu'il aimait le plus.

Une nuit où Iannis, hanté par Makarionissi, errait sans repos dans l'appartement, se demandant quoi faire pour ne pas devenir fou, le fils cadet de Lefti, Josef-Stavros, se leva et s'installa avec lui à la table de la cuisine.

— Iannis, tu es grec, je sais, mais là il n'y a qu'une seule chose qui puisse t'aider : le sport.

Josef-Stavros était tout aussi féru de technologie que son aîné, mais il avait une seconde passion : l'escalade. Chaque fois que Iannis empruntait le couloir, il contemplait avec étonnement les photos qui le montraient sur des sommets. Iannis ne comprenait pas la fascination des Autrichiens pour la montagne. L'hiver ils se transformaient de leur plein gré en torpilles humaines pour dévaler les pentes par un froid de canard, et l'été ils remontaient en troupeaux de randonneurs. Iannis pensait que les cimes continuaient d'être réservées aux dieux, qui y avaient leur résidence céleste. Mais celles d'Autriche lui semblaient trop pointues pour qu'on puisse trôner dessus. Et quand Josef-Stavros eut constaté que Iannis restait hermétique aux sports de montagne, il lui recommanda d'essayer au moins le jogging. Après quatre nuits d'insomnie supplémentaires, Iannis suivit son conseil.

Et, contre toute attente, il y trouva de la satisfaction.

Il écoutait de la musique, accompagnait la mélodie en chantant à pleins poumons, à la grande irritation des dames qui promenaient leur bichon, courait, faisait des abdominaux et des flexions des genoux, et, quand il se dépensait à fond, il éprouvait une douleur physique purificatrice qui se superposait de manière salutaire à la souffrance morale. Et pour les nuits où les pensées négatives continuaient de l'oppresser, il découvrit un autre remède : l'ambiance Sodome & Gomorrhe, apparue au début des années 2000, et qui avait libre cours dans la ville.

Le jeudi, un club à la ligne musicale totalement indéfinissable, situé dans le no man's land de la zone industrielle, au sud, proposait une *Ladies Night* dans une sorte de grande cabane en tôle ondulée. De neuf heures à onze heures, seules les femmes étaient admises. Le cocktail était à un euro et des strip-teaseurs chauffaient la salle jusqu'à l'arrivée des hommes, à partir de vingt-trois heures. Iannis, qui n'avait jamais fait grand cas de son apparence physique, apprit alors, en patientant à l'entrée du club avec les autres, à quel point il était beau garçon. Ses abondantes boucles noires, ses yeux gris et son torse sculpté par les pompes et les tractions dans l'encadrement de la porte lui donnaient une tout autre allure que les hommes grassouillets et souvent inélégants de Sankt Pölten, avec leurs joues roses, qui semblaient sortir tout droit d'une étable. Quand elles comprirent qu'il n'était pas turc, les femmes de Sankt Pölten furent à ses pieds. Aux yeux de Iannis, cette ville était à maints égards l'exact opposé de la Grèce, mais il existait tout de même un parallèle frappant : les Turcs étaient unanimement détestés. Surtout de sa tante Trudi, comme il avait le droit de l'appeler depuis qu'ils avaient passé une nuit entière à boire de la liqueur aux œufs et à vilipender Eleni. Quand on prononçait le mot « Turquie » à la télévision, Trudi tenait des propos que

Lefti, Hubert-Spiros, Josef-Stavros et Iannis la conjuraient de ne jamais divulguer à l'extérieur du salon.

Le vendredi, des soirées complètement déjantées se déroulaient dans une cave sous un cinéma, au nord de la ville. Jusqu'à onze heures, on pouvait acheter un seau entier de Bacardi Coca pour dix euros et, vers minuit, on faisait déferler de la mousse sur la piste de danse. Le samedi, enfin, Iannis se rendait en général dans une poussiéreuse annexe de centre culturel où se produisait la scène alternative. La musique y était à peu près potable et les filles souvent un peu plus intelligentes.

Il était rare que Iannis rentre seul. Car il s'était forgé une stratégie : chaque fois qu'une fille se faisait prier, il la fixait de son regard gris pâle, s'efforçait d'avoir l'air aussi ardent que possible et lui racontait une histoire qui lui venait de sa grand-mère. Qu'il y avait eu autrefois un prince qui s'était épris d'une divinité aquatique. Celle-ci l'avait repoussé, après quoi, fou d'amour, il s'était jeté sur elle. La déesse s'était changée en feu et l'avait brûlé, en eau et l'avait étouffé, en lionne et l'avait déchiqueté, mais, en dépit de toutes les souffrances qu'elle lui infligeait, le prince ne voulait pas la lâcher. Puis Iannis baisait la main de la jeune fille et lui chuchotait : « Tu es une déesse d'une beauté incomparable. Et moi, un pauvre mortel. Tu peux me repousser, je ne te lâcherai jamais. »

Et cela marchait.

Toujours.

Iannis appréciait Sankt Pölten. La ville n'avait, il est vrai, aucun charme mais, à l'inverse de Politouranou, elle était commode. Les services administratifs, les supermarchés, la circulation – tout fonctionnait impeccablement. Là, un nouveau chef cuisinier n'avait aucun mal à se procurer les ingrédients qu'il voulait garder en stock en plus du menu standard. Et alors qu'un jour il faisait son jogging dans la

Kaiserwald, une épaisse forêt de conifères, il lui vint une idée : pourquoi ne pas utiliser les plantes ?

Et c'est ainsi que Iannis Aniston se mit à ramasser des aiguilles d'épicéa, du plantain lancéolé, de l'oseille et autres herbes potagères, à les rapporter à la cuisine et, à la grande horreur de Lefti, à les intégrer aux plats.

« Qu'est-ce que tu veux que je fasse de cette herbe à vache ? » s'exclama Lefti un jour que Iannis lui faisait goûter de la pizza à la roquette.

« Ianni, tu seras cause de ma ruine ! » gémit-il lorsque Iannis servit pour la première fois de l'agneau piqué de branches de romarin. « Ce malheureux agneau ressemble aux supports qu'on utilise pour les sapins miniatures », pesta-t-il. Mais Iannis ne se laissait pas démonter. Et Lefti était trop gentil pour lui interdire d'expérimenter.

Quoi qu'il en soit, la fréquentation reprenait, même si les clients se montraient tout aussi déconcertés que Lefti par les créations du jeune Iannis. La qualité des plats traditionnels s'améliorait et, le soir, le restaurant affichait souvent presque complet. Mais, à la grande frustration de Iannis, personne ne commandait jamais ses créations culinaires, que Lefti l'avait finalement autorisé à inscrire sur la carte après plusieurs semaines de discussion.

« Personne n'a envie de manger de l'herbe », déclara Lefti en haussant les épaules lorsque la petite soupe grecque aux herbes des champs n'eut toujours pas trouvé preneur au bout d'une semaine. « Laisse donc cette écrevisse là où elle est », fit-il remarquer quand Iannis se plaignit de l'absence totale de succès de son cocktail d'écrevisses au céleri. Et lorsque Iannis revint un jour de l'animalerie avec un récipient en plastique rempli de sauterelles qu'il voulait faire griller, assaisonner d'épices fortes et travailler façon croquants pour une salade de pissenlits, Trudi devint hystérique.

« Pour l'amour de Dieu, Ianni, jette-moi ça et arrête ces expériences dégoûtantes ! » geignit Lefti. Le cœur lourd, Iannis se résolut à relâcher les sauterelles.

« Quel dommage, vous auriez été si délicieuses », dit-il au travers des trous d'aération percés dans le récipient avant de vider celui-ci par la fenêtre de la cuisine. Comme il restait quelques cadavres au fond de la boîte, il les jeta dans la poêle, les fit rissoler, ajouta du curry en poudre et de la coriandre, et les avala en guise d'en-cas.

Alors que Iannis vivait à Sankt Pölten depuis un an, il se produisit sur la ligne de chemin de fer entre Vienne et Zurich un accident qui allait changer sa vie, sans qu'il eût rien à voir avec cet événement. En ce mardi tout à fait ordinaire où il préparait des brochettes pour le service du soir, Iannis ne se doutait pas qu'une dame d'un certain âge était si enthousiasmée par un folk-rock diffusé à la radio qu'elle confondit le frein et l'accélérateur et, au lieu de s'arrêter au passage à niveau, propulsa énergiquement sa voiture sur la voie, faisant dérailler le train qui approchait. Chose étrange, la dame et le conducteur du convoi en furent quittes pour un simple choc émotionnel. La dame se jura, au grand soulagement de ses petits-enfants, de ne plus jamais écouter Andreas Gabalier. Quant au conducteur, il rendit grâce à saint Kreisky, patron des cheminots, pour avoir eu son sac de sport avec lui. Cela lui permit de se changer rapidement et d'ôter son pantalon, qu'il avait mouillé sous l'effet de la peur. Pendant ce temps, Iannis profitait de l'absence de son grand-oncle pour faire revenir des fourmis géantes australiennes dans de l'huile d'olive et du piment frais tout en se disant que personne n'aurait envie d'y goûter. Pourtant, les fourmis australiennes avaient le même goût que les *nachos.*

Conséquence de l'accident, le tronçon de voie ferrée fut fermé dans la soirée. Les cheminots de Sankt Pölten mirent rapidement en place un service de bus, mais à la gare se trouvait un Suisse, dans le milieu de la quarantaine, qui, pour des raisons que même son thérapeute ne parvenait pas à élucider, éprouvait une peur panique des autocars.

Egon Kappacher, gastronome de son état, décida ce soir-là de ne pas monter dans un car nauséabond et de se chercher un hébergement à Sankt Pölten. Que ce soit pendant son voyage à Vienne, où il s'était rendu à un salon d'œnologie professionnel, ou durant les cours de géographie de sa lointaine scolarité, il n'avait jamais entendu parler de cette ville. Sankt Pölten, quel nom, songea-t-il, et il s'engagea d'un pas lourd et résigné dans la zone piétonnière qui jouxtait la gare afin de trouver un hôtel pour la nuit.

Iannis se retourna brusquement à l'arrivée inopinée de Lefti. Le jeune homme se plaça devant le four, les jambes jointes, pour cacher ce qu'il était en train de faire.

— Mmm, qu'est-ce qui sent aussi bon ? s'enquit Lefti, la narine palpitante.

Iannis s'apprêtait à faire passer les fourmis pour des mini-saucisses sud-américaines quand Lefti repéra par le hublot de la cuisine les neveux et nièces de Zhang Chen qui posaient leurs doigts maculés de chocolat sur la devanture.

— Vous allez m'entendre ! beugla-t-il en sortant en trombe de la cuisine.

Iannis respira.

Pendant ce temps, Egon Kappacher, affamé et nerveusement épuisé, errait dans la zone piétonnière de Sankt Pölten. Au début, il se dit qu'un bon vieux restaurant d'Autriche orientale ferait l'affaire, mais le premier dans lequel il pointa le nez était si enfumé qu'il crut littéralement entendre le cancer des poumons des habitués. Quant au deuxième, il dégageait une odeur de graisse d'escalope si pénétrante qu'Egon Kappacher se demanda si l'on y cuisinait avec la graisse usagée du McDonald's. Il ne se donna pas la peine de jeter un coup d'œil dans le troisième. Au cours de ses nombreux voyages, Egon Kappacher avait appris que, dans les endroits qui ne proposaient pas de tradition culinaire locale, la meilleure cuisine était généralement celle qui portait l'empreinte des émigrés. Et c'est ainsi qu'Egon Kappacher, gastronome suisse plusieurs fois couronné, échoua dans une jolie petite rue adjacente qui comportait à une extrémité un restaurant chinois et à l'autre un restaurant grec. La cuisine chinoise était certes plus raffinée que la grecque, se dit Egon Kappacher, mais le regard qu'il jeta sur la carte fut dissuasif. Sous le menu était accroché un écriteau portant une inscription au feutre : « Spécialité du jour : bichon sauce sucrée. » Il relut plusieurs fois le petit panneau, on lisait bien « bichon ». Avec un frisson, le célibataire suisse pensa à son petit havanais, qui attendait sûrement déjà avec impatience le retour de son maître, et se dirigea vers le restaurant grec. Ce faisant, il ne remarqua pas que le panneau « Ici, on ne sert pas de grillades de chien » apposé sur la vitrine était de la même main que celui qui figurait sur la devanture du chinois. Il s'installa à une petite table. La carte était désespérante, *souvlaki, moussaka, gyros,* le tout avec des frites, mais c'est alors que le regard d'Egon Kappacher tomba sur un mince intercalaire, imprimé en style Courier tout simple, qui se trouvait à la fin, au milieu des alcools forts.

Menu dégustation :
Potage froid de melon avec boulettes de farine
Toast croustillant au tzatziki avec flocons de fourmis grillés
Trio d'agneau avec frites de patates douces et chips aux herbes
Sorbet au thé des montagnes avec praliné au citron

Egon Kappacher écarquilla les yeux. Sa curiosité était éveillée, son estomac gronda.

— Le menu, s'il vous plaît, fit-il avec une joie anticipée.

— Vous êtes sûr ? demanda le monsieur d'un certain âge qui prit la commande.

— Évidemment, je suis impatient de voir ça !

De joie, Iannis fit un petit bond.

Il glissa un regard curieux par le hublot entre cuisine et salle à manger et, avant de se mettre à l'œuvre, s'attarda sur le petit homme élégamment vêtu d'un veston de tweed, sans se douter que c'était son avenir qu'il voyait assis devant lui.

En goûtant le potage froid, Egon Kappacher poussa un gémissement de délice. Le toast aux fourmis était une idée géniale et, pour le *tzatziki*, le chef semblait avoir fait cuire l'ail au four afin d'en ôter les huiles éthériques. Les variations sur l'agneau étaient un poème, le dessert un paradis surpassant tout ce que la religion avait pu dépeindre. Egon Kappacher était réconcilié avec le monde, réconcilié avec les chemins de fer autrichiens, et il sirotait son digestif avec béatitude quand un jeune homme vint se planter devant lui, les cheveux dissimulés sous un foulard orange.

— Excusez-moi, je suis Iannis Aniston, le chef. Puis-je vous demander si cela vous a plu ?

Egon Kappacher n'aurait jamais pensé qu'un blanc-bec se cachait derrière ce dîner.

— C'était exquis !

Et il se leva pour lui serrer la main. Kappacher était si surpris par l'apparition du jeune homme, par l'euphorie qu'il lisait sur son visage, qu'il oublia complètement de lui demander comment il avait préparé ce sorbet au thé des montagnes. Au lieu de cela, il sortit sa carte de visite et la donna au jeune chef.

— Passez me voir si vous êtes à Zurich !

Ravi, Iannis regagna sa cuisine. Un gamin, pensa Egon Kappacher, mais quel talent.

Il ne s'écoula guère de temps avant que Iannis et Egon Kappacher se revoient. Un mois et demi après leur première rencontre, Iannis revenait d'un jogging de deux heures quand il se vit arrêter par les pompiers. On aurait dit qu'une bombe avait explosé dans la petite rue. Partout des débris de verre, de la suie, des visages horrifiés.

— Le restaurant ? L'existe plus. Plus de grec, dit le pompier. Conduite de gaz défectueuse, vieilles canalisations !

Lefti et Trudi étaient en état de choc, mais physiquement indemnes. Cependant Trudi, souffrant de tachycardie, avait été emmenée à l'hôpital.

Quand les pompiers rouvrirent l'accès au bâtiment, ils mesurèrent toute l'étendue des dégâts : le rez-de-chaussée était détruit. Les vitres avaient volé en éclats jusque dans les immeubles voisins. La cuisine avait brûlé, le mobilier de l'établissement avait été anéanti par l'onde de choc. Lefti regardait autour de lui sans mot dire. Iannis le prit dans ses bras, mais soudain le dos de Lefti se raidit. Iannis se retourna : assis sur une chaise pliante devant le local dévasté, Zhang Chen mangeait des nouilles dans un gobelet en carton comme s'il était au cinéma en train de regarder un film catastrophe.

Lefti grinça des dents.

— Quelle importance, dit-il alors, on est assurés.

Iannis crut avoir mal entendu.

— Mais tout est démoli !

— Pas ma dignité.

À ce moment-là, Iannis éprouva de l'admiration pour Lefti.

Et pourtant : après être allé à l'hôpital voir Trudi, Iannis pressentit que Lefti ne reconstruirait pas le restaurant. Trudi ne voulait plus remettre les pieds dans un immeuble où les conduites de gaz étaient défectueuses, elle préférait emménager dans une caravane et voir le monde. Quant à la famille de Iannis, elle le croyait toujours engagé dans un long périple. La dernière étape que Iannis devait aux talents de retoucheur de Hubert-Spiros le montrait dans une boucherie en Argentine.

En ce jeudi de septembre 2012, Iannis Aniston se dit qu'il était peut-être enfin temps de bouger un peu.

« Vous êtes sur la messagerie Swisscom de : *Egon Kappacher.* Veuillez laisser un message après le signal sonore. »

« Bonsoir, monsieur Kappacher, ici Iannis Aniston, je ne sais pas si vous vous souvenez, vous avez mangé un de mes menus. À Sankt Pölten. Vous m'avez dit que je pouvais vous appeler si j'étais à Zurich. Voilà, j'aimerais bien aller à Zurich. Pour travailler. Connaîtriez-vous un restaurant qui cherche un jeune chef ? Un restaurant où on puisse aussi essayer des choses nouvelles ? »

Egon Kappacher rappela Iannis trois heures plus tard. Non seulement il se souvenait très bien de lui, mais en plus il avait du travail pour lui dans un des quatre restaurants dont il était propriétaire. Sa dernière acquisition, le *Trific,* dont il avait voulu faire un bistrot français, ne marchait pas bien. Pourquoi ne pas tenter l'expérience avec ce blanc-bec ?

Deux jours plus tard, Iannis faisait ses valises. Lefti et Trudi avaient les larmes aux yeux en l'accompagnant à la gare.

— Tu n'es pas du tout comme ta grand-mère, déclara Trudi au moment des adieux en se haussant sur la pointe des pieds.

Iannis dut se baisser légèrement pour qu'elle puisse le gratifier de deux énergiques petits baisers.

— Allez, viens dans mes bras, dit Lefti en l'étreignant avec force.

Les touffes de poils qui lui sortaient des oreilles chatouillèrent les tempes de Iannis.

— Merci pour tout, Lefti ! fit Iannis tandis que le train freinait dans un sifflement aigu.

Alors qu'il s'apprêtait à monter en voiture, Lefti le retint par le bras.

— Ianni, penses-y : lâcher prise, ça ne veut pas dire refouler ou oublier. Mais juste pardonner et accepter le fait que parfois les choses sont comme elles sont, même si c'est la merde.

Iannis n'avait pas encore trouvé de place assise que le train démarrait. Et en se penchant à la fenêtre, il vit que Lefti et Trudi se tenaient enlacés. Iannis songea qu'il était injuste à l'égard d'Eleni sur un point au moins : elle n'avait pas détruit la vie de Lefti.

Car, pour être honnête, il ne connaissait personne qui fût plus heureux et plus satisfait que le vieux Lefti Haselbacher-Zifkos avec ses touffes de poils dans les oreilles.

La beauté de la vie – Carte postale

— Iannis, tu as lu ma dernière newsletter ?

Le visage de papy Otto occupait tout l'écran de l'iPhone. Iannis posa l'appareil contre un verre doseur, au milieu des poêles et des casseroles rangées sur l'étagère qui surmontait le plan de travail. Le boîtier d'un noir brillant semblait fait du même matériau que le sol. Avant de reprendre la cuisine, Iannis avait insisté pour avoir des dalles noires, il trouvait qu'on faisait trop de cas des blanches. Car peu importait que dans le feu de l'action on laisse échapper une tête de poulet ou une tomate – sur des dalles blanches cela faisait tout de suite mauvais film d'horreur.

— Tu m'écoutes ?

À mille cinq cents kilomètres de là, son grand-père, assis sur une chaise longue, avait les yeux rivés sur son iPad.

— Je suis là, papy, pas la peine d'essuyer l'écran avec ton nez.

— Iannis ? Iannis ?

Iannis repoussa ses boucles sous un bonnet semblable à celui que portaient les chirurgiens en salle d'opération. Celui-ci était décoré d'éléphants orange, un cadeau de sa petite amie Laura. Elle l'avait probablement acheté par correspondance chez un fournisseur d'articles de chirurgie pédiatrique.

— Je suis là ! répéta Iannis.

— Bien, mon garçon. Tu as lu ma newsletter ?

— Je suis en train de faire la mise en place.

— Et moi qui me donne tant de mal !

— Et moi je dois préparer le service du soir. Qu'est-ce qu'il y a ?

Otto soupira, Iannis prit un bol mélangeur et commença à le remplir d'herbes. Les aides cuisiniers arriveraient dans deux heures. C'était un mardi, le jour le moins fréquenté de la semaine, mais Iannis voulait tout de même faire un essai : quand on confectionnait une infusion d'herbes, qu'on la lyophilisait pour ensuite la laisser fondre sur un beau morceau de baron d'agneau dont la croûte était saisie à four très chaud, à quelle température fallait-il faire cuire le tout pour obtenir le résultat le plus spectaculaire possible ?

— Ça me ferait tellement plaisir que tu lises la newsletter et que tu sois un peu au courant de ce qui se passe sur l'île. Tout est en fleur, les premiers touristes sont là. L'eau est déjà à vingt degrés.

— Aha, fit Iannis, tout entier occupé à ne pas se tromper dans les proportions des épices.

— Oui, enfin – son grand-père s'éclaircit la gorge avec embarras –, la semaine prochaine, c'est l'anniversaire d'Eleni. Tu ne penses pas qu'il serait temps que tu reviennes à la maison ? Que tu embrasses ta grand-mère ? Que vous enterriez la hache de guerre ?

Iannis jeta le bol dans l'évier – mélange raté. Même pas la peine de continuer. Il reprit son iPhone et regarda droit dans l'objectif, Otto eut un mouvement de recul.

— Papy. Pour la centième fois. Je ne rentrerai à Makarionissi que pour l'enterrement d'Eleni.

— Iannis ! Tu pousses un peu quand même ! Toute cette histoire commence à dater, non ? Tu as fait le tour du monde, tu as une ravissante petite amie suisse, tu es un chef réputé et tu gagnes autant que toute la famille réunie. Pourquoi est-ce que tu ne reviens pas nous voir ?

Iannis effleura le combiné rouge et le visage de papy Otto disparut dans un bruit de cliquetis. Par mesure de précaution, il ferma également Skype, mit son téléphone en mode avion et le raccorda aux enceintes avec le câble jack. Une musique techno se fit entendre à plein volume.

Iannis aimait sa nouvelle vie au *Trific,* Josefstraße à Zurich, un restaurant très tendance rendu célèbre dans tout le pays par un des chefs les plus imaginatifs et les plus suivis du moment. Iannis, en effet, passait pour l'inventeur de la *Nouvelle Simplicité suisse,* une cuisine qui misait non sur l'originalité à tout prix, mais sur des ingrédients simples, que l'on pouvait se procurer dans la région. En interview, Iannis disait toujours qu'il avait puisé son inspiration dans la cuisine grecque, fondée sur ce que les paysans avaient chez eux : viande d'agneau, légumes, yoghourt, ail, le tout assaisonné avec les herbes du jardin. Il faisait de même avec ce qu'il trouvait dans son nouveau foyer zurichois, dans les forêts, les montagnes, le lac. Chez Iannis Aniston, des dames en robe à trois mille francs suisses mangeaient des sauterelles fermentées avec des fruits si anciens et si rares qu'ils n'étaient plus commercialisés. Des lèvres opérées à des tarifs exorbitants avalaient ses poissons fumés aux mousses sauvages. Des hommes vêtus de complets sur mesure raffolaient de ses abats à la poudre d'écorce. Depuis l'arrivée de Iannis, le *Trific* était devenu un lieu de collision entre nature et haute couture.

Les basses faisaient s'entrechoquer les poêles. Avec son premier salaire, Iannis s'était acheté les enceintes qui étaient installées tout en haut des étagères et, trois jours plus tard, Egon Kappacher avait insisté pour le rembourser. Si la musique l'aidait à travailler, avait argumenté le Suisse, alors cela entrait dans les frais professionnels. Depuis qu'Egon avait mentionné, lors d'un gala de gastronomie, que son chef prodige grec œuvrait en dansant sur de la techno, d'autres cuisiniers s'étaient soudain mis à commander des enceintes au lieu de nouvelles casseroles. Iannis en avait ri pendant une demi-heure. Egon, les aides cuisiniers, les plongeurs, les serveurs, le personnel d'accueil, personne ne connaissait le secret qui se cachait derrière la techno. Pas même son amie Laura. Tous croyaient que la techno l'aidait à trouver l'inspiration, alors qu'elle lui permettait simplement de se concentrer quand ses pensées s'égaraient, quand elles quittaient Zurich pour Makarionissi.

Iannis avait menti à papy Otto. Cela faisait des années qu'il lui mentait. Car il lisait chaque newsletter. Souvent même plusieurs fois.

Otto avait commencé son journal de Makarionissi le jour où, dans une conversation par Skype, Iannis avait confondu l'épouse du boulanger avec la marchande de légumes. Il était fatigué, distrait, et avait juste interverti le cancer du sein de l'une et l'ulcère à l'estomac de l'autre, mais son grand-père avait été horrifié. Il craignait que Iannis ne perde tout contact avec son pays natal et, prenant son courage à deux mains, s'était improvisé chroniqueur de l'île. Au début, Iannis avait considéré la newsletter comme un exutoire thérapeutique pour son grand-père, qui passait beaucoup trop de temps à penser à ses problèmes de hanche, de genou et d'estomac. Mais lorsque Otto, en raison d'un voyage en Allemagne, avait suspendu son bulletin trois semaines durant, l'interruption avait été douloureuse.

Otto commençait toujours par le temps. Il analysait les changements climatiques par rapport aux années précédentes. Et après la température de l'eau et les marées, il passait à la politique. Grâce à Otto, Iannis était parfaitement informé de l'actualité de l'île : les magasins qui avaient fermé et ceux qui avaient ouvert sur la grand-rue – une caisse de crédit municipal et une boutique d'achat d'or. Il avait suivi l'agonie de l'usine de mousse, qui avait longtemps fait la fierté de Makarionissi et procuré du travail à un grand nombre de familles. Cependant le dernier matelas était sorti de la chaîne de production deux semaines plus tôt et Iannis savait que Manolis était désormais au chômage, mais qu'il refusait de travailler dans l'hôtel de leur grand-mère.

Les nouvelles de l'hôtel formaient une rubrique à part entière. Otto parlait de la clientèle, il avait investi ses droits d'auteur dans l'établissement parce que l'Aspasía-Sunshine-Beach-Paradise connaissait une baisse de fréquentation, surtout de la part des Allemands. Aussi donnait-il des concerts pendant la saison touristique dans l'espoir que quelques fans de sa période « variétés » s'égareraient en ces lieux.

La préférence de Iannis allait à l'avant-dernière rubrique : *Privates.* Son grand-père établissait des listes, les morts, ceux qui s'étaient mariés, qui avait eu un enfant avec qui. Il rapportait les dernières maladies et guérisons, racontait que beaucoup de natifs de l'île revenaient d'Athènes ou d'ailleurs après avoir perdu leur emploi et que d'autres partaient à l'étranger. Et ensuite il faisait un rapport détaillé sur la famille. Il avait ainsi consacré neuf pages format A4 au mariage de Manolis, organisant son récit chronologiquement, et envoyé douze mails d'affilée avec des photos parce que papy Otto n'avait pas encore compris comment compresser des images. L'épouse de Manolis venait de l'île principale, elle s'appelait Evangelía et avait sept ans de plus que les jumeaux. La première fois que Iannis avait vu sa photo, il avait été surpris que Manolis eût choisi une femme aussi effacée. Des cheveux châtains légèrement ondulés, sans éclat, un visage doux et timide, un peu rond, une tenue vestimentaire très discrète.

En regardant les photos de sa mère, Iannis avait eu le sentiment qu'elle avait soudain rajeuni : robes courtes, maquillage prononcé, talons hauts. Quand il évoquait les rendez-vous galants d'Aspasía, papy Otto prenait sur lui pour ne pas traiter tout un chacun de *sale tique* ou de *crapule ictérique.* Après Iannis, Rhea n'était plus sortie avec quiconque, ce qui causait un certain plaisir au jeune homme, même s'il était peiné qu'elle n'eût pas réussi à quitter l'île. Quant à Eleni, son grand-père se montrait très réservé à son sujet. Aux dernières élections municipales, elle était entrée au gouvernement de l'île et se disputait souvent avec Manolis, qui semblait s'être découvert une fibre politique. Eleni était membre du rassemblement de la gauche, dont elle avait côtoyé les précurseurs dans les années 1960. Elle n'était pas assez radicale au goût de Manolis, qui lui reprochait d'être du côté des nantis avec son hôtel. Les grèves et les manifestations qu'il avait organisées n'avaient cependant pas permis de sauver l'usine. Pour finir, Otto parlait dans une rubrique intitulée « Divers » de tout ce qui lui venait en sus : de telle voiture, tombée en panne à tel endroit ou tel moment, de tel chien errant qui avait mordu l'oreille à tel autre clebs.

Plus Iannis restait loin de sa patrie, plus grandissait sa nostalgie de l'eau claire, de l'air salé, de l'huile d'olive fraîchement pressée dans un petit bol sur la table, à la maison. Et de toute cette famille bruyante et turbulente qui trempait son pain dedans. Mais la nostalgie laissait place à une colère renouvelée. Et à la déception. La solitude. Le sentiment d'avoir été trahi et abusé.

Des sentiments qui ôtaient tout leur goût aux aliments.

Alors Iannis mettait de la techno, se concentrait et reprenait pied dans l'ici et maintenant. Dans la cuisine du *Trific,* Josefstraße, Zurich, 5e arrondissement.

À son arrivée à Zurich, Iannis s'était provisoirement installé dans une colocation d'étudiants du Niederdorf. Des types sympas, pour qui il faisait souvent la cuisine et avec lesquels il jouait à la PlayStation et au baby-foot. Seule la langue se révélait d'un accès difficile. Iannis avait toujours pensé qu'il parlait l'allemand plutôt pas mal. Mais en Suisse, il apprit qu'il y avait allemand et allemand. Du Niederdorf, il se rendait presque chaque jour au travail à vélo. Avec les transports en commun, il lui fallait une demi-heure, avec le vélo, douze minutes seulement. Chaque fois qu'il faisait beau, cependant, il effectuait un détour qui lui prenait huit minutes de plus. Au lieu de suivre le chemin direct en passant par la gare, il s'engageait dans la direction opposée, longeant le cours d'eau jusqu'au Quaibrücke. Ces jours-là, l'air était si limpide que les montagnes grattaient le ciel au-delà du bleu éclatant des eaux du lac. On ne les voyait que très indistinctement, les sommets s'estompaient presque dans les nuages. Iannis avait du mal à détourner les yeux de ces espaces magnifiques. De l'autre côté de la rue, les deux moitiés de la ville et le cours d'eau se rejoignaient, bigarrés, dans une clarté merveilleuse. Des clochers pointaient au-dessus des toits, des bateaux, recouverts de bâches colorées, se balançaient au rythme des vagues. Quand Iannis était sur le pont, il ne savait jamais s'il devait d'abord regarder à gauche, ce lac d'un bleu absurde avec les montagnes derrière, ou à droite, cette ville de poupée où même les mendiants se douchaient. Iannis en était convaincu : sur ce pont, il voyait la beauté de la vie comme s'il s'agissait d'une carte postale.

Mais quelle que fût la beauté de Zurich, Iannis commençait à s'ennuyer. À Sankt Pölten, son passe-temps préféré était d'aller en boîte après son travail au *Zeus flâneur,* de s'éclater et de repartir ensuite avec une fille. À Zurich, cela relevait de l'impossible. Quand il quittait sa cuisine, les soirées touchaient généralement à leur fin, ce qui n'empêchait pas les boîtes de nuit d'imposer un tarif d'entrée exorbitant. Une fois même, il s'était fait refouler parce que le portier lui avait reproché ses ongles sales – un reste d'herbes. Assis au bar, il se sentait perdu. En dehors de lui, personne ne repartait seul. Les Suisses semblaient se connaître depuis le jardin d'enfants, les filles notamment ne se déplaçaient qu'en groupe, et Iannis avait fini par trouver trop stupide de courir tel un lion derrière une horde d'animaux sauvages en attendant que le plus faible se fasse distancer par ses compagnons – c'est-à-dire, à Zurich, le plus ivre.

Ses colocataires avaient connu leurs petites amies soit au jardin d'enfants, soit sur students.ch. Au début, Iannis avait jugé ridicule d'utiliser un site Internet pour rencontrer quelqu'un mais, entre l'arrivée du froid et la solitude, il s'était ravisé. En se connectant, il éprouva un sentiment de stupéfaction. Dans la vie publique, les Suisses ne semblaient pas savoir ce qu'était le flirt. Mais, la première fois qu'il visita le site, il se rendit compte à quel point il s'était trompé à leur sujet. Il y avait un baromètre de sex-appeal permettant d'évaluer les inscrits et il ne se fut pas plus tôt enregistré avec une photo de lui dans la cuisine du *Trific,* un couteau entre les dents, qu'il reçut une avalanche de messages. *Salut, mon chou, ça va ? T'es de Zurich ? Ça te dirait d'aller prendre un café ?* Iannis comprenait suffisamment le suisse allemand pour se débrouiller mais, à l'écrit, cela restait pour lui une langue étrangère.

À la mi-novembre, il se mit à faire un froid de canard. Iannis cessa d'aller en boîte et passa ses nuits à jouer sur sa PlayStation parce que, après la frénésie des soirées au *Trific,* il était trop excité pour dormir. Il ne sortit qu'une seule fois. Et ce fut ce jour-là qu'il fit la rencontre de Laura.

C'était un jeudi, le *Trific* avait fermé plus tôt et le chef pâtissier avait convaincu Iannis de l'accompagner au *Thirsty Thursday,* un bar fréquenté par les banquiers. Un de ses amis, qui était banquier d'investissement, lui avait dit où et quand l'élite financière zurichoise avait prévu de se retrouver ce jour-là pour s'en jeter un. Iannis s'était demandé ce que penseraient son jumeau, fraîchement converti au communisme, et sa gauchiste de grand-mère s'ils apprenaient qu'il faisait la tournée des bars avec des banquiers, et cette pensée l'avait incité à accepter la proposition de son collègue. Comme ils avaient terminé leur service peu après onze heures, au bar, tous étaient déjà fin soûls. À peine Iannis avait-il une grande chope de bière à la main qu'une Américaine dotée d'une poitrine généreuse se précipita vers lui.

— De la viande fraîche ! s'écria-t-elle.

— Mon sujet favori, rétorqua Iannis en riant.

L'Américaine ressemblait à Barbie femme d'affaires, survoltée, bruyante, mais cela le changea agréablement des Suisses butés auxquels il fallait tirer les vers du nez et qui mettaient autant de temps à achever une phrase complexe que lui à vider sa chope. Ils bavardèrent un petit moment, l'Américaine venait de Californie, comme elle le lui apprit fièrement, mais cela faisait douze ans qu'elle vivait à Zurich pour son travail. Iannis fit le calcul et en déduisit que ce qu'il devinait sous le maquillage impeccable ne le trompait pas : elle était trop vieille pour lui. Barbie voulut savoir pourquoi il parlait allemand bien mieux qu'elle, ce à quoi Iannis répliqua :

— Mon grand-père est bavarois. J'ai appris l'allemand tout enfant.

Soudain, l'Américaine poussa un cri qui attira la moitié des regards sur eux.

— *Awesome !!!* s'exclama-t-elle.

Fouillant dans son sac, elle en sortit un iPhone et lui montra une photo. Iannis dut s'y reprendre à deux fois car, au premier coup d'œil, le riant décolleté qui émergeait du *dirndl* lui fit l'effet d'une publicité pour un porno alpin.

— Regarde, c'est moi à la fête de la bière à Munich. J'adore la Bavière ! Ç'a été le plus beau jour de ma vie, regarde-moi : le Seigneur m'a créée pour porter le *dirndl.*

Iannis se sentit la bouche sèche. Il contempla fixement l'écran, puis l'Américaine, soupira et s'enquit de ce qu'elle voulait boire.

Alors qu'il se rendait au bar, il se demanda s'il ne ferait pas mieux de rentrer chez lui, passa tout de même sa commande et marmonna en grec : « En tout cas, ce sera la dernière. » La femme qui était à côté de lui se retourna brusquement et lui adressa un grand sourire.

— C'est du grec ?

— *Nai,* répondit Iannis, ajoutant pour être sûr : Oui, *well, yes.* Tu parles grec ?

Elle se mit à rire et secoua sa jolie tête blonde.

— Non, malheureusement pas. Mais j'aime bien l'entendre. Ça me rappelle mon enfance. Mon père est professeur de latin-grec, chaque été il nous traînait en Grèce pour admirer des statues.

Et c'est ainsi que Laura Hönggli entra dans la vie de Iannis.

Elle occupait un poste de responsable de campagne dans une agence de publicité qui avait mené à bien un gros contrat pour une petite banque privée. Son chef l'avait instamment priée de ne manquer sous aucun prétexte le pot de départ des banquiers, et Laura, qui souffrait d'un complexe d'Électre ainsi que Iannis aurait l'occasion de le découvrir, avait sacrifié ses projets initiaux pour être là.

Dès le lendemain, ils allèrent se promener au bord du lac pendant la pause déjeuner de Laura, achetèrent du pain pour les cygnes qui nageotaient dans l'eau glacée comme si l'on était en été. Le samedi, Laura vint prendre un cocktail au *Trific,* avant l'ouverture du restaurant, et en cuisine on sourit de Iannis qui, ce soir-là, fit brûler deux barons d'agneau à la suite. Le dimanche, Laura vint le chercher après son service et ils allèrent manger un hamburger tardif dans le bar américain favori de Iannis. Et le lundi, Iannis se retrouva devant la porte de Laura avec un sac de courses qu'il tenait à deux bras. Celui-ci était tellement rempli que les anses avaient lâché. Iannis œuvra dans une cuisine où jusque-là Laura s'était contentée de préparer de la salade, de réchauffer de la sauce tomate, et surtout de faire bouillir des spaghettis découpés en petits morceaux dans une casserole avec de l'eau et des cubes de bouillon. Ce faisant, il n'arrêtait pas de lui marcher sur les pieds, ce qui était la faute de Laura, constamment dans ses pattes. Elle était fascinée par son savoir-faire, ravie qu'il préfère, tout comme elle, rester à la maison plutôt que de voyager, et très impressionnée par sa connaissance de la mythologie grecque. Assis sur le balcon, enveloppés dans des couvertures, ils contemplèrent les étoiles, et Iannis raconta que les Pléiades avaient été transformées en colombes pour échapper au guerrier Orion, qui les poursuivait, puis placées dans le ciel après leur mort, et que la Grande Ourse était en fait une nymphe appelée Callisto, condamnée par Héra à vivre cachée dans les forêts d'Arcadie sous la forme d'une ourse. Et Laura partit d'un fou rire inextinguible quand il lui rapporta que, dans son enfance, il avait fait pipi au lit pendant des semaines par crainte qu'il n'existe un monstre capable de grimper jusqu'au ciel et de s'emparer des étoiles. Alors qu'il n'était pas encore en âge d'aller à l'école, il avait en effet été témoin d'une crise de colère de sa grand-mère, qui pestait parce qu'on lui avait retiré une étoile. À l'époque, il n'avait pas compris qu'elle parlait de son hôtel et s'était sérieusement inquiété pour le ciel. Iannis tenta de lui expliquer que cet épisode n'était pas drôle, qu'il avait vraiment souffert, mais lui-même avait du mal à s'empêcher de rire. Et puis, alors qu'ils étaient plongés dans leur contemplation, il se mit à neiger. Les flocons étaient si épais et si lourds que, lorsqu'on renversait la tête en arrière, on aurait dit des étoiles qui tombaient du ciel.

Iannis et Laura passèrent l'hiver ensemble et alors Iannis comprit : Zurich n'était pas une ville de célibataires, comme Athènes, Zurich était une ville pour les couples. À Athènes, lorsque les caroubiers en fleur répandaient leur odeur de sperme, le printemps sentait le sexe sans contrainte.

Zurich, en revanche, sentait le feu de cheminée et les promenades dans les parcs, Zurich voulait que ses habitants sortent manger ensemble ou aillent au cinéma, elle voulait qu'on voie ses amis et qu'on construise un nid. À deux la ville était plus belle. Beaucoup plus belle. C'est ainsi qu'en mars 2013, lorsque sa colocation prit fin, Iannis emménagea sans autre forme de procès chez Laura.

La nuit, quand il s'étendait à côté de son amie, c'était chaque fois un étonnement renouvelé. Après la défection de Rhea le jour de leur mariage, il s'était cru incapable de s'engager. Il avait couché avec plus d'une centaine de filles, mais avec Laura tout était d'une simplicité absolue. Il ne s'était jamais disputé avec elle, n'avait jamais éprouvé le besoin de prendre de la distance. Il aimait son odeur, il aimait la toucher, avec elle tout était quasiment parfait.

À l'exception du mensonge.

Ou à cause de lui ?

L'invasion des pyrales du buis

Le lundi, Iannis dormait jusqu'en début d'après-midi. Le week-end, quand le restaurant marchait à plein régime et qu'ils faisaient trois services, il demeurait souvent jusqu'à une heure aux fourneaux, après quoi il sortait avec son équipe pour une tournée cocktails et hamburgers. La cuisine du *Trific* ne comptait que des artistes autoproclamés, des gourmets exigeants, mais au bout de douze heures de travail ils avaient tous envie de quelque chose de simple et de bien gras. Ils fumaient comme des pompiers pour neutraliser leurs nerfs gustatifs et, quand la bière ou le whisky ne leur disaient rien, ils discutaient avec le barman de la façon de doser les *long drinks*. Ce samedi de juin 2014, Iannis était rentré à cinq heures et demie du matin après avoir fait la fermeture du Kronenhalle-Bar. Il s'y était rendu avec l'idée de prendre un simple martini pour se détendre, et puis il était resté jusqu'à l'aube à tester avec son barman favori des infusions de gingembre et des mélanges d'herbes avec divers alcools. Pour finir, ils avaient même créé un nouveau cocktail : un glaçon, vin jaune muscat, liqueur de framboise, une feuille de menthe et une petite gorgée d'eau minérale – un délice.

Laura ne supportait pas que Iannis rentre à l'aube et se laisse tomber sur le lit à côté d'elle, puant la graisse, l'alcool et la cigarette, comme elle disait avec son charmant accent suisse. Mais sa colère s'exprimait toujours avec subtilité. Iannis s'en rendit compte le lundi après-midi, quand Laura fut partie travailler sans avoir racheté de café ni laissé sur le réfrigérateur un post-it « Je t'aime, mon petit bourdon ».

Le lundi était pour Iannis jour de chasse. Il partait dans la forêt avec sa Vespa noire, écumait les marchands de légumes, allait chez son boucher préféré, éventuellement chez quelques paysans, puis passait le reste de la journée à essayer de nouveaux plats. Il craignait l'immobilisme. L'équipe du *Trific* estimait qu'il changeait trop souvent la carte, mais l'idée de proposer chaque jour la même chose lui rappelait l'hôtel de sa grand-mère, où le personnel de cuisine albanais reconduisait son répertoire depuis trente ans. Or il n'aimait pas penser à l'hôtel. Celui-ci pouvait bien s'effondrer, pour ce qu'il en avait à faire.

Quand il gara sa Vespa, ôta son casque et porta ses achats du parking jusqu'à l'immeuble, le soleil était déjà si bas qu'il en était aveuglant. Pour Iannis Aniston, la différence culturelle la plus pénible entre la Grèce et la Suisse, même au bout de trois ans d'exil, tenait à l'obligation de porter un casque. Il s'était habitué à tout le reste, mais la sensation du vent dans les oreilles lui manquait cruellement.

Iannis déposa ses sacs lourdement chargés devant le bâtiment au premier étage duquel il logeait avec Laura. Il plaça sa main en visière et cligna les yeux : était-ce bien la vieille voisine du rez-de-chaussée qui se trouvait sur leur terrasse, inspectant les buis en pot qui étaient alignés le long de la balustrade ?

— Madame Niederbichsl ? cria-t-il.

La silhouette s'interrompit et se redressa. C'était bien la voisine. Sur leur terrasse. Pourtant la porte était fermée. Une échelle était appuyée contre la rambarde du balcon.

— Que faites-vous là ? s'enquit Iannis, perplexe.

La voisine mit les poings sur ses hanches.

— Ce que vous auriez dû faire depuis longtemps, monsieur Hönggli !

Iannis avait depuis longtemps renoncé à expliquer à la vieille dame qu'il s'appelait Aniston. Elle refusait catégoriquement de retenir son nom, avait dit à Laura que ses sonorités lui paraissaient trop exotiques. Iannis, lui, jugeait qu'en comparaison de Hönggli, une torture pour la langue – « Hönkchli » –, Aniston était d'une simplicité parfaite.

— Et qu'est-ce que j'aurais dû faire, je vous prie ?

Le regard de la voisine s'assombrit.

— Monsieur Hönggli, je ne plaisante pas. Un grand danger nous menace ! Elle est arrivée jusqu'à nous ! Nous devons faire preuve de vigilance et nous défendre.

— Nous défendre ? Contre qui ?

La voisine respira un grand coup, jeta un regard autour d'elle.

— La pyrale du buis.

— Qui ça ?

— Quoi, vous n'avez pas de buis dans ce pays, là, d'où vous venez ?

Iannis aurait bien voulu répliquer que les Grecs faisaient déjà pousser du buis quand les Suisses en étaient encore à lécher des pierres de sel dans les cavernes, mais il se mordit la langue. Avant de prendre sa retraite anticipée, la voisine avait travaillé à la poste, et Iannis s'était toujours demandé comment on pouvait borner son univers au coin de la rue alors qu'on avait expédié du courrier dans le monde entier.

— La pyrale du buis, monsieur Hönggli, est une grande menace ! Un parasite étranger, qu'on a introduit dans notre beau Zuri. Il dévore nos buis jusqu'à la dernière feuille, se multiplie à une vitesse vertigineuse et, si nous ne l'arrêtons pas, il anéantira notre patrimoine végétal.

— Et que faites-vous sur ma terrasse ?

— Eh bien, je vérifie si le parasite s'est installé chez vous ! Je ne le vois pas encore mais, si je le trouve, il nous faudra du poison. La pyrale du buis doit être éradiquée !

Sur ces mots, la retraitée enjamba prestement la rambarde et redescendit par l'échelle jusqu'à sa propre terrasse. Iannis fut surpris. Il y a peu, elle s'était plainte à Laura de son genou qui la faisait souffrir ; sur ce, Laura avait passé quatre heures à remonter avec elle de la cave les plantes qui n'aimaient pas le froid. Plus exactement : Laura avait porté toutes les plantes, moyennant quoi elle avait refusé de faire l'amour pendant trois jours parce qu'elle avait mal au dos.

— Monsieur Hönggli ! le héla la voisine. Tant que vous y êtes, regardez donc si vous ne voyez pas de chevreuils !

— Il faut les éradiquer, eux aussi ?

— Peut-être. Je les soupçonne de manger mes boutons de roses.

Iannis déglutit. C'était lui qui, la nuit, coupait les boutons de roses, parce qu'ils aromatisaient merveilleusement les desserts.

— J'ai commandé par correspondance un appareil photo pour observer les animaux, mais en attendant ouvrez l'œil !

— Oui ! cria Iannis en suivant du regard la voisine qui refermait derrière elle la porte de la terrasse.

Il se demanda si cet appareil fonctionnait également pendant la journée.

Une fois dans la cuisine, Iannis déballa sa moisson sur le buffet : gratteron, bois d'aulne, chou pointu, plantain lancéolé dénichés dans la forêt. Épaule de sanglier et rognons d'agneau de son boucher préféré, entre l'aéroport et la périphérie de la ville. Le *Trific* était lui aussi client de l'entreprise familiale, car le vieux prenait la viande exclusivement chez des paysans du coin et faisait lui-même l'abattage. D'ailleurs, c'était lui qui avait poussé Iannis à s'intéresser aux abats. Au début, le jeune homme ne comprenait pas pourquoi, dans ce pays, on s'enthousiasmait pour tout ce qui, en Grèce, finissait dans l'écuelle du chien. Jusqu'à ce qu'il réalise, dans la petite boucherie Oerlikoner, que les abats constituaient un véritable trésor. Chez le maraîcher, il avait acheté des pousses de radis, des radis et des radis queue de rat, des artichauts et des hémérocalles, et quand il eut tout étalé dans la cuisine il se frotta les mains de contentement.

— Salut, Iannili, cria Laura depuis l'entrée. Je vais prendre une douche, je reviens du sport.

Elle passa devant lui sans l'embrasser et disparut aussitôt dans la salle de bains. Pour Laura, la douche était sacrée. À Makarionissi, l'eau était une denrée rare et, avant d'emménager chez son amie, Iannis n'aurait pas cru possible qu'on puisse passer trois quarts d'heure sous la douche ou deux heures dans la baignoire. Mais les Suisses ne connaissaient pas la pénurie d'eau. Elle jaillissait des montagnes et, quand Iannis sortait sur le balcon, il avait même sous les yeux un lac entier d'eau potable. D'ailleurs, celle-ci était probablement plus propre que l'eau du robinet à Makarionissi, avait-il coutume de dire quand il parlait par Skype à son papy ou à sa mère.

Depuis qu'ils étaient ensemble, Laura sortait courir deux fois par semaine, elle allait une fois à son cours de Pilates et une ou deux fois au centre de fitness. Ce n'était pas pour lui plaire, mais parce qu'elle souffrait d'une angoisse quasi existentielle à l'idée de prendre du poids en sortant avec un cuisinier. Iannis aurait aimé se glisser dans la salle de bains et la rejoindre sous la douche mais, pour Laura, la toilette était le moment le plus important de la journée. Elle se rasait méticuleusement chaque petite zone de poils en descendant à partir des épaules ; se faisait un shampooing, rinçage, masque ; et l'anti-frisottis, le thermo-protecteur, le soin reflets colorant et autres petites boîtes rangées dans une corbeille, sur le lave-linge, garderaient à jamais leurs mystères pour Iannis. Se doucher à deux était un de ses rêves inassouvis, tout comme se brosser les dents de conserve. Laura, elle, avait besoin qu'on lui fiche la paix. Et Iannis était certain qu'ils auraient depuis longtemps rompu si toilettes et salle de bains n'avaient pas été séparées.

Iannis alluma la radio de la cuisine, débarrassa les rognons d'agneau de leur peau et les mit à tremper dans du lait. Il mélangea de l'huile et des noix de macadamia, fit mousser le beurre et le sucre, les incorpora à la pâte, intégra tour à tour des noix, des amandes, des œufs et versa le tout dans un moule à gâteau. Pour le sucre cuit à la rose, il fit bouillir du sucre dans de l'eau, ajouta les boutons de rose de Mme Niederbichsl ainsi qu'un soupçon d'eau de rose achetée chez le Turc. Et juste au moment où il faisait fumer le bois d'aulne dans une casserole brûlante, il sentit les mains douces de Laura se glisser sous son tee-shirt. La jeune fille posa la tête entre ses omoplates. Iannis couvrit la casserole, se retourna et voulut faire de même, mais Laura le retint.

— Lave-toi d'abord les mains, je viens de prendre une douche, dit-elle en souriant.

Iannis s'exécuta, mais à peine s'était-il séché que Laura semblait avoir reporté son attention sur le contenu des casseroles.

— Tiens, sens-moi ça.

Laura ferma les yeux, huma, savoura, tandis que Iannis contemplait sa peau sans défaut, les cheveux blonds lissés, raie de côté soigneusement tracée, coupe dégradée jusqu'aux épaules. Elle portait un pull-over rose en cachemire dont la couleur lui donnait une sorte de douceur.

— Qu'est-ce que ce sera, une fois terminé ?

Iannis considéra les casseroles et les plats.

— Pour le hors-d'œuvre, je fais fumer des filets de carpe sur du bois d'aulne, ils seront dressés avec du cerfeuil sauvage, de la petite angélique, de l'herbe à l'ail, de la mille-feuille, de l'aurone et de l'armoise sur des côtes de bettes que j'ai mises à mariner avec de l'huile de bois d'aulne, du vinaigre aux herbes et peut-être un peu de moutarde. En entrée, il y aura des rognons d'agneau avec des hémérocalles à l'étuvée et un trio d'artichauts : des triangles de fond d'artichaut nature, des fonds d'artichaut frits et une crème d'artichaut. En plat principal, de l'épaule de sanglier braisée dans une sauce tomate-vin rouge-céleri, accompagnée d'une salade de chou pointu au lard et aux bourgeons de plantain dans une réduction au kirsch. Et pour finir, crème de macadamia avec génoise macadamia, rhubarbe rose, boutons de rose, sucre cuit à la rose.

— J'espère que tu n'es pas allé piquer les boutons de rose chez la voisine ?

Iannis haussa les épaules.

— Non, pourquoi ?

— Alors ça va. Papa et maman arrivent à six heures ! dit Laura.

Elle saisit sa tablette numérique et se jeta sur le canapé.

Iannis consulta la pendule. Il avait le choix : ou se ruer sur Laura – elle portait ce jean moulant qui soulignait avec éloquence les formes de son divin postérieur – ou perfectionner son repas. Il soupira, regardant tour à tour Laura puis ses fourneaux. Le bois d'aulne dégageait une odeur formidable. À côté, le gratteron – il n'avait pas encore réfléchi à ce qu'il voulait en faire. Iannis empoigna sa cuillère en bois, une planche propre et se plaça devant le plan de travail.

La sonnette bourdonna. Iannis poussa un juron.

— Merde, il est six heures moins le quart, Laura, six heures moins le quart !

— Oui, Iannili, il est six heures moins le quart, le singea-t-elle.

Elle actionna l'ouverture automatique de la porte. Iannis jeta un coup d'œil sur la pâte au mascarpone, dans le four, plaça précipitamment les carpes enveloppées de papier alu dans la casserole de fumage. Il aimait les Suisses, mais leur ponctualité – souvent même ils arrivaient avant l'heure – le désespérait. Il n'était jamais aussi avancé qu'il le souhaitait. À peine avait-il replacé le couvercle sur la casserole qu'Annemarie, la mère de Laura, était déjà devant lui.

— Iannis ! fit-elle avec cordialité.

Elle dut se hausser sur la pointe des pieds pour lui donner un bisou à gauche, à droite, à gauche. Elle était suivie de Beat, le père de Laura, qui lui fit un clin d'œil derrière ses lunettes, tel un furet, la narine en éveil comme s'il venait d'émerger de son terrier.

— Mmm, quelle odeur délicieuse !

Les parents de Laura vivaient dans une petite maison à la pointe sud du lac. M. Hönggli avait enseigné les langues anciennes à l'école du canton et refusé jusqu'à son soixante-huitième anniversaire, neuf mois plus tôt, de prendre sa retraite. Depuis que sa femme et lui étaient tous deux à la maison, ils venaient une ou deux fois par semaine. Mais un après-midi, Annemarie était entrée dans la chambre à coucher alors que Iannis sortait du lit avec une énorme érection. Aussi le jeune homme avait-il obtenu de Laura qu'elle leur reprenne la clé. S'il n'avait tenu qu'à eux, Beat et Annemarie seraient passés tous les jours vérifier si les ampoules fonctionnaient ou si les fleurs avaient besoin d'eau. Annemarie s'était même pendant un temps chargée de repasser leurs torchons et leurs draps.

Laura était enfant unique. Iannis était perplexe devant les liens étroits qu'elle entretenait avec ses parents, mais il feignait de comprendre. Car Laura le croyait lui aussi enfant unique.

Il n'avait jamais beaucoup parlé de sa famille, disant juste qu'il ne s'entendait pas avec elle, qu'ils s'étaient opposés à ce qu'il devienne cuisinier, raison pour laquelle il était parti très jeune chez son oncle Lefti et sa tante Trudi, à Sankt Pölten. Otto venait chaque année lui rendre visite à Zurich, mais Iannis trouvait toujours un prétexte pour ne pas avoir à lui présenter Laura. *Elle a la varicelle, elle est en quarantaine. Elle est en déplacement professionnel à l'étranger. Elle a des règles douloureuses, elle ne veut voir personne.*

Au début, Iannis avait mauvaise conscience, mais il avait fini par s'installer dans ce mensonge et s'y trouvait très bien. Cette vie était simple et confortable. Il n'y avait pas de raison d'en changer.

— Délicieux ! dit Beat après avoir dégusté jusqu'à la dernière miette de son *streusel* à la rhubarbe.

Il se tapota soigneusement les lèvres avec une serviette en papier, se renfonça sur son siège et posa les mains sur son ventre. Annemarie acquiesça d'un signe de tête, Laura entoura le poignet de Iannis de ses doigts et le pressa légèrement.

Iannis débarrassa la table, pour lui cette soirée avait constitué une avancée : Annemarie avait mangé les rognons sans protester. Iannis considérait comme sa mission de convaincre l'humanité de consommer davantage d'abats. Ils étaient savoureux, digestes et riches en vitamines, et en plus ils représentaient un progrès important contre l'épouvantable gaspillage alimentaire qui avait cours dans les pays riches. En son for intérieur, toutefois, il était séduit par le fait que la préparation des abats n'était pas un travail de débutant et qu'il s'agissait d'un des rares plats où un bon chef pouvait faire la démonstration de son art. Il plaça la vaisselle dans la machine et mit celle-ci en route. Iannis détestait les cuisines sales. Au *Trific,* les plongeurs avaient reçu pour instructions de laver les couteaux, les poêles et les râpes sans attendre. Un des aides cuisiniers s'était récemment moqué de lui en disant : « On ne fait pas d'omelette sans casser des œufs. » Ce à quoi Iannis avait rétorqué en haussant les épaules : « Oui, mais je ne veux pas les voir. »

Lorsqu'il revint au salon, Laura et ses parents le regardèrent d'un air d'expectative. Avaient-ils encore faim ? se demanda-t-il, mais Beat s'éclaircit la gorge en bon professeur d'école cantonale qui, quarante-quatre ans durant, avait préparé de la sorte ses élèves à entendre quelque chose d'important. Iannis se dirigea vers le buffet et prit la bouteille de *tsipouro* que Lefti lui avait envoyée pour Noël. Il savait ce qui allait suivre. Quand Beat se raclait ainsi la gorge, c'est qu'on avait découvert sur une momie quelconque un fragment de papyrus avec quatre lignes illisibles d'un poème en grec ancien ou que la crise financière grecque avait connu une grave péripétie, qu'il exposait dans un style ampoulé. Iannis s'étonnait qu'on puisse s'exprimer de façon aussi compliquée sans se sentir ridicule.

— Iannis, j'ai eu une idée et j'aimerais savoir ce que tu en penses. Thucydide, historiographe pour lequel j'éprouve la plus grande vénération, a dit un jour : « L'histoire se répète. » En ma qualité de philologue classique ayant consacré sa vie à l'étude de l'Antiquité grecque et romaine ainsi qu'à la transmission de sa gloire à un jeune public, c'est une chose à laquelle j'ai souvent pensé et qui me revient avec une force singulière au vu des reportages sur la crise financière grecque. La presse a poussé les hauts cris, racoleurs et injustes, permettez-moi ce jugement, furent les commentaires de nombre de ces petits magazines disponibles gratuitement.

S'il l'avait pu, Iannis aurait piqué du nez et commencé à ronfler bruyamment. C'était ce qu'ils faisaient, Manolis et lui, quand Aspasía dénichait une prof de soutien scolaire particulièrement ennuyeuse. À ce brusque souvenir, Iannis éprouva un curieux sentiment. Son pouls s'accéléra et il se sentit comme si un esprit allait surgir à tout moment dans la pièce.

— J'ai le projet, cher Iannis, d'écrire un livre expliquant que la crise financière n'a rien d'une nouveauté, qu'elle n'est que la répétition de la crise que la démocratie attique a connue au IIIe siècle avant notre ère, continuait de pontifier Beat.

Quand il cuisinait, Iannis mettait toujours son téléphone en veille. Celui-ci ne signalait ni les messages ni les appels. Pas de vibrations, pas de lumière, pas de sonnerie. Iannis se leva pour aller le récupérer sur la table du salon pendant que Beat poursuivait :

— Les similitudes sont partout visibles. Par exemple, l'appareil de la fonction publique et l'administration ! Hier comme aujourd'hui, ces secteurs ont enflé de manière totalement improductive et n'ont plus que leurs propres avantages en tête.

Iannis sursauta : quarante appels manqués. Son grand-père, sa mère. Des numéros qu'il ne connaissait pas. La messagerie était pleine.

— On dépense des sommes faramineuses pour la défense militaire.

Il lut des SMS écrits à la hâte et ce n'est que lorsqu'il eut pris connaissance de presque tous les messages que les pièces du puzzle d'un terrible événement se mirent en place.

— Aujourd'hui comme hier, ceux qui font de la politique sont corrompus et guidés par leur seul intérêt.

Quand Beat était lancé, plus rien ne pouvait l'arrêter.

Iannis vacilla.

En rentrant chez elle après le travail, la femme de Manolis avait eu un accident. Opérations de plusieurs heures en urgence. À présent, elle était dans le coma. Et Manolis avait disparu. Iannis savait-il quelque chose ? Manolis restait introuvable.

— Les richesses minières et les entreprises les plus importantes étaient, trois cents ans avant notre ère, entre les mains d'investisseurs étrangers, tout comme maintenant ! Tout ce qui aurait pu rapporter de l'argent au pays avait été dévolu à des puissances étrangères pour une somme ridiculement basse.

La tête de Iannis débordait de voix, dont aucune n'était compréhensible.

Pour la première fois depuis des années, il retrouva la sensation qu'il avait jadis, quand son jumeau et lui étaient capables de communiquer sans parler. Iannis sentait la souffrance de Manolis comme si c'était la sienne.

— Iannis, s'écria Laura, est-ce que ça va ?

— Oui, répondit-il d'une voix rauque.

— Bon, tu veux bien revenir t'asseoir avec nous ?

Iannis avait envie de tout sauf de cela mais, l'esprit envahi de pensées confuses, il s'exécuta comme un automate. Il se rassit et se servit un verre. Beat et Annemarie échangèrent un regard, puis Beat reprit son exposé.

— Hmm, bon, où en étais-je ? Ah oui, alors autre preuve : l'État était autrefois – et comme aujourd'hui – extrêmement endetté sans qu'aucun homme politique se demande comment un État ferait pour survivre sans argent. De nos jours, c'est la même chose, pourtant la situation est dramatique.

Survivre, ce mot résonna dans la tête de Iannis. Annemarie tira Beat par sa manche de chemise.

— Tu parles trop, nous sommes à table, on devrait se détendre, ce n'est pas le lieu pour faire un cours, chuchota-t-elle sur le ton sifflant que Laura avait adopté et perfectionné.

— Oui, bon, Iannis, que penses-tu de mes théories ? C'est convaincant, non ?

Iannis pensait à Manolis.

— C'est de la pure foutaise, répondit-il, prenant une grande gorgée de vin. Un professeur de latin-grec à la retraite qui s'imagine pouvoir expliquer le monde avec ses quelques bribes de connaissances ? Beat, tu n'as pas la moindre idée de la situation de mes compatriotes. Dans les villes, l'air est noir parce qu'on brûle tout ce qu'on a pour pouvoir se chauffer. Plus de la moitié des jeunes n'ont ni métier ni perspective d'avenir, c'est toute une génération qui est perdue. Et est-ce que tu crois qu'un pays où les entreprises pharmaceutiques ne livrent plus les hôpitaux parce que les compagnies d'assurances sont insolvables aura à cœur de maintenir en vie une patiente dans le coma ? Quand tu n'es pas en bonne santé, on te débranche. Et en Suisse ? Vous vivez sur l'île des Bienheureux et vous vous plaignez des étrangers tout en croyant posséder la science infuse. C'est de la merde, ce que tu racontes. De la merde pure et simple.

Iannis finit la bouteille, puis se leva si brusquement – comme Manolis quand il était en colère – que sa chaise tomba.

Laura ne chercha pas à le retenir. Elle prit son père dans ses bras, s'excusant du comportement de son ami. Il avait sans doute respiré trop de vin en cuisinant – ce furent les dernières paroles que Iannis entendit avant de sortir en trombe.

Iannis se promena pendant des heures autour du lac, s'acheta une bière et une saucisse, et lorsqu'il rentra la nuit venue son vœu se trouva exaucé : Laura était déjà au lit. Sans se brosser les dents, Iannis s'étendit sur le canapé. Comme il ne pouvait pas dormir, il commença par regarder des trucs et astuces culinaires sur YouTube, finit par atterrir sur la page d'accueil de Aegean Airlines, puis sur un site de vacances de dernière minute. Sans penser plus loin, il fit une recherche sur les vols à destination de l'île principale. Quatre-vingts francs suisses, *last minute, one way,* départ de Zurich-Kloten, escale à Rome-Fiumicino. Comme dans un état second, Iannis sortit sa carte de crédit. En remplissant le formulaire de réservation, il eut l'impression de se trouver au bord d'un lac dont l'eau était à trois degrés. Et d'un clic, il plongea.

Il se réveilla au moment où Laura se couchait à côté de lui.

— Je te demanderai de bien vouloir présenter tes excuses à mon père, dit-elle. Tu sais combien je tiens à ce que ça se passe bien avec la famille. Je me montre aimable avec Lefti et Trudi, même quand ils vident la cassette W-C de leur caravane dans le caniveau, devant le garage, quand ils viennent nous voir.

Iannis se demanda si Laura soupçonnait qu'il lui cachait quelque chose. Et que Lefti et Trudi, par affection pour lui, jouaient le jeu.

Pour la première fois depuis qu'ils étaient ensemble, Iannis trouva sa présence importune. Il se détourna. Laura l'entoura de ses bras, pressa son ventre contre son dos. Quand elle fut endormie, Iannis s'interrogea, respirait-elle toujours aussi fort ?

Il se dégagea de son étreinte, se leva et se glissa dans le passage entre la salle de bains et la chambre, où Laura avait concrétisé son rêve de dressing. Il prit la plus grande valise qu'il put trouver.

— Iannili, mais qu'est-ce que tu fais ? s'enquit Laura un peu plus tard, tout endormie, en se frottant les yeux.

— Je rentre à la maison.

Laura fut soudain pleinement réveillée.

— À Makarionissi, comme ça ? Sans moi ?

— Oui, répondit Iannis.

— Quand, pourquoi ?

Iannis aurait voulu lui expliquer, mais il ne savait pas par où commencer. Il se sentait comme l'hiver précédent, au ski, au moment où, après avoir passé une heure sur la piste pour débutants, il était monté en télécabine jusqu'au sommet. À la vue de la vallée, en contrebas, il s'était senti mal, soudain il ne savait plus faire le chasse-neige, avait capitulé devant la pente, ôté ses skis et était retourné à la télécabine. Laura était déjà trop loin pour pouvoir remonter jusqu'à lui. Et brusquement cette image lui parut une illustration presque parfaite de leurs relations.

— Dans trois heures, lâcha-t-il d'une petite voix.

Et il se remit à faire ses bagages.

Laura ouvrit les rideaux, voulut se précipiter sur la terrasse et prendre un bol d'air, comme chaque fois qu'elle s'énervait et se montrait incapable d'exprimer sa colère autrement que d'une manière passive-agressive. Mais sur la terrasse se trouvait une silhouette vêtue d'une combinaison en plastique jaune. Laura poussa un cri de frayeur. Mme Niederbichsl, en habit de protection, leva les yeux des arbustes de buis. Elle avait un spray à la main.

— N'ouvrez pas ! s'écria-t-elle à travers la porte de la terrasse. J'ai aspergé vos buis de pesticide, je pensais que vous dormiriez plus longtemps, vous dormez toujours tellement. Je vous conseille d'attendre quelques heures avant de sortir. C'est une mesure préventive. Quand on agit au bon moment, on n'a pas besoin de réagir quand il est trop tard !

Sur ces mots, elle retourna à ses arbustes.

— Est-ce que tout le monde est devenu fou ou quoi ? fit Laura, hébétée, en fonçant dans la cuisine.

— Non, chuchota Iannis.

Pour la première fois de sa vie, il se dit que Mme Niederbichsl avait raison. Mieux valait agir au bon moment que réagir quand il était trop tard.

CHANT IX

Où certaines histoires
finissent bien et d'autres non.
Comme il se doit
lorsqu'on relate les faits des héros.

L'ironie d'une grue de chantier

Lorsqu'une nuit Manolis Aniston perdit son alliance, cela ne lui parut d'abord pas très grave. Aris Theofilakis les avait régalés de bon vin, ses amis et lui, et, au matin suivant, Manolis ne savait plus comment cela avait pu se produire ni de quelle façon il était rentré chez lui.

Depuis que l'usine de production de mousse, Zeus Enterprisis, située dans l'est de l'île, avait fermé, la taverne d'Aris Theofilakis ne désemplissait plus, car un tiers des habitants de l'île y planifiaient de conserve la poursuite du mouvement de protestation. Manolis était conscient que cela ne durerait pas éternellement, mais chez Aris l'ambiance était géniale. Celui-ci servait un ouzo particulièrement délicieux – il était distillé par sa mère selon la recette de son arrière-grand-mère, laquelle la tenait aussi de son arrière-grand-mère. L'ouzo d'Aris attirait même les gens des îles voisines et certains attribuaient à ce breuvage des vertus curatives.

Manolis se demanda un bref instant s'il ne devait pas dévisser le siphon car, chaque fois que sa femme Evangelía égarait une de ses lentilles de contact, elle réapparaissait peu après dans le siphon. Mais, en se baissant, il se rendit compte que l'ouzo et le vin ne faisaient pas bon ménage. Les maux de tête et le vertige furent si intenses qu'il décida de se coucher avec un gant de toilette mouillé sur les yeux et d'attendre que l'anneau refasse surface de lui-même.

Au cours de sa vie, Manolis avait déjà perdu beaucoup de choses auxquelles il tenait : la chaîne de la montre de gousset de son arrière-grand-père, qui avait vécu dans les montagnes gréco-albanaises ; sa chaussette porte-bonheur avec son trou en forme de trèfle sur le talon ; le slip qu'il portait la nuit où il avait été dépucelé ; et la plus grande partie de ses cheveux. À l'exception de ces derniers, il avait toujours tout retrouvé. La chaîne de montre avait réapparu au jardin, dans les excréments du chien des voisins ; la chaussette porte-bonheur avait été déterrée sur la plage par le fils d'un ami ; et son slip lui avait été rendu quand sa première relation stable l'avait surpris avec sa sœur et lui avait lancé du balcon tout ce qu'il avait oublié chez elle.

Si l'alliance ne reparaissait pas, il pourrait toujours se rendre chez le petit bijoutier-confiseur pour s'y faire fabriquer un nouvel anneau. Evangelía comprendrait, il en était sûr, car Evangelía avait plus de compréhension que toute l'île réunie, surtout à son égard. Elle ne récriminait jamais quand il rentrait ivre à la maison. Le dimanche, elle le laissait tranquillement regarder la télévision et ne se fâchait un peu – rien qu'un peu – que lorsque les charmants voisins retraités risquaient de l'entendre jurer. Sa mère lui avait toujours dit : « Manoli, il te faudra une femme très patiente et très compréhensive. » C'était généralement quand Manolis avait de nouveau fait des bêtises ; elle renversait alors la tête en arrière, contemplait le ciel et s'exclamait : « Marie, mère de Dieu, je t'en prie, envoie à mon Manolis une bonne épouse ! » Marie, mère de Dieu, avait entendu sa prière et fait entrer un beau jour Evangelía dans la vie de Manolis. Manolis aimait beaucoup Evangelía – il l'avait aimée dès l'instant où Marie, mère de Dieu, l'avait placée dans la file d'attente qu'il essayait de doubler, au supermarché américain.

« Toi, tu restes derrière moi ! » avait fermement dit Evangelía. « Je préfère rester avec toi », avait pensé Manolis.

Manolis n'était pas inquiet, il expliquerait très simplement à Evangelía que l'alliance avait disparu, il lui disait toujours les choses simplement et Evangelía comprenait. D'après les amis de Manolis, cela tenait au fait qu'elle travaillait auprès de personnes âgées. Quand on s'occupait de gens qui portaient des couches, perdaient sans arrêt leur dentier et prenaient des étrangers pour leur fille, on savait comment manier Manolis Aniston.

Manolis prit néanmoins la précaution d'aller au supermarché américain avant le retour d'Evangelía, qui rentrait de l'île voisine où elle travaillait par le ferry de dix-sept heures. Il acheta une bouteille de ce vin français qu'elle appréciait tant, ainsi qu'un bouquet de fleurs, et fit le ménage.

C'était un mercredi et le ferry amenait cinq passagers. Les époux Tholeti furent les premiers à descendre, suivis du jeune instituteur Militiades Cassavetes. Ensuite venaient deux autres personnes que Manolis ne connaissait pas.

— Státhi, cria-t-il au passeur en l'apercevant sur la passerelle de commandement. Státhi, tu sais où se trouve mon Evangelía ?

Státhis Karapanos essuya une déjection de mouette sur la rambarde et secoua la tête.

— Je l'ai attendue pendant un quart d'heure, répondit-il, mais elle n'est pas venue. Salue bien ta famille et dis à ton cinglé de voisin d'aller se faire pendre !

Manolis sortit son portable et poussa un juron. Depuis qu'il avait omis de répondre à la dernière relance, il n'était plus joignable sur son mobile.

Státhis réintégra sa cabine et Manolis resta seul. Il attendit les deux ferrys suivants, mais Evangelía n'arrivait toujours pas. Elle ne prit aucun ferry, ce mercredi-là.

— Evangelía a eu un accident, un accident très grave, expliquèrent Faní et Theofilos Chatzidakis lorsque Manolis rentra chez lui.

Pendant qu'il patientait à l'embarcadère, l'hôpital n'avait cessé d'appeler, et les deux vieux retraités, inquiets, avaient escaladé la fenêtre ouverte de la cuisine pour répondre. Dans un premier temps, Manolis resta incrédule, le fait que les deux retraités eussent réussi à s'introduire chez lui en dépit de leurs problèmes de hanches lui paraissait si surréaliste que tout cela ressemblait à une blague.

— Elle est entre la vie et la mort, c'est un miracle qu'elle soit encore de ce monde ! se lamenta Faní.

Manolis se laissa choir sur la chaise en plastique de la cuisine.

— On est en train de l'opérer, les médecins font tout ce qui est en leur pouvoir, ajouta prudemment Theofilos en ouvrant une grande bouteille d'ouzo qui venait de chez Aris Theofilakis.

Assis sans mot dire à la table de la cuisine, Manolis avait les yeux rivés sur le vin français qu'il avait acheté. Il avait brusquement perdu le fil, trop d'informations à la fois, il ne savait pas si tout cela était réel ou s'il était toujours dans son lit à cuver son vin et à cauchemarder.

— Pourquoi fallait-il qu'elle passe devant ce chantier juste au moment où la grue s'effondrait ? marmonna Faní.

— C'est vraiment injuste, soupira Theofilos en avalant cul sec un autre verre d'ouzo.

— Une grue ? bredouilla Manolis.

— Ne pense pas à ça, Manoli. N'essaie surtout pas d'imaginer la scène !

Faní lui posa la main sur le bras.

— L'hôpital a dit qu'ils rappelleraient quand l'opération serait terminée.

— Mais tu peux aussi y aller et attendre là-bas.

— Tu veux qu'on t'accompagne ?

— On peut t'y conduire !

— J'ai perdu l'alliance, chuchota enfin Manolis.

Et prenant la bouteille d'ouzo, il la vida en quatre gorgées pendant que Faní et Theofilos se tenaient tout tremblants par les mains.

L'avantage indiscutable de Makarionissi, c'était que les objets perdus ne pouvaient que rester sur l'île. Et comme, la nuit où il avait égaré son alliance, Manolis Aniston avait probablement fait quelques bêtises supplémentaires, mais n'avait pas quitté les lieux, il était fermement convaincu qu'il ne tarderait pas à retrouver l'anneau. La première chose qu'il fit en quittant l'hôpital ne fut donc pas d'informer sa famille, mais d'acheter un détecteur de métaux.

La famille de Manolis n'apprit le terrible accident que le lendemain, lorsque Aspasía rencontra les Chatzidakis en faisant les courses.

— Bonjour, Faní, bonjour, Theofilo. Votre laurier-rose est magnifique, je n'en croyais pas mes yeux la dernière fois que j'étais dans le jardin de Manolis, dit-elle en prenant un paquet de farine de maïs, tandis que les deux vieux se cramponnaient à leur Caddie.

En voyant Aspasía se remettre en route, ils échangèrent un regard éberlué. Faní lui posa la main sur le bras.

— Je suis profondément navrée. J'espère du fond du cœur qu'elle s'en sortira.

— Ah, sûrement, elle est robuste, répondit Aspasía, songeant à sa haie de troènes.

Celle-ci n'avait pas supporté l'excès d'engrais auquel l'avait soumise Aspasía et désormais elle pendait tristement.

La haie bordait la façade côté rue et tous les voisins ou presque qu'Aspasía croisait ce jour-là lui parlaient de ce spectacle désolant.

— Enfin, Aspasía, moi qui vous croyais si proches !

— Bah, si ça ne marche pas, on la remplacera.

— Comment peux-tu parler ainsi de ta belle-fille alors qu'elle est entre la vie et la mort ! la rabroua Theofilos.

Aspasía laissa échapper le paquet de farine, qui s'écrasa au sol. Une poussière blanche s'éleva, aussi blanche que son visage. Manolis ne lui avait rien dit. « Parce qu'il ne sait pas parler de sa souffrance », telle fut la pensée qui lui traversa l'esprit. « Parce que plus il a mal, plus il garde le silence. » Au cours des années écoulées, il n'avait prononcé que trois fois le nom de Iannis.

Rhea, qui était réceptionniste dans un hôtel de l'est de l'île depuis que son père avait vendu la pension, fut la dernière à arriver chez Manolis. Elle avait dû se frayer un chemin dans un cortège d'éboueurs qui manifestaient avec les fonctionnaires et l'union des éleveurs d'ânes et de volailles.

— J'espère qu'il n'est pas en train de faire une bêtise ! dit Aspasía d'une voix qui dérapa dans les aigus.

— Il est sûrement à l'hôpital, fit Rhea.

Cependant, quand elle appela, l'infirmière en chef lui apprit que M. Aniston était reparti plusieurs heures plus tôt. Eleni s'empara du combiné, engueula l'infirmière, mais celle-ci refusa de leur en dire plus sur l'état d'Evangelía.

— Il faut partir à sa recherche ! affirma Eleni.

Otto se rendit à la taverne d'Aris, Eleni à l'hôtel, Aspasía préféra attendre chez Manolis au cas où il reviendrait. En passant le voisinage au peigne fin, Rhea le trouva trois rues plus loin.

Il portait un détecteur de métaux qui était fixé à son corps par une ventrière et des sortes de bretelles. Il faisait glisser lentement le disque sur les touffes d'herbe qui poussaient dans les fissures de la chaussée.

— Manoli ! s'écria Rhea sans provoquer chez lui la moindre réaction. Nous venons juste d'apprendre la nouvelle, je suis vraiment désolée. Qu'est-ce qu'on peut faire ?

Mais Manolis garda le silence. Les yeux rivés sur l'écran du détecteur, il fouillait méticuleusement chaque pouce du bas-côté. Ce n'est que lorsqu'il se retrouva encerclé par sa mère, son grand-père et sa grand-mère, et dans l'impossibilité de poursuivre ses recherches, qu'il s'interrompit, leva les yeux et dit :

— Poussez-vous, il faut que je retrouve mon alliance.

Manolis resta sourd à toutes les sollicitations de sa famille, il ne communiquait qu'avec son détecteur. C'est à ce moment-là qu'Otto et Aspasía prirent la décision d'avertir Iannis. Quelques anciens camarades de classe des jumeaux, informés de la tragédie, avaient déjà essayé de le joindre, mais sans succès. Il ne réagissait ni aux appels, ni aux SMS, ni aux messages sur Facebook, ni sur WhatsApp, Viber ou Skype. Il paraissait à ce moment-là aussi inaccessible que son jumeau.

Dans le port de Politouranou, situé un peu en dehors du centre, se dressait non loin de l'embarcadère du ferry un grand olivier qu'on disait trois fois plus âgé que Laertes Stamos, le doyen de l'île. L'arbre était entouré de bancs où les anciens de Makarionissi se retrouvaient pendant la journée pour décider de la *doxa* de l'île. Les passants saluaient les hommes et les femmes assis sous les branches. Pour l'heure, ceux-ci ne parlaient que de la folie de Manolis Aniston. Au début, l'île avait partagé son chagrin mais, depuis, on s'était mis à hocher collectivement la tête. Au lieu d'aller voir sa femme, qui était toujours dans le coma, il se baladait nuit et jour avec un drôle d'instrument censé l'aider à retrouver son alliance.

C'était un jeudi de la deuxième semaine de juillet et sous l'olivier siégeaient une poignée de gens. Andreas Dimas, le propriétaire de la bijouterie-confiserie. Mathilda Ouranoukis, une femme corpulente dont la chevelure, à force de teintures noires, avait viré au violet. En face somnolait le vieux Laertes Stamos, que sa maigreur, comparée à l'embonpoint de Mathilda, faisait paraître aussi déplacé qu'un pruneau contraint de partager la corbeille à fruits avec une pastèque bien rebondie. Laertes Stamos faisait chaque jour une sieste sous l'olivier, et certains se demandaient si ce n'était pas là la raison de sa longévité et de sa santé florissante. Enfin, il y avait les époux Petroulis, qui étaient mariés depuis cinquante-deux ans et se disputaient au moins cinq fois par jour. Ce matin-là, M. Petroulis avait confondu son dentier avec celui de sa femme. Comme ils utilisaient chacun une pâte nettoyante différente, M. Petroulis s'était servi de la sienne, que son épouse trouvait détestable.

— Gavriíl ! geignait-elle depuis deux heures. J'ai une haleine de chat !

Juste comme M. Petroulis voulait entamer sa défense, la corne de brume du ferry sonna à quatre reprises. Les époux Petroulis se turent, Laertes Stamos fut soudain pleinement réveillé, et tous ceux qui se trouvaient sur la côte surent aussitôt qu'il se passait quelque chose d'inhabituel, car Státhis n'était pas seulement un individu paisible, c'était aussi un capitaine paisible, qui n'actionnait sa corne de brume qu'une fois tout au plus quand il approchait du rivage.

À peine le ferry était-il entré dans le port que trois douzaines de personnes se rassemblèrent autour de l'embarcadère, et Mathilda Ouranoukis jurait ses grands dieux qu'il y avait sept fois plus de mouettes que d'habitude au-dessus de l'eau quand surgit sur la passerelle un enfant de Makarionissi qu'on ne s'attendait pas du tout à voir. Lorsque Iannis Aniston mit pied à terre, tous retinrent leur souffle.

— Non ! laissa échapper Mathilda Ouranoukis.

— Est-ce que ce serait…, fit Andreas Dimas.

— Oui, absolument ! répondit Mathilda.

— Gavriíl, espèce de crapule ! beugla Mme Petroulis. Pourquoi tu ne m'as pas dit que Iannis arrivait ? Hier, pourtant, tu as vu Aspasía Aniston !

Mais M. Petroulis contre-attaqua, expliquant qu'Aspasía n'avait pas parlé de Iannis et, bien qu'il existât à Makarionissi une loi non écrite interdisant d'intervenir dans les querelles des Petroulis, tous ceux qui étaient là et qui s'étaient réfugiés à l'ombre de l'olivier donnèrent raison à M. Petroulis : Aspasía n'en avait soufflé mot à personne.

Iannis n'avait guère changé : boucles noires, pommettes saillantes, seul son teint était plus pâle qu'autrefois.

— C'est bien lui, bredouilla Andreas Dimas.

Le jeune homme se dirigea vers eux – tirant derrière lui, à gauche, sa valise à roulettes, portant négligemment sur l'épaule droite un sac de cuir en bandoulière – et leur serra la main comme un gamin de douze ans.

— Tu as bonne mine, Laertes ! On dirait que tu viens d'avoir quatre-vingts ans !

Les vieux, qui d'ordinaire jacassaient sans relâche et au besoin revenaient dix fois sur le même sujet au cours de la journée, en furent pantois.

— Formidable, vos cheveux, madame Ouranoukis ! Et voici les époux Petroulis, je ne vous ai pas félicités pour vos noces d'or ! Andreas, comment vont les affaires ?

Mathilda Ouranoukis en resta bouche bée et Laertes Stamos fouilla les poches de son veston à la recherche de ses lunettes. Il était trop fier pour les porter en public mais, là, il voulait y voir clair.

— Les sommités de l'île rassemblées sous l'olivier, comme toujours. Heureusement il y a certaines choses qui ne changent pas ! poursuivit Iannis.

Comme le silence persistait, il rajusta son sac en bandoulière et sortit une paire de lunettes de soleil de la poche de sa chemise.

— Bon, j'y vais. Content de vous revoir. À bientôt !

Il fit basculer sa valise et la tira sur l'asphalte inégal des rues du port. Iannis était depuis longtemps hors de vue que l'on entendait encore le crépitement des roues.

Depuis sa promenade nocturne jusqu'au snack où l'on vendait des saucisses, Iannis n'avait rien avalé. Pendant tout le trajet, de Zurich à Makarionissi en passant par Rome, il avait été trop nerveux pour pouvoir ne serait-ce que penser à manger. Qui plus est, ses adieux avec Laura lui laissaient un arrière-goût désagréable. Il lui avait expliqué qu'il ne pouvait pas l'emmener parce qu'il lui fallait d'abord régler seul certaines choses, sur quoi elle avait réuni quelques affaires et s'était réfugiée chez ses parents. « Dans ce cas, moi aussi je veux être seule », avait-elle dit d'une voix étranglée. Iannis en avait eu le cœur presque fendu, mais il l'avait laissée partir sans un mot, se souvenant toutefois qu'au cours des années passées son grand-père n'avait cessé de lui reprocher d'être comme Eleni. Tout aussi incapable de s'excuser. Mais il se dit alors qu'il n'avait aucune raison de le faire. Il avait bien le droit d'aller rendre visite à sa famille. Et de garder des choses pour lui. Et pourtant. Depuis l'instant où il avait appris l'accident, une douce petite voix nichée à l'endroit du diaphragme regrettait que Laura ne soit pas au courant. Cela lui aurait permis de ne pas être seul face à cette situation.

Traînant sa valise à roulettes, l'estomac grondant, Iannis se rendit du port jusqu'à la place derrière laquelle se trouvait la maison de sa mère. Le boulanger avait fermé, quelques familles étaient parties, et cela faisait des années que plus personne n'entretenait les rues. L'herbe proliférait dans les fissures du revêtement et les amortisseurs des voitures poussaient des cris de joie au passage des nids-de-poule. Mais le pire, ce fut la pension *Aphroditi,* autrefois propriété de la famille de Rhea. Les fenêtres du rez-de-chaussée étaient condamnées à l'aide de planches clouées. Le jardin où ils avaient joué à cache-cache dans leur enfance et cherché des trésors dissimulés derrière les haies était envahi de mauvaises herbes. Sur la clôture du jardin de devant, à laquelle il manquait deux lattes, était suspendu un panneau abîmé « À vendre ».

Enfin Iannis se retrouva devant la maison où il avait grandi. Avait-elle toujours été aussi petite ? se demanda-t-il, et pour la première fois il remarqua le fouillis de câbles d'antennes et de paraboles qui pendait du toit. À Zurich, on aurait sans doute déjà vu rappliquer un fonctionnaire qui leur aurait tapé sur les doigts. Iannis frappa à la porte. Tandis qu'il attendait, ses petits orteils s'écartèrent anormalement sous l'effet de la nervosité, si bien qu'ils dépassaient des tongs. Mais à la vanité, la fierté et la mortification se mêlait une sorte de joie anticipée. Il était revenu chez lui.

Aspasía ouvrit la porte.

Elle devint livide, comme si Zeus en personne se trouvait devant elle, et fit un petit bond en arrière.

— Ianni ? dit-elle, incrédule, en s'approchant prudemment de lui.

Ses cheveux, que Iannis avait toujours vus bouclés et d'un blond éclatant, étaient relevés en un chignon sévère. Elle avait de profonds cernes sous les yeux et Iannis fut certain qu'elle venait de pleurer.

— Oui, c'est moi, répondit-il.

Il voulut entrer, mais sa mère lui sauta au cou avec tant d'impétuosité que le sac glissa de son épaule. Il contenait son ordinateur, pourtant à ce moment-là Iannis se fichait pas mal de son sort – la seule chose qui comptait, c'était d'être dans les bras de sa mère, qu'il n'avait pas revue depuis des siècles.

C'est alors qu'une question les arracha l'un à l'autre. Une petite question brève, qui s'apparentait plutôt à une exclamation, une expression de pur étonnement.

— Ianni ?

Iannis connaissait cette voix. Cela faisait des années qu'il ne l'avait plus entendue, mais il n'en avait jamais oublié le timbre. Iannis lâcha Aspasía et regarda autour de lui.

Rhea avait deux sacs en plastique dans les mains. Lorsque Iannis se tourna vers elle, elle les laissa choir et les bouteilles qu'ils contenaient se brisèrent avec fracas.

Ils se dévisagèrent comme des chiens qui se demandent s'ils doivent remuer la queue ou se sauter à la gorge.

Trois ans avaient passé. Sans apporter l'indifférence. Rhea retenait son souffle. Iannis fut le premier à rompre le silence.

— Ben oui, c'est ici que j'habite, fit-il avec amertume.

Rhea rougit. Aspasía caressa le bras de son fils et dit :

— Ianni, c'est aussi la maison de Rhea.

Sans un mot, Iannis monta dans sa chambre, il ouvrit brutalement la porte et eut alors l'impression d'avoir, en quelques secondes, attrapé une grippe qui affaiblissait ses muscles et ses genoux.

Le mur contre lequel Manolis et lui tapaient autrefois pour s'envoyer des messages depuis leurs chambres était percé d'une ouverture en arc. Les affiches avaient disparu, le mur était peint en jaune et, dans un coin, Iannis reconnut le vieux miroir de maquillage de Rhea, un héritage de son arrière-grand-mère dont elle avait toujours été très fière.

— Tu aurais pu me dire que je n'étais plus le bienvenu, lança Iannis à sa mère en dévalant l'escalier.

Il attrapa sa valise, son sac, et se précipita dans la rue. Aspasía lui courut après.

— Mais, Ianni, je ne savais pas que tu reviendrais ! Tu es resté absent si longtemps ! Où voulais-tu que Rhea trouve à se loger ?

Iannis arrêta un taxi, n'attendit même pas que le chauffeur descende de voiture pour ouvrir le coffre, déposa ses bagages sur la banquette arrière et ordonna à l'homme de démarrer au plus vite. Dans le rétroviseur, il vit sa mère courir quelques instants derrière le véhicule.

— Et où allons-nous ?

Iannis soupira.

— Vous connaissez la crique de Malanixi ?

— L'endroit où habite le chanteur barge dans son bus dégoûtant ?

— Exactement, répondit Iannis.

Le chauffeur appuya sur le champignon. Iannis se cramponnait à la poignée placée au-dessus de la fenêtre quand l'homme fit une soudaine embardée sur la droite et klaxonna. Iannis sursauta.

— Qu'est-ce que c'était ?

— Ah, j'ai failli écraser Manolis, le leader syndical de l'ancienne usine de production de mousse.

Iannis se retourna brusquement. Un pincement à l'endroit du diaphragme.

— Le bonhomme est devenu fou. Sa femme est dans le coma, et ça fait des jours et des jours qu'il court partout avec un détecteur à métaux pour retrouver son alliance.

Son grand-père fut tout tourneboulé en le voyant arriver. Ils restèrent jusque tard dans la nuit assis sur des chaises longues devant le bus, s'émerveillant de la cheminée électrique qu'Otto allumait sur la petite esplanade sableuse depuis que le gouvernement de l'île avait interdit les feux de plein air durant les mois de sécheresse. Otto était le seul à respecter l'interdiction, mais il était aussi le seul Allemand de l'île, comme il disait en riant à ceux qui secouaient la tête. Ils burent de la bière, entrecoupée de schnaps, mangèrent des chocolats, et Otto essaya de résumer en accéléré tous les événements importants qui s'étaient produits à Makarionissi au cours des dernières années. Iannis ne l'écoutait que d'une oreille, les paroles de son grand-père se mêlaient au grondement des vagues, qui lui avait tant manqué. Il sentait le sable entre ses orteils, respirait l'air salé du large et l'odeur des platanes échauffés par le soleil.

Ce n'est que peu avant minuit, alors que grand-père et petit-fils étaient pareillement bercés par les plaisirs dionysiaques de l'alcool gréco-bavarois, que Iannis demanda :

— Papy, pourquoi tu ne m'as pas dit que Rhea vivait chez maman ?

Otto toussa. Iannis était ivre, mais pas au point de méconnaître le caractère factice de cette toux.

— Mais enfin, Iannis, je te l'ai écrit dans ma newsletter, affirma-t-il.

— Peut-être que j'aurais dû les lire alors, marmonna Iannis.

Il monta dans le bus, où Otto avait déplié le canapé convertible, et se coucha tout habillé. Il avait oublié à quel point l'air marin était fatigant. Tout comme les sentiments.

Avant de s'endormir, il repensa à Manolis. Il voulait lui parler, aller vers lui. Mais il décida que la balle était dans son camp. Lui, Iannis, avait fait le premier pas. Il était revenu. Et puis Manolis avait un quart d'heure de plus que lui. Il avait toujours été le plus bruyant et le plus courageux.

Iannis se réveilla deux heures plus tard. Une brise s'était levée, s'introduisant à l'intérieur du bus par la portière ouverte. Iannis tâtonna à droite, à gauche, et se rappela soudain où il était. Et que, pour la première fois depuis longtemps, il n'y avait pas de Laura Hönggli couchée à côté de lui. Les charnières de la portière grincèrent.

Il aperçut son téléphone près de l'oreiller. Prenant son courage à deux mains, il l'alluma. Pour la première fois depuis qu'il avait quitté son appartement à Zurich.

Il s'attendait à un flot de messages, mais le téléphone resta muet. Iannis l'éteignit et sortit du bus. Il ralluma l'appareil, mais de nouveau pas le moindre son. Il activa l'itinérance des données, reçut des newsletters et des messages anti-spams, mais pas d'e-mail de Laura.

Cela le surprit.

Iannis rangea son portable dans sa poche et plongea ses regards dans l'obscurité, en direction de l'Europe. Ç'aurait plu à Laura, pensa-t-il. Sa Zurichoise.

Il ressortit son téléphone et écrivit un texto.

Je suis désolé. Tu m'as dit qu'on n'avait pas d'avenir tant qu'on ne tirait pas un trait sur le passé. C'est ce que je suis en train de faire. Mon avenir, c'est toi.

Iannis s'apprêtait à regagner son lit lorsque le portable vibra. En temps normal, Laura se couchait à onze heures.

On ne devrait pas traiter son avenir comme son passé.

Iannis relut le message deux fois, leva le bras, et le téléphone décrivit une large courbe avant d'atterrir dans la mer.

Alors qu'il remontait dans le bus, un air moite et brûlant le prit à la gorge. Iannis attrapa deux couvertures et un oreiller pour dormir sur la plage à la belle étoile, comme dans son enfance.

Pourquoi les Néréides aspirent aux eaux calmes

— Manoli, Iannis est revenu.

Aspasía marchait à côté de Manolis tandis qu'il fouillait chaque centimètre carré du jardinet de la taverne d'Aris. Elle avait espéré provoquer chez lui une réaction quelconque, mais Manolis gardait obstinément les yeux fixés sur l'écran sans piper mot.

Aspasía l'accompagna encore quelques instants en silence. Chaque fois qu'elle voulait le toucher, Manolis se dérobait.

L'hôpital les avait informés que l'état d'Evangelía était inchangé. Tout comme celui de Manolis.

Lorsque Iannis se réveilla, quelqu'un qu'il ne s'attendait pas à voir était assis sur la chaise longue. Il avait escompté que Manolis passerait *par hasard* avec son détecteur de métaux, de même qu'il entrait toujours *par hasard* dans sa chambre quand il voulait lui parler, mais qu'il ne trouvait pas les mots pour le faire, tablant sur le fait que Iannis lirait dans ses pensées et lui apporterait son aide. Mais c'était sa grand-mère, pieds nus, le journal du jour entre les mains.

— Tu as bien dormi ? demanda-t-elle au lieu de lui dire bonjour.

Eleni lui en voulait d'être fâché parce qu'elle avait déstabilisé Rhea le jour de leur mariage, Iannis le savait par Otto. Elle ne s'était pas manifestée une seule fois au cours des années écoulées. D'une part, elle n'était pas douée pour maintenir le contact. D'autre part, elle continuait d'estimer qu'elle avait fait ce qu'il fallait. Elle croyait toujours avoir fait ce qu'il fallait, même quand elle se plantait. Lefti avait raconté à Iannis que c'était déjà comme ça à l'époque où Eleni et lui gardaient encore les chèvres.

— Ça peut aller. L'air marin me fait du bien, répondit prudemment Iannis, cherchant Otto du regard.

Le drap de bain et les tongs abandonnés, qui contemplaient la mer, lui apprirent que son grand-père ne l'aiderait pas à se dépêtrer de cette situation. Il était déjà en train de faire sa natation matinale.

— En effet, l'air marin, ça fait du bien, dit Eleni.

Un silence. Piaillements des mouettes affamées qui tournaient autour du bus d'Otto dans l'espoir d'un petit déjeuner.

— Tu voulais me dire quelque chose ? s'enquit Iannis au bout de quelques instants.

— Oui, te saluer.

Iannis se força à respirer calmement. Lefti lui avait enseigné que, lorsqu'on laissait les émotions prendre le dessus, on disait souvent des choses qu'on regrettait par la suite. Mais Lefti était à des centaines de kilomètres. Aussi Iannis déclara-t-il :

— Eleni, je suis là. Mais je n'ai ni pardonné ni oublié ce qui s'est passé.

Eleni se leva d'un bond et jeta le journal par terre.

— Ça suffit comme ça, Ianni. C'est ridicule. Ça fait des années que tu joues au martyr alors que de nous tous tu es celui qui va le mieux ! Aspasía travaille treize heures par jour pour terminer de payer la maison. Ton grand-père est vieux, je m'échine à faire marcher l'hôtel, qui ne fonctionne plus qu'à tout petit régime. Rhea effectue des services de douze heures et n'a même pas de quoi se payer un appartement. Quant à ton frère, non seulement il est au chômage, mais en plus sa femme est dans le coma parce qu'une entreprise en bâtiment n'avait pas l'argent qu'il fallait pour démonter une grue en bout de course. Et toi ? Tu mènes la grande vie en Suisse avec ta ravissante petite amie et tu te fais des couilles en or pendant qu'ici on se bat pour rester à flot. Et puis tu reviens et, au lieu de t'occuper de ton frère qui est sur le point de disjoncter, tu attends que tout le monde commence par te présenter ses excuses ?

Iannis se demanda ce que Lefti aurait fait dans cette situation. Iannis n'avait plus envie de grands drames. Il voulait la paix, mais sa fierté n'avait pas encore eu gain de cause. Après un instant d'hésitation, il reprit d'une voix aussi tranquille que possible :

— Lefti m'avait averti. Il disait que, toute petite déjà, tu préférais encaisser une gifle plutôt que de t'excuser. Je l'ai eu hier au téléphone, il m'a demandé si tu avais changé. La réponse est claire.

Sur ce, il se détourna, grimpa dans le bus et ôta sa chemise froissée et son pantalon pour mettre un maillot de bain propre. Eleni était restée sans bouger dans le sable. Alors qu'il se brossait les dents, elle finit par se ressaisir.

— Lefti ?

Iannis cracha la mousse de dentifrice dans le lavabo.

— Oui.

— Lefti Zifkos ?

— Oui.

Iannis ne l'avait jamais vue comme ça. Son dos s'arrondit, comme si elle voulait disparaître en elle-même. Elle avait soudain l'air fragile, un coup de vent aurait suffi, semblait-il, à lui faire perdre l'équilibre. La mention du nom de Lefti paraissait l'avoir replongée dans une époque où elle savait encore pleurer.

— Tu sais, yaya, je ne suis jamais parti faire le tour du monde. C'est Hubert-Spiros qui a bricolé les photos. Le fils aîné de Lefti. Lefti m'a recueilli. Il s'occupe bien de sa famille. Il n'a pas obligé ses fils à reprendre le restaurant, il les a aidés à suivre leur propre voie. Et il a fait pareil avec moi. Il m'a toujours soutenu.

Iannis essayait d'interpréter l'expression d'Eleni, mais il y avait sur son visage un vide qui l'effrayait. Elle se détourna et marcha vers la mer. Iannis se pencha sur le lavabo, se rinça la bouche et jeta de nouveau un coup d'œil à l'extérieur. Sa grand-mère était entrée dans l'eau tout habillée et nageait comme un dauphin enragé à la rencontre d'Otto, qui revenait en longeant la côte.

— Tu savais qu'il était chez Lefti ? lança-t-elle d'une voix qui fit tressaillir jusqu'aux poissons d'eaux profondes.

— Pardon ?

Otto avait le souffle court, cela faisait tout de même trois quarts d'heure qu'il nageait.

— Iannis était chez Lefti. Comment a-t-il eu son adresse ?

Otto recracha de l'eau.

— Il me l'a demandée.

— Et tu la lui as donnée ?

Iannis vit Otto faire brusquement demi-tour.

— Eleni, je croyais qu'il était parti faire le tour du monde.

Rassemblant ses dernières forces, Otto se dirigea vers le large. Eleni se lança aussitôt à sa poursuite.

— Menteur ! s'exclama-t-elle.

Alors Iannis se mit à courir le long de la plage et sauta à l'eau. Il adopta un crawl rapide pour rattraper sa grand-mère, qui nageait à la suite de son grand-père, ralentie par ses vêtements.

— Calme-toi, yaya, Otto n'y est pour rien ! cria-t-il.

— Otto y est toujours pour quelque chose ! cria Eleni.

— Au secours ! cria Otto.

Iannis, qui était le plus jeune et le plus rapide, rejoignit Eleni avant qu'elle ne rejoigne Otto. Il la retint par un pan de son chemisier.

— Lâche-moi ! C'est une affaire entre lui et moi.

— Non, entre toi et moi ! rectifia Iannis.

Sur quoi Eleni se précipita sur lui et lui plongea la tête sous l'eau. Iannis lui attrapa le pied et la tira vers le bas.

Cinquante centimètres au-dessus du fond de la mer, un banc de poissons s'arrêta, surpris de la puérilité de cet affrontement. Mais que savent les poissons des sentiments ? Ils ignorent apparemment que, lorsque ceux-ci se sont accumulés pendant trop longtemps, ils doivent absolument sortir. Et que parfois c'est bruyant et désordonné, surtout quand cela se passe dans la mer. La mer ne tolère pas la tiédeur. Dans la mer, il y a les Néréides, et Galène, la plus puissante d'entre elles, veille à ce que tous ceux qui s'abandonnent à ses flots se libèrent de leur désarroi, de leur agitation et de leurs émotions. Car les Néréides aspirent au calme, autrement les marins n'entendent pas les appels qu'elles leur lancent pour les attirer dans les profondeurs.

Et c'est ainsi que Iannis et Eleni laissèrent libre cours à leur colère, freinée par la douce puissance de la mer, jusqu'au moment où ils reconnurent que cela suffisait. Qu'il était temps de se réconcilier.

Otto alla chercher des serviettes dans le bus. Eleni enfila le peignoir à paillettes dorées tandis qu'il suspendait ses vêtements mouillés pour les faire sécher.

Pendant ce temps, Iannis préparait du café pour tout le monde : sucré, fort et surmonté d'une belle couronne de mousse. Ils burent leur moka en silence. Brusquement, Eleni déclara :

— Ianni, excuse-moi de t'avoir plongé la tête sous l'eau.

Iannis recracha dans le sable la gorgée qu'il venait de prendre.

— Tu t'es..., commença-t-il.

Mais Eleni l'interrompit en repoussant précautionneusement la boucle qui lui tombait sur le front, puis elle lui tapota le bout du nez de son index, comme autrefois, lorsque Iannis était enfant.

— Et excuse-moi de ne pas t'avoir soutenu. Je ne sais pas quand ça s'est produit. J'ai peur d'être devenue exactement comme ma grand-mère. C'est ce que je lui ai reproché toute ma vie. Mais au lieu d'apprendre de mes erreurs, je les ai répétées. Je suis désolée. Ce n'est pas ce que je voulais.

Iannis ne disait pas un mot. Soudain, Otto se leva d'un bond.

— Je vais chercher l'appareil photo, il faut absolument immortaliser ce moment !

Eleni bondit à son tour.

— Certainement pas ! Pour que tu postes ensuite la photo sur Internet ! Tu sais très bien que les Américains ont l'œil partout.

Et pendant qu'ils se disputaient pour savoir comment conserver au mieux la mémoire de cet instant historique où, pour la première fois de sa vie, Eleni Stefanidis Zifkos Aniston s'était excusée, Iannis se renfonça sur sa chaise longue et savoura le spectacle de la mer, l'eau salée sur sa peau, le chant des cigales dans le petit bois derrière les collines. Il avait oublié ce que c'était, d'être chez soi.

C'est alors que le portable d'Otto sonna.

— Papy, téléphone ! dit Iannis en louchant sur l'écran.

Voyant s'afficher « Fillette », il prit la communication.

— Allô, maman ?

— Ianni ?

Aspasía pouvait à peine respirer.

— Qu'est-ce qui se passe ?

— Manolis, dit-elle pour toute réponse.

Tous les véhicules de police et de pompiers de l'île principale se trouvaient déjà sur le parking de l'hôpital lorsque Iannis, Eleni et Otto arrivèrent. Aspasía et Rhea avaient fait la traversée sur le bateau d'Otto. Eleni avait appelé le maire adjoint de Politouranou. En dépit de leurs divergences politiques, il lui avait aussitôt proposé de la conduire sur l'île principale avec son yacht à moteur, car le prochain ferry ne partait que trois heures plus tard. Trois heures pendant lesquelles il pouvait se passer beaucoup de choses.

Une chaîne de télévision avait envoyé un hélicoptère qui tournait au-dessus de l'hôpital. On ne voyait pas d'oiseaux. Et le soleil avait eu la décence de se cacher derrière des nuages gris. Aspasía avait été prise en charge par un infirmier, elle était en état de choc. Assise à côté d'elle, Rhea lui tenait la main.

Ce matin-là, les médecins avaient déclaré qu'il ne restait plus aucun espoir de sauver Evangelía. On avait annoncé à Manolis que l'on débrancherait les appareils dans le courant de l'après-midi. Mais Manolis n'avait rien voulu entendre. Il s'était retranché avec une arme auprès du lit d'Evangelía, proclamant qu'il réglerait leur compte à tous ceux qui souhaitaient faire du mal à sa femme.

Mais le combat était perdu d'avance.

La police avait évacué et bouclé le dernier étage, où se trouvait Evangelía. Sur l'île principale, on installait les cas incurables tout en haut pour leur éviter un long trajet le moment venu. Une vieille coutume. Ce jour-là, Evangelía était la seule à être aussi proche du ciel. Une infirmière était en train d'expliquer qu'elle avait vu Manolis avec des explosifs, et Eleni se démenait comme une folle pour convaincre les policiers que Manolis avait toujours été bon dernier en chimie.

Iannis attendait devant le barrage. Personne n'était autorisé à pénétrer dans le bâtiment. Ceux qui étaient à l'intérieur avaient reçu l'ordre de rester dans leurs chambres jusqu'à ce qu'on ait pu établir de quelles armes disposait Manolis. Les rotors de l'hélicoptère déchiraient l'air et, pour la première fois de sa vie, Iannis se sentait complètement désemparé. Quand Rhea l'avait laissé tomber au pied de l'autel, il avait décidé quelques heures plus tard de quitter l'île. Quand le restaurant de Lefti avait explosé, il avait immédiatement pensé à Egon Kappacher. Quand il avait appris ce qui était arrivé à Evangelía, il avait su qu'il retournerait chez lui. C'est alors qu'il lui revint en mémoire une histoire que yaya Eleni leur avait racontée à son frère et à lui quand ils étaient petits. En général, elle racontait plusieurs fois ses histoires. Mais celle-là faisait exception, car Manolis et lui la détestaient.

Il était une fois, dans un pays très lointain, à une époque depuis longtemps oubliée, deux princes qui vivaient dans un magnifique royaume. Ils étaient frères et s'aimaient beaucoup, mais par l'effet d'un prodige ils étaient nés au même moment et le roi ne savait pas qui des deux lui succéderait. Il consulta maints oracles, mais aucun ne lui donnait de réponse claire.

Quand les princes eurent grandi, le roi décida de les soumettre à une épreuve pour découvrir qui serait son successeur. Il se rendit avec ses fils au sommet de la plus haute tour et dit : « Mes fils, je vous aime tous les deux, mais seul l'un d'entre vous régnera. Je vais donc souffler sur deux plumes pour les envoyer de par le monde. Vous en suivrez chacun une. À l'endroit où la plume atterrira, vous essayerez d'accomplir un acte héroïque. Et celui qui réalisera le plus grand exploit deviendra roi de ce pays. »

Les princes obéirent. La plume conduisit l'un jusqu'à un cachot où un méchant dragon retenait prisonnière une belle princesse. Le prince combattit le dragon et délivra la princesse. Le second prince arriva dans un pays où régnait la famine. Il construisit un puits et montra aux paysans comment cultiver la terre pour qu'ils aient tous de nouveau de quoi manger.

Lorsqu'ils furent de retour à la cour, le roi fut bien embarrassé. Le premier prince avait sauvé une princesse, mais le second avait mis un terme à une famine. Comme le roi ne parvenait pas à se décider, les princes commencèrent à se faire la guerre. Et à la fin, tous deux moururent après s'être transpercés mutuellement de leurs épées au lieu de régner ensemble.

Iannis sauta par-dessus la barrière.

— Restez immédiatement où vous êtes ! cria un policier tandis que Iannis se dirigeait vers l'entrée d'un pas résolu.

« Restez où vous êtes ou vous serez neutralisé », entendit-on dans un mégaphone réglé à plein volume.

Les portes coulissantes de l'hôpital s'ouvrirent, Iannis se retourna un bref instant.

— Je suis le frère jumeau de Manolis, je vais aller lui parler et le ramener à la raison.

— Non, il est interdit d'entrer ! s'écria le policier en l'attrapant par le bras.

Au lieu de se dégager, Iannis pointa le doigt en l'air et dit à voix basse :

— Vous voulez vraiment donner l'assaut ? Mon frère est un homme qui refuse de laisser mourir sa femme. La grue qui a eu sa peau était rouillée et personne n'a pris la responsabilité de la démonter. Et vous savez que, partout ailleurs, les médecins feraient tout ce qui est en leur pouvoir pour maintenir cette jeune femme en vie aussi longtemps que possible. Mais pas ici. Et c'est ce que penseront tous ceux qui verront les images tournées par ce foutu hélicoptère.

Le chef du groupe d'intervention ôta le mégaphone au policier trop zélé et fit signe à Iannis d'y aller.

— Manoli ? appela Iannis en sortant de l'ascenseur. Manoli, c'est moi, Iannis.

Iannis ne percevait pas d'autre bruit que le crissement de ses semelles.

— Ianni ? répondit Manoli au bout de quelques secondes.

Sa voix était rauque et fêlée.

— Va-t'en, s'il te plaît, je ne laisserai personne s'approcher d'elle.

— Ce n'est pas elle que je viens voir, mais toi. J'ai fait mille cinq cents kilomètres pour ça. Et j'ai mis ma fierté de côté. Alors je ne peux pas me barrer comme ça.

Iannis entendait Manolis faire les cent pas dans la pièce. Il semblait avoir peine à respirer. Iannis sentit à son tour l'air lui manquer.

— Manoli, je suis désolé d'avoir mis tant de temps à revenir. Je suis désolé de n'avoir rien dit. Tu sais, je n'ai jamais fait le tour du monde. J'ai été cuisinier dans le restaurant du cousin d'Eleni, à Sankt Pölten. Il a des touffes de poils dans les oreilles, mais c'est un des types les plus intelligents que je connaisse. Il m'a dit qu'un jour il faudrait que je lâche prise. Que je comprenne que parfois les choses sont comme elles sont, même si c'est la merde. Et qu'on ne peut pas toujours tout changer. Le passé notamment. J'ai lâché prise, je suis revenu. Je suis là pour toi.

L'espace de quelques instants, Iannis ne distingua que les pas de Manolis et les battements violents de son propre cœur.

— Ianni, tu veux bien entrer ?

Iannis obéit. Son frère avait la ceinture du détecteur de métaux autour de la taille et tenait un couteau à pain. Evangelía était méconnaissable. On ne parvenait pas à déterminer l'endroit où elle finissait et où la machine commençait. Son visage était dissimulé par une sonde d'intubation et un énorme pansement sur la tête, qui ne laissait visible que l'œil droit et une partie de ses cheveux.

— Je te présente ma femme, Evangelía.

La voix de Manolis se brisa.

Iannis s'approcha prudemment de son frère et lui posa la main sur l'épaule.

— Je suis revenu.

— Je ne peux pas la laisser partir. Je n'ai pas encore retrouvé mon alliance.

— On la cherchera ensemble. Makarionissi est une île, rien ne s'y perd.

Iannis ôta très précautionneusement son alliance à Evangelía et la posa sur la paume tremblante de Manolis.

— Manoli, il faut que tu lâches prise.

Et Manolis, obéissant au conseil de son frère, referma ses doigts sur l'anneau.

Épilogue

Dans les histoires que yaya Maria Kouzis avait entendues un siècle plus tôt de la bouche des commerçants qui venaient chez son père, en Asie Mineure, et celles que débitaient les chefs des caravanes de leur voix grave quand ils traversaient les montagnes et se rassemblaient avec la famille du marchand de sel autour d'un morceau de pain et d'un verre de *tsipouro,* il était toujours question de héros. De ces héros qui triomphaient des monstres, libéraient les princesses, s'emparaient des nymphes, sauvaient des villes, terrassaient leurs ennemis, accomplissaient des tâches insurmontables, parcouraient toutes les mers du globe, étaient aimés des dieux ou soumis à des épreuves, protégés par le destin ou maudits, ne montraient jamais de faiblesses, ne se laissaient jamais abattre et restaient forts jusqu'à leur dernier soupir.

Mais il y avait une histoire que yaya Maria n'avait jamais entendue et qu'elle n'avait donc pu raconter à ses petits-enfants, lesquels n'avaient pu la transmettre à leurs propres petits-enfants : celle du héros qui comprend ses erreurs avant qu'il soit trop tard et qui se montre faible pour que les blessures d'autrui puissent guérir.

Cette histoire, Eleni Aniston, née Stefanidis, ex-Zifkos, dut l'écrire elle-même. Et elle commença à le faire quand

Manolis lâcha prise parce que Iannis lui avait montré ce que cela signifiait.

Deux jours après l'enterrement d'Evangelía, Eleni demanda à Iannis de lui communiquer un numéro de téléphone. Et lorsque, à l'autre bout du fil, un homme répondit, à qui elle n'avait pas reparlé depuis quarante ans, elle ne raccrocha pas.

Quelques mois plus tard, on était en décembre 2014, toute la famille se trouvait réunie au port. En hiver, le ferry ne desservait Makarionissi que deux fois par jour. Iannis et Laura étaient arrivés quatre jours plus tôt pour que Laura puisse faire tranquillement la connaissance de tout le monde avant le grand événement. On s'était rendu au port avec quarante minutes d'avance. S'il n'avait tenu qu'à Eleni, on serait parti dès l'aube. Elle scrutait la mer avec nervosité. Les vingt premières minutes, Otto était resté à son côté en lui tenant la main mais, comme ses genoux le faisaient souffrir dès que la température plongeait en dessous de quinze degrés, il s'était assis sur une chaise en plastique installée à côté de l'embarcadère. Laura, Aspasía et Rhea buvaient un café au comptoir du petit bistrot qui vendait aussi les billets pour la traversée.

— Quand tu les vois collées l'une à l'autre, tu te dis pas que tu aurais mieux fait de rester en Suisse ? fit Manolis.

Iannis lui donna une tape sur son crâne chauve. La thérapeute que Manolis voyait deux fois par semaine à titre de mesure probatoire lui avait raconté que, dans l'Antiquité, on se rasait tous les poils en signe de deuil. Manolis avait suivi cet exemple le soir même. Depuis, il semblait doucement remonter la pente.

— Regardez ! Le ferry ! s'écria Eleni.

Les femmes terminèrent leur café et jetèrent les gobelets en carton dans la poubelle. Otto se releva avec l'aide de Manolis et vint se placer derrière Eleni.

— Ce ferry est toujours aussi lent ? demanda Eleni.

Personne ne répondit. On ne l'avait jamais vue aussi agitée.

— Et s'il ne venait pas ? murmura-t-elle.

Le bac entama la manœuvre d'accostage. La porte de la soute s'abaissa. Il n'y avait qu'un seul véhicule à bord : un camping-car avec une plaque d'immatriculation de Sankt Pölten.

Le ferry s'amarra, le camping-car à l'intérieur duquel on distinguait deux personnes âgées franchit lentement la passerelle de fer et s'arrêta à terre, quelques mètres plus loin.

Trudi descendit du côté passager.

— Tante Trudi ! s'écrièrent Iannis et Laura.

Eleni était figée sur place.

Lefti sortit enfin à son tour.

Il marchait légèrement voûté, portait un pantalon bleu, une veste en laine bien chaude, de grosses lunettes, et les touffes de poils tout blancs qui sortaient de ses oreilles brillaient au soleil.

— Lefti, chuchota Eleni, toujours immobile.

Lefti se dirigea tranquillement, mais d'un pas déterminé, vers sa cousine. Et lorsqu'il fut si près d'elle qu'il aurait pu, comme autrefois, lui dérober son nez et le cacher dans sa main, Eleni dit :

— Je suis désolée, Lefti.

Lefti posa sa main sur les boucles grisonnantes, qui rebiquaient toujours dans tous les sens. Il lui tapota la tête, comme lorsqu'ils se réfugiaient dans la niche pour se soustraire aux yeux d'un monde qui leur paraissait bizarre. Si les dieux n'avaient pas décidé que ce moment était réservé à Eleni et à Lefti, et détourné l'attention générale sur un chien tricolore qui chassait les papillons comme s'il ne voulait pas les attraper, la famille aurait vu les yeux d'Eleni, courageuse Amazone quarante ans durant, se remplir de larmes. Et si le dieu du Vent n'avait vigoureusement sifflé juste à ce moment-là pour protéger Lefti et Eleni des oreilles des autres, elle aurait entendu Lefti chuchoter :

— Ne pleure pas, Eleni. Les héroïnes ne pleurent pas.

Remerciements

Tous mes remerciements vont aux héros qui m'ont apporté leur soutien pendant que je travaillais sur ce roman :

Mes merveilleux amis, qui m'ont épaulée dans toutes les crises, que je transformais bien évidemment en catastrophes. Et surtout Tamara, la meilleure amie que l'on puisse trouver sous le firmament, et mes géniaux Egläusen et Puljarevicens.

Ma grande, bruyante et turbulente famille.

Les collaborateurs et les enseignants de l'Institut de philologie classique pour leur compréhension et leur bienveillance, et pour toutes les choses formidables que j'apprends.

Le département GREAL et la fondation Max-Kade, notamment Christina Günther, et bien sûr Julya Rabinowich, qui a tout combiné.

La famille Schellhorn, leurs collaborateurs et leurs chiens, qui m'ont permis de terminer ce livre en m'accueillant dans le meilleur hôtel du monde.

Ma chouchoute de Kiepenheuer & Witsch, pour tout.

Simon Nagy, arrivé depuis peu et déjà irremplaçable.

Tous les libraires, lecteurs, organisateurs, journalistes et amis de la littérature qui ont eu la gentillesse de permettre à une étudiante en grec ancien d'écrire encore un livre.

Et surtout tous ceux qui m'ont aidée dans mes recherches et se sont montrés disposés à me raconter leurs histoires afin que je trouve la mienne.

De tout cœur, merci.

Ceterum censeo Amazonam esse delendam.

Table

MIXTE
Papier issu de
sources responsables
FSC™ C003309

Composition et mise en pages
Nord Compo à Villeneuve-d'Ascq

Achevé d'imprimer en janvier 2017
par Normandie Roto Impression s.a.s., 61250 Lonrai

N° d'impression : 1605766
Dépôt légal : janvier 2017

Imprimé en France